国家级一流本科专业建设点项目资助

公安信息网络安全管理

赵明生　许　源　**主　编**
吴育宝　赵　云　**副主编**

东南大学出版社
SOUTHEAST UNIVERSITY PRESS
·南京·

内容提要

在中国现代网络安全管理体系背景下,本书以公安部门网络安全基本业务为出发点和内容重点,结合多个网络安全交叉管理部门的业务职责,围绕执法依据与工作流程,力求紧跟时政,形成较为科学完善的公安信息网络安全管理教材。本书分为7个章节,第1章对信息网络安全管理进行概述;第2章从宏观角度说明中国网络安全管理体制,使读者清晰地了解我国网络安全管理模式;第3章至第6章分别从互联网上网服务营业场所安全管理、网络安全等级保护、互联网用户的监督管理、互联网信息内容安全管理几个方面进行详细阐述;第7章介绍了公安信息系统安全管理,旨在培养公安信息系统管理人员的保密意识。

本书适合作为公安类本科院校和高职高专院校"网络安全与执法"专业相关课程的教材及参考书,也可供相关从业人员参考。

图书在版编目(CIP)数据

公安信息网络安全管理 / 赵明生等主编. —南京:东南大学出版社,2022.1(2025.2 重印)
ISBN 978-7-5641-9981-4

Ⅰ. ①公… Ⅱ. ①赵… Ⅲ. ①公安-信息网络-网络安全-安全管理-中国 Ⅳ. ①D631

中国版本图书馆 CIP 数据核字(2021)第 274427 号

责任编辑:张 煦   责任校对:韩小亮   封面设计:余武莉   责任印制:周荣虎

公安信息网络安全管理
GONGAN XINXI WANGLUO ANQUAN GUANLI

主　　编	赵明生　许　源
出版发行	东南大学出版社
社　　址	南京四牌楼 2 号　邮编:210096　电话:025-83793330
网　　址	http://www.seupress.com
电子邮件	press@seupress.com
经　　销	全国各地新华书店
印　　刷	广东虎彩云印刷有限公司
开　　本	700 mm×1 000 mm　1/16
印　　张	21.25
字　　数	417 千字
版　　次	2022 年 1 月第 1 版
印　　次	2025 年 2 月第 3 次印刷
书　　号	ISBN 978-7-5641-9981-4
定　　价	69.00 元

* 本社图书若有印装质量问题,请直接与营销部调换。电话(传真):025-83791830。

前　言

随着信息网络技术的快速发展,计算机网络成为重要的信息交换渠道,渗透社会生活的各个领域。与此同时,利用信息网络实施的新型违法犯罪活动日益增多,部分传统刑事犯罪也借助互联网平台不断蔓延,网络犯罪案件量及在全部刑事案件总量中的占比逐年攀升。网络警察成为打击犯罪的重要力量,存在较大缺口。

"网络安全与执法专业"是培养网警人才的重要摇篮,而"公安信息网络安全管理"则是"网络安全与执法专业"的一门专业课程。该课程设立的目的在于让学习者能够整体把握我国网络安全管理的体系,明晰公安网络安全管理部门业务流程,了解掌握网络执法过程中涉及的法律法规知识和相关国家标准。该课程具有知识信息更新较快、跨越多个学科、与公安网络安全管理业务联系紧密等特点。本书结合课程需要,联系公安业务实际,积极引入最新的法律法规和政策标准,力求能够紧跟网络安全管理的发展步伐,成为一部体系完善、脉络清晰、满足"网络安全与执法专业"人才培养需求的教材。

本书由许源、赵明生任主编,由吴育宝、赵云任副主编,主要编者长期从事"公安信息网络安全管理"课程教学及网络安全管理工作。全书共7章,许源设定了本书的框架结构,编写了第2章、第3章、第5章第1和第2小节、课后习题及附录,并进行全书统稿;钱珺编写第1章和第7章;赵云编写第4章;牛冰倩编写第6章;吴育宝编写第5章第3和第4小节。赵明生教授统审了全书。

本书作为国家级一流本科专业建设成果,适合作为公安类本科院校和公安类专科院校"公安信息网络安全管理"相关课程的教材及参考书,也可供公安网络安全部门民警工作参考。

由于编者水平有限,书中难免有疏漏和错误之处,恳请广大读者和专家批评指正。

《公安信息网络安全管理》编写组
2021 年 9 月

目 录

第1章 信息网络安全管理概述 ………………………………………… 1

1.1 信息网络安全概述 ………………………………………… 1
1.1.1 信息网络安全的发展史 ………………………………… 1
1.1.2 信息网络安全的概念 …………………………………… 2
1.1.3 信息网络安全的特点 …………………………………… 3
1.1.4 信息网络安全的影响因素 ……………………………… 4
1.1.5 网络安全与执法专业设置介绍 ………………………… 6

1.2 信息网络安全的主要威胁与挑战 ………………………… 6
1.2.1 信息网络安全的现状 …………………………………… 6
1.2.2 信息网络安全威胁的表现 ……………………………… 8
1.2.3 未来信息网络安全的主要挑战 ………………………… 10

1.3 信息网络安全的防范策略 ………………………………… 12
1.3.1 信息网络安全防范的技术措施 ………………………… 12
1.3.2 信息网络安全防范的法律措施 ………………………… 14
1.3.3 信息网络安全防范的管理措施 ………………………… 15

第2章 中国网络安全管理体制 ………………………………………… 19

2.1 中国网络的行政管理体系 ………………………………… 20
2.1.1 互联网管理的主要模式 ………………………………… 20
2.1.2 我国互联网管理的历史变迁 …………………………… 21
2.1.3 我国网络安全监督管理体制 …………………………… 23

2.2 我国互联网站管理 ………………………………………… 25
2.2.1 我国互联网站管理职责 ………………………………… 26
2.2.2 互联网站管理的相关流程 ……………………………… 27

2.3 我国网络安全立法体系框架 ……………………………… 30

  2.3.1 法律 ·· 31
  2.3.2 行政法规 ·· 35
  2.3.3 部门规章 ·· 36
  2.3.4 地方性法规 ·· 39

第3章 互联网上网服务营业场所安全管理 ································ 43
 3.1 互联网上网服务营业场所概述 ·· 43
  3.1.1 定义 ·· 43
  3.1.2 发展概况 ·· 44
  3.1.3 互联网上网服务营业场所的安全问题 ······················· 46
 3.2 互联网上网服务营业场所管理依据 ····································· 50
 3.3 互联网上网服务营业场所从事互联网上网服务经营条件及申办、变更
    等办理流程 ·· 56
  3.3.1 设立 ·· 56
  3.3.2 变更 ·· 57
  3.3.3 审批条件 ·· 58
  3.3.4 行政指导 ·· 59
  3.3.5 申请材料 ·· 59
  3.3.6 批准文书 ·· 64
  3.3.7 申请人权利和义务 ·· 65
 3.4 互联网上网服务营业场所经营规范 ····································· 66
  3.4.1 经营单位的禁止行为 ·· 66
  3.4.2 互联网上网服务营业场所安全管理制度 ··················· 69
  3.4.3 信息安全管理技术措施 ·· 71
 3.5 违反互联网上网服务营业场所安全管理规定的处罚 ············· 73
  3.5.1 刑事处罚与行政处罚 ·· 73
  3.5.2 由公安机关对互联网上网服务营业场所违法行为给予的处罚 ······ 76
  3.5.3 由文化行政部门或由文化行政部门、公安机关依据各自职权给予处罚
      ··· 77
 3.6 公安机关对互联网上网服务营业场所的安全监管 ··············· 78
  3.6.1 对新设立的网吧进行审核 ···································· 79
  3.6.2 监督管理 ·· 81

第4章 网络安全等级保护 ········· 95

4.1 网络安全等级保护制度概述 ········· 95
- 4.1.1 网络安全等级保护制度的基本概念 ········· 96
- 4.1.2 实行网络安全等级保护工作的必要性 ········· 97
- 4.1.3 国外信息安全等级保护的发展历程 ········· 102
- 4.1.4 我国信息安全等级保护的发展历程 ········· 103

4.2 网络安全等级保护的政策与标准 ········· 105
- 4.2.1 等级保护工作的法律政策体系 ········· 107
- 4.2.2 等级保护的标准体系 ········· 132

4.3 网络安全等级保护工作流程 ········· 150
- 4.3.1 角色和职责 ········· 153
- 4.3.2 网络定级和备案工作 ········· 154
- 4.3.3 网络安全建设整改与等级测评 ········· 172
- 4.3.4 网络安全等级保护自查和监督管理工作 ········· 181

第5章 互联网用户的监督管理 ········· 188

5.1 互联网用户的基本概念 ········· 188
- 5.1.1 互联网单位用户的概念 ········· 188
- 5.1.2 互联网个人用户的概念 ········· 190

5.2 对互联网用户监督管理的法律依据 ········· 190
- 5.2.1 备案管理的相关法律制度 ········· 190
- 5.2.2 互联网用户监管的法律依据 ········· 192

5.3 备案管理 ········· 209
- 5.3.1 备案的对象和要求 ········· 209
- 5.3.2 备案的管辖 ········· 214
- 5.3.3 备案的程序 ········· 215
- 5.3.4 备案罚则 ········· 216
- 5.3.5 相关表格 ········· 21

5.4 互联网单位用户的日常管理 ········· 217
- 5.4.1 互联网接入服务单位的管理(ISP/IDC) ········· 217
- 5.4.2 互联网信息服务单位的管理(ICP) ········· 220
- 5.4.3 联网单位的管理 ········· 226

第6章 互联网信息内容安全管理 ………………………… 228

6.1 互联网信息内容安全管理概述 ……………………… 228
6.1.1 相关概念界定 …………………………………… 228
6.1.2 互联网信息内容安全管理的意义 ……………… 230
6.1.3 互联网信息内容安全管理特征 ………………… 232

6.2 互联网信息内容安全管理的基本原则 ……………… 233
6.2.1 依法管理原则 …………………………………… 233
6.2.2 主体责任原则 …………………………………… 233
6.2.3 协同共治原则 …………………………………… 234

6.3 我国互联网信息内容安全管理机构及其职责 ……… 234
6.3.1 我国互联网信息内容安全综合监管机构 ……… 235
6.3.2 互联网信息内容安全专项治理机构 …………… 236

6.4 互联网信息内容安全管理的法律框架体系 ………… 239
6.4.1 国家安全保障法律法规 ………………………… 240
6.4.2 网络知识产权保护法律法规 …………………… 243
6.4.3 个人隐私保护法律法规 ………………………… 249

6.5 互联网有害信息的界定与举报 ……………………… 255
6.5.1 违法和不良信息定义 …………………………… 255
6.5.2 有害信息的特点 ………………………………… 257
6.5.3 有害信息的表现形式 …………………………… 259
6.5.4 互联网违法和不良信息的举报途径 …………… 262

6.6 互联网有害、不良信息的治理 ……………………… 263
6.6.1 互联网有害、不良信息的存在及传播方式 …… 263
6.6.2 互联网有害信息的治理方法与手段 …………… 264

第7章 公安信息系统安全管理 ……………………………… 274

7.1 公安信息系统安全管理概述 ………………………… 274
7.1.1 公安信息系统信息安全的相关概念 …………… 274
7.1.2 公安信息系统安全保密管理的重要性 ………… 274
7.1.3 信息网络化对信息保密管理的影响 …………… 275
7.1.4 公安信息系统保密内容的界定 ………………… 277
7.1.5 公安信息安全保密管理机构 …………………… 278

7.2 公安信息系统中涉密信息系统分级保护制度 ·············· 279
7.2.1 分级保护管理原则 ·············· 279
7.2.2 分级保护的内容 ·············· 280
7.2.3 分级保护相关法规和标准 ·············· 281
7.2.4 分级保护制度与等级保护体系的区别与联系 ·············· 281
7.3 公安信息系统使用管理 ·············· 284
7.3.1 安全保密管理制度 ·············· 284
7.3.2 物理环境与设施管理 ·············· 287
7.3.3 公安设备与介质管理 ·············· 289
7.4 公安信息系统安全保密管理人员 ·············· 298
7.4.1 保密管理人员基本要求 ·············· 298
7.4.2 保密管理人员管理内容 ·············· 299
7.4.3 公安信息系统"三员"职责 ·············· 304

附录一 信息安全等级保护管理办法 ·············· 309
附录二 相关表格 ·············· 318
附表1 信息系统安全定级保护备案表 ·············· 318
附表2 信息系统安全等级保护备案材料接收回执 ·············· 326
附表3 信息系统安全等级保护备案审核结果通知 ·············· 327
附表4 信息系统安全等级保护限期整改通知书 ·············· 328

参考文献 ·············· 330

第1章 信息网络安全管理概述

1.1 信息网络安全概述

1.1.1 信息网络安全的发展史

随着开放、自由、国际化的信息网络技术的快速发展，计算机网络成为重要的信息交换的渠道，渗透到社会生活的各个领域。伴随着提高效率和提供各种便利的同时，信息网络的脆弱性和潜在威胁以及现实客观存在的各种安全问题成为人们亟须解决的难题，解决信息网络的安全问题成为信息网络健康发展必不可少的重要一环。

人们对信息网络安全的认识主要经历了以下四个发展阶段：

1) 第一阶段：计算机安全时代

该阶段主要标志是 1949 年香农发表的《保密系统的通信理论》，人们当时尚处于探索应用型计算机的初期阶段，主要强调的是以计算机硬件为核心的信息安全。在这个时期的"安全"主要是指信息的保密性，人们只需把电脑安置在相对安全的地点，不允许非授权用户接近，就基本可以保证数据的安全性，而对计算机安全理论和技术的研究也仅限于密码学。这一阶段侧重于保证数据在从一地传送到另一地时的安全性。

2) 第二阶段：信息安全时代

该阶段主要标志是 1985 年美国国防部制定的《可信计算机系统评估准则》（TCSEC）。在 TCSEC 中第一次提出可信计算机（Trusted Computer）和可信计算基 TCB（Trusted Computing Base）的概念，并将 TCB 作为系统安全的基础。在 20 世纪 60 年代后期，半导体和集成电路技术的飞速发展推动了计算机软、硬件的发展，计算机网络的相关技术被广泛应用于信息处理工作中，信息的传输已经可以通过计算机网络来完成，"计算机安全"开始逐步演化为"信息安全"。这个阶段"安全"

的概念已经不仅仅是计算机硬件的安全,人们对安全的关注已经从单纯的信息保密性逐渐扩展为以保密性、完整性和可用性为目标的信息安全阶段,在这个阶段主要保证信息在传输过程中不会被窃取,即使被窃取了也不能正确读出,同时还要保证信息在传输过程中不会被篡改,让读取信息的人能够得到正确的信息。

3) 第三阶段:网络安全时代

该阶段的主要标志是 1994 年公安部颁布的《中华人民共和国计算机信息系统安全保护条例》,这是我国第一个计算机安全方面的法律,较全面地从法规角度阐述了关于计算机信息系统安全相关的概念、内涵、管理、监督、责任。从 20 世纪 90 年代开始,由于互联网技术的飞速发展,计算机网络逐渐成为国家重要的基础设施,这个阶段"安全"的焦点已经从传统的可用性、保密性和完整性三个原则逐步扩展为诸如可控性、不可抵赖性、真实性等其他的原则和目标,此阶段人们多使用网络安全的概念。

4) 第四阶段:信息网络安全时代

第四个阶段是 21 世纪的信息网络安全时代,在信息网络技术飞速发展的同时,各种危害用户信息安全的事件层出不穷,人们更多地开始注重信息和网络两方面的安全,开始使用信息网络安全的概念。信息网络安全涉及的内容既有技术方面的问题,也有管理方面的问题。在技术方面主要侧重于防范外部非法用户的攻击,在管理方面则侧重于内部人为因素的管理。

2014 年 2 月 27 日,中央网络安全和信息化领导小组(2018 年 3 月改为中央网络安全和信息化委员会会,下同)在北京成立,国家主席习近平亲自担任组长,这是我国首次成立由国家最高领导人担任组长的维护网络安全的小组。《中华人民共和国网络安全法》由第十二届全国人民代表大会常务委员会第二十四次会议于 2016 年 11 月 7 日通过,并于 2017 年 6 月 1 日起施行。《中华人民共和国网络安全法》是为保障网络安全,维护网络空间主权和国家安全、社会公共利益,保护公民、法人和其他组织的合法权益,促进经济社会信息化健康发展而制定的,这代表我国已经将信息网络安全提升至国家战略的高度。

1.1.2 信息网络安全的概念

信息安全,是指对信息的保密性、完整性和可用性的保护,其实质就是要保护信息系统或信息网络中的信息资源免受各种类型的威胁、干扰和破坏,即保证信息的安全性。安全是网络赖以生存的基础,只有安全得到保障,网络的各种功能才能得以发挥。网络安全本质上是信息安全的引申,是对网络信息保密性、完整性、可用性以及真实性的保护,其本质是在信息的安全期内保证信息在网络上流动时或者静态存放时不被非授权用户非法访问,但授权用户可以访问。信息作为一种特殊的资源,它的普遍性、共享性、增值性等特性使其对人类具有特别重要的意义。信息网络安全是指防止信息网络本身及其采集、加工、存储、传输的信息数据被故意或偶然地非授权泄露、更改、破坏及非法辨认、控制,即保障信息的可用性、机密性、完整性、可控性、不可否认性。

1.1.3 信息网络安全的特点

随着我们进入信息时代,信息网络安全在国家安全战略中的地位也在不断提升。与传统的安全问题相比,信息网络安全问题已经成为非传统安全领域里最为重要和突出的问题。信息网络安全的发展具有如下特点:

1) 信息网络安全具有高技术性和高风险性的特征

以网络为载体进行的各种斗争更多地表现为科学技术的对抗,针对信息资源的攻击和窃取是通过科技手段进行和实施的,是高科技的争夺。网络稳定安全地运行,成为维持社会平稳发展的重要前提条件。但是由于网络本身的开放性、脆弱性和无政府状态,造成对信息安全的防护相对而言十分脆弱,具有高度的风险性。

2) 针对信息安全的威胁来源具有未知性和复杂性

在网络时代,互联网将全球无缝地连接在一起,公用和私人网络均有互联,网络用户数量巨大,而攻击者可以在任何网络节点发动攻击,因此在攻击发动前很难预测,攻击发生后也难以彻底查明,使信息安全的防御变得更为复杂和困难。

3) 信息安全问题造成的危害具有极大的破坏性和影响性

随着互联网基础设施的普及,信息网络已经成为一个国家各个职能部门和各行各业运行发展的重要基础,信息安全关系着整个国家的稳定和发展,如果网络信息系统遭到攻击破坏,将会对国家的安全和稳定、人民的日常生活产生极大的破坏,造成非常严重的后果。

此外,信息网络安全的技术性特征还包含以下五点:

一是完整性。完整性是指信息在传输、交换、存储和处理过程中保持非修改、非破坏和非丢失的特性,即保持信息原样性,使信息能正确生成、存储、传输。完整性是数据未经授权不能进行改变的特性,其目的是保证信息系统上的数据处于一种完整和未损的状态。

二是保密性。保密性是指信息按给定要求不泄漏给非授权的个人、实体或过程,或提供其利用的特性,即杜绝有用信息泄漏给非授权个人或实体,强调有用信息只被授权对象使用的特征。

三是可用性。可用性是指网络信息可被授权实体正确访问,并按要求能正常使用或在非正常情况下能恢复使用的特征,即在系统运行时能正确存取所需信息,当系统遭受攻击或破坏时，能迅速恢复并能投入使用。可用性是衡量网络信息系统面向用户的一种安全性能。

四是不可否认性。不可否认性又称"可追溯性"，是指通信双方在信息交互过程中，确信参与者本身，以及参与者所提供的信息的真实同一性，即所有参与者都不可能否认或抵赖本人的真实身份，以及提供信息的原样性和完成的操作与承诺。

五是可控性。可控性是指对流通在网络系统中的信息传播及具体内容能够实现有效控制的特性，即网络系统中的任何信息要在一定传输范围和存放空间内可控。除了采用常规的传播站点和传播内容监控这种形式外，最典型的如密码的托管政策，当加密算法交由第三方管理时，必须严格按规定可控执行。

1.1.4 信息网络安全的影响因素

随着互联网产业经济的日趋成熟，网络安全问题日益成为全球性问题。由于科学技术高速发展，互联网已成为现代社会生产的新工具、科学技术创新的新手段、经贸商务使用的新载体、社会公共服务的新平台、大众文化传播的新途径、人们生活娱乐的新空间，成为推动经济发展和社会进步的巨大力量。网络在世界范围内迅速普及，信息传递主要通过网络来实现，其安全受到了极大的挑战，如盗取用户的账户、密码和资料入侵数据库，篡改数据库内容，伪造用户身份制造计算机病毒牟取利益，使网络用户的利益受到了严重的威胁和损害，网络安全问题日益受到世界范围的关注。

中国互联网络信息中心(CNNIC)于2021年2月发布的第47次《中国互联网络发展状况统计报告》显示，截至2020年12月，中国网民规模达9.89亿，较2020年3月增加8540万，互联网普及率达70.4%，较2020年3月提升5.9个百分点；截至2020年12月，我国手机网民规模达9.86亿，较2020年3月增加8885万，网民中使用手机上网的比例为99.7%。与此同时，移动互联网、大数据、云计算、物联网等新技术与新应用不断涌现，网络安全和信息安全问题已成为事关国家安全的重大问题。习近平总书记指出，"没有网络安全就没有国家安全，没有信息化就没有现代化"。信息网络安全从其本质上来讲就是网络上的信息安全。从广义上说，凡是涉及网络上信息的保密性、完整性、可用性、真实性和可控性的相关技术和理论都是信息网络安全的研究领域。

信息网络安全受诸多因素的影响，既有人为因素也有自然因素，既有普遍因素也有偶发因素，这些因素主要表现在以下方面：

1) 信息网络自身问题

互联网的开放性使任何的单位或者个人都能够在网上传输或者获取各类信息，这种开放性与共享性也导致了信息网络自身的脆弱性，对信息网络安全造成潜在影响或威胁。

2）操作系统的安全问题

作为支撑软件,操作系统能够对系统的软件与硬件系统提供管理功能。操作系统中的结构体系、远程调用、进程创建等不安全性,以及系统由于设计不完善而遗留的漏洞,这些都会对计算机网络安全造成影响。尽管版本的升级能够克服一些操作系统的漏洞,但是一旦其中一个漏洞出现问题,其他的安全控制就会全部失效。

3）数据库中存储内容的安全问题

数据库中存储着管理系统中的大量信息,平时上网过程中看到的所有信息都包含在内。数据库能够方便信息的存储、利用以及管理,却在安全方面考虑得并不周全。数据库安全就是保证数据安全与完整。数据库的安全主要是指杜绝破坏数据库或非法存取数据库中的信息,数据库的完整就是指杜绝不符合语义的数据的存在。

4）防火墙的局限性

防火墙是指一种计算机软件与硬件结合的保护屏障。位置在内部网与外部网或专用网与公共网之间的界面上,是 Internet 与 Intranet 之间的安全网关的建立,防止非法用户侵入内部网或专用网。防火墙虽然能够保护网络安全,但这种安全并不是绝对的安全,并不能够防范网络内部攻击与病毒侵犯,防火墙自身并不能够给予计算机完全的安全。防火墙只对某一类的攻击有防范效果,对于来自 LAN 内部的攻击则不能进行防御,如果内部与外部联合,防火墙更是完全束手无策。有些攻击防火墙能够检测到,但不能够进行有效的应对。

5）计算机用户主观问题

计算机用户操作失误、有意破坏、无知等情况都会对计算机网络安全造成影响。操作失误是指在新设、改动账户或日常维护过程中,管理员将管理权限授予了不合适的用户,无意中会对网络带来一些破坏;有意破坏是指一些用户由于自身素质或其他原因对计算机网络带来的破坏;无知指由于用户没有相关的知识引起的安全漏洞给网络带来的破坏。

6）其他因素

自然环境对计算机系统的硬件和通信设施有着非常大的影响,因此自然灾害也能够影响计算机网络安全。停电、设备开发中遗留的漏洞等偶发性的因素也对计算机构成威胁。

1.1.5 网络安全与执法专业设置介绍

网络安全与执法专业是一个包含工学(计算机科学与信息技术)、法学、公安学等多学科交叉融合的新型公安科技专业。该专业学生主要学习网络安全与执法方面的基本理论和知识,经过相应的专业训练,具有组织实施信息网络安全保卫以及互联网违法信息的监控、信息网络违法犯罪的侦查办案能力,是经过针对软件开发技术、网络情报技术、计算机犯罪侦查取证技术和网络监察技术的专门学习与训练,能在公安机关网络保卫执法部门及相关领域从事与预防网络犯罪、控制网络犯罪和处置网络犯罪相关的执法、教学及研究工作的应用型公安高级专门技术人才。该专业主要课程有侦查学、刑法学、刑事诉讼法学、数据库原理及应用、网络安全技术与防范、存储原理与数据恢复、信息安全法、信息网络安全监管、计算机犯罪现场勘查、电子数据检验技术与应用和网络犯罪侦查等。

网络安全与执法专业的专业课程从职能角度划分可以分为互联网管理类、互联网信息监控类、互联网侦查类、电子数据取证、分析及鉴定类等。"信息网络安全监管"则属于互联网管理类课程,主要学习网络安全保卫部门如何运用行政手段,依法管理、检查和指导信息网络安全保护工作,依法查处信息网络领域违法行为,预防信息网络违法犯罪活动,维护网上公开秩序,保障信息网络安全的行政管理工作。信息网络安全监管工作是开展网上斗争、维护信息网络秩序、打击涉网违法犯罪活动的重要基础,是维护网上公共秩序的重要手段。互联网管理类课程包括互联网安全管理法律法规、有关管理方法、信息安全等级保护等,在网络安全与执法专业课程体系中占有重要地位。

1.2 信息网络安全的主要威胁与挑战

1.2.1 信息网络安全的现状

党的十八届五中全会高度重视信息安全问题,认为"信息安全是信息经济发展的基础"。我国国家网络与信息安全顶层领导力量不断加强,管理体制日趋完善,机构运行日渐高效,工作目标更加细化。李克强在中国大数据产业峰会上指出,"信息网络和数据安全与风险是全球性的挑战,中国也不例外"。《国家信息化发展战略纲要》指出,到 2020 年,固定宽带家庭普及率达到中等发达国家水平,第三代移动通信(3G)、第四代移动通信(4G)网络覆盖城乡,第五代移动通信(5G)技术研发和标准取得突破性进展。

信息技术的快速发展,促使人类社会对网络空间高度依赖,如何进一步保障网络空间的安全是新时期各国普遍关注的焦点问题。互联网快速发展是一柄"双刃剑",在助推经济增长的同时要注重网络安全防护技术的研发和投入。

目前,信息网络自身的脆弱性主要包括:信息输入、处理、传输、存储、输出过程中存在的信息容易被篡改、伪造、破坏、窃取、泄漏等不安全因素;操作系统、数据库以及通信协议等存在安全漏洞和隐蔽信道等不安全因素;其他方面,如磁盘高密度存储受到损坏造成大量信息的丢失,存储介质中的残留信息泄密,计算机设备工作时产生的辐射电磁波造成的信息泄密等。

云计算、物联网、移动互联网、大数据、智慧城市等近几年的热点技术也将继续保持"高温",相关漏洞也将居高不下,被不断披露,高危漏洞和安全事件的不断曝光将难以避免,所带来的威胁和损失将更加严重。

根据国家互联网应急中心发布的《2020年上半年我国互联网网络安全监测数据分析报告》显示,2020年上半年,捕获计算机恶意程序样本数量约1815万个,日均传播次数达483万余次,涉及计算机恶意程序家族约1.1万余个,按照目标IP统计,我国境内受计算机恶意程序攻击的IP地址约4208万个,约占我国IP总数的12.4%。我国境内感染计算机恶意程序的主机数量约304万台,同比增长25.7%,针对IPv6网络的攻击情况也开始出现,境外累计约1200个IPv6地址的计算机恶意程序控制服务器控制了我国境内累计约1.5万台IPv6地址主机。通过自主捕获和厂商交换发现新增移动互联网恶意程序163万余个,同比增长58.3%。

2020年,国家信息安全漏洞共享平台(CNVD)共收录通用型安全漏洞11 073个,同比大幅增长89.0%。其中,高危漏洞收录数量为4 280个(占38.7%),同比大幅增长108.3%,"零日"漏洞收录数量为4 582个(占41.4%),同比大幅增长80.7%。安全漏洞主要涵盖的厂商或平台为谷歌(Google)、WordPress、甲骨文(Oracle)等。按影响对象分类统计,排名前三的是应用程序漏洞(占48.5%)、Web应用漏洞(占26.5%)、操作系统漏洞(占10.0%)。因攻击成本低、攻击效果明显等特点,DDoS攻击仍然是互联网用户面临的最常见、影响较大的网络安全威胁之一。抽样监测发现,我国每日峰值流量超过10Gbps的大流量DDoS攻击事件数量与2019年基本持平,约220起。

此外,电信网络诈骗为近年来的高发类案件,网络贷款、网络投资、网络刷单、杀猪盘、冒充客服等各类诈骗案件形式多变,受害者众多。根据公安部数据显示,2020年上半年,在全国公安部门的严厉打击下,全国共破获电信网络诈骗案件10.1万起,抓获犯罪嫌疑人9.2万名,同比分别上升73.7%、78.4%;从严从重从快打击涉疫情诈骗犯罪,共破案1.6万起,抓获犯罪嫌疑人7 506名;集中打击网络贷款、网络刷单、杀猪盘、冒充客服等 4 类电信网络诈骗高发类犯罪,共捣毁窝点 2 460 个,抓获嫌疑人 1.9 万名,破获案件 2.3 万起;严厉打击为电信网络诈骗提供服务的黑灰产犯罪,共捣毁黑灰产犯罪窝点 7 200 余个,查处黑灰产犯罪嫌疑人 3.2 万名。

1.2.2 信息网络安全威胁的表现

网络威胁是对网络安全缺陷的潜在利用,这些缺陷可能导致非授权访问、信息泄露、资源耗尽、资源被盗或者被破坏等。

(1) 窃听:在广播式的网络系统中,每个节点都可以读取网上传输的数据,如搭线窃听、安装通信监视器和读取网上的信息等。网络体系结构允许监视器接收网上传输的所有数据帧而不考虑帧的传输目标地址,这种特性使得偷听网上的数据或非授权访问很容易而且不易被发现。如常见的 Sniffer 攻击,就是一种窃听方式。

(2) 数据篡改(数据完整性破坏):网络攻击者通过未授权的方式,非法读取并篡改数据,以达到通信用户无法获取真实信息的攻击目的。

(3) 盗用口令攻击(Password-based Attacks):攻击者通过多种途径获得合法用户的账号和密码后进入目标网络,从而进行破坏性的活动。

(4) 中间人攻击(Man-in-the-middle Attack):通过第三方进行网络攻击,以达到欺骗被攻击系统、反跟踪、包含攻击或者组织大量规模攻击的目的。中间人攻击类似于身份欺骗,被利用为中间人的主机被称为 Remote Host(黑客取其谐音为"肉鸡")。网络上大量计算机被黑客通过这样的方式控制,这样的主机被称为僵尸主机。

(5) 缓冲区溢出:攻击者输入的数据长度超过应用程序给定的缓冲区的长度,覆盖其他数据区,造成应用程序错误,而覆盖缓冲区的数据恰恰是黑客的入侵程序代码,黑客就可以获取程序的控制权,以达到攻击目的。

(6) 假冒:一个实体假扮成另外一个实体进行网络活动。如地址欺骗、电子邮件欺骗、Web 欺骗和非技术类欺骗、网络钓鱼等手段。

(7) 重放:重复一份报文或报文的一部分,以便产生一个被授权的效果。

(8) 流量分析:由于数据报头信息不能加密,只能对数据部分进行加密,故攻击者可通过对网上信息流的观察和分析推断出网上传输信息中的有用信息。

(9) 拒绝服务(DoS:Denial of Service):通常是使用极大的通信量冲击网络系统,使得所有的可用网络资源都被消耗殆尽,最后导致网络系统无法向合法的用户提供服务。如果攻击者组织多个攻击点对一个或多个目标同时发动 DoS 攻击,就可以极大地提高 DoS 攻击的威力,这种方式称为 DDoS(Distributed Denial of Service,分布式拒绝服务)攻击。

（10）分发攻击：在系统的软硬件生产或分发期间对其软件或硬件进行恶意修改或破坏，以感染系统的正常运行，或者事后能对信息系统进行非授权访问及破坏，或者利用系统或管理人员向用户分发账号和密码的过程窃取资料。

（11）野蛮攻击：包括字典攻击和穷举攻击。

（12）SQL注入攻击：利用对方的SQL数据库和网站的SQL语句漏洞来进行攻击。入侵者通过提交一段数据库查询代码，根据程序返回的结果获得攻击者想要的数据或者提高访问的权限，从而达到攻击目的。

（13）ARP欺骗：ARP在进行地址解析的工作过程中，没有对数据包和发送实体进行真实性和有效性的验证，因此存在安全缺陷。攻击者可以通过发送伪造的ARP消息给攻击对象，使被攻击对象获得错误的ARP解析。例如，攻击者可以伪造网关的ARP解析，使被攻击对象将发给网关的数据报错误地发送到攻击者所在主机，于是攻击者就可以窃取、篡改、阻断数据的正常转发，一直造成整个网段的瘫痪。

（14）XSS和CSRF攻击：XSS又称CSS(Cross Site Scripting，跨站点脚本)，攻击者在Web页面或URL上加入恶意脚本，当其他用户访问和执行脚本时，就可以获取用户的敏感数据，达到攻击目的。CSRF(Cross Site Request Forgery，跨站点请求伪造)的攻击者伪造恶意脚本，使得浏览者在未知情况下执行Web请求，导致数据被篡改或者蠕虫的传播。

（15）资源的非授权访问：对资源的使用不在指定的安全策略范围内。

（16）后门攻击(Backdoor Attack)：指那些绕过安全性控制而获取对程序或系统访问权的程序方法。在软件的开发阶段，程序员常常会在软件内创建后门程序以便可以修改程序设计中的缺陷。但是，如果这些后门被其他人知道，或是在发布软件之前没有将其删除，那么它就成了安全风险，容易被黑客当成漏洞进行攻击。

（17）特洛伊木马：简称木马，伪装成正常的软件程序进入用户的计算机，在感染用户计算机后窃取用户资料如QQ账号和密码、网银账号和密码等用户敏感信息传递给攻击者，或者使攻击者可以控制用户计算机。木马由两部分组成：控制端和服务端(C/S模式)。被感染的用户计算机上嵌入的是服务端，而攻击者方为控制端。木马一般不破坏用户计算机的数据，主要是盗取数据。

（18）病毒：一段可执行程序，通过对其他程序进行修改，可以感染这些程序使其含有该病毒的一个拷贝。病毒可以做其他程序所做的任何事情，唯一的区别在于它将自己附在另外一个程序上，并且在宿主程序运行时秘密执行其自身功能。一旦病毒执行时，它可能会进行修改、删除等破坏用户数据的行为，也可能导致用户计算机的软、硬件正常运行受到很严重的影响。

（19）诽谤：利用计算机信息系统的广泛互联性和匿名性，散步错误的消息以达到诋毁某个对象的形象和知名度的目的。

(20) 蠕虫(Worm):是一种智能化、自动化,综合网络攻击、密码学和计算机病毒的技术。病毒是通过修改其他程序而将其感染,而蠕虫是独立的一种智能程序,它可通过网络等途径将自身的全部代码或部分代码复制、传播给其他的计算机系统,蠕虫不寄生于宿主程序。同时具备病毒和蠕虫特点的程序称为蠕虫病毒,具备极强的破坏能力。

在开放式网络中,网络通信会遭受两种方式的攻击:主动攻击和被动攻击。主动攻击包括对用户信息的篡改、删除及伪造,对用户身份的冒充和对合法用户访问的阻止。被动攻击包括对用户信息的窃取、对数据流量的分析等。

1.2.3 未来信息网络安全的主要挑战

当前全球网络与信息技术不断演进,以云计算、大数据、移动互联的新技术在推动产业发展的同时,也带来了更多新的挑战。互联网蓬勃发展,网络规模不断扩大,网络应用水平不断提高,成为推动经济发展和社会进步的巨大力量。与此同时,网络和业务发展过程中也出现了许多新情况、新问题、新挑战,尤其是当前物联网、云计算、大数据等新技术新应用带来的数据和用户信息泄露等网络安全问题日益突出。近年来,我国互联网发展呈现出四个方面的新变化:一是在信息形态方面,信息传播形式以文字为主向音频、视频、图片等多媒体形态转变。目前,我国网上音视频等多媒体信息占互联网流量的50%以上,这极大地丰富了网上信息的表现形式,同时也加大了信息内容安全监管的难度;二是在应用领域方面,我国互联网正从信息传播和娱乐消费为主向商务服务领域延伸,互联网开始逐步深入到国民经济更深层次和更宽领域。这对于优化我国互联网消费结构、促进经济发展模式转变具有积极意义,同时也对网络诚信建设提出了更高要求;三是在服务模式方面,互联网正从提供信息服务向提供平台服务延伸。以博客、播客为代表的服务模式使互联网的平台功能更加突出,网民不仅是信息的消费者,也是信息的提供者、创造者。这大大丰富了网上的信息内容,同时也对网民的守法自律提出了更高要求;四是在传播手段方面,传统互联网也正在向移动互联网融合,手机上网成为常态。基于移动互联网的新媒体形态不断出现,移动互联网市场规模不断扩大,这大大拓展了网络信息的传播渠道,同时也对规范网络信息传播秩序提出了更高要求。

互联网在我国的迅速发展,在提高我国信息化水平、促进我国经济社会发展进步的同时,也给我们提出了许多新情况新问题新挑战,网络安全问题日益突出。

一是信息网络系统面临的威胁依然存在。对一个开放式的互联网络系统来说,采取安全保密措施是极其必要的,否则网络连接的任何终端用户都可以进入,并访问网络中的信息资源。当今是信息时代,网络信息已经渗入到社会各领域中,而且利用越来越广泛，它在带来便捷与发展机会的同时，也给各种计算机犯罪提供可能。信息网络系统面临的威胁主要来自外部的人为影响和自然环境的影响，它们包括对网络设备的威胁和对网络中信息的威胁。如前所述，这些威胁主要表现为窃听、数据篡改、拒绝服务、病毒破坏等。

二是信息网络的安全防护能力较弱。 传统信息技术的发展能够应对网络安全所带来的冲击，其中的原因在于传统信息技术能够应对网络安全中的各种问题，找到其解决措施。不管是黑客通过网络软件危害人们使用网络的安全性，还是各种病毒的出现，通过扫描与修复软件，大多数都能够得到解决。但是大数据时代的网络安全却面临着更大的危机，因为其信息量大，黑客一旦有可乘之机，就会导致大量数据的丢失，严重影响到信息的安全性。大数据时代的到来带来了信息获取的巨大变革，在信息的可利用度方面，也得到了巨大的改善，如果黑客通过不法途径获取大量信息，就会危害到我国社会的正常发展。

三是我国基础信息产业薄弱。 我国的计算机、网络设备等核心技术严重依赖国外，缺乏自主创新产品，尤其是信息安全产品。我国信息网络所使用的网管设备和软件基本上来自国外，这使我国的网络安全性能大大减弱，被认为是易窥视和易打击的"玻璃网"。由于缺乏自主技术，我国的网络处于被窃听、干扰、监视和欺诈等多种信息安全威胁中，网络安全处于极脆弱的状态，在研究开发、产业发展、人才培养、队伍建设等方面与迅速发展的形势极不适应。由于我国的经济基础薄弱，在信息产业上的投入还是不足，特别是在核心技术及安全产品的开发生产上缺少有力的资金支持和自主创新意识。其次，全民信息安全意识淡薄，警惕性不高。大多数计算机用户都曾被病毒感染过，并且病毒的重复感染率相当高。

四是网络犯罪问题频发。 信息化的发展，极大地提高了我国的综合国力，给我们带来了实现现代化的机遇。同时，我们也应看到，21世纪敌对势力的信息战攻击，国际社会的负面影响，国内经济、政治、军事和科技等领域重要信息的获取、使用与保护的能力不强，个人及社会信息保密意识的淡化，信息网络技术的落后，信息保障政策及法律建设不协调等因素，都会给国家信息安全造成一系列广泛的内外威胁。不法分子利用各种社交软件，获取他人信息，并以此为依据，对其他网络用户进行攻击，达到自身不法目的。由于病毒的可传染性，会导致广大用户丢失自身有用的信息，造成不可挽回的损失。网络攻击危害巨大，我国一直在寻找措施解决不断出现的网络安全问题。但是随着大数据时代的到来，信息量更加丰富，成为不法分子做出不法行为的导火索，危害他人利益，网络攻击的增加有可能会影响到国家的安全。除了境外黑客对我国信息网络进行攻击，国内也有部分人利用系统漏洞进行网络犯罪，例如传播病毒、窃取他人网络银行账号密码等。

当前国内外网络信息安全形势较为复杂，在关键技术研发、标准规范建设、政府依法监管、国际平等合作等领域,都面临着越来越多的任务,需要政府引导,各方参与,协同发展,合作共赢,共同面对信息安全的诸多挑战。未来,我国将不断加强网络安全依法管理、科学管理,更加重视新技术新应用的安全问题,促进移动互联网应用生态环境优化,加速构建网络安全保障体系,推动网络安全相关技术和产业快速发展。国无法不立,网无法不兴,依法治网将成为新常态。随着信息技术和网络的快速发展,国家安全的边界已经超越地理空间的限制,拓展到信息网络,网络安全成为事关国家安全的重要问题。

1.3 信息网络安全的防范策略

在计算机技术飞速发展的今天,信息网络安全已经成为保障社会稳定快速发展的重要条件之一。但是由于计算机系统本身存在不同程度的脆弱性、管理人员的安全意识不够强烈、国家信息基础设施建设不够完善等众多原因,导致了计算机信息网络安全存在着陷门、病毒攻击、黑客侵袭、网络窃听等一系列攻击。因此,加强信息网络安全的管理以适应经济社会发展的需要变得尤为迫切。信息网络安全管理主要涉及技术防范和法律手段两个方面。

1.3.1 信息网络安全防范的技术措施

信息网络安全领域是一个综合、交叉的学科领域,我国信息网络安全研究历经了通信保密、数据保护两个阶段,正在进入信息网络安全研究和使用阶段,现主要使用的信息网络安全防范技术有信息加密、技术防火墙、入侵检测技术等。

1) 信息网络安全的技术防范

(1) 采取物理安全措施:物理安全指的是通过物理隔离来实现网络安全,而隔离的方法是将内部网络间接连在 Internet 网络上。主要目的是为了保护路由器、网络服务器和工作站等硬件设备和通信,免于遭到人为破坏、自然灾害影响和窃听攻击。只有实现了内部网与公共网的物理隔离,才能保证内部的信息网络不受黑客侵犯,保证其安全。同时,物理隔离也增强了网络的可控性,便于管理员的内部管理。

(2) 信息加密技术:信息加密技术表示使用特殊的算法对计算机数据进行重新编辑,完成信息隐藏,让用户自身对信息阅读进行控制。信息加密技术的合理使用,不仅可以提高信息的安全性,同时也降低了在信息传输过程中数据极易被盗取的风险,已经成为当前信息条件下计算机网络安全的主要控制方法。根据信息加密技术的作用和方式,我们可以将加密技术分为传输加密、储存加密、完整性加密等。

（3）防火墙："防火墙"是一个专业术语，是一种位于两个或多个网络间，实施网络之间访问控制的组件集合。对于普通用户来说，所谓"防火墙"，指的就是一种被放置在自己的计算机与外界网络之间的防御系统（如图1-1所示）。从网络发往计算机的所有数据都要经过它的判断处理后，才会决定能不能交给计算机，一旦发现有害数据，防火墙就会拦截下来，实现了对计算机的保护功能。

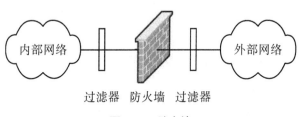

图1-1 防火墙

（4）入侵检测技术：入侵检测是对企图入侵、正在进行的入侵或者已经发生的入侵进行识别的过程，它通过收集和分析网络行为、安全日志、审计数据、在其他网络上可以获得的信息以及计算机系统中若干关键点的信息，检查网络或系统中是否存在违反安全策略的行为和被攻击的迹象。入侵检测技术是一种积极主动的安全防护技术，主要是当面对内部攻击、外部攻击以及误操作时对计算机系统提供实时保护，在网络系统受到危害之前进行拦截和响应。入侵检测被认为是防火墙之后的第二道安全闸门，是防火墙的合理补充，帮助系统对付网络攻击，扩展了系统管理员的安全管理能力（包括安全审计、监视、进攻识别和响应），提高了信息安全基础结构的完整性。

入侵检测技术主要可以分为统计异常检测和基于规则的检测。统计异常检测是指收集一段时间内合法用户的行为，然后用统计测试来观测其行为，判定该行为是否是合法用户的行为。基于规则的检测首先需要定义一个规则集合，用于确定给定行为是否是入侵者行为。通过观察系统中的事件，应用该规则集合来检测入侵行为，分为异常检测和渗透鉴别两个方面。

（5）病毒检测技术：计算机病毒，是指编制或者在计算机程序中插入的破坏计算机功能或者毁坏数据，影响计算机使用，并能自我复制的一组计算机指令或者程序代码。病毒除了对计算机的正常使用进行破坏，使得计算机无法正常使用外，还会使整个操作系统或硬盘损坏。病毒检测技术就是针对病毒的威胁而采用的安全技术，目前应用较多的病毒检测技术有病毒码扫描法、人工智能陷阱、软件模拟扫描法、先知扫描法以及即时I/O扫描法。

（6）身份认证技术：身份认证是系统审查用户身份的过程，从而确定该用户是否具有对某种资源的访问和使用权限。身份认证通过标识和鉴别用户的身份,提供一种判别和确认用户身份的机制。身份认证包括用户和主机间的认证以及主机和主机间的认证。计算机网络中的身份认证是通过将一个证据与实体身份绑定来实现的,实体可能是用户、主机,也可能是应用程序甚至是进程。在信息网络安全中经常使用的身份认证手段有静态密码、数字签名、短信密码、动态口令牌、生物识别等。身份认证技术在信息网络安全中处于非常重要的地位,是其他安全机制的基础。只有实现了有效的身份认证,才能保证访问控制、安全审计、入侵防范等安全机制的有效实施。

1.3.2 信息网络安全防范的法律措施

1)国际上信息网络安全立法

以立法保障信息网络安全是国际社会的共识。由于西方国家的计算机网络较之我国起步早、发展快,所以总体上关于信息网络安全管理的措施和制度较为完善。

(1)美国:美国是迄今世界上制定信息网络安全法律规范最多的国家,联邦政府有关信息网络安全的法律共计400余部,主要涉及健全保障信息网络安全的组织分工、重视保护信息网络安全的基础设施、严厉打击侵犯信息网络安全的不法行为这三个层面。

(2)俄罗斯:俄罗斯于1995年颁布了《联邦信息、信息化和信息保护法》,法规强调了国家在建立信息资源和信息化中的责任是"旨在为完成俄联邦社会和经济发展的战略、战役任务,为提供高效率高质量的信息保障创造条件"。2000年6月23日,俄罗斯正式颁布《国家信息安全学说》,从"保证信息安全是国家利益的要求""保证信息安全的方法""国家在保证信息安全方面的基本原则""信息安全的组织基础"四个方面,首次阐明了俄罗斯在信息领域的利益、所面临的内在和外在威胁以及确保信息安全应采取的措施,把信息安全提到俄罗斯国家战略的高度。

(3)欧盟及其成员国:欧盟于1996年3月颁布了《欧洲议会与欧盟理事会关于数据库法律保护的指令》。该指令旨在调整版权对数据库的应用,对欧盟各国可以通过互联网访问的数据库提供了一定程度的保护。在2001年11月,由26个欧盟成员国以及美国、加拿大、日本和南非等30个国家的政府官员在布达佩斯所共同签署的国际公约《网络犯罪公约》,成为全世界第一部针对网络犯罪行为所制订的国际公约。《网络犯罪公约》建立起了广泛的共同打击网络犯罪的国际司法合作,对打击跨国网络犯罪具有重要作用。

2)我国的信息网络安全立法

1994年2月18日,国务院颁布了第一部有关信息网络安全的法律文件《中华人民共和国计算机信息系统安全保护条例》。该条例的发布,意味着我国的网络信息安全进入了有法可依的阶段,我国的信息网络安全立法也开始步入轨道。在1994年至2014年期间,我国信息网络安全法律体系的构建,整体上属于"渗透型"模式,即国家没有单独制定专门的信息网络安全法律规范,而是将涉及信息网络安全的立法内容渗透、融入若干相关的法律、行政法规、部门规章和司法解释之中,内容涉及市场准入、网络监管、域名注册、电子商务、网络著作权等诸多方面。2017年6月1日起施行的《中华人民共和国网络安全法》是我国第一部全面规范网络空间安全管理的基础性法律,是我国网络空间法治建设的重要里程碑,是依法治网、化解网络风险的法律重器,是让互联网在法治轨道上健康运行的重要保障。

1.3.3 信息网络安全防范的管理措施

随着信息时代的加速到来,人们对互联网的依赖越来越强,网络已成为人们生活中不可缺少的一部分,尤其是计算机技术和通信技术相结合所形成的信息基础设施已经成为反映信息社会特征的最重要的基础设施。随着计算机网络技术的飞速发展,尤其是互联网的应用越来越广泛,网络在带来前所未有的海量信息的同时,其开放性和自由性也产生了私有信息和数据被破坏或侵犯的可能性,互联网网络的安全性变得越来越重要,已被信息社会的各个领域所重视。2020年,全国网信系统进一步加大网络执法力度,规范网络执法行为,坚决依法查处各类违法违规案件,取得明显成效。据统计,全国网信系统全年依法约谈网站4 282家,对4 551家网站给予警告,暂停更新网站1 994家,会同电信主管部门取消违法网站许可或备案、关闭违法网站18 489家,移送司法机关相关案件线索7 550件。有关网站依据用户服务协议关闭各类违法违规账号群组15.8万个。

我国的信息安全面临严峻的挑战。从国情出发,构建坚固可靠、集中统一的国家网络安全体系,是中国必须作出的战略选择,这需要整合相关机构职能,明确权责分工和监管边界,落实好分级管理、属地管理责任,形成从技术到内容、从日常安全到打击犯罪的互联网管理合力和党委统一领导、政府加强管理、企业依法运营、全社会共同参与的互联网管理工作格局。第十二届全国人大常委会第十五次会议审议通过的《中华人民共和国国家安全法》,第一次提出"网络空间主权"的概念,这体现了国家主权在网络空间的拓展和延伸,表明网络安全与国家安全密不可分。新《国家安全法》明确规定,国家建设网络与信息安全保障体系,加强网络管理,防范、制止和依法惩治网络攻击、网络入侵、网络窃密、散布违法有害信息等网络违法犯罪行为。网络安全的规则要进行严格的制定,严格限定进出网络的信息;缩短网络的TCP超时,减少黑客入侵的机会;对系统的登录数据与网络信息的流向进行实时的监测,及时发现异常与安全隐患;将暴露在互联网上的系统与服务的数量最小化。

当前,我国对互联网的管理涉及 10 余个政府部门,各部门的监管职责各有侧重。在国家网络安全和信息化等重大战略问题方面,由中共中央网络安全和信息化委员会进行统筹安排和统一协调。中共中央网络安全和信息化委员会的机构职责是:着眼国家安全和长远发展,统筹协调涉及经济、政治、文化、社会及军事等各个领域的网络安全和信息化重大问题;研究制定网络安全和信息化发展战略、宏观规划和重大政策;推动国家网络安全和信息化法治建设,不断增强安全保障能力。

对互联网信息内容的安全监管是公安机关的一项法定职责。《中华人民共和国计算机信息系统安全保护条例》第六条规定:"公安部主管全国计算机信息系统安全保护工作。"公安部计算机管理监察机构负责计算机信息网络国际联网的安全保护管理工作。公安机关计算机管理监察机构应当保护计算机信息网络国际联网的公共安全,维护从事国际联网业务的单位和个人的合法权益和公众利益。公安机关是政府的职能部门之一,依法管理和维护社会治安秩序,制止危害社会治安秩序的行为。公共信息网络安全监察简称网监,是中华人民共和国公安部门的一项职责,具体实施这一职责的机构称为网监机关或网监部门(公共信息网络安全监察局、处、科),网监机关的工作人员称为网监警察。《人民警察法》明确规定警察在"监督管理计算机信息系统安全保卫工作"方面的职权,并在省、市、县三级公安机关内部设立了公共信息网络安全监察管理机构(网络警察),负责信息安全和计算机犯罪等方面的工作。网警部门通过发现、掌握各种网上色情、淫秽、反动等有害信息,掌握社情民意的网上反映,为清除网上有害信息提供线索,为领导及相关部门决策提供参考。互联网情报信息是公安情报信息的重要组成部分,是公安机关掌握政情和社情信息的重要来源。

目前我国已初步形成了信息网络安全的法律体系。从法律层面看,主要有《中华人民共和国网络安全法》《全国人民代表大会常务委员会关于加强网络信息保护的决定》《中华人民共和国电子签名法》等。从行政法规看,主要涉及《国务院关于授权国家互联网信息办公室负责互联网信息内容管理工作的通知》《信息网络传播权保护条例》《互联网上网服务营业场所管理条例》《互联网信息服务管理办法》《中华人民共和国计算机信息网络国际联网管理暂行规定》《中华人民共和国计算机信息系统安全保护条例》。相关部门规章也甚多,例如:《计算机信息系统安全专用产品检测和销售许可证管理办法》《互联网新闻信息服务管理规定》《互联网文化管理暂行规定》《电信和互联网用户个人信息保护规定》等。

网络安全是一个系统工程,法律的成熟并不是一蹴而就的,加强网络安全必须以国家安全法为指导,以刑法为保障,既立足当前,又着眼于长远,综合运用社会治理的多元化手段,全面动员全方位参与,依法加强网络安全建设,不断构筑维护国家安全的坚强防线。从我国国情出发,借鉴国际有益经验,完善我国互联网法律制度。加强互联网立法的统筹规划与总体协调,加强互联网法律法规建设的前瞻性研究,定期梳理有关互联网管理的法律、行政法规和部门规章,根据互联网发展和管理工作实际需要,及时制定新法、修订现有法律法规、废止与实践不相适应的规定,加大司法解释力度,增强法规的可操作性。

课后习题

一、选择题

1. 公安机关利用 IP 溯源技术,调查拒绝服务攻击事件。其中 IP 溯源技术依据的是信息安全五大特性中的 (　　)
   A. 可用性　　　　B. 保密性　　　　C. 不可否认性　　D. 完整性
2. 拒绝服务攻击破坏的是信息安全五大特性中的 (　　)
   A. 可用性　　　　B. 保密性　　　　C. 不可否认性　　D. 完整性
3. 盗用口令攻击破坏的是信息安全五大特征中的 (　　)
   A. 可用性　　　　B. 保密性　　　　C. 不可否认性　　D. 完整性
4. 计算机信息系统,是指由_____及其相关的和配套的设备、设施(含网络)构成的,按照一定的应用目标和规则对信息进行采集、加工、存储、传输、检索等处理的人机系统。 (　　)
   A. 计算机硬件　　　　　　　　B. 计算机
   C. 计算机软件　　　　　　　　D. 计算机网络
5. 计算机信息系统的安全保护工作,重点维护国家事务、经济建设、国防建设、尖端科学技术等重要领域的_____的安全。 (　　)
   A. 计算机　　　　　　　　　　B. 计算机软硬件系统
   C. 计算机信息系统　　　　　　D. 计算机操作人员
6. _____是全国计算机信息系统安全保护工作的主管部门。 (　　)
   A. 国家安全部　　B. 国家保密局　　C. 公安部　　　　D. 教育部
7. _____,不得利用计算机信息系统从事危害国家利益、集体利益和公民合法利益的活动,不得危害计算机信息系统的安全。 (　　)
   A. 除计算机专业人员外的任何人
   B. 除从事国家安全工作人员外的任何人
   C. 除未满 18 周岁未成年人外的任何人
   D. 任何组织或者个人
8. 计算机病毒,是指编制或者在计算机程序中插入的破坏计算机功能或者毁坏数据,影响计算机使用,并能_____的一组计算机指令或者程序代码。 (　　)
   A. 移动　　　　　B. 传导　　　　　C. 自我复制　　　D. 自己生长

二、判断题
1. 我国会从国外进口一些基础设施和信息系统,核心技术产品从不依赖国外产品。( )
2. DDoS 攻击属于流量攻击,由于 DDoS 攻击往往采取合法的数据请求技术,再加上傀儡机器,造成 DDoS 攻击成为目前最难防御的网络攻击之一,该类攻击破坏的是信息安全的五大特征中的可控性。( )
3. 拒绝服务是一种系统安全机制,它保护系统以防黑客对计算机网络的攻击。( )
4. 完整性检查程序是反病毒程序,它通过识别文件和系统的改变来发现病毒。( )
5. 防火墙不能防范不通过它的连接。( )
6. 网络信息管理库是管理对象的集合,它是一个实际数据库。( )

三、简答题
1. 随着信息网络技术的发展,物联网技术将逐渐普及运用到人们的生活中,试分析物联网技术可能会伴生的网络安全问题有哪些。
2. 简述计算机网络安全的含义。
3. 结合自身对于信息网络安全的理解,浅析未来信息网络安全的主要挑战。

第 2 章　中国网络安全管理体制

　　由于经济社会和政治环境的多元化差异,在如何开展互联网管理,尤其是信息安全管理方面,世界上并不存在统一的模式,尽管如此,有一个共通的做法是注重立法、行政、技术的综合运用。由于互联网一直是个新兴事物,涉及各行各业,而我国由于历史原因,原有网络管理体制存在着"九龙治水"的乱局。习近平总书记关于《中共中央关于全面深化改革若干重大问题的决定》的说明中明确表示,"面对互联网技术和应用飞速发展,现行管理体制存在明显弊端,主要是多头管理、职能交叉、权责不一、效率不高。同时,随着互联网媒体属性越来越强,网上媒体管理和产业管理远远跟不上形势发展变化",并明确提出,要"坚持积极利用、科学发展、依法管理、确保安全的方针,加大依法管理网络力度,完善互联网管理领导体制"。随着网络安全和信息化在国家安全与发展中的地位与作用不断提升,客观上也要求把网络安全和信息化作为国家的重大战略,由党和国家最高领导亲自抓。世界上许多国家,也都将网络安全和网络空间发展工作作为国家的"一把手工程"。

　　2014年2月27日,中央网络安全和信息化领导小组成立。该领导小组将着眼国家安全和长远发展,统筹协调涉及经济、政治、文化、社会及军事等各个领域的网络安全和信息化重大问题,研究制定网络安全和信息化发展战略、宏观规划和重大政策,推动国家网络安全和信息化法治建设,不断增强安全保障能力。该领导小组的成立是以规格高、力度大、立意远来统筹指导中国迈向网络强国的发展战略,在中央层面设立一个更强有力、更有权威性的机构;体现了中国最高层全面深化改革、加强顶层设计的意志,显示出在保障网络安全、维护国家利益、推动信息化方面发展的决心。在中央网络安全和信息化领导小组办公室的指导下,中共中央宣传部、工业和信息化部、国务院新闻办公室、教育部、文化和旅游部、卫生和计划生育委员会、公安部、国家安全部、商务部、国家广播电视总局、国家保密局、国家市场监督管理总局、国家药品监督管理局、中国科学院、中央军委联合参谋部信息化部等部门对互联网管理实施齐抓共管。

2.1 中国网络的行政管理体系

2.1.1 互联网管理的主要模式

目前如果对各国互联网的管理模式进行归类,主要有两种,一种是政府主导型模式,另一种是政府指导行业自律型模式。

前者强调政府在网络管理中的主导作用,政府部门采用网络过滤技术和立法等方式进行网络管理,代表性国家有德国、新加坡等。后者在政府指导之下,更偏重于使用互联网的各行业本身的自律来进行管理,在设定了基本法律框架后,衍生网络行业的分级制度、自律规范等,代表性国家如美国、英国、加拿大、日本等。所以这从一个侧面反映了互联网的绝对自由化是不存在的,无论是哪种类型的互联网管理模式,世界各国都对互联网有着自己的约束与管理。

以美国为例,美国对互联网的管理,长期以来实行法制约束下的自律理念,通过其130多项与互联网相关的法律法规,进行密集的法律约束,即约束互联网的用户行为,也维护公民言论自由的宪法根基目标。虽然美国一直倚重行业自律来对互联网的规范进行管理,但是近年来,美国一方面加强了相关的法律制定,另一方面,还加大了公权直接干预的力度。例如在"9·11"后出台的《爱国者法案》赋予美国安全部门可以以反恐为目的监控互联网通信内容等权限;《信息安全与互联网自由法》授权总统可以宣布信息空间的紧急状态,在此状态下政府可以部分接管或禁止对部分站点的访问;《将保护网络作为国家资产法案》赋予联邦政府在紧急状况下,拥有绝对的权力来关闭互联网。除此以外,美国商务部启动的网络身份证战略,也称"网络空间可信身份标识国家战略"(NSTIC)。这一战略作为国家网络安全战略的重要组成部分,将使得美国政府对网民的管理进入全透明的状态,通过建立网络身份标识生态系统,可以极大地规避由于网络空间的虚拟性和不可控性所带来的网上欺诈、在线信息滥用、网络恐怖主义袭击及其他敌对势力颠覆等问题[①]。

一般来说,政府主导型和政府指导行业自律型两种管理模式,在针对互联网的管理过程中各有缺陷。

1) 政府主导型

首先,没有一个政府部门可以单独完全管制互联网。为了进行网络管制,所有政府部门之间需要进行协调,目前解决协调问题的途径还不确定,主要是因为政府

---

① 谢新洲. 美国互联网管理的新变化[J]. 新闻与写作,2013(3):55-58.

部门对于执法机制无法达成共识。

其次,就算有明确的政府机制,对于政府来说执法也不是一件容易的事。因为尽管政府各部门可以对合作途径达成共识,但是由于互联网管理的复杂性,以及在部门本位主义的影响下,制定统一的规则和执法程序却相当困难。

最后,信息和技术的不对称与网络变化的高速度很可能使政府的控制变得无比困难。

2) 政府指导行业自律型

政府指导行业自律型模式当中,网络管理主要凭借网络行业与个人的道德自律行为,但由于信息不对称和激励不相容的问题,在出现利益冲突时,企业与个人通常从自身利益出发,很难找到平衡点达成一致协议。

另外,即使达成了一致的协议,由于没有人来保证具体的实施,也会导致协议难以得到具体落实。因此,这种完全分散的网络管制方法很难实行。

目前,我国采取的网络管理体系被概括为"法律规范、行政监管、行业自律、技术保障、公众监督和社会教育相结合"的管理体系。网络传播以去中心化的分散性结构为特点,单纯的金字塔式的纵向管理显然力不能及。为了适应网络运作的规律,政府在网站创办上最初沿用传统媒体的审批制,最后确立为审批、备案制并行的多元管理方式,同时,特别强调行业自律和社会监督。

2.1.2 我国互联网管理的历史变迁

朱伟峰在《中国互联网监管的变迁、挑战与现代化》一文中阐述了我国互联网监管的各个历史阶段:

第一阶段,互联网监管的空白时期(1987—1993年):以科研机构自治为主。

1987年9月14日,北京计算机应用技术研究所发出的我国第一封电子邮件,揭开了我国互联网的序幕,但自此之后的数年里,互联网的接入者基本都是科研机构,主要将其运用于科学研究。此时,政府基本没有介入互联网的监管,零散出现的互联网问题,主要由使用单位科研机构自身来解决,如1990年10月10日,由王运丰教授,而非政府官员,与德国卡尔斯鲁厄大学的措恩教授商讨中国申请国际域名的问题,最后决定用.CN代表中国。

第二阶段,互联网监管的起步时期(1994—1997年):侧重于主干网搭建、域名管理、IP地址分配等基础设施的扶持。

1994年,我国正式接入国际互联网,互联网的运用开始由实验室走向社会。随之,我国政府对互联网的监管也正式起步。但由于此时我国互联网基础设施建设刚刚起步,许多领域都处于"零基础"或"低水平"状态,因此,在互联网的治理方面,我国政府将主要精力投入到了主干网搭建、域名管理、IP地址分配等促使互联网正常运转的基础设施的治理上。在政府的主导下,中国公用计算机互联网、"金关""金卡""金税"等一系列工程相继动工;1996年,中国公用计算机互联网的全国主干网建成;1994年2月《中华人民共和国计算机信息系统安全保护条例》、1996年2月《中华人民共和国计算机信息网络国际联网管理暂行规定》、1996年4月《计算机信息网络国际联网出入口信道管理办法》、1996年7月《关于加强信息网络国际联网信息安全管理的通知》、1996年7月《专用网与公用网联网的暂行规定》相继颁布;1997年6月3日,中国互联网络信息中心成立,负责管理我国互联网域名的注册和管理域名根服务器的运行,为互联网用户提供域名注册、域名解析和WHOIS查询等服务。

第三阶段,互联网监管的体系化时期(1998—2004年):采取"先发展,后管理"的宽松监管理念。

经过四年多的发展,当互联网的基础设施基本完成后,我国互联网迎来了全面商业化、民用化的热潮:1998年2月搜狐成立;11月腾讯成立;12月新浪成立……在这些企业的推动下,即时通信、网络购物、网络游戏等互联网应用走入了人们的生活。应用的拓展极大地推动了我国互联网的发展。

当互联网运用逐步广泛进入社会众多领域时,我国对互联网的监管不再仅局限于对互联网基础设施的治理,而是延伸至互联网内容、信息服务等领域,初步搭建了一整套监管体系,最典型表现为:不仅高频度地出台了一系列的法律法规部门规章,而且建立几乎涉及互联网各领域的各类政府专职监管机构。1998年3月31日,新组建的信息产业部正式成为互联网产业的主管部门;2000年4月,国务院新闻办网络新闻宣传局成立,负责统筹协调全国互联网络新闻宣传工作。此后,国家广播电影电视总局成立了社会管理司网络传播处,新闻出版总署成立了电子音像网络出版管理司,公安部成立了公共信息网络安全监察局,等等,各职能部门之间的职责越趋清晰化,彻底改变了第二阶段互联网无专职政府机构监管的局面。值得指出的是,虽然我国通过监管体系化方式全面加强对互联网的监管,但总体来看,采取的是"先发展,后管理"的较为宽松的治理理念,具体举措突出表现为:从互联网治理主体来看,以社会组织为主,而非政府部门,主管域名的CNNIC放在中国科学院,而不是邮电部、信息产业部等政府部门;主管互联网的政府部门不是主管意识形态的宣传部,而是信息产业部;对互联网企业,我国政府并没有过多强调其媒体的身份,那些规制传统媒体的制度,如严格的审批制、主管主办制、公有制等都没对互联网加以实施;对互联网的信息发布也较多采取的是"底线不碰"的管理方式。这种宽松的治理理念,带来了我国互联网发展的狂飙突进,在诸多领域的发展水平基本与世界同步。但与此同时,也带来了涉及内容领域的乱象,例如色情信息、虚假新闻、反动言论、迷信活动等。

第四阶段,互联网监管的现代化时期(2005年—至今):强调互联网的治理规律。

2005年在我国互联网发展史上是具有里程碑意义的一年,诞生于2002年的博客,经过三年的发展,终于迎来了大面积普及,"博客中国"获得1 000万美元风险投资改版为博客网,新浪、腾讯、搜狐等门户网站也纷纷全力打造其博客业务……这预示着我国互联网开始进入Web2.0时代。自此之后,各种社交媒体尤其是微博、微信的出现和爆发式增长,更使得我国互联网全面进入了信息生产和传播的主角由网络媒体转变为普通网民的时期。

面对这种全新的信息传播格局,我国既有的以传统媒体的监管体系为主要参照的互联网监管体系显得捉襟见肘。因此,当务之急,如何摸清并遵循互联网传播的自身规律,促使现有互联网监管的现代化,进而建立科学的互联网监管体系,便成为当前迫切需要解决的重大历史命题。

2.1.3 我国网络安全监督管理体制

2016年11月7日,十二届全国人大常委会第二十四次会议审议通过了《中华人民共和国网络安全法》,并由中华人民共和国主席令第五十三号公布,自2017年6月1日起实施。《网络安全法》是我国网络安全领域的基础性法律。在《中华人民共和国网络安全法》总则中第八条规定:国家网信部门负责统筹协调网络安全工作和相关监督管理工作。国务院电信主管部门、公安部门和其他有关机关依照本法和有关法律、行政法规的规定,在各自职责范围内负责网络安全保护和监督管理工作。

1) 国家网信部门的职责

2011年5月,国务院设立国家互联网信息办公室。党的十八届三中全会决定提出,加快完善互联网管理领导体制,目的是整合相关机构职能,形成从技术到内容、从日常安全到打击犯罪的互联网管理合力,确保网络的正确运用和安全。2014年2月,中央网络安全和信息化领导小组成立,领导小组将着眼国家安全和长远发展,统筹协调涉及经济、政治、文化、社会及军事等各个领域的网络安全和信息化重大问题,研究制定网络安全和信息化发展战略、宏观规划和重大政策,推动国家网络安全和信息化法治建设,不断增强安全保障能力。同时成立了领导小组办事机构即中央网络安全和信息化领导小组办公室,由国家互联网信息办公室承担具体职责。2014年8月,国务院发出《国务院关于授权国家互联网信息办公室负责互联网信息内容管理工作的通知》(国发〔2014〕33号),授权重新组建的国家互联网信息办公室负责全国互联网信息内容管理工作,并负责监督管理执法。由此可见,根据网络安全法,国家网信部门包括两方面的职责,即网络安全工作统筹协调职责和网络安全相关监督管理职责。

2) 国务院电信主管部门、公安部门和其他有关机关的职责

根据国务院确定的职责,工业和信息化部作为电信行业主管部门,主要承担互联网行业管理、信息通信领域网络与信息安全保障体系建设以及网络安全防护、应急管理和处置等职责;公安部主要承担计算机信息系统安全保护、计算机病毒等防治管理、网络违法犯罪案件的查处等职责。另外,由于《网络安全法》适用于各类信息网络,调整涉及网络安全的各种活动,涉及面广,涉及的部门多,难以对包括网信、电信、公安部门在内的各有关机关的职责做出具体规定,因此,各有关机关的职责,一方面可以依照《网络安全法》和其他法律、行政法规的规定执行,另一方面,还可以通过国家有关规定具体明确。

3) 地方政府有关部门的职责

与中央政府相对应,地方的网信、电信、公安部门是承担网络安全保护和监督管理职责的主要部门。因为地方政府特别是县级政府机构设置与中央有所不同,并且网络安全工作具有广泛性和复杂性的特点,因此地方政府部门的网络安全职责在《网络安全法》第八条中并未具体规定,应当按照国家有关规定确定并执行。

4) 我国网络安全监督管理格局

根据《网络安全法》第八条,我国网络安全监督管理体制已经明确。纵观我国涉及互联网监督管理的各个部门,我国的网络管理格局可以称为"三驾马车"的管理格局,也可称为"三位一体"的环状管理格局。即将互联网管理划分为基础管理、内容管理、网络安全管理三个主要方面,分别由工信部、国家互联网信息办公室、公安部等主要管理部门负责,其他相关管理部门共同参与。具体牵涉到10余个政府部门。在部门协同特别是内容管理的方面,呈现出具有明显层次管理的特征。

"三位一体"的管理格局核心部分,是国家互联网信息办公室作为互联网内容主管部门,主管网络新闻信息,统筹内容管理相关事务;第二个层次,是内容管理部门与行业管理部门、网络安全部门的协同合作;第三个层次,是互联网行业主管部门与教育、卫生、工商等特定领域管理部门的协同合作。在"三位一体"的管理格局中,教育、卫生、工商等行政管理部门主要和互联网行业主管部门协同合作,负责各自行业内部网络监管。例如国家广播电视总局,负责起草广播电视、网络视听节目服务管理的法律法规草案,制定部门规章、行业标准,并组织实施和监督检查;指导网络视听节目服务的发展和宣传;对信息网络和公共载体传播的视听节目进行监管,审查其内容和质量,承担节目应急处置工作;指导网络视听节目监管体系建设,组织查处非法开展网络视听节目服务行为;管理发放信

息网络传播视听节目许可证,承担广播电视视频点播业务的审批工作;等等。我国网络安全监督管理格局如图2-1所示。

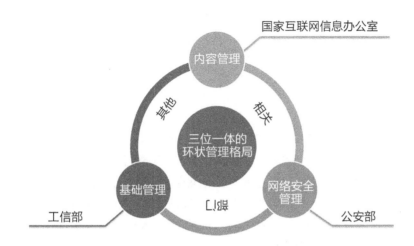

图2-1 我国网络安全监督管理格局

互联网三大主管部门中,除了公安系统针对网络违法犯罪活动的执法活动相对独立外,由于互联网的内容管理职能和行业管理职能相互交织的情况有日益突出的趋势,特别是面临一些新兴的业务领域,因此部门间的利益冲突比较明显,比如"三网融合"背景下广电和电信的"双向进入"问题、移动应用的管理权归属问题等,目前在政策和实践层面都没有得到很好的解决。究其原因,一方面是互联网作为一种信息载体,本身不可避免地兼具了媒体属性,可以说,内容管理贯穿于互联网管理的各个环节,包括行业管理。另一方面,也是更重要的原因,在于内容管理部门对行业管理部门存在明显的、非对称的资源依赖关系。比如推行网络实名制、屏蔽网络不良信息等,都离不开工信部门和网络运营商的技术手段支持。目前,虽然网络安全和信息化委员会办公室被赋予了对行业管理部门相应的统筹协调职能,但因为内容管理和行业管理相互交织,内容管理部门又相对缺乏对互联网基础设施、基本架构的管理资源,在这样的情形下,统筹协调职能有可能无法发挥显著效果。

2.2 我国互联网站管理

随着互联网技术的不断发展、智能手机的全面普及以及国家对于三网融合技术的大力推进,正如中国工程院院士、电信专家韦乐平所说:"推进三网融合是一场史无前例跨行业跨专业的整合,为产业的发展和衍生业务形态提供了巨大的想象空间和潜在的市场空间。"信息网络安全管理已经不能局限于传统的网站管理,越来越多的手机应用软件、广播电视网络也应该被纳入信息网络安全管理的范畴,但是"该谁管、怎么管"依然是一个难以解决的问题。目前,互联网上的各类网站作为信息内容的主要载体,是信息网络安全管理的主要内容之一,因此,在本节中,将针对各部门对互联网站管理的流程进行介绍,以此说明互联网管理的政府部门间的合作关系。

2.2.1 我国互联网站管理职责

我国互联网站管理主管部门有四类,包括互联网行业主管部门、前置审批部门、公益性互联单位主管部门和企业登记主管部门,各管理部门各司其职落实互联网站管理职责,在发挥各部门职能作用的同时,加强信息通报和管理联动,各部门发现违法违规网站和有害信息,在依法查处的同时,及时通报互联网站清理整顿协调小组相关成员单位,密切合作、积极配合,形成管理合力。

工业和信息化部是互联网行业主管部门,负责互联网行业管理工作。具体承担互联网站管理协调工作,依法对基础电信运营商、互联网接入服务提供商、互联网信息服务提供者、域名注册服务机构进行日常行业监管,指导互联网行业协会工作。

专项内容主管部门包括国务院新闻办公室、教育部、文化和旅游部、卫生和计划生育委员会、公安部、国家安全部、商务部、国家广播电视总局、国家保密局等。国务院新闻办公室负责互联网网上意识形态工作,具体协调互联网意识形态管理,统筹宣传文化系统网上管理。公安机关负责互联网站安全监督,依法处罚和打击网上违法犯罪行为;国家安全机关负责对互联网站涉及国家安全事项的信息内容进行监督检查。公安机关、国家安全机关和国家保密工作主管部门提供年度审核意见。

前置审批部门包括国务院新闻办公室、教育部、文化和旅游部、卫生和计划生育委员会、国家广播电视总局、国家药品监督管理局等,负责互联网信息服务各自主管服务项目的前置审批,对网站相关专项内容进行监督检查和审核,并向同级互联网行业主管部门提供年度审核意见。

公益性互联单位主管部门包括国家市场监督管理总局、教育部、商务部、中国科学院、中央军委联合参谋部信息化部等,企业登记主管部门国家市场监督管理总局负责对所主管的公益性互联单位(包括中国教育和科研计算机网、中国国际经济贸易互联网、中国科学技术网、中国长城互联网等公益性互联网络运行维护单位)进行日常监管。公益性互联单位主管部门督促所主管的公益性互联单位履行相关互联网接入服务的责任和义务,配合互联网行业主管部门和专项内容主管部门对接入其互联网络内的网站实施管理。

2.2.2 互联网站管理的相关流程

互联网行业主管部门与前置审批部门、专项内容主管部门、公益性互联单位主管部门以及企业登记主管部门之间建立完善有效的互联网站管理工作衔接流程,制定前置审批、查处违法违规网站、年度审核、公益性互联单位主管部门管理网站、查询网站信息等流程,各有关部门按照共同制定的工作流程,认真执行、密切配合、通力协作,切实做好互联网站管理工作。

1) 前置审批流程

(1) 拟从事新闻、出版、教育、医疗保健、药品和医疗器械、文化、视听节目(包括影视类音像制品)等互联网信息服务,应当经过相关前置审批部门的批准。

(2) 网站主办者在向互联网行业主管部门办理经营性互联网信息服务经营许可或非经营性互联网信息服务备案之前,应根据有关规定向省级或部级前置审批部门提交相关申请材料。

(3) 前置审批部门收到网站主办者提交的申请材料后,在规定时限内做出批准、不予批准或者不需要前置审批的决定。

(4) 拟从事非经营性互联网信息服务的网站主办者取得前置审批部门批准后,登录"工信部 ICP/IP 地址信息备案管理系统"(以下简称"备案管理系统",网址是 http://beian.miitgov.cn)履行备案手续,同时需向住所(自然人身份证住所或者法人注册住所)所在地省(自治区、直辖市)通信管理局书面提交相关前置审批部门审核同意的文件;拟从事经营性互联网信息服务的网站主办者取得前置审批部门批准后,按照有关规定向相关省(自治区、直辖市)通信管理局或者信息产业部办理经营许可手续。

(5) 省(自治区、直辖市)通信管理局收到网站主办者提交的备案信息和相关前置审批材料后,应在规定时限内为其办理备案手续,对予以备案的,及时发放备案编号。

(6) 互联网行业主管部门通过"备案管理系统"按前置审批项目分类公布已取得经营许可或者已经备案的网站主办者名单。

(7) 工商部门根据互联网行业主管部门颁发的互联网信息服务经营许可,为经营性互联网信息服务提供者办理相关登记或经营范围变更手续。

(8) 网站主办者名称、住所、法定代表人或者网站负责人、服务项目、网站域名、IP 地址等事项发生变更的,比照前置审核流程办理变更手续。

2) 查处违法违规网站流程

(1) 专项内容主管部门应依法对所主管的相关互联网信息服务内容进行检查。

(2) 专项内容主管部门应依法对违法违规网站进行查处,视情节将查处结果通报同级互联网行业主管部门。对专项内容主管部门依法责令停止超范围提供信息服务而网站拒不停止的,互联网行业主管部门通知相关接入服务提供商或公益性互联单位主管部门(公益性互联单位主管部门应当要求所主管的公益性互联单位)停止其接入服务。

(3) 专项内容主管部门要求互联网行业主管部门配合停止接入服务的,可以向同级互联网行业主管部门通报有关行政处罚情况。互联网行业主管部门根据专项内容主管部门通报的情况,注销网站主办者的经营许可或备案,并通知相关接入服务提供商停止接入服务,或通知公益性互联单位主管部门要求所主管的公益性互联单位停止接入服务。

(4) 前置审批部门取消网站前置审批业务资格的,应向同级互联网行业主管部门通报有关处理情况。互联网行业主管部门根据前置审批部门的通报情况,变更网站主办者经营许可服务项目或备案服务项目,并向同级工商部门通报有关变更经营许可服务项目情况。工商部门根据互联网行业主管部门的通报情况,责令经营性互联网信息服务提供者限期办理变更登记或依法办理注销登记。

(5) 互联网行业主管部门、专项内容主管部门对违法违规网站涉嫌犯罪的,移交同级公安机关处理。

3) 年度审核流程

(1) 互联网行业主管部门依法对基础电信运营商、互联网接入服务提供商、互联网信息服务提供者、域名注册服务机构进行年度审核。

(2) 专项内容主管部门负责对各自主管的专项内容进行年度审核,向行业主管部门提供年度审核不合格意见,实行一票否决制。

(3) 专项内容主管部门的年度审核意见分为"年度审核合格""取消专项服务资格""关闭网站"三种。其中,"取消专项服务资格""关闭网站"属于年度审核不合格意见。

(4) 专项内容主管部门应当对出具年度审核不合格意见的网站先进行依法查处,并将依法查处情况通报同级互联网行业主管部门。

(5) 前置审批部门应区别不同情况提出年度审核不合格意见:

① 对于已经取得前置审批文件的互联网站,应依法做出"取消专项服务资格"或"关闭网站"的年度审核不合格意见;

② 对于未取得相应前置审批文件、超范围提供信息服务的网站,依法予以查处。对拒不补办前置审批手续或拒不纠正违法违规行为的网站,依法做出"关闭网

站"的年度审核不合格意见。

公安机关、国家安全机关和国家保密工作主管部门对网站提出年度审核不合格意见的,应当向同级互联网行业主管部门通报有关依法查处情况。

(6) 互联网行业主管部门对同级专项内容主管部门提供年度审核不合格意见的,应依法做出如下处理:

① 对于年度审核意见为"取消专项服务资格"的,应依法变更经营许可服务项目或备案服务项目;

② 对于年度审核意见为"关闭网站"的,应依法注销其经营许可证或备案,并通知相关接入服务提供商停止接入,或者通知公益性互联单位主管部门要求其所主管的公益性互联单位停止接入,同时向同级工商部门通报处理情况。

(7) 工商部门根据互联网行业主管部门的通报情况,责令经营性互联网信息服务提供者限期办理变更登记或依法办理注销登记。

(8) 互联网行业主管部门应及时向同级有关部门通报年度审核的处理结果。

4) 公益性互联单位主管部门网站管理工作流程

(1) 公益性互联单位主管部门应对所主管的公益性互联单位的接入服务行为加强监督检查。公益性互联单位应严格遵守国家有关规定,不得为未取得电信业务经营许可或者未履行备案手续的网站主办者提供互联网接入服务。公益性互联单位主管部门对违规的公益性互联单位予以行政处罚。

(2) 公益性互联单位主管部门应要求所主管的公益性互联单位记录所接入的网站主办者备案信息,对网站主办者的备案信息进行认真核实、动态更新,保证备案信息的真实、完整、准确,并督促、指导已经备案的互联网站按规定标明备案编号、下载安装备案电子标识文件。

(3) 公益性互联单位主管部门应要求所主管的公益性互联单位积极配合、协助互联网行业主管部门和专项内容主管部门对违法违规网站进行依法查处。

5) 查询网站信息流程

(1) 互联网行业主管部门向专项内容主管部门提供查询网站信息便利条件。

(2) 前置审批部门、专项内容主管部门向同级互联网行业主管部门提供要求配合查询网站有关信息的函。

(3) 互联网行业主管部门通过"备案信息系统"开展查询,并及时按查询要求将查询结果反馈给相关部门,大批量查询以电子数据方式反馈。

2.3 我国网络安全立法体系框架

我国的网络安全立法体系框架分为四个层面：法律；行政法规；地方性法规、部门规章；规范性文件。

（1）法律：根据制定机关的不同，法律可以分为两类，即基本法律和其他法律。基本法律是由全国人民代表大会制定的，其他法律是由全国人大常委会制定的，但是两者的效力都一样。在全国人大闭会期间，全国人大常委会也有权对全国人大制定的法律在不与该法律的基本原则相冲突的前提下进行部分补充和修改。法律的效力低于宪法，不能同宪法相抵触。《立法法》规定了只能由法律进行规定的事项，包括：国家主权的事项；各级人民代表大会、人民政府、人民法院和人民检察院的产生、组织和职权；民族区域自治制度、特别行政区制度、基层群众自治制度；犯罪和刑罚；对公民政治权利的剥夺、限制人身自由的强制措施和处罚；对非国有财产的征收；民事基本制度；基本经济制度以及财政、税收、海关、金融和外贸的基本制度；诉讼和仲裁制度；必须由全国人民代表大会及其常务委员会制定法律的其他事项。

（2）行政法规：是指国务院制定颁布的规范性文件，其法律地位和效力仅次于宪法和法律，不得同宪法和法律相抵触。全国人大常委会有权撤销国务院制定的同宪法、法律相抵触的行政法规、决定和命令。

（3）地方性法规：地方性法规的制定机关有两类，一是由省、自治区、直辖市的人大和人大常委会制定；二是设区的市的人民代表大会及其常务委员会根据本市的具体情况和实际需要，在不同宪法、法律、行政法规和本省、自治区的地方性法规相抵触的前提下，可以对城乡建设与管理、环境保护、历史文化保护等方面的事项制定地方性法规，法律对设区的市制定地方性法规的事项另有规定的，从其规定。设区的市的地方性法规须报省、自治区的人民代表大会常务委员会批准后施行。

（4）部门规章：根据制定机关的不同，规章可以分为两类：一是由国务院的组成部门和直属机构在它们的职权范围内制定的规范性文件，不须经国务院批准，这是行政规章，或者称为部门规章。行政规章要服从宪法、法律和行政法规，其与地方性法规处于一个级别。另一种规章是地方行政规章，由省、自治区、直辖市和设区的市、自治州的人民政府制定的规范性文件。设区的市、自治州的人民政府根据《中华人民共和国立法法》第八十二条第一款、第二款制定地方政府规章，限于城乡建设与管理、环境保护、历史文化保护等方面的事项。地方政府规章除了服从宪法、法律和行政法规外，还要服从地方性法规。

（5）规范性文件：是各级机关、团体、组织制发的各类文件中最主要的一类，因其内容具有约束和规范人们行为的性质,故称为规范性文件。目前我国法律法规对于规范性文件的涵义、制发主体、制发程序和权限以及审查机制等,尚无全面、统一的规定。但部分地区探索实现了规范性文件统一制作、统一编号、统一管理的"三统一",初步实现了规范性文件的规范管理。

2.3.1 法律

我国与网络安全相关的法律主要有:

《宪法》《人民警察法》《刑法》《治安管理处罚法》《刑事诉讼法》《国家安全法》《保守国家秘密法》《行政处罚法》《行政诉讼法》《行政复议法》《国家赔偿法》《立法法》《中华人民共和国电子签名法》《全国人民代表大会常务委员会关于维护互联网安全的决定》《全国人民代表大会常务委员会关于加强网络信息保护的决定》等。

除上述法律以外,2016年11月7日,第十二届全国人大常委会第二十四次会议审议通过了《中华人民共和国网络安全法》。这是最近颁布的,我国网络安全领域内的一部基础法律。该法自2017年6月1日起施行,它的颁布施行,对于落实总体国家安全观,维护国家网络空间主权、安全和发展利益具有十分重要的意义。

1)《中华人民共和国人民警察法》

第六条第十二款明确规定,公安机关的人民警察依法履行"监督管理计算机信息系统的安全保护工作"职责。

2)《刑法》

1997年《刑法》修改后,除了分则规定的大多数犯罪罪种(包括危害国家安全罪,危害公共安全罪,破坏社会主义市场经济秩序罪,侵犯公民人身权利、民主权利罪、财产罪,妨害社会管理秩序罪)都适用于利用计算机网络实施的犯罪以外,还专门在第二百八十五条和第二百八十六条分别规定了非法入侵计算机信息系统罪、破坏计算机信息系统等罪行。2015年8月29日,第十二届全国人民代表大会常务委员会第十六次会议上通过《中华人民共和国刑法修正案(九)》,该修正案对刑法第二百八十五条和第二百八十六条进行了修改及补充,自2015年11月1日起正式施行。

第二百八十五条 【非法侵入计算机信息系统罪;非法获取计算机信息系统数据、非法控制计算机信息系统罪;提供侵入、非法控制计算机信息系统程序、工具罪】违反国家规定,侵入国家事务、国防建设、尖端科学技术领域的计算机信息系统的,处三年以下有期徒刑或者拘役。

违反国家规定,侵入前款规定以外的计算机信息系统或者采用其他技术手段,获取该计算机信息系统中存储、处理或者传输的数据,或者对该计算机信息系统实施非法控制,情节严重的,处三年以下有期徒刑或者拘役,并处或者单处罚金;情节特别严重的,处三年以上七年以下有期徒刑,并处罚金。

提供专门用于侵入、非法控制计算机信息系统的程序、工具,或者明知他人实施侵入、非法控制计算机信息系统的违法犯罪行为而为其提供程序、工具,情节严重的,依照前款的规定处罚。

单位犯前三款罪的,对单位判处罚金,并对其直接负责的主管人员和其他直接责任人员,依照各该款的规定处罚。

第二百八十六条 【破坏计算机信息系统罪;网络服务渎职罪】违反国家规定,对计算机信息系统功能进行删除、修改、增加、干扰,造成计算机信息系统不能正常运行,后果严重的,处五年以下有期徒刑或者拘役;后果特别严重的,处五年以上有期徒刑。

违反国家规定,对计算机信息系统中存储、处理或者传输的数据和应用程序进行删除、修改、增加的操作,后果严重的,依照前款的规定处罚。

故意制作、传播计算机病毒等破坏性程序,影响计算机系统正常运行,后果严重的,依照第一款的规定处罚。

单位犯前三款罪的,对单位判处罚金,并对其直接负责的主管人员和其他直接责任人员,依照第一款的规定处罚。

第二百八十六条之一 【拒不履行信息网络安全管理义务罪】网络服务提供者不履行法律、行政法规规定的信息网络安全管理义务,经监管部门责令采取改正措施而拒不改正,有下列情形之一的,处三年以下有期徒刑、拘役或者管制,并处或者单处罚金:

(一)致使违法信息大量传播的;

(二)致使用户信息泄露,造成严重后果的;

(三)致使刑事案件证据灭失,情节严重的;

(四)有其他严重情节的。

单位犯前款罪的,对单位判处罚金,并对其直接负责的主管人员和其他直接责任人员,依照前款的规定处罚。

有前两款行为,同时构成其他犯罪的,依照处罚较重的规定定罪处罚。

《刑法》第二百八十七条为利用计算机实施犯罪的提示性规定,具体内容如下:

第二百八十七条 【利用计算机实施犯罪的提示性规定】利用计算机实施金融诈骗、盗窃、贪污、挪用公款、窃取国家秘密或者其他犯罪的,依照本法有关规定定罪处罚。

第二百八十七条之一 【非法利用信息网络罪】利用信息网络实施下列行为之一,情节严重的,处三年以下有期徒刑或者拘役,并处或者单处罚金:

(一)设立用于实施诈骗、传授犯罪方法、制作或者销售违禁物品、管制物品等

违法犯罪活动的网站、通讯群组的;

(二)发布有关制作或者销售毒品、枪支、淫秽物品等违禁物品、管制物品或者其他违法犯罪信息的;

(三)为实施诈骗等违法犯罪活动发布信息的。

单位犯前款罪的,对单位判处罚金,并对其直接负责的主管人员和其他直接责任人员,依照第一款的规定处罚。

有前两款行为,同时构成其他犯罪的,依照处罚较重的规定定罪处罚。

第二百八十七条之二 【帮助信息网络犯罪活动罪】明知他人利用信息网络实施犯罪,为其犯罪提供互联网接入、服务器托管、网络存储、通讯传输等技术支持,或者提供广告推广、支付结算等帮助,情节严重的,处三年以下有期徒刑或者拘役,并处或者单处罚金。

单位犯前款罪的,对单位判处罚金,并对其直接负责的主管人员和其他直接责任人员,依照第一款的规定处罚。

有前两款行为,同时构成其他犯罪的,依照处罚较重的规定定罪处罚。

3)《治安管理处罚法》

《治安管理处罚法》中第二十九条与《刑法》第二百八十五条、第二百八十六条相对应,凡符合《刑法》第二百八十五条、第二百八十六条的规定,但不够追诉标准的,按《治安管理处罚法》第二十九条的规定进行处罚。

第二十九条规定,有下列行为之一的,处五日以下拘留;情节较重的,处五日以上十日以下拘留:

(1)违反国家规定,侵入计算机信息系统,造成危害的;

(2)违反国家规定,对计算机信息系统功能进行删除、修改、增加、干扰,造成计算机信息系统不能正常运行的;

(3)违反国家规定,对计算机信息系统中存储、处理、传输的数据和应用程序进行删除、修改、增加的;

(4)故意制作、传播计算机病毒等破坏性程序,影响计算机信息系统正常运行的。

4)《全国人民代表大会常务委员会关于维护互联网安全的决定》

该法律于2000年12月28日第九届全国人民代表大会常务委员会第十九次会议通过,根据2011年1月8日《国务院关于废止和修改部分行政法规的决定》修订。该法是我国第一部关于互联网安全的法律,分别从以下几个方面明确规定了对构成犯罪的行为,依照《刑法》有关规定追究刑事责任。

(1)保障互联网的运行安全;

(2)维护国家安全和社会稳定;

(3)维护社会主义市场经济秩序和社会管理秩序;

(4) 保护个人、法人和其他组织的人身、财产等合法权利。

为了保障互联网的运行安全和信息安全,《全国人民代表大会常务委员会关于维护互联网安全的决定》进一步扩充了保护对象的内涵和外延,不仅规定了非法侵入计算机信息系统罪、破坏计算机信息系统功能罪,还规定了破坏计算机信息系统数据、应用程序罪和制作、传播计算机病毒等破坏性程序罪。

5)《全国人民代表大会常务委员会关于加强网络信息保护的决定》

2012年12月28日,第十一届全国人民代表大会常务委员会第三十次会议通过《关于加强网络信息保护的决定》。这是中国公民个人信息保护法律体系的重大突破。该《决定》将"个人信息保护"从各部门法和部委规章中的零散规定首次提升到单独的"法律"规范层面。

该法共十二条,不仅界定了公民个人电子信息的范围,公民个人电子信息保护的义务主体,网络服务提供者和其他企事业单位在业务活动中收集、使用、保存公民个人电子信息应当遵循的原则;还提出禁止未经接受者同意或请求,向其固定电话、移动电话或个人电子邮箱发送商业性电子信息,并规定了公民个人可以采取的法律手段以及违反规定的法律后果。

6)《中华人民共和国网络安全法》

网络安全法共七章,分别为

第一章　总则

第二章　网络安全支持与促进

第三章　网络运行安全

第四章　网络信息安全

第五章　监测预警与应急处置

第六章　法律责任

第七章　附则

在总则中第一条规定:为了保障网络安全,维护网络空间主权和国家安全、社会公共利益,保护公民、法人和其他组织的合法权益,促进经济社会信息化健康发展,制定本法。

本条是关于《网络安全法》立法目的的规定。

《网络安全法》是网络安全领域的基础性法律,保障网络安全是其首要目的。《网络安全法》确立了国家、有关主管部门、网络运营者、网络使用者的网络安全责任,确立了网络设备设施安全、网络运行安全、网络数据安全、网络信息安全等各方面基本制度,以防范对网络的攻击、侵入、干扰、破坏和非法使用以及意外事故,提高网络安全保护能力和水平,保障网络处于稳定可靠的运行状态,保障网络存储、传输及处理信息的完整性、保密性、可用性。

网络空间主权是国家主权在网络空间的体现和延伸,网络空间主权原则是我国维护国家安全和利益、参与网络国际治理与合作所坚持的重要原则。《网络安全法》将维护网络空间主权作为立法目的,有利于更好地维护我国的国家主权和安全,有利于推动构建和平、安全、开放、合作的网络空间,建立多边、民主、透明的网络治理体系。

随着网络和信息技术的快速发展,网络安全不仅与政治经济军事社会各方面深度融合,而且关系公共产品和社会服务的保障与供给,所以网络安全不仅是事关国家安全的重大问题,还与社会公共利益息息相关。《网络安全法》确立维护网络安全的各项制度,对于维护国家安全、维护社会公众的共同利益,具有重要作用。

除此以外,《网络安全法》还是保护公民、法人和其他组织合法权益的法律依据,是建立健全预防,制止和惩治侵害公民、法人和其他组织行为的法律规范。

在网络安全和信息化发展一体化的今天,制定《网络安全法》,就是要通过法律制度建设,为经济社会信息化发展提供良好的环境,促进经济社会信息化健康发展。

2.3.2 行政法规

与网络安全有关的行政法规主要有:
- 国务院令第 147 号:《中华人民共和国计算机信息系统安全保护条例》
- 国务院令第 195 号:《中华人民共和国计算机信息网络国际联网管理暂行规定》
- 国务院令第 273 号:《商用密码管理条例》
- 国务院令第 291 号:《中华人民共和国电信条例》
- 国务院令第 292 号:《互联网信息服务管理办法》
- 国务院令第 339 号:《计算机软件保护条例》
- 国务院令第 363 号:《互联网上网服务营业场所管理条例》
- 国务院令第 468 号《信息网络传播权保护条例》

1)《中华人民共和国计算机信息系统安全保护条例》(国务院令第 147 号)

这是我国第一部涉及计算机信息系统安全的行政法规。《条例》赋予"公安部主管全国计算机信息系统安全保护工作"的职能。主管权体现在:监督、检查、指导权;计算机违法犯罪案件查处权;其他监督职责。

该条例中规定了计算机信息系统安全保护的基本制度:
(1) 计算机信息系统建设和应用制度;
(2) 安全等级保护制度;
(3) 计算机机房及其环境管理制度;

(4) 国际联网备案制度(进行计算机国际联网的单位和个人要向省级以上人民政府公安机关备案);

(5) 计算机信息系统使用单位的安全管理制度;

(6) 信息媒体进出境申报制度;

(7) 案件强制报告制度(对计算机信息系统中发生的案件,有关使用单位应当在24小时内向当地县级以上人民政府公安机关报告);

(8) 计算机病毒防治专管制度(即对计算机病毒和危害社会公共安全的其他有害数据的防治研究工作,由公安部归口管理);

(9) 对计算机信息系统安全专用产品的销售实行许可证制度。

2)《中华人民共和国计算机信息网络国际联网管理暂行规定》(国务院令第195号)

(1) 计算机信息网络进行国际联网的原则

- 必须使用邮电部国家公用电信网提供的国际出入口信道。
- 接入网络必须通过互联网络进行国际联网。
- 用户的计算机或计算机信息网络必须通过接入网络进行国际联网。

(2) 国际联网接入单位的管理制度

对互联网接入单位实行国际联网经营许可证制度(经营性)和审批制度(非经营性),限定了接入单位的资质条件、服务能力及其法律责任。

(3) 违规处罚

对违反《规定》第六条、第八条和第十条的行为,即:

- 自行建立或者使用其他信道进行国际联网的;
- 未按规定通过互联网络进行国际联网的;
- 未按规定通过接入网络进行国际联网;
- 未经许可和审批从事国际联网经营业务的。

由公安机关责令停止联网,给予警告,可以并处15 000元以下的罚款;有违法所得的,没收违法所得。

除上述两个行政法规以外,其他部分行政法规,例如《互联网上网服务营业场所管理条例》将会在后续章节中详细讲解。

2.3.3 部门规章

1) 公安部

公安部发布的关于网络安全的部门规章主要有以下几项:

- 公安部令第32号《计算机信息系统安全专用产品检测和销售许可证管理办法》

- 公安部令第 33 号《计算机信息网络国际联网安全保护管理办法》
- 公安部令第 51 号《计算机病毒防治管理办法》
- 公安部令第 82 号《互联网安全保护技术措施规定》

(1)《计算机信息系统安全专用产品检测和销售许可证管理办法》:为了加强计算机信息系统安全专用产品的管理,保证安全专用产品的安全功能,维护计算机信息系统的安全,根据《中华人民共和国计算机信息系统安全保护条例》第十六条的规定,制定了本办法。

在本办法中,规定了中华人民共和国境内的安全专用产品进入市场销售,实行销售许可证制度;安全专用产品的生产者在其产品进入市场销售之前,必须申领《计算机信息系统安全专用产品销售许可证》;安全专用产品的生产者申领销售许可证,必须对其产品进行安全功能检测和认定;公安部计算机管理监察部门负责销售许可证的审批颁发工作和安全专用产品安全功能检测机构的审批工作。地(市)级以上人民政府公安机关负责销售许可证的监督检查工作。

(2)《计算机信息网络国际联网安全保护管理办法》:1997 年 12 月 11 日国务院批准,1997 年 12 月 30 日公安部令第 33 号发布,是我国第一部全面调整互联网络安全的行政法规,不仅对我国互联网的初期发展起到了重要的保障作用,而且为后续有关网络安全的法规、规章的出台起到了重要的指导作用。

在《计算机信息网络国际联网安全保护管理办法》中主要规定了四条禁则和六项安全保护责任。

四项禁则:

(1) 任何单位和个人不得利用国际联网危害国家安全、泄露国家秘密,不得侵犯国家的、社会的、集体的利益和公民的合法权益,不得从事违法犯罪活动。

(2) 任何单位和个人不得利用国际联网制作、复制、查阅和传播下列信息:
- 煽动抗拒、破坏宪法和法律、行政法规实施的;
- 煽动颠覆国家政权,推翻社会主义制度的;
- 煽动分裂国家、破坏国家统一的;
- 煽动民族仇恨、民族歧视,破坏民族团结的;
- 捏造或者歪曲事实,散布谣言,扰乱社会秩序的;
- 宣扬封建迷信、淫秽、色情、赌博、暴力、凶杀、恐怖,教唆犯罪的;
- 公然侮辱他人或者捏造事实诽谤他人的;
- 损害国家机关信誉的;
- 其他违反宪法和法律、行政法规的。

(3) 任何单位和个人不得从事下列危害计算机信息网络安全的活动:
- 未经允许,进入计算机信息网络或者使用计算机信息网络资源的;

● 未经允许,对计算机信息网络功能进行删除、修改或者增加的;

● 未经允许,对计算机信息网络中存储、处理或者传输的数据和应用程序进行删除、修改或者增加的;

● 故意制作、传播计算机病毒等破坏性程序的;

● 其他危害计算机信息网络安全的。

(4) 任何单位和个人不得违反法律规定,利用国际联网侵犯用户的通信自由和通信秘密。

六项安全保护责任:

(1) 从事国际联网业务的单位和个人应当接受公安机关的安全监督、检查和指导,如实向公安机关提供有关安全保护的信息、资料及数据文件,协助公安机关查处通过国际联网的计算机信息网络的违法犯罪行为的责任。

(2) 国际出入口信道提供单位、互联单位的主管部门或者主管单位,应当依照法律和国家有关规定负责国际出入口信道、所属互联网络的安全保护管理工作的责任。

(3) 互联单位、接入单位及使用计算机信息网络国际联网的安全保护责任。

(4) 备案责任。

(5) 使用公用账号的注册者的责任。

(6) 涉及国家事务、经济建设、国防建设、尖端科学技术等重要领域的单位办理备案手续时,应当出具其行政主管部门的审批证明的责任。

2) 工业和信息化部

工业和信息化部发布的关于网络安全的部门规章主要有以下几项:

● 工业和信息化部令第 9 号《软件产品管理办法》

● 《计算机信息系统集成资质管理办法(试行)》

● 信息产业部令第 22 号《国际通信出入口局管理办法》

● 信息产业部令第 23 号《国际通信设施建设管理规定》

● 信息产业部令第 29 号《公用电信网间互联管理暂行规定》

● 工业和信息化令第 43 号《互联网络域名管理办法》

3) 国务院新闻办

国务院新闻办发布的关于网络安全的部门规章主要有:

● 《互联网站从事登载新闻业务管理暂行规定》

4) 教育部

教育部发布的关于网络安全的部门规章主要有以下几项:

● 《中国教育和科研计算机网暂行管理办法》

- 《教育网站和网校暂行管理办法》

5）原新闻出版总署

原新闻出版总署发布的关于网络安全的部门规章主要有：
- 《电子出版物出版管理规定》

6）原电子工业部、邮电部

原电子工业部、邮电部发布的关于网络安全的部门规章主要有以下几项：
- 《中国金桥信息网公众多媒体信息服务管理办法》
- 《计算机信息网络国际联网出入口信道管理办法》
- 《中国公用计算机互联网络国际联网管理办法》
- 《中国公众多媒体通信管理办法》
- 《专用网与公用网联网的暂行规定》

7）国家保密局

国家保密局发布的关于网络安全的部门规章主要有以下几项：
- 《计算机信息系统保密管理暂行规定》
- 《计算机信息系统国际联网保密管理规定》
- 《涉及国家秘密的通信、办公自动化和计算机信息系统审批暂行办法》
- 《关于加强政府上网信息保密管理的通知》

8）中国证监会

中国证监会发布的关于网络安全的部门规章主要有：
- 《网上证券委托暂行管理办法》。

9）国家广播电视总局

国家广播电视总局发布的关于网络安全的部门规章主要有：
- 《关于加强通过信息网络向公众传播广播电影电视类节目管理的通告》。

10）国家药品监督管理局

国家药品监督管理局发布的关于网络安全的部门规章主要有：
- 《互联网药品信息服务管理办法》。

2.3.4 地方性法规

全国多省、自治区、直辖市对网络安全管理发布了适合本地区的地方性规章，下面列举部分地方性法规：

《广东省计算机信息系统安全保护管理规定》于2003年3月31日广东省人民政府第十届4次常务会议通过，规定于2003年6月1日起实施。

《广东省计算机信息系统安全保护管理规定实施细则》于2003年7月1日起实施。

《四川省计算机信息系统安全保护管理办法》于1996年3月28日发布,规定自1996年5月1施行。

课后习题

一、选择题

1. (多选题)工业和信息化部作为电信行业主管部门,在互联网监督管理中主要承担哪些职责? ( )
   A. 互联网行业管理
   B. 信息通信领域网络与信息安全保障体系建设以及网络安全防护的应急管理
   C. 信息通信领域网络与信息安全保障体系建设以及网络安全防护的处置
   D. 互联网增值服务许可证的发放

2. (多选题)互联网管理划分为_____、_____、_____三个主要方面。 ( )
   A. 基础管理   B. 技术管理
   C. 内容管理   D. 网络安全管理

3. (多选题)法律地位和法律效力高于"行政法规"的是 ( )
   A. 部门规章   B. 法律   C. 地方性法规   D. 宪法

4. 违反国家规定,侵入计算机信息系统,造成危害的,处_____日以下拘留 ( )
   A. 5   B. 15   C. 20   D. 30

5. _____负责统筹协调网络安全工作和相关监督管理工作。_____和其他有关机关依照《中华人民共和国网络安全法》和有关法律、行政法规的规定,在各自职责范围内负责网络安全保护和监督管理工作。 ( )
   A. 国务院电信主管部门,工商管理部门、公安部门
   B. 国家网信部门,国务院电信主管部门、公安部门
   C. 国务院电信主管部门,国家网信部门、公安部门
   D. 公安部门,国家网信部门、国务院电信主管部门

6. 《中华人民共和国计算机信息系统安全保护条例》规定,对计算机信息系统中发生的案件,有关使用单位应当在_____向当地县级以上人民政府公安机关报告。 ( )
   A. 8小时内   B. 12小时内   C. 24小时内   D. 48小时内

7. 《中华人民共和国计算机信息系统安全保护条例》_____第147号]是于1994年2月18日发布的。 ( )
   A. 国务院令   B. 公安部令   C. 信息产业部令   D. 国家安全部令

8. 我国《刑法》_____规定了非法侵入计算机信息系统罪。 ( )
   A. 第二百八十四条   B. 第二百八十五条
   C. 第二百八十六条   D. 第二百八十七条

9. 《互联网信息服务管理办法》对经营性和非经营性互联网信息服务单位实行以下制度 （　　）

   A. 对经营性互联网信息服务单位实行许可制度，对非经营性互联网信息服务实行备案制度
   B. 对经营性和非经营性互联网信息服务单位均实行许可证制度
   C. 对经营性和非经营性互联网信息服务单位均实行备案制度
   D. 对经营性互联网信息服务单位实行备案制度，对非经营性互联网信息服务单位实行许可证制度。

10. 《计算机信息系统国际联网保密管理规定》是＿＿＿＿＿＿＿发布的。 （　　）
    A. 国家安全部　　　B. 公安部　　　C. 国家保密局　　　D. 信息产业部

11. 违反国家规定，对计算机信息系统中存储、处理或者传输的数据和应用程序进行删除、修改、增加的操作，后果严重的，构成 （　　）
    A. 非法侵入计算机信息系统罪
    B. 破坏计算机信息系统罪
    C. 扰乱无线电通讯管理秩序罪
    D. 删除、修改、增加计算机信息系统数据和应用程序罪

12. 违反国家规定，对计算机信息系统功能进行删除、修改、增加、干扰，造成计算机信息系统不能正常运行，后果严重的，处＿＿＿＿＿＿＿有期徒刑或者拘役。 （　　）
    A. 5 年以下　　　　　　　　　　　B. 3 年以上 10 年以下
    C. 5 年以上 10 年以下　　　　　　D. 5 年以上 20 年以下

二、判断题

1. 我国"三位一体"的环状管理格局中，将互联网管理划分为基础管理、内容管理、网络安全管理三个主要方面，分别由国家互联网信息办公室、工信部、公安部等主要管理部门负责，其他相关管理部门共同参与。 （　　）
2. 行政法规是指由国务院制定颁布的规范性文件，其法律地位仅次于宪法和法律，不得同宪法和法律相抵触。 （　　）
3. 《刑法》第二百八十五条、第二百八十六条、第二百八十七条是有关计算机信息系统安全保护方面的。 （　　）
4. 我国互联网站管理主管部门有四类，包括互联网行业主管部门、前置审批部门、公益性互联单位主管部门和企业登记主管部门。 （　　）
5. 我国的网络管理格局可以称为"九龙治水"的管理格局。 （　　）
6. 目前如果对各国互联网的管理模式进行归类，主要有两种，一种是政府主导型模式，另一种是政府指导行业自律型模式。 （　　）
7. 在"三位一体"的环状管理格局中，公安部属于牵头领导部门。 （　　）
8. 《计算机信息系统安全专用产品检测和销售许可证管理办法》《计算机信息网络国际联网安全保护管理办法》均属于部门规章。 （　　）
9. 未经专项批准或者专项备案手续也可以开展电子公告服务。 （　　）

三、简答题
1. 王小小是江苏人,居住在江苏徐州,想要开办一个营利性质的小说网,请简述其网站申办流程。
2. 南京市网安支队在调查某网络诈骗案件时发现一网站为钓鱼网站,并且该网站没有工信部的备案编号,于是发函请求江苏省通信管理局协助关闭该网站。请简述关闭该网站的流程。
3. 某人拟开办一家营利性质的视频直播网站,请根据行政管理要求,简述其开设网站的相关流程。

第 3 章　互联网上网服务营业场所安全管理

互联网上网服务营业场所,即我们通常所说的网吧,随着计算机信息网络的快速发展,从 1995 年国内第一家的出现,到现在已经经历了 20 多年的发展历史。从开始仅服务于大学学生、研究人员、外籍员工等极少数人群,到后来遍地开花,以及目前网咖形式的出现,可以说互联网上网服务营业场所经历了很多风风雨雨。在不同的时期,国家对待互联网上网服务营业场所的管理政策和侧重点也在不断地变化。

目前互联网上网服务行业,在缩小城乡信息差距、丰富人民群众精神文化生活等方面发挥了积极作用,为上百万人提供了就业岗位、为一亿多消费者提供了公共上网空间,庞大的设备更新和软件应用需求也促进了相关产业的发展壮大。虽然在过去的几年里,互联网上网服务行业在很多人的眼中变成了一个"传统"和"衰败"的行业,但从 2014 年底开始,行业主管部门大力推动全行业转型升级,重新点燃了数十万经营者的热情,沉寂并有些落寞的互联网上网服务行业焕发了勃勃生机,以亮洁的面貌改变着全社会的观念。互联网上网服务行业能否持续、健康、稳定地发展,与政府的管理、经营单位的经营行为有直接的关系。因此,我们探讨互联网上网服务营业场所的安全管理、规范经营是非常必要的。互联网上网服务营业场所的管理为公安部门管理的一项重要内容,也是让我们重视其安全管理的原因之一。

3.1　互联网上网服务营业场所概述

3.1.1　定义

互联网上网服务营业场所是指通过计算机等装置向公众提供互联网上网服务的网吧、计算机休闲室等营业性场所。互联网上网服务营业场所也就是我们通常所说的网吧。

学校、图书馆、宾馆、咖啡厅等单位内部附设的为特定对象获取资料、信息提供上网服务的场所不纳入我们这里所说互联网上网服务营业场所的管理范围。

那么,如何判定哪些场所是互联网上网服务营业场所呢?主要从下列特征来判断:是否以向社会公众提供上网设备(一般为电子计算机)以及"上网服务"作为盈利手段。

服务的对象是否为社会公众,是认定其是否为互联网上网营业场所的重要依据。也就是说,互联网上网服务营业场所的服务对象是不特定的人群,而且其服务范围也是不特定的和开放式的。一般社区、学校、图书馆、宾馆、咖啡厅、娱乐休闲中心等向特定对象提供上网服务的场所不纳入互联网上网服务营业场所的管理范围。

另外,互联网上网服务营业场所是以营利为目的的。投资人建立互联网上网服务营业场所的目的是为了获得利润,即使经营亏损甚至倒闭也并不影响其营利性的特征。

思考:有些互联网上网服务营业场所由于自身经营需求而采取"会员制"等形式以确保拥有相对固定的消费群体,这样是否改变其为公众提供上网服务的性质?

3.1.2 发展概况

互联网上网服务营业场所的发展几经兴衰,从 1995 年在国内悄悄兴起后,随着社会、科技的发展以及国家政策的调控,互联网上网服务行业也随之变迁。

(1) 1995 年之前——兴起阶段:国内的网吧刚刚兴起,主要代表为上海的国内首家网吧 3C+T,此时的经营形式主要模仿台湾的网吧,走的是网络咖啡屋模式,功能上大多只有上网终端服务和有限的游戏娱乐服务,部分网吧也提供饮料、食品等额外服务项目。网吧用户对象大多为高校师生、企业职员以及外籍人士。由于个人上网不便和所需的费用以及设备价格过高,网吧成为人们获取网络资源的最好场所。当时的网吧规模非常有限,消费价格相对较高,一般为每小时 20 元左右。

(2) 1995—1998 年——高峰阶段:这一阶段网吧不再是单一的上网场所,开始向游戏类娱乐场所发展。用户群体开始增加,不少时尚青年开始以网吧提供的游戏服务作为重要的娱乐手段,使网吧行业获得了巨大的客源。由于网吧数量的发展和相互竞争的需要,网吧消费水平开始降低,一般为每小时 10 到 15 元,服务内容也开始以单机游戏为主,上网服务由于并没有更大的用户群体扩充而成为网吧的次要服务项目。此时的网吧规模一般都维持在 10 至 20 台计算机之间,鲜有 40 台计算机以上的网吧出现,网吧的形式也趋于本地化和简陋化。

(3) 1998—2000 年——膨胀阶段:国内网吧的数量开始迅速增加,从而引起了大规模的行业内竞争。而此时的网吧间的竞争已不再是单一的价格战,网吧业主开始在联网速度、硬件设备、上机价格上进行大规模的宣传与竞争,最终导致网吧消费水平直线下降。在这种情况下,网吧又纷纷推出通宵上机优惠、包时限优惠等措施,而在管理上大大放手,成为一系列社会问题滋生的温床。在此期间,网吧行业发展变缓,开始淘汰大批竞争中的失败者。

(4) 2000—2002年——第二次高峰阶段:2000年,一种新型的娱乐形式——网络游戏在国内开始流行,网吧开始接纳既需要游戏,又需要上网的玩家群体,使网吧行业的用户进一步扩展。经过了前一阶段的网吧大战后,2001年上海东方网点连锁管理有限公司成立,各地也开始了连锁网吧的建设,不少地区网吧也自发地结合成网吧联盟体系,开始了网吧连锁化经营的尝试。网吧行业开始有所复苏,并开始接纳大量的网络游戏玩家。

(5) 2002—2006年——正规化发展阶段:由于上网用户的增加,网吧放松管理所带来的弊病开始显现。2002年6月,北京"蓝极速"事件发生后,国家有关部门开始加大对网吧行业的监管力度。同年国务院颁布了《互联网上网服务营业场所管理条例》,使网吧行业进入了重新洗牌阶段。网吧发展开始受到严格管理,缺乏管理的非正规中小型网吧关、停、并、转,网吧行业进入正规化发展前的阵痛阶段。网吧价格开始回涨,并达到了一个相对稳定的平民价格。

2003年,文化部发布了《文化部关于加强互联网上网服务经营场所连锁经营管理的通知》,为网吧行业的发展规划了道路,国内网吧行业正式开始了连锁化的发展道路。虽然此前在全国各地都出现过网吧连锁店的形式,但大多没有正规的连锁化实质内容。而国内网络游戏在2002年后也开始了飞速发展,国内网民群体的大量出现,为网吧行业再次提供了极大的发展与推动,连锁网吧的优越性在计算机设备购买更新、提供服务种类、经营管理手段方面具有一定的优势,与相关产业的结合度也更为紧密。

(6) 2006—2014年——保守发展阶段:2007年,国家相关部门联合印发《关于进一步加强网吧及网络游戏管理工作的通知》。根据通知要求,2007年全国网吧总量不再增加,各地均不得审批新的网吧。从2007年开始,网吧审批工作进入一个"保守期"。由于政府开始停止网吧证照的发放,网吧总体数量趋于稳定。2007年,网吧的盈利情况开始出现下降,网吧开始进入微利时代。2008年,受金融危机的影响,一些网吧开始寻求多元化经营,对增值服务的需求日渐迫切。

(7) 2014年至今——转型发展阶段:自从2014年11月25日,文化部、工商总局、公安部、工业和信息化部联合发布《关于加强执法监督 完善管理政策 促进互联网上网服务行业健康有序发展的通知》后,国家全面放宽对互联网上网服务营业场所的管控政策:取消总量限制,降低准入门槛,允许个体经营者出现,并实行先照后证管理,鼓励多元化和连锁经营。在此政策的出台及文化部门的推动下,互联网上网服务行业开始进行转型发展。根据《2018中国互联网上网服务行业发展报告》显示,2018年,我国互联网上网服务行业总体保持平稳发展态势,优胜劣汰竞争加剧,多业态融合发展趋势明显,行业继续朝着品牌化、精品化、连锁化方向发展,转型升级成果得到进一步巩固和提升。同时,受外部环境和内部竞争压力的影响,上网服务场所数量略减,但行业发展质量持续提升,社会形象得到较大改观。统计显示,截至2018年12月底,我国各类上网服务营业场所约13.8万家,同比下降4.2%;上网终端保有量为1280万台,同比减少4.5%;实现总营收706亿元,与2017年的708亿元基本持平。图3-1为2018年全国互联网上网服务行业营业收入来源。

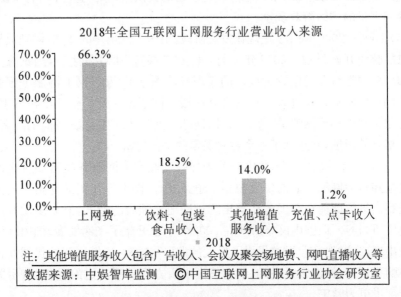

图3-1　2018年全国互联网上网服务行业营业收入来源

3.1.3　互联网上网服务营业场所的安全问题

互联网上网服务营业场所的发展,在极大丰富了人民群众娱乐生活、促进社会经济发展的同时,也衍生出很多问题——违规经营、秩序混乱、安全隐患突出等。网吧甚至经常成为流窜犯的栖身之地,所以一度是公安部门重点监管的对象。在此,我们将网吧常见的安全问题归纳如下:

1) 信息网络安全问题

互联网上充斥着大量有害信息,淫秽、色情信息严重损害了人们的身心健康。有些人利用网吧做掩护,通过网上联络、线下交易从事卖淫嫖娼,或参与网络赌博等非法活动;一部分人无视法律、法规的规定,制作、复制、传播各种造谣、污蔑、诽谤他人的信息和言论,肆意散布谣言、蛊惑人心、歪曲事实,以发泄对社会制度的不满情绪,严重破坏安定团结的和平局面;还有一些上网消费者在网吧中散布木马等恶意程序,窃取银行、邮箱、网游等账号密码,侵犯公民财产权、隐私权;更有甚者,利用计算机病毒恶意入侵、攻击、破坏其他网络,破坏网络秩序,危害网络安全,直接影响社会的稳定和发展。

目前,有不法分子以网吧为载体,实施各类网络违法犯罪;但由于部分网吧日志留存不健全,导致难以追查。因此网吧往往成为各类网络犯罪的温床。

2) 治安问题

(1) 打架斗殴时有发生:从图3-2可以看出,网吧内24岁以下的消费者较多,由于网吧是流动人口较集中的场所,环境复杂,并且因为年轻人的性格特征,网吧内时常会发生一言不合而大打出手的情况。

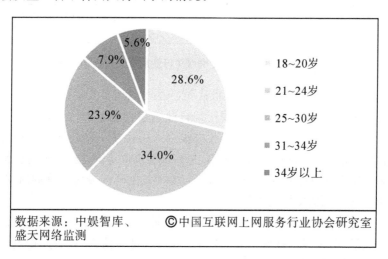

图3-2 2019年全国互联网上网服务营业场所用户年龄分布

(2) 盗窃案件时有发生:图3-3为《2017中国互联网上网服务行业年度发展报告》中显示的2017年全国上网服务行业用户收入水平分布图,从该图中我们可以发现网吧内的网民收入大部分偏低,或者没有收入来源,所以网吧内个别上网人员可能会因为经济原因,产生偷窃行为。另外,由于网吧的经营模式,常有人包夜上网,或者一些上网消费者专注于网络游戏或信息,忽视了对财物的保管,给违法犯罪人员带来了可乘之机,因此网吧时常成为偷窃犯罪的重灾区。

(3) 网吧逐渐成为吸食毒品的聚集地:近年来,网民在网吧内吸食毒品的新闻多有报道。随着新型毒品的兴起,加上网吧内网民的结构特征,常有社会闲散人员在网吧内吸食毒品。曾有报道,有5名男子在网吧内熬夜打游戏,竟然靠吸食毒品来提神。另外,有的不法网吧为了提高营业收入,不顾法律与社会道德,提供包间供网友吸毒,不仅构成容留他人吸毒罪,还为互联网上网服务行业带来了极大的不良影响。

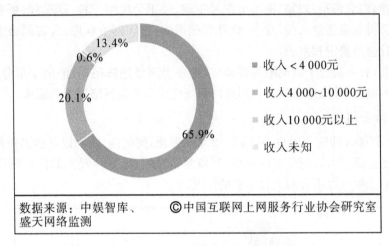

图 3-3 2017 年全国上网服务行业用户收入水平分布

(4) 网吧游戏陪玩行业的兴起:自从 MOBA 游戏(多人联机在线竞技游戏)在中国流行,"美女陪玩"业务作为游戏衍生行业迅速在网上蹿红。除了线上陪玩以外,还有不少女性从事线下陪玩职业。在很多人眼中线下陪玩成为色情服务的代名词,网吧也成为色情服务的约会地点,一些网吧提供包间服务,更为色情服务提供了温床。所以在网络不断的发展下,不仅要关注网吧内较为传统的治安问题,对新出现的治安问题也要提高警惕。

除此之外,还有人利用网络可以不见面沟通和上网地点可转移的特点从事种种非法的交易;有人通过在网上发布"帖子"侮辱、诽谤他人;还有人把电子邮箱作为一种非常规作案的手段。

由此可见,进一步提升网吧治安管理水平,才能更好地规范网吧经营秩序、净化网吧治安环境。

3) 消防问题

随着网吧行业的发展,网吧规模不断扩大,网吧经营者在追逐经济效益的同时,忽视了必要的安全防范,例如装修选材、布线工程上偏好于低价材料,使得这些营业场所的安全隐患日趋严重。从网吧行业兴起以来,连续发生多起网吧重、特大消防事故。2002 年北京"蓝极速"网吧发生大火,网吧无任何消防措施,窗户也被焊死,致 25 人死亡。2006 年河南省平顶山市"皓月网吧"发生火灾,致 1 死 26 伤,其中大部分为未成年人。2011 年浙江省象山县石浦镇"天一网吧"发生火灾,致 2 人死亡。2012年山西省朔州市马邑路"育人网络"突发大火,所幸无人伤亡。

"蓝极速网吧事件"为一起恶意纵火案件,4名纵火人员均为未成年人。蓝极速网吧位于二楼,从一层到二层的楼梯及二层地面上都铺着地毯,内有煤气罐,可以为服务员和上网人员做饭。因为靠近学校附近,火灾遇难者绝大部分为学生。事后,北京市人民政府很快就宣布全市网吧全部停业整顿,各地政府也迅速开始了对网吧的整顿工作,并加强控制新网吧的审批。在此过程中,数以万计的网吧被关闭,当时北京最大的飞宇网吧停业一年。但是在事件发生一年之后,在很多地方,整顿效果却并不明显。由于"蓝极速网吧事件"的发生,2002年9月29日,中华人民共和国国务院总理朱镕基签署第363号中华人民共和国国务院令,颁布《互联网上网服务营业场所管理条例》自2002年11月15日起实施,2001年4月3日信息产业部、公安部、文化部、国家工商行政管理局发布的《互联网上网服务营业场所管理办法》同时废止。

目前网吧存在的消防隐患,主要有以下几个方面:装修材料选择不当;选址偏僻,不利于救援;安全出口不足,通道被占用;电气线路超负荷、老化,耐火等级低;消防设施不达标;从业人员缺乏消防知识;等等。以上几个方面也是消防部门检查的重点。

4)经营管理问题

(1)容纳未成年人上网:为了提高营业收入,部分网吧在经营过程中,容纳未成年人上网。未成年人自我控制能力较弱,网上聊天和网络游戏现在正成为对青少年特别是对中学生影响最大的上网因素,网络世界对于青少年具有强烈的诱惑力,不少人"网游"成瘾。这样不仅有损他们的身体健康,而且对他们的学习、情感和人生观的正确发展,都具有极大的负面影响。

(2)纵容网民吸烟:因为夜间的上网服务费便宜,很多年轻网民喜欢包夜上网。为了保持精力,常常有网民抽烟"提神"。网吧巡视人员遇到这样的情况,为保证客源,往往并不禁止,有些网吧甚至提供香烟零售服务。根据规定,网吧内应设置醒目的禁止吸烟的标志,网吧业主不得利用明火作业,发现吸烟者应予以制止,不得放置有烟草广告的标志、物品和吸烟器具。网吧内吸烟的行为,往往会带来极大的消防安全隐患。

(3)不落实实名登记制度:在网吧的经营过程中,很多网吧不认真落实实名制登记制度,一旦发生网络违法犯罪案件,给公安机关调查取证造成了很大困难。另外,不少网吧为贪图便利,通过使用身份证生成器或者他人身份信息办理临时卡登记手续。如此一来,一旦出现违法犯罪,身份信息被冒用者的权益就受到了侵害。

(4)黑网吧问题:这里所说的黑网吧,指的是无经营执照,或者证照不全的网吧。图3-4所示为2018年全国互联网上网服务营业场所区域位置分布图,可以发现网吧在工厂、产业园区以及城乡接合部和高校周围较多。目前"黑网吧"已由城镇向农村、城乡接合部和校园附近转移,形式上也由公开向隐蔽、由门店经营向家庭经营转化。这些"黑网吧"为逃避监管,隐藏在学校及居民区周边,低价吸引上网消费者,偷逃税收违法经营。"黑网吧"一般条件简陋,经营场地狭窄、脏乱,空气污浊,通风不良,缺乏基本的消防设施,经营期间经常锁上安全门,堵塞安全通道,安全隐患让人忧心。这些"黑网吧"存在成本低利润高的现象,网吧经营者为了牟取暴利不惜违规操作。"黑网吧"的存在,对于网吧的整体形象以及连锁网吧的发展都带来不同程度的影响,有损良性的竞争秩序,严重地危害了社会秩序和经济秩序。

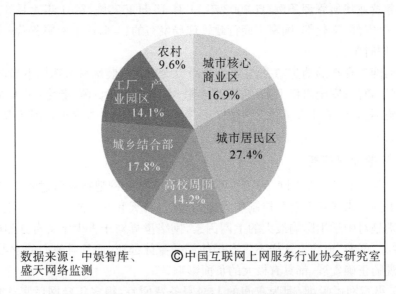

图 3-4 2018 年全国互联网上网服务营业场所区域位置分布

除了以上几个经营性问题以外,许多网吧经营者缺乏良好服务的经营理念,加上网吧管理员未能履行职责,很少进行巡查,对上网消费者的上网行为放任自流,使网吧成为不良网络内容滋生、泛滥的温床和不良网络行为的传播地。

3.2 互联网上网服务营业场所管理依据

自从 2002 年《互联网上网服务营业场所管理条例》颁布以来,互联网上网服务营业场所一直是国家文化、公安、工商等部门监管的重点,随着不同时期的社会环境以及网吧行业发展的变化,国家政策在不断地调整。这就需要相关行业的执法人员能够及时根据政策调整执法尺度与内容。图3-5为自2002年至2016年国家发布的关于互联网上网服务营业场所的相关政策。

从该图中我们可以看出,2002年到2013年之间国家对于网吧的政策导向为严格控制,2007年文化部、工商总局等14部委联合颁布"网吧审批禁令"。该政策的发布意味着不再新增一个单体网吧,这个政策一度使《网络文化经营许可证》炒至上百万。2009年,为了杜绝许可证的转卖现象,文化部、工商总局等四部委联合发布《关于进一步净化网吧市场有关工作的通知》,要求严格控制网吧总量,强化网吧市场退出机制。网吧经营单位办理变更法定代表人登记事项的,应先注销其《网络文化经营许可证》后,按新设立互联网上网服务营业场所的标准和条件重新受理申请。在此严格的政策管控及个人计算机和智能手机普及的背景下,网吧行业逐渐走向了下坡,成为人们眼中的夕阳行业。

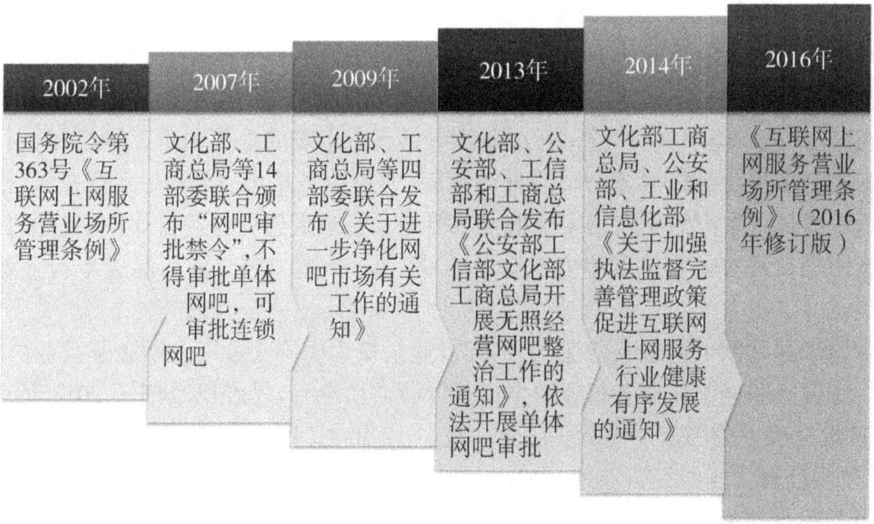

2002年	2007年	2009年	2013年	2014年	2016年
国务院令第363号《互联网上网服务营业场所管理条例》	文化部、工商总局等14部委联合颁布"网吧审批禁令",不得审批单体网吧,可审批连锁网吧	文化部、工商总局等四部委联合发布《关于进一步净化网吧市场有关工作的通知》	文化部、公安部、工信部和工商总局联合发布《公安部工信部文化部工商总局开展无照经营网吧整治工作的通知》,依法开展单体网吧审批	文化部工商总局、公安部、工业和信息化部《关于加强执法监督完善管理政策促进互联网上网服务行业健康有序发展的通知》	《互联网上网服务营业场所管理条例》(2016年修订版)

图3-5 2002年至2016年国家发布的关于互联网上网服务营业场所相关政策

为贯彻党的十八届三中全会精神,落实《国务院关于促进信息消费扩大内需的若干意见》的要求,从根本上促进互联网上网服务行业的健康发展,国家开始推进互联网上网服务行业的转型发展,并在2013年由文化部、公安部、工信部和工商总局联合发布《关于开展无照经营网吧整治工作的通知》,依法开展单体网吧审批,冰封6年之久的网吧审批禁令开始解封。2014年11月,由文化部、工商总局、公安部和工信部联合发布《关于加强执法监督完善政策管理 促进互联网上网服务行业健康有序发展的通知》,该文件中对《互联网上网服务营业场所管理条例》中对网吧设立和经营的部分条款进行了调整。2016年国务院于2月

6日发布并实施《互联网上网服务营业场所管理条例》(2016年修订版,2019年第三次修订版)。

1)《中华人民共和国网络安全法》

《中华人民共和国网络安全法》是我国网络安全领域的基础性法律,是国家安全领域的一部重要法律,对于互联网上网服务营业场所的安全管理也有相关规定。

(1)《网络安全法》第十一条:网络相关行业组织按照章程,加强行业自律,制定网络安全行为规范,指导会员加强网络安全保护,提高网络安全保护水平,促进行业健康发展。

行业自律是行业主体为维护共同利益、促进共同发展而开展的订立行业规范、规范行业行为、协调利益关系、维护公平竞争的自我管理、自我约束的行为。

该条法律强调了行业自律在网络安全管理中的重要性,为行业组织制定网络行为规范,指导会员加强网络安全保护提供了法律依据。行业行为规范是行业组织开展行业自律的重要依据。网络相关行业组织开展行业自律,应当依照法律、法规和相关标准以及本行业的通行做法、最优实践,制定适用于本行业的网络安全行为规范,约束本组织成员的行为;行业指导是行业组织的重要职责。网络相关行业组织应当利用自身技术、管理、信息等优势,通过业务培训、技术支持等方式,指导本组织成员采取有利于网络安全的技术措施和管理措施。行业自律的目标是提高本组织成员及本行业的网络安全保护水平,维护网络安全,从而促进本行业健康发展。

对于互联网上网服务营业场所,其行业组织为中国互联网上网服务行业协会。

中国互联网上网服务行业协会(以下简称"协会"),是经民政部于2013年3月12日批复成立的国家一级行业协会。自2012年12月10日协会召开成立大会以来,在规范营业场所经营秩序、保障经营者和上网用户的合法权益、促进互联网上网服务行业转型升级健康发展等方面作出了积极的贡献。

协会的主要工作职责包括:① 组织实施行业培训,宣传贯彻党和政府有关互联网上网服务营业场所管理的方针政策和法律法规,指导会员守法文明经营;② 开展我国互联网上网服务营业场所行业发展状况的调查与研究工作,向政府主管部门反映会员及行业的愿望、合理要求,提出行业发展的政策建议;③ 制订并实施互联网上网服务营业场所行业标准和自律公约,协调会员之间的关系,促进会员之间的沟通与协作,充分发挥行业自律作用,维护行业权益和用户利益,提高行业服务质量;④ 组织有利于互联网上网服务营业场所行业发展的培训、研讨等活动,加强同行业经营者的沟通与交流,促进与相关行业的接触与合作;⑤ 积极开展咨询服务,提供国内外互联网上网服务营业场所行业信息,组织编撰年度报告;⑥ 承担会员单位或政府有关部门委托的其他事项。

(2)《网络安全法》第十三条:国家支持研究开发有利于未成年人健康成长的网络产品和服务,依法惩治利用网络从事危害未成年人身心健康的活动,为未成年人提供安全、健康的网络环境。

随着互联网的发展,包括手机、平板电脑在内的各类移动终端的大量普及,未成年人对于互联网触手可及。互联网上大量的信息、视频以及游戏对于未成年人而言,具有巨大的吸引力。互联网对于未成年人的负面影响包括两方面:一是,沉迷于网络游戏,损害未成年人的身体健康,影响未成年人的学习教育,造成未成年人社会交往方面的心理障碍,甚至厌世、弃学;二是,由于网络上的暴力、淫秽色情、赌博等大量有害信息的存在,极易危害未成年人健康成长,甚至导致一些未成年人触犯法律。

因此,相关法律规定,互联网上网服务营业场所不得开设在中小学校周围,不得允许未成年人进入,经营者应当在显著位置设置未成年人禁入标志。

(3)《网络安全法》中其他网络运行安全和网络信息安全相关的法律条款同样适用于互联网上网服务营业场所的安全管理。

2)《互联网上网服务营业场所管理条例》(国务院令第363号)

该《条例》为2002年9月29日国务院令第363号公布(自2002年11月15日起实施,2011年1月8日第一次修订,2016年2月6日第二次修订,2019年3月24日第三次修订),是我国互联网管理领域的一项重要法规,为加强对互联网上网服务营业场所的管理,提供了较高效力层次的法制依据和重要的法制保障。该《条例》自施行以来,对加强网吧的管理、规范经营者的经营行为、维护公众和经营者的合法权益、保障互联网上网服务经营活动健康发展、促进社会主义精神文明建设发挥了重要的作用。

《条例》共分为五个章节,分别包括互联网上网服务营业场所的监管部门和监管内容的确定、设立条件、经营行为以及罚则等内容。

(1)相对于旧版的《条例》,2016年2月6日修正版中对以下内容进行了修订。

① 删去第七条中的"不得设立互联网上网服务营业场所"。

② 第八条第一款中的"设立互联网上网服务营业场所经营单位,应当采用企业的组织形式,并具备下列条件"修改为"互联网上网服务营业场所经营单位从事互联网上网服务经营活动,应当具备下列条件"。第三款中的"审批设立互联网上网服务营业场所经营单位"修改为"审批从事互联网上网服务经营活动"。

③ 第十条修改为:互联网上网服务营业场所经营单位申请从事互联网上网服务经营活动,应当向县级以上地方人民政府文化行政部门提出申请,并提交下列文件:

- 企业营业执照和章程;

- 法定代表人或者主要负责人的身份证明材料；
- 资金信用证明；
- 营业场所产权证明或者租赁意向书；
- 依法需要提交的其他文件。

④ 删去第十一条第一款中的"设立"。删去第五款：申请人持《网络文化经营许可证》到工商行政管理部门申请登记注册,依法领取营业执照后,方可开业。

⑤ 第二十七条修改为：违反本条例的规定,擅自从事互联网上网服务经营活动的,由文化行政部门或者由文化行政部门会同公安机关依法予以取缔,查封其从事违法经营活动的场所,扣押从事违法经营活动的专用工具、设备；触犯刑律的,依照《刑法》关于非法经营罪的规定,依法追究刑事责任；尚不够刑事处罚的,由文化行政部门没收违法所得及其从事违法经营活动的专用工具、设备；违法经营额1万元以上的,并处违法经营额5倍以上10倍以下的罚款；违法经营额不足1万元的,并处1万元以上5万元以下的罚款。

⑥ 增加一条,作为第二十八条：文化行政部门应当建立互联网上网服务营业场所经营单位的经营活动信用监管制度,建立健全信用约束机制,并及时公布行政处罚信息。

⑦ 删去第三十四条：互联网上网服务营业场所经营单位违反本条例的规定,被处以吊销《网络文化经营许可证》行政处罚的,应当依法到工商行政管理部门办理变更登记或者注销登记；逾期未办理的,由工商行政管理部门吊销营业执照。

修订后的《条例》,主要对互联网上网服务营业场所设立和审批流程进行了修改,并将原来工商行政部门的执法权限转移到文化行政部门,加强了文化部门对该行业的管理约束力度,而工商部门只负责营业执照的发放与吊销。

(2) 根据《国务院关于修改部分行政法规的决定》(中华人民共和国国务院令第710号),2019年3月24日正式发布了对《互联网上网服务营业场所管理条例》的第三次修订,修订内容如下：

① 第十一条第二款修改为：申请人完成筹建后,应当向同级公安机关申请信息网络安全审核。公安机关应当自收到申请之日起20个工作日内作出决定；经实地检查并审核合格的,发给批准文件。申请人还应当依照有关消防管理法律法规的规定办理审批手续。

② 第十一条第三款修改为：申请人取得信息网络安全和消防安全批准文件后,向文化行政部门申请最终审核。文化行政部门应当自收到申请之日起15个工作日内依据本条例第八条的规定作出决定；经实地检查并审核合格的,发给《网络文化经营许可证》。

③ 第十一条第四款修改为：对申请人的申请,有关部门经审查不符合条件的,

或者经审核不合格的,应当分别向申请人书面说明理由。

3)文化部、工商总局、公安部、工信部联合发布《关于加强执法监督完善政策管理　促进互联网上网服务行业健康有序发展的通知》

为了避免过多的行政干预,导致市场机制扭曲,行业缺乏竞争和活力,文化部联合其他四部委于2014年11月26日发布该《通知》。该通知可以理解为对《互联网上网服务营业场所管理条例》的补充与说明。《通知》里主要针对以下几个方面进行了说明:

(1)进一步加强对无照经营行为以及接纳未成年人行为的查处,要求改善上网服务场所的环境。

(2)降低准入门槛,取消各级文化行政部门对上网服务场所的总量和布局要求;取消对上网服务场所计算机数量的限制;场所最低营业面积调整为不低于20平方米,计算机单机面积不低于2平方米。

(3)实行先照后证管理政策;取消各级文化行政部门对连锁企业设立的认定。

(4)鼓励上网服务场所发展连锁经营,以连锁推动规范化经营管理,以连锁促进行业的转型升级。取消各级文化行政部门对连锁企业设立的认定,连锁规模、连锁方式由上网服务场所自主决定。

(5)对于试点地区可不对上网服务场所营业时间做统一规定,上网服务场所距中学、小学校园出入口最低交通行走距离不低于200米;允许试点地区上网服务场所经营非网络游戏。(决定扩大试点范围,新增试点地区由省级文化行政部门确定,报文化部备案。)

4)其他相关法律规范

(1)《中华人民共和国刑法》:第二百八十五条和第二百八十六条分别规定了非法入侵计算机信息系统罪、破坏计算机信息系统罪两种针对计算机系统实施的专门犯罪。第二百八十七条则规定了利用计算机实施犯罪的提示性规定。

(2)《中华人民共和国治安管理处罚法》:2005年8月28日,第十届全国人民代表大会常务委员会第十七次会议通过了《中华人民共和国治安管理处罚法》,自2006年3月1日起施行。增加了信息网络领域违法行为的相关条款,对利用互联网实施扰乱社会治安管理的违法行为做了明确规定,为公安机关网络安全保卫部门在信息网络领域维护社会秩序,保证公共安全,保护公民、法人和其他组织的合法权益提供了有力的法律依据和重要的法律武器。其中,第二十九条、第四十二条、第四十七条、第六十八条、第六十九条和第七十条等部分条款着力体现了《中华人民共和国治安管理处罚法》对信息网络领域违法行为的规范。

(3)《计算机信息网络国际联网安全保护管理办法》:1997年12月16日公安部发布了《计算机信息网络国际联网安全保护管理办法》。这是我国第一部全面调整互联网络安全的行政法规,不仅对我国互联网的初期发展起到了重要的保障作用,而且为后续有关信息安全的法规、规章的出台起到了重要的指导作用。该《办法》第三条规定"公安部计算机管理监察机构负责计算机信息网络国际联网的安全保护管理工作"。

3.3 互联网上网服务营业场所从事互联网上网服务经营条件及申办、变更等办理流程

3.3.1 设立

互联网上网服务营业场所的审批程序比较复杂,互联网上网服务营业场所法定代表需要到多个部门办理审批手续,包括文化行政部门、公安机关、工商行政管理部门、电信、税务等部门。自 2014 年 11 月以后,互联网上网服务营业场所的审批流程已经改为先照后证管理政策,具体审批流程如图 3-6 所示。

图 3-6 互联网上网服务营业场所"先照后证"审批流程

目前,互联网上网服务营业场所审批可实行线上、线下同步进行(因为地区不同,全国各地的审批流程可能略有差异)。

1) 线上流程

申请人网上注册申请(网址 http://sq.ccm.gov.cn),可向当地文化行政部门申请指导。

2) 线下流程

第一步:申请人到工商部门申领《营业执照》。

第二步:如需要申请行政指导筹建的(申请人不需要行政指导的,跳过此步骤,从第三步开始),申请人持《营业执照》等相关书面材料向所在市(县、区)文化行政部门提出行政指导申请→文化行政部门受理申请→文化行政部门对场所及相关材料进行指导→文化行政部门在设立行政指导申请表上给出指导意见(10个工作日内作出行政指导意见)。

第三步:申请人开始筹建,持《营业执照》等相关书面材料到同级公安机关申请信息网络安全和消防安全审核,同时组织2名以上(含2名)从业人员参加从业资格培训,并落实经营管理技术措施。

第四步:申请人完成筹建,持公安机关批准文件及其他相关材料向市(县、区)文化行政部门申请审核→文化行政部门经实地检查并核验经营管理技术措施,审核合格的,通过全国平台打印发放《网络文化经营许可证》,不合格的,书面说明情况(15个工作日内作出决定)。

取得《网络文化经营许可证》后,方可营业。图3-7为文化部门审核阶段流程图。

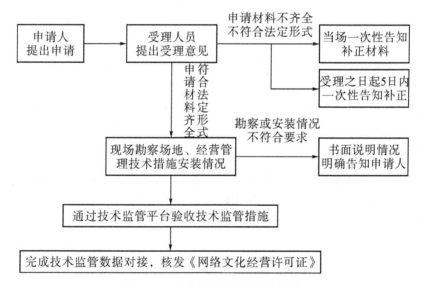

图3-7 文化部门审核阶段流程图

3.3.2 变更

1) 变更名称、法定代表人、企业组织形式、注册资本

申请人持相关书面材料向所在市(县、区)文化行政部门提出变更申请→文化行政部门对相关材料进行审核,并核验经营管理技术措施→审核合格的,文化行政部门通过平台打印发放《网络文化经营许可证》,不合格的,说明情况(15个工作日

内作出决定)。

2) 变更地点、计算机数量

第一步:如需要申请行政指导筹建的(申请人不需要行政指导的,跳过此步骤,从第二步开始),申请人持相关书面材料向所在市(县、区)文化行政部门提出变更申请→文化行政部门受理申请→文化行政部门对场所及相关材料进行现场指导→文化行政部门在变更行政指导申请表上给出指导意见(10个工作日内作出行政指导意见)。

第二步:申请人开始筹建,到同级公安机关申请信息网络安全和消防安全审核,同时落实经营管理技术措施(与当地文化行政部门联系安装经营管理软件和视频监控)。

第三步:申请人筹建完成,持公安机关批准文件及其他相关材料向市(县、区)文化行政部门申请审核→文化行政部门经实地检查并核验经营管理技术措施,审核合格的,通过全国平台打印发放《网络文化经营许可证》,不合格的,书面说明情况(15个工作日内作出决定)。

3) 补证

申请人持相关书面材料向所在市(县、区)文化行政部门提出补证申请→文化行政部门对相关材料进行审核并核验经营管理技术措施,审核合格的,通过平台补打并发放《网络文化经营许可证》,不合格的,说明情况(15个工作日内作出决定)。

4) 注销

申请人持相关书面材料向所在市(县、区)文化行政部门提出注销申请→文化行政部门对相关材料进行审核→文化行政部门审核合格予以注销《网络文化经营许可证》,不合格的,说明情况。

5) 撤销

有《网络文化经营许可证》撤销情形的,由市(县、区)文化行政部门依法撤销。

3.3.3 审批条件

1) 申请人要求

(1) 互联网上网服务营业场所经营单位被吊销《网络文化经营许可证》的,自被吊销《网络文化经营许可证》之日起5年内,其法定代表人或者主要负责人不得担任互联网上网服务营业场所经营单位的法定代表人或者主要负责人。

(2) 擅自设立的互联网上网服务营业场所经营单位被依法取缔的,自被取缔之日起5年内,其主要负责人不得担任互联网上网服务营业场所经营单位的法定代表人或者主要负责人。

(3) 文化行政部门、公安机关、工商行政管理部门和其他有关部门及其工作人员不得从事或者变相从事互联网上网服务经营活动,也不得参与或者变相参与互联网上网服务营业场所经营单位的经营活动。

2) 设立地点要求

互联网上网服务营业场所距中学、小学校园出入口最低交通行走距离不低于200米(最低交通行走距离是指场所出入口与中学、小学校园出入口最近交通行走距离)。

互联网上网服务营业场所不得在居民住宅楼内设立。农村地区依法取得消防安全手续的合法用房可以设立。

3) 设立条件

(1) 有企业的名称、住所、组织机构和章程;
(2) 营业面积不得低于20平方米、每台计算机占地面积不得低于2平方米;
(3) 有与其经营活动相适应的符合国家规定的消防安全条件;
(4) 有健全、完善的信息网络安全管理制度、安全技术措施;
(5) 有固定的网络地址;
(6) 有与其经营活动相适应并有2名以上(含2名)取得从业资格的安全管理人员、经营管理人员、专业技术人员;
(7) 必须实施经营管理技术措施;
(8) 法律、行政法规和国务院有关部门规定的其他条件。

3.3.4 行政指导

筹建人需要行政指导的,应当向市(县、区)文化行政部门提出。

申请咨询事项为法律法规、设立程序等内容的,文化行政部门应当即时告知筹建人;筹建人要求书面答复的,文化行政部门应当自收到筹建咨询申请书之日起5日内答复。

申请咨询事项为现场指导的,筹建人应提交《行政指导申请表》及房地产权属证书,租赁场地经营的还应当提交租赁合同或者租赁意向书,文化行政部门应当自收到行政指导申请之日起10日内到现场指导。

3.3.5 申请材料

1) 提交申请

申请材料除当面提交外,可通过信函、传真、全国文化市场技术监管与服务平

台等途径提交,也可委托代理人提交:

(1) 申报资料按材料清单顺序排列;

(2) 申请材料的复印件应清晰;

(3) 所有材料为 A4 大小,有特殊规定除外。

2) 材料清单

(1) 行政指导阶段(可选):

① 《互联网上网服务营业场所行政指导申请表》;

② 工商营业执照复印件;

③ 法定代表人或者主要负责人的身份证明;

④ 营业场所的房屋证明文件,非自有房屋还需提交租赁意向书;农村地区房屋的,仅需提交房屋合法性证明。

(2) 审核阶段:

① 设立

A. 《互联网上网服务营业场所设立登记表》;

B. 《声明》;

C. 《设立互联网上网服务营业场所行政指导申请表》或《未申请行政指导说明》;

D. 工商部门《名称预先核准通知书》或《营业执照》;

E. 公安部门《网络信息安全审核意见书》;

F. 消防部门《公众聚集场所投入使用、营业前消防安全检查合格证》或证明文件;

G. 文化部门《场所经营管理技术措施验收单》;

H. 《网络地址登记表》;

I. 经营场所产权证明(无房屋产权证明文件或产权证明未注明房屋使用性质的,需房产行政部门出具房屋用途证明文书;农村地区房屋的,仅需提交房屋合法性证明);

J. 房屋租赁合同(非自有房产);

K. 电脑绘制的场所平面分布图(必须与消防审核时提交的平面图一致);

L. 法定代表人(或主要负责人)、安全管理人员、经营管理人员、专业技术人员等身份证明及从业资格证书(至少 2 名)。

② 变更

Ⅰ. 所有变更均需统一提交的材料

A. 《互联网上网服务营业场所变更登记表》;

B. 《变更申请报告》;

C. 法定代表人(或主要负责人)身份证明;

D. 文化部门核发的原《网络文化经营许可证》原件;

E. 文化部门《场所经营管理技术措施验收单》;

Ⅱ. 对应变更项目需补充提交的材料

A. 名称变更:

- 工商部门《营业执照》或《名称变更核准通知书》。

B. 法定代表人变更

- 《声明》;
- 变更法定代表人后的《营业执照》或《变更核准通知书》;
- 原、现法定代表人(或主要负责人)身份证明;
- 安全管理、经营管理、专业技术等从业人员身份证明及从业资格证书(至少2名)。

C. 企业组织形式变更

- 变更后的《营业执照》或《变更核准通知书》。

D. 注册资本变更

- 变更后的《营业执照》或《变更核准通知书》。

E. 地址变更

- 《声明》;
- 《变更互联网上网服务营业场所行政指导申请表》或《未申请行政指导说明》;
- 公安部门《网络信息安全审核意见书》;
- 消防部门《公众聚集场所投入使用、营业前消防安全检查合格证》或证明文件;
- 《网络地址登记表》;
- 电脑绘制的场所平面分布图(必须与消防审核时提交的平面图一致);
- 经营场所产权证明或房产行政部门出具的房屋用途证明文书;农村地区房屋的,仅需提供房屋合法性证明;
- 房屋租赁合同(非自有房产)。

表3-1为广州市互联网上网服务营业场所地址变更需提交的材料。

F. 计算机数量变更(改建、扩建)

- 《声明》;

表3-1 广州市互联网上网服务营业场所地址变更需提交的材料

变更项目		提交材料	出具材料的单位	份数	备注
地址变更	1	互联网上网服务营业场所变更安装证项目申请表	分局网监部门	2	
	2	互联网上网服务营业场所网络安全管理软件安装证原件	市局网监部门	1	
	3	广州市互联网上网服务营业场所立项审核意见书(复印件)	市文广新局	1	
	4	工商营业执照(复印件)	市工商局	1	
	5	分局消防安全检查意见书、建筑工程消防验收的意见书、建筑工程消防设计的审核意见书(复印件)	分局消防部门	各1	
	6	电信部门接入服务协议书	电信部门	1	
	7	法定代表人身份证(复印件)		1	
	8	信息网络安全继续教育培训证明,附负责人(1人)安全员(2人)技术员(1人)身份证(复印件)	计协	各1	
	9	房地产权证(复印件)	房产部门	1	
	10	房屋测绘图(规划部门出具的标明申请场地与周边中小学校之间距离的1:2 000的地形图和证明意见)(复印件)	规划部门	1	
	11	房屋租赁合约(复印件)	租赁单位	1	
	12	网络地理位置示意图		1	
	13	Pubwin2009收费系统、身份证阅读器安装、维护合同	新浩艺公司		
	14	网吧装修设计图(网吧平面图)		1	
	15	网络拓扑图(提供VISIO电子版)		1	
	16	网络与信息安全管理制度		1	
	17	公共场所视频监控联网安装证明	中邦公司	1	

- 《变更互联网上网服务营业场所行政指导申请表》或《未申请行政指导说明》;
- 公安部门《网络信息安全审核意见书》;
- 消防部门《公众聚集场所投入使用、营业前消防安全检查合格证》或证明文件;

- 电脑绘制的场所平面分布图(必须与消防审核时提交的平面图一致);
- 经营场所产权证明或房产行政部门出具的房屋用途证明文书;农村地区房屋的,仅需提供房屋合法性证明;
- 房屋租赁合同(非自有房产);
- 涉及房屋结构改变的,还需提交房屋安全鉴定。

上述变更项目可以一次多项申请变更,相同资料按要求提交一份,表3-2为广州市互联网上网服务营业场所机器台数变更需提交的材料。

表3-2 广州市互联网上网服务营业场所机器台数变更需提交的材料

变更项目		提交材料	出具材料的单位	份数	备注
机器台数变更	1	互联网上网服务营业场所变更安装证项目申请表	分局网监部门	2	
	2	网络文化经营许可证(复印件)	市文广新局	1	
	3	互联网上网服务营业场所网络安全管理软件安装证原件	市局网监部门	1	
	4	分局消防安全检查意见书、建筑工程消防验收的意见书、建筑工程消防设计的审核意见书(复印)	分局消防部门	各1	
	5	房屋租赁合约(复印件)	租赁单位	1	
	6	Pubwin2009收费系统、身份证阅读器安装、维护合同	新浩艺公司	1	
	7	网吧装修设计图(网吧平面图)		1	
	8	网络拓扑图(提供VISIO电子版)		1	
	9	公共场所视频监控联网安装证明	中邦公司	1	
	10	信息网络安全继续教育培训证明,附负责人(1人)安全员(2人)技术员(1人)身份证(复印件)	计协	各1	

③ 补证

A. 补证申请书;

B. 《互联网上网服务营业场所补证登记表》;

C. 法定代表人(或主要负责人)身份证明;

D. 遗失声明材料(在当地公开发行的报纸上登载的遗失声明)。

④ 注销

A. 注销申请书；

B. 法定代表人(或主要负责人)身份证明；

C.《网络文化经营许可证》原件。

3) 实地检查

(1) 行政指导(可选)：向市(县、区)文化行政部门申请行政指导，包括申请设立、改建、扩建互联网上网服务营业场所经营单位以及变更互联网上网服务营业场所经营单位地址，文化行政部门应当事先告知申请人现场行政指导的内容、时间、方式，就有关情况进行现场指导。

没有申请行政指导的，跳过此步骤。

(2) 审核：申请设立、改建、扩建互联网上网服务营业场所经营单位以及变更互联网上网服务营业场所经营单位地址的，文化行政部门应当事先告知申请人实地核查的内容、时间、方式，就有关情况进行实地审核。

4) 决定

自作出决定之日起 3 个工作日内，在文化行政部门网站上公示审批结果。申请人可以按照网上公开的领证期限或短信通知，并携带有效证明来领取《网络文化经营许可证》。

5) 其他

(1) 撤销

有下列情形之一的，依法撤销行政审批决定，书面告知申请人并说明理由：

① 审批人员滥用职权，玩忽职守作出行政审批决定的；

② 超越法定职权作出行政审批决定的；

③ 违反法定程序作出行政审批决定的；

④ 对不具备申请资格或者不符合法定条件的申请人作出行政审批决定的；

⑤ 提交虚假材料或者以欺骗等不正当手段获得批准的；

⑥ 依法可以撤销行政审批决定的其他情形。

(2) 主动变更或撤回：申请人在文化行政部门作出行政许可决定之前书面申请撤回行政许可申请的，应当终止行政许可审查，并书面通知申请人。

申请人有权在审批程序过程中主动变更或撤回申请。

3.3.6 批准文书

《网络文化经营许可证》，如图 3-8 所示。许可证左下方印有二维码防伪标识方才有效，并可通过手机微信、微博等内嵌的二维码扫描工具查询。

图 3-8 网络文化经营许可证样例

3.3.7 申请人权利和义务

1）申请人依法享有以下权利

（1）依法享有知情权、陈述权、申辩权；

（2）有权依法申请行政复议或者提起行政诉讼；

（3）合法权益因文化行政部门违法实施行政审批受到损害的，有权依法要求赔偿。

2）申请人依法履行以下义务

（1）如实提交有关材料和反映真实情况，并对其申请材料实质内容的真实性负责；

（2）依法接受、配合实地检查、监督检查和年度集中核查的义务。

3.4 互联网上网服务营业场所经营规范

3.4.1 经营单位的禁止行为

1) 禁止利用互联网上网服务营业场所制作、下载、复制、查阅、发布、传播国家法律、法规禁止的有害信息

根据《互联网上网服务营业场所管理条例》第十四条规定:互联网上网服务营业场所经营单位和上网消费者不得利用互联网上网服务营业场所制作、下载、复制、查阅、发布、传播或者以其他方式使用含有下列内容的信息:

(1) 反对宪法确定的基本原则的;
(2) 危害国家统一、主权和领土完整的;
(3) 泄露国家秘密,危害国家安全或者损害国家荣誉和利益的;
(4) 煽动民族仇恨、民族歧视,破坏民族团结,或者侵害民族风俗、习惯的;
(5) 破坏国家宗教政策,宣扬邪教、迷信的;
(6) 散布谣言,扰乱社会秩序,破坏社会稳定的;
(7) 宣传淫秽、赌博、暴力或者教唆犯罪的;
(8) 侮辱或者诽谤他人,侵害他人合法权益的;
(9) 危害社会公德或者民族优秀文化传统的;
(10) 含有法律、行政法规禁止的其他内容的。

有的互联网上网服务经营单位,为了提高自身的营业收入,招揽顾客,会在计算机内存储淫秽色情的视频或图片,甚至架设服务器来存储大量视频,供上网用户浏览观看。

根据《互联网上网服务营业场所管理条例》(2016 年修订版)第三十条规定:互联网上网服务营业场所经营单位违反本条例的规定,利用营业场所制作、下载、复制、查阅、发布、传播或者以其他方式使用含有本条例第十四条规定禁止含有的内容的信息,触犯刑律的,依法追究刑事责任;尚不够刑事处罚的,由公安机关给予警告,没收违法所得;违法经营额 1 万元以上的,并处违法经营额 2 倍以上 5 倍以下的罚款;违法经营额不足 1 万元的,并处 1 万元以上 2 万元以下的罚款;情节严重的,责令停业整顿,直至由文化行政部门吊销《网络文化经营许可证》。

上网消费者有前款违法行为,触犯刑律的,依法追究刑事责任;尚不够刑事处罚的,由公安机关依照《治安管理处罚法》的规定给予处罚。

2) 禁止在互联网上网服务营业场所内从事破坏网络安全

根据《互联网上网服务营业场所管理条例》第十五条规定:互联网上网服务营业场所经营单位和上网消费者不得进行下列危害信息网络安全的活动:

(1) 故意制作或者传播计算机病毒以及其他破坏性程序的;
(2) 非法侵入计算机信息系统或者破坏计算机信息系统功能、数据和应用程序的;
(3) 进行法律、行政法规禁止的其他活动的。

互联网上网服务营业场所内被安装木马盗号的情况比较严重,常常有网民反映在网吧内被盗号的情况,导致不少经济损失,但是由于被盗的往往是游戏内的虚拟货币或物品,往往不好定案。

根据公安部《计算机信息网络国际联网安全保护管理办法》中的有关条款,对非法侵入计算机信息系统和破坏计算机信息系统的犯罪及违法行为都做了明确规定,对构成犯罪的,依法追究刑事责任,尚不构成犯罪的,可以依照《治安管理处罚法》中有关规定进行处罚。

3) 禁止利用互联网上网服务营业场所进行赌博和变相赌博

根据《互联网上网服务营业场所管理条例》第十八条规定:互联网上网服务营业场所经营单位和上网消费者不得利用网络游戏或者其他方式进行赌博或者变相赌博活动。

网络赌博是目前赌博的新趋势,随着我国互联网的快速发展及网民数量的不断增加,利用网络进行赌博的活动日益严重,有的不法分子甚至勾结境外的赌博集团在国内开设赌博网站。一些互联网上网服务营业场所受利益驱使,利用网络游戏从事各种赌博或变相赌博的活动。

根据《治安管理处罚法》第七十条规定:以营利为目的,为赌博提供条件的,或者参与赌博赌资较大的,处 5 日以下拘留或者 500 元以下罚款;情节严重的,处 10 日以上 15 日以下拘留,并处 500 元以上 3000 元以下罚款。

对于情节严重处罚的情况,按照《刑法》第三百零三条规定:以营利为目的,聚众赌博或者以赌博为业的,处 3 年以下有期徒刑、拘役或者管制,并处罚金。

开设赌场的,处 5 年以下有期徒刑、拘役或者管制,并处罚金;情节严重的,处 5 年以上 10 年以下有期徒刑,并处罚金。

4) 禁止接纳未成年人进入互联网上网服务营业场所

根据《互联网上网服务营业场所管理条例》第二十一条第一款规定:互联网上网服务营业场所经营单位不得接纳未成年人进入营业场所。

同时,第二十一条第二款规定:互联网上网服务营业场所经营单位应当在营业场所入口处的显著位置悬挂未成年人禁入标志。

互联网上网服务营业场所接纳未成年人问题已经成为社会公害之一,由于未成年人自制能力较差,分辨能力较为薄弱,为了保护未成年人的身心健康,互联网上网服务营业场所应该加强行业自律,坚决禁止接纳未成年人进入互联网上网服务营业场所。

根据《互联网上网服务营业场所管理条例》第三十一条第二项规定,有接纳未成年人进入营业场所行为的,及第五项规定,有未悬挂《网络文化经营许可证》或者未成年人禁入标志的行为的,由文化行政部门给予警告,可以并处 15 000 元以下的罚款;情节严重的,责令停业整顿,直至吊销《网络文化经营许可证》。

5) 禁止擅自停止实施安全技术措施

根据《互联网上网服务营业场所管理条例》第二十四条第五项规定,互联网上网服务营业场所应当依法履行信息网络安全、治安和消防安全职责,不得擅自停止实施安全技术措施。

互联网上网服务营业场所内实施安全技术措施是确保互联网上网服务营业场所安全管理的技术保障,对规范经营单位的经营行为、维护公众和经营单位的合法权益、保障互联网上网服务经营活动健康发展、提高自我防范和发现及控制犯罪的能力,都是非常必要的。

根据《互联网上网服务营业场所管理条例》第三十一条第四项规定,互联网上网服务营业场所经营单位违反本条例规定,擅自停止实施经营管理技术措施的,由文化行政部门给予警告,可以并处 15 000 元以下的罚款;情节严重的,责令停业整顿,直至由文化行政部门吊销《网络文化经营许可证》。

6) 禁止明火照明和吸烟,严禁带入和存放易燃、易爆物品

根据《互联网上网服务营业场所管理条例》第二十四条第一项、第二项规定,互联网上网服务营业场所禁止明火照明和吸烟并悬挂禁止吸烟标志,禁止带入和存放易燃、易爆物品。对违反上述行为的网吧,可依据《互联网上网服务营业场所管理条例》第三十三条规定,由公安机关给予警告,可以并处 15 000 元以下的罚款;情节严重的,责令停业整顿,直至由文化行政部门吊销《网络文化经营许可证》。

在互联网上网服务营业场所内吸烟是比较常见的问题,有的网吧为了提高收益,甚至贩卖香烟、打火机等违规物品。网吧等互联网上网服务营业场所必须建立严格的防火用电制度,必须在醒目位置张贴禁止吸烟的公告牌或者禁烟标志,对上网人员吸烟的行为要及时制止,对不听劝告的停止其上网服务,劝其离开;另外,网吧内要有专人负责消防管理工作,做好电器设备、用电线路的定期检测、维修,对发现的问题、出现的故障要按照用电规范立即解决;并且网吧内严禁带入或存放易燃易爆物品。公安机关消防部门也要通过不定期检查、抽查等方式,加强对网吧消防安全的监督管理。

7）不得安装固定的封闭门窗栅栏；营业时间禁止封堵或锁闭门窗、安全疏散通道和安全出口

根据《互联网上网服务营业场所管理条例》第二十四条第三项和第四项规定，互联网上网服务营业场所不得安装固定的封闭门窗栅栏，营业期间禁止封堵或者锁闭门窗、安全疏散通道和安全出口。

网吧等互联网上网服务营业场所用电量很大，一些线路常年处于满负荷状态，容易老化，发生打火、放电甚至自燃的概率较高。同时，网吧作为公众聚集地，人员密集，部分网吧的建筑格局未考虑到大量人员疏散的需要。所以一旦发生火情，门窗将成为重要的疏散通道，此时如果门窗紧闭，毫无意外将引起重大人员伤亡。

根据《互联网上网服务营业场所管理条例》第三十三条规定，互联网上网服务营业场所如有相关违规情况，将由公安机关给予警告，可以并处15 000元以下的罚款；情节严重的，责令停业整顿，直至由文化行政部门吊销《网络文化经营许可证》。

3.4.2　互联网上网服务营业场所安全管理制度

1）上网审核登记制度

根据《互联网上网服务营业场所管理条例》第二十三条规定，互联网上网服务营业场所经营单位应当对上网消费者的身份证等有效证件进行核对、登记，并记录有关上网信息。

身份证等有效证件，是指中华人民共和国公民所持有的居民身份证、户口簿、军人身份证和港、澳、台胞的返乡证，华侨及外国人的护照等证明其真实身份的证件。

目前我国已经全面使用二代身份证，上网人员应通过二代身份证刷卡系统实名上网，或者办理实名上网IC卡。

在网吧内实现实名上网制度具有非常重要的意义，不仅有利于公安部门对网吧上网人员进行排查与管理，追查案件线索、发现违法行为，还可以杜绝未成年人进入网吧，防止未成年人上网成瘾。但是有的网吧为了招揽顾客，提高营业额，对该制度常常不能严格执行，曾有民警在对21家网吧的暗访过程中发现，其中有18家网吧可以使用他人身份证登记上网，仅有3家网吧严格执行实名制上网。同时，一些网吧还存在使用未经报备的双线路，安装双计费软件及使用公用卡、临时卡、身份证算号器，不按要求核对身份证件，冒用指纹等较为突出的违规问题。

2015年11月起至春节，文化部开展了为期3个月的县城乡镇上网服务场所专项整治行为。为推进专项整治行动开展，文化部公布了第一批上网服务场所黑名单，湖南邵东县"黑马网吧"等19家上网服务场所被列入黑名单。这19家上网服务场所均因违规接纳未成年人情节严重，被处以吊销《网络文化经营许可证》的行政处罚。

2) 上网信息记录留存制度

根据《互联网上网服务营业场所管理条例》第二十三条规定：互联网上网服务营业场所经营单位应当对上网消费者的身份证等有效证件进行核对、登记，并记录有关上网信息。登记内容和记录备份保存时间不得少于 60 日，并在文化行政部门、公安机关依法查询时予以提供。登记内容和记录备份在保存期内不得修改或者删除。

上网信息是指计算机操作系统或其安全技术措施以电子数据形式所记录的上网操作过程，包括上网消费者身份记录、上下网时间及系统运行日志记录。

认真制定、执行上网登记制度并准确地记录上网消费者的上网信息，可以对上网消费者进入互联网的行为进行有效监督和控制，在发生网络违法案件时，也可以通过留存的上网信息进行跟踪、分析，从中获取违法犯罪的相关证据，对维护国家的信息网络安全、打击违法犯罪具有重大意义。

3) 建立场内巡查与情况报告制度

根据《互联网上网服务营业场所管理条例》第十九条规定：互联网上网服务营业场所经营单位应当实施经营管理技术措施，建立场内巡查制度，发现上网消费者有本条例第十四条、第十五条、第十八条所列行为或者有其他违法行为的，应当立即予以制止并向文化行政部门、公安机关举报。

消费者在互联网上网服务场所上网需要遵循国家有关的法律法规，根据《互联网上网服务营业场所管理条例》规定，消费者不得利用互联网制作、下载、复制、查阅、发布、传播各种有害信息，不得进行危害信息网络安全或利用网络游戏及其他方式进行赌博或变相赌博活动。互联网上网服务场所应当建立场内巡查制度，发现有上述行为者，应当立即采取劝阻、口头警告、停止其上网等措施予以制止，并向文化行政部门、公安机关举报。

网吧应建立完善的场内巡查与报告制度，要配备足够的场所管理及服务人员，在场内不同区域进行不间断巡查。巡查人员的职责主要有制止违法的上网行为；积极鼓励引导文明上网行为，为上网消费者提供技术支持与指导；发现场内有打架斗殴、盗窃等治安案件时要及时向公安机关报案；当发现火情时，要立即向消防部门报警，并紧急疏散人群，确保人员生命财产安全。因此互联网上网服务营业场所的场内巡查制度对保证场内正常的经营秩序、预防突发事件是非常必要的。

4) 信息安全培训制度

根据《互联网上网服务营业场所管理条例》第八条第六项规定，互联网上网服务营业场所经营单位从事互联网上网服务经营活动，必须有与其经营活动相适应并取得从业资格的安全管理人员、经营管理人员、专业技术人员。

公安部、人事部在 1999 年 4 月也发布了《关于开展计算机安全员培训工作的通知》,根据此通知各省、自治区、直辖市也都先后颁布了有关规章,针对安全员培训做出了具体规定。2006 年 5 月,公安部办公厅、人事部办公厅联合发布了《关于开展信息网络安全专业技术人员继续教育工作的通知》。对于信息安全培训制度,各省市地区的文化行政部门和公安部门往往根据《互联网上网服务营业场所管理条例》,各自设立培训考核机构。不同省市地区对安全管理人员、经营管理人员与专业技术人员的要求及检查标准也会略有不同,每个网吧要求有相应专职人员 2 名或 2 名以上。

网吧从业人员可登录中国互联网上网服务行业协会教育培训专业委员会网站(http://peixun.iasac.org.cn),进入培训平台后,通过"注册→个人通道→完善信息→登录→购买课程→我的学习→观看课程→完成测试→申请证书"流程,获取网吧从业人员资格证。该证书自通过证书测验开始计算,有效期为两年,证书过期后需缴纳费用,参加远程考核,续延换证。

福建省计算机安全员资格证书的考核和发放,则由公安部门委托福建省公务员培训中心进行培训考核,培训内容根据培训对象(机关事业类、企业类、网站类、网吧类)设立不同的培训内容,最终考试合格后,根据不同类别,由省公安厅、福建省信息网络安全培训办公室联合颁发《信息网络安全知识培训合格证书》,作为信息网络安全技术人员获得从业资格的依据之一。

浙江省要求信息网络安全管理人员的配置人数为 100 台以下设 2 名;101~300 台设 4 名;301 台以上的设 6 名。

5) 变更备案制度

变更备案制度是指当互联网上网服务营业场所变更名称、地址、法定代表人或者主要负责人、注册资本、网络地址(IP)、IC 卡收费系统,扩大营业面积,改变上网计算机数量或者终止经营活动等情况时,根据《互联网上网服务营业场所管理条例》第十三条规定,应当经原审该机关同意。

互联网上网服务营业场所经营单位变更营业场所地址或者对营业场所进行改建、扩建,变更计算机数或者其他重要事项,应当符合设立互联网上网服务营业场所的许可条件;互联网上网服务营业场所经营单位办理变更法定代表人登记事项的,按照 2009 年文化部《关于进一步净化网吧市场有关工作的通知》规定,应先注销其《网络文化经营许可证》后,按新设立互联网上网服务营业场所的标准和条件重新申请。

变更备案制度有利于公安机关、文化部门、工商行政部门等国家职能部门掌握互联网上网服务营业场所经营单位的相关信息,便于管理和监督。

3.4.3　信息安全管理技术措施

互联网上网服务营业场所内采取必要的信息安全管理技术措施,是对落实安全管理制度的进一步深化,是上网服务营业场所的网络安全管理和保护网络安全必要的技术措施。《互联网上网服务营业场所管理条例》第二十三条规定,互联网上网服务营业场所经营单位应当对上网消费者的身份证等有效证件进行核对、登记,并记录有关上网信息。登记内容和记录备份保存时间不得少于60日,并在文化行政部门、公安机关依法查询时予以提供。登记内容和记录备份在保存期内不得修改或者删除。

另外,公安部根据《计算机信息网络国际联网安全保护管理办法》,于2005年11月23日发布了《互联网安全保护技术措施规定》,其中第七条规定,互联网服务提供者和联网使用单位应当落实以下互联网安全保护技术措施:

(1) 防范计算机病毒、网络入侵和攻击破坏等危害网络安全事项或者行为的技术措施;

(2) 重要数据库和系统主要设备的冗灾备份措施;

(3) 记录并留存用户登录和退出时间、主叫号码、账号、互联网地址或域名、系统维护日志的技术措施;

(4) 法律、法规和规章规定应当落实的其他安全保护技术措施。

信息网络安全技术的使用,对帮助文化、公安部门有效监督网吧上网实名制制度,快速发现可疑人员,预防未成年人上网,以及案情追查都有非常重要的作用,同时能有效降低政府对网吧的管理成本、提高管理效率。

目前网吧中实施的安全技术措施主要有:

- 防治计算机病毒、防护网络攻击破坏的技术措施
- 有害信息防治、上网信息记录等信息安全管理系统
- 有效证件实名登记系统(身份证认证系统)
- 根据公安机关部署安装的视频监控系统
- 相关技术系统与公安机关管理平台实现实时联网运行

根据国家有关法律规定,以上计算机信息系统必须安装使用符合国家有关规定,取得计算机安全专用产品销售许可证的信息安全防护产品。

对于上述信息网络安全技术的使用,各省市地区一般都会各自制定相关的实施标准。

例如,广东省要求网吧经营单位应当对上网消费者的身份证等有效证件进行核对、登记,并记录有关上网信息。安装"NET110"系统,并保证系统运行正常,登记内容和记录备份保存时间不得少于60日。另外,根据《广东省公共安全视频图像信息系统管理办法》(广东省人民政府令第132号)和广东省公安厅《广东省网吧视频监控系统技术规范》要求,网吧视频监控系统应当按照标准统一联网接入当地市公安部门后台,视频录像资料保存30天或以上。

一般来说,对于视频监控摄像头的安装有如下标准:

(1) 网吧监控摄像头的数量:营业场地为一层的,要求 4 个摄像头以上;营业场地为二层的要求有 8 个以上;营业场地为三层的,要求 12 个以上,以此类推。

(2) 网吧监控摄像头安装要求:网吧业主如能满足公安部门技术要求的,可以自行采购安装。如自行解决有困难的,可以安装网安部门推荐的品牌。

(3) 摄像头的位置及质量:以下几个位置必须安装摄像头,而且摄像头必须解像度高,并带红外线夜摄功能。

- 吧台正面,要求能摄取登记上网人员正面面部图像。
- 主要进出大门门口,要求能摄取进出网吧人员正面面部图像。
- 有楼梯的网吧,要求能摄取上下楼梯人员正面面部图像。其余摄像头请各网吧按实际需要安装。

安装完毕后,需要通过网安部门的检验,并且完成其他互联网上网服务营业场所的设立手续后,方可营业。

3.5 违反互联网上网服务营业场所安全管理规定的处罚

违反互联网上网服务营业场所安全管理规定的法律责任,主要有三种:一是刑事责任,即触犯《刑法》规定应承担的法律责任;二是民事责任,即违反民事法律规范应承担的法律责任;三是行政责任,即违反行政管理法律规范应承担的法律责任。《互联网上网服务营业场所管理条例》主要涉及刑事责任和行政责任。本节将围绕《条例》简单介绍刑事处罚、行政处罚与治安管理处罚的区别,并根据《条例》,明确公安部门和文化部门对互联网上网服务营业场所的管理职责。

3.5.1 刑事处罚与行政处罚

1) 刑事处罚

互联网上网服务营业场所经营单位违反条例的规定,触犯刑律的,依法追究刑事责任。涉及的刑事犯罪类型主要为,触犯《互联网上网服务营业场所管理条例》第十四条、十五条所列禁止的内容。例如行为人在营业场所内利用互联网进行聚众赌博、行为人在营业场所内利用互联网传播淫秽色情信息等。

2) 行政处罚

为了保障和监督行政机关有效实施行政管理,维护公共利益和社会秩序,保护公民、法人或者其他组织的合法权益,1996 年 3 月 17 日第八届全国人民代表大会第四次会议通过并以中华人民共和国主席令第 63 号公布了《行政处罚法》。行政处罚是行政机关及其他法定组织依法对违反行政法律规范尚未构成犯罪的公民、法人或其他组织实施制裁的行为。行政处罚就其性质而言是一种具体行政行为，它是对行政违法行为的一种制裁，具有可诉性。

互联网上网服务营业场所经营单位违反《互联网上网服务营业场所管理条例》的规定，尚不够刑事处罚的，可以采取以下行政处罚措施：

（1）警告：由行政主管部门对行为人给予警告，告诫其及时改正，不得再犯。

（2）没收违法所得：只要有违法所得，不论其情节轻重，一律由行政主管部门予以没收。

（3）罚款：有违法经营额的，由行政主管部门依法给予罚款。

（4）如果情节严重，社会危害性比较大，还可以采取责令停业整顿和由行政主管部门吊销《网络文化经营许可证》的行政处罚。

（5）行政拘留：限制违反国家安全或治安管理秩序的行为的短期人身自由的处罚，由公安机关执行。

上网消费者利用互联网上网服务营业场所制作、复制、传播有害信息，尚不够刑事处罚的，由公安机关依照《治安管理处罚法》的规定给予处罚，若违反了其他有关法律、行政法规的还可以依照这些法律法规进行处罚。

3）治安管理处罚

治安管理处罚是行政处罚的一种，也可以说是公安机关实施的有关治安管理的行政处罚，也应当符合《行政处罚法》的规定。治安管理处罚是公安机关对违反治安管理法律规范的个人或者单位实施的一种制裁性的具体行政行为。它是一种行政处罚，但又不同于其他行政处罚，这主要表现在：一是治安管理处罚涉及面较其他行政处罚广。治安管理处罚适用的对象是全方位的，涉及公共秩序、公共安全、公民的人身权利、公私财产等各个方面。而其他行政机关在各自的职权范围内实施行政管理，并对违法行为实施行政处罚，行使的是某一方面的专项权力，如卫生、税收、工商、环保等。二是治安管理处罚的主体较其他行政处罚单一。治安管理处罚只能由公安机关实施，其他任何机关不得实施治安管理处罚。而其他行政处罚，可以由几个机关共同行使。三是治安管理处罚在处罚程度上较其他行政处罚严厉。它是一种比较严厉的行政处罚，大部分违反治安管理的行为可以适用限制人身自由的治安管理处罚，在处罚程度上仅次于刑罚。而其他行政违法行为基本上只能适用于非限制人身自由的行政处罚。四是治安管理处罚的时效性较其他行政处罚强。治安管理处罚的追诉时效只有六个月，而法律规定其他行政处罚的追诉时效为两年。

《治安管理处罚法》中规定了四大类违反治安管理的行为与罚则，其中，与互联网上网服务营业场所治安管理较为密切的规定主要有：

（1）扰乱公共秩序的行为和处罚

① 寻衅滋事行为：网吧内上网人员结构较为复杂，学生和社会闲散人员较多，

并且上网的主体行为以游戏为主,所以常会出现打架斗殴等行为。

根据《中华人民共和国治安管理处罚法》第二十六条规定:有下列行为之一的,处 5 日以上 10 日以下拘留,可以并处 500 元以下罚款;情节较重的,处 10 日以上 15 日以下拘留,可以并处 1000 元以下罚款。

- 结伙斗殴的;
- 追逐、拦截他人的;
- 强拿硬要或者任意损毁、占用公私财物的;
- 其他寻衅滋事行为。

② 非法侵入、破坏计算机信息系统的行为:目前,计算机被安装木马等病毒程序,是网吧内较为突出的现象,有不法分子为了获取非法利益或其他目的,会在网吧内安装病毒程序。常有网民反映游戏账号被盗,游戏内的装备被盗窃一空,造成一定的经济损失。

根据《中华人民共和国治安管理处罚法》第二十九条规定:有下列行为之一的,处 5 日以下拘留;情节较重的,处 5 日以上 10 日以下拘留:

- 违反国家规定,侵入计算机信息系统,造成危害的;
- 违反国家规定,对计算机信息系统功能进行删除、修改、增加、干扰,造成计算机信息系统不能正常运行的;
- 违反国家规定,对计算机信息系统中存储、处理、传输的数据和应用程序进行删除、修改、增加的;
- 故意制作、传播计算机病毒等破坏性程序,影响计算机信息系统正常运行的。

(2) 妨害公共安全的行为和处罚

接纳未成年人上网、消防设施不合格或纵容上网消费者吸烟等行为,是网吧内常见的违规经营行为。当网吧经营者因违反安全规定,致使其营业场所内有发生安全事故的危险,公安机关可根据《中华人民共和国治安管理处罚法》第三十九条:旅馆、饭店、影剧院、娱乐场、运动场、展览馆或者其他供社会公众活动的场所的经营管理人员,违反安全规定,致使该场所有发生安全事故危险,经公安机关责令改正,拒不改正的,处五日以下拘留。

(3) 侵犯人身权利、财产权利的行为和处罚

① 殴打他人,故意伤害他人身体的行为:是指以殴打或者其他方式故意伤害他人身体,造成轻微伤的行为。

根据《中华人民共和国治安管理处罚法》第四十三条规定:殴打他人的,或者故意伤害他人身体的,处 5 日以上 10 日以下拘留,并处 200 元以上 500 元以下罚款;情节较轻的,处 5 日以下拘留或者 500 元以下罚款。

有下列情形之一的,处 10 日以上 15 日以下拘留,并处 500 元以上 1000 元以下罚款:

- 结伙殴打、伤害他人的;

- 殴打、伤害残疾人、孕妇、不满十四周岁的人或者六十周岁以上的人的；
- 多次殴打、伤害他人或者一次殴打、伤害多人的。

② 侵犯财产权利的行为：因为网吧内的人员结构复杂，根据统计，大部分上网人员收入较低，并且上网人员上网时精神较专注，或者夜间熟睡时，容易给偷窃人员提供便利。

根据《中华人民共和国治安管理处罚法》第四十九条规定：盗窃、诈骗、哄抢、抢夺、敲诈勒索或者故意损毁公私财物的，处5日以上10日以下拘留，可以并处500元以下罚款；情节较重的，处10日以上15日以下拘留，可以并处1000元以下罚款。

(4) 妨害社会管理的行为

① 制作、运输、复制、出售、出租淫秽图片、影片等淫秽物品的行为：部分网吧为了拉拢顾客，不仅对顾客浏览淫秽色情视频的行为不加阻止，甚至会在服务器内存储大量淫秽视频供上网顾客浏览观看。对于此种行为，根据《中华人民共和国治安管理处罚法》第六十八条规定：制作、运输、复制、出售、出租淫秽的书刊、图片、影片、音像制品等淫秽物品或者利用计算机信息网络、电话以及其他通信工具传播淫秽信息的，处10日以上15日以下拘留，可以并处3000元以下罚款；情节较轻的，处5日以下拘留或者500元以下罚款。

② 网吧内吸毒的行为：随着新型毒品的泛滥，很多年轻人陷入了毒潭，不少年轻人选择通过网络视频聊天室，在网上聚众吸毒，部分地区的网吧成为吸毒者新的聚集地。

根据《中华人民共和国治安管理处罚法》第七十二条规定：有下列行为之一的，处10日以上15日以下拘留，可以并处2000元以下罚款；情节较轻的，处5日以下拘留或者500元以下罚款：

- 非法持有鸦片不满二百克、海洛因或者甲基苯丙胺不满十克或者其他少量毒品的；
- 向他人提供毒品的；
- 吸食、注射毒品的；
- 胁迫、欺骗医务人员开具麻醉药品、精神药品的。

③ 网络赌博的行为：随着网络的发展和网上支付方式的普及与便利，不少赌民选择网上赌博，有的网吧为了盈利，甚至以游戏比赛为手段，为赌博提供便利条件。

根据《中华人民共和国治安管理处罚法》第七十四条规定：旅馆业、饮食服务业、文化娱乐业、出租汽车业等单位的人员，在公安机关查处吸毒、赌博、卖淫、嫖娼活动时，为违法犯罪行为人通风报信的，处10日以上15日以下拘留。

3.5.2　由公安机关对互联网上网服务营业场所违法行为给予的处罚

互联网上网服务营业场所是一个由多个行政部门共同管理的行业，《互联网上网服务营业场所管理条例》第四章"罚则"中,对各个行政管理部门的管理权限和处罚力度做了明确说明。

由公安机关负责查处和处罚的违规行为主要有以下内容:

(1) 根据《条例》第三十条规定:互联网上网服务营业场所经营单位违反本《条例》的规定,利用营业场所制作、下载、复制、查阅、发布、传播或者以其他方式使用含有本《条例》第十四条规定禁止含有的内容的信息,触犯刑律的,依法追究刑事责任;尚不够刑事处罚的,由公安机关给予警告,没收违法所得;违法经营额1万元以上的,并处违法经营额2倍以上5倍以下的罚款;违法经营额不足1万元的,并处1万元以上2万元以下的罚款;情节严重的,责令停业整顿,直至由文化行政部门吊销《网络文化经营许可证》。

上网消费者有前款违法行为,触犯刑律的,依法追究刑事责任;尚不够刑事处罚的,由公安机关依照《治安管理处罚法》的规定给予处罚。

(2) 根据《条例》第三十三条规定:互联网上网服务营业场所经营单位违反本《条例》的规定,有下列行为之一的,由公安机关给予警告,可以并处15 000元以下的罚款;情节严重的,责令停业整顿,直至由文化行政部门吊销《网络文化经营许可证》:

- 利用明火照明或者发现吸烟不予制止,或者未悬挂禁止吸烟标志的;
- 允许带入或者存放易燃、易爆物品的;
- 在营业场所安装固定的封闭门窗栅栏的;
- 营业期间封堵或者锁闭门窗、安全疏散通道或者安全出口的;
- 擅自停止实施安全技术措施的。

3.5.3 由文化行政部门或由文化行政部门、公安机关依据各自职权给予处罚

1) 根据《条例》第二十七条规定

违反本条例的规定,擅自从事互联网上网服务经营活动的,由文化行政部门或者由文化行政部门会同公安机关依法予以取缔,查封其从事违法经营活动的场所,扣押从事违法经营活动的专用工具、设备;触犯刑律的,依照《刑法》关于非法经营罪的规定,依法追究刑事责任;尚不够刑事处罚的,由文化行政部门没收违法所得及其从事违法经营活动的专用工具、设备;违法经营额1万元以上的,并处违法经营额5倍以上10倍以下的罚款;违法经营额不足1万元的,并处1万元以上5万元以下的罚款。

2) 根据《条例》第二十九条规定

互联网上网服务营业场所经营单位违反本《条例》的规定,涂改、出租、出借或者以其他方式转让《网络文化经营许可证》,触犯刑律的,依照《刑法》关于伪造、变造、买卖国家机关公文、证件、印章罪的规定,依法追究刑事责任;尚不够刑事处罚

的,由文化行政部门吊销《网络文化经营许可证》,没收违法所得;违法经营额 5 000元以上的,并处违法经营额 2 倍以上 5 倍以下的罚款;违法经营额不足 5 000 元的,并处 5 000 元以上 1 万元以下的罚款。

3) 根据《条例》第三十一条规定

互联网上网服务营业场所经营单位违反本《条例》的规定,有下列行为之一的,由文化行政部门给予警告,可以并处 15 000 元以下的罚款;情节严重的,责令停业整顿,直至吊销《网络文化经营许可证》:

(1) 在规定的营业时间以外营业的;
(2) 接纳未成年人进入营业场所的;
(3) 经营非网络游戏的;
(4) 擅自停止实施经营管理技术措施的;
(5) 未悬挂《网络文化经营许可证》或者未成年人禁入标志的。

4) 根据《条例》第三十二条规定

互联网上网服务营业场所经营单位违反本《条例》的规定,有下列行为之一的,由文化行政部门、公安机关依据各自职权给予警告,可以并处 15 000 元以下的罚款;情节严重的,责令停业整顿,直至由文化行政部门吊销《网络文化经营许可证》:

(1) 向上网消费者提供的计算机未通过局域网的方式接入互联网的;
(2) 未建立场内巡查制度,或者发现上网消费者的违法行为未予制止并向文化行政部门、公安机关举报的;
(3) 未按规定核对、登记上网消费者的有效身份证件或者记录有关上网信息的;
(4) 未按规定时间保存登记内容、记录备份,或者在保存期内修改、删除登记内容、记录备份的;
(5) 变更名称、住所、法定代表人或者主要负责人、注册资本、网络地址或者终止经营活动,未向文化行政部门、公安机关办理有关手续或者备案的。

对于其他违反国家有关信息网络安全、治安管理、消防管理、工商行政管理、电信管理等规定,触犯刑律的,依法追究刑事责任;尚不够刑事处罚的,由公安机关、工商行政管理部门、电信管理机构依法给予处罚;情节严重的,由原发证机关吊销许可证件。

3.6 公安机关对互联网上网服务营业场所的安全监管

公安机关对互联网上网服务营业场所的安全监管主要包括这样几部分的内容:
(1) 网吧设立时,对其进行审核,审核合格后发放《互联网上网服务营业场所安全审核意见书》。

(2) 网吧开设后,督促其建立健全相关制度,并采取定期或不定期的方式对网吧进行检查、指导。

(3) 对网吧实行年审制度,认真核实其备案资料,对其情况有变动的,要进行实地勘察,做好基础管理工作,为日后可能发生的网上案件奠定坚实的侦破基础。

3.6.1 对新设立的网吧进行审核

根据文化部、工商总局、公安部、工信部联合发布《关于加强执法监督完善政策管理促进互联网上网服务行业健康有序发展的通知》中的内容,从2014年11月16日起,我国互联网上网服务营业场所的审批,由原来的"先证后照"制度更改为"先照后证"制度,完善审批制度,简化审批手续。这个规定的发布,意味着公安机关在网吧设立审核时,检查的文件和手续也发生了变化。

1) 安全审核需要提交的材料

在2014年11月16日以后,在公安机关进行网吧设立审核时,就不再需要文化行政部门批准的同意筹建的审批文件,需要提交的材料基本如下(各地标准会略有不同):

(1)《互联网上网服务营业场所申请登记表》;

(2) 开办单位申请报告;

(3) 工商行政管理部门核发的《营业执照》;

(4) 公安消防部门出具的网吧消防安全检查合格证;

(5) 网吧法定代表人的身份证明、学历证书、无违法犯罪记录证明;

(6) 专职安全管理人员的计算机信息网络安全员培训合格证书,无证书的则需提供身份证明、计算机专业或相关专业中专以上学历或本省计算机应用能力等级考核二级证书、无违法犯罪记录证明;

(7) 营业场所房产证明和房屋租赁合同;

(8) 互联网固定网络地址证明;

(9) 有健全完善的信息网络安全管理制度;

(10) 营业场所地理位置、平面设计图;

(11) 网络拓扑结构图(如图3-9,包括路由器型号、交换机数量、机位号与内网固定IP对应表);

(12) 网吧安全管理系统购买意向合同;

(13) 信息网络安全管理员的配置人数(例如浙江省要求:按网吧规模,100台以下设2名;101~300台设4名;301台以上设6名)及正规聘用合同(必须专职)。

以上申请资料须提供原件一份、复印件一份。

2) 安全审核程序

《互联网上网服务营业场所安全审核意见书》由县(市、区)公安机关的网络安全保卫部门进行审核发放,具体安全审核流程如图3-10所示。

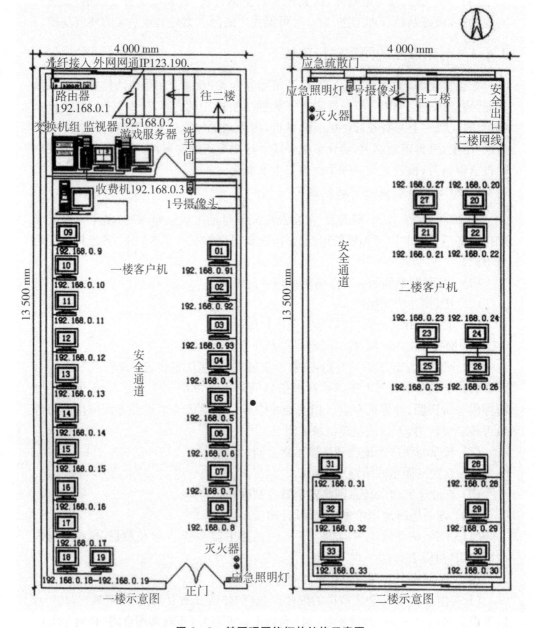

图3-9 某网吧网络拓扑结构示意图

在审核互联网上网服务营业场所提交的文件时,需要注意以下几点问题:

(1) 网吧安装的安全审计技术产品必须采用经过公安部检测通过、具有计算机信息安全专用产品销售许可证的产品;安全审计系统和收费系统必须装在同一台主机上。

(2) 网吧接入互联网必须采用专用 IP 地址接入,多家网吧也不能通过 VPN 服务共用一个专用 IP。

(3) 办理多条互联网接入线路必须向所在地公安机关网络安全保卫部门提出申请,经批准后安装使用。

(4) 网吧局域网内的计算机必须采用固定 IP 地址,不得采用自动获取的方式分配 IP 地址。

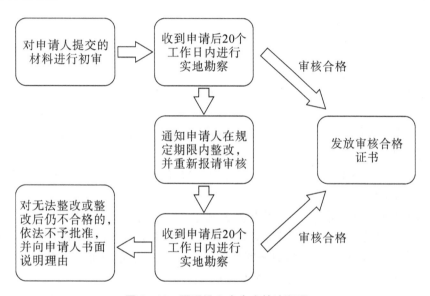

图 3-10 网吧设立安全审核流程图

3.6.2 监督管理

根据公安部于 2002 年 3 月 11 日发布的《公安派出所执法执勤工作规范》(公通字〔2002〕13 号)第七十八条第一款规定:对行业、场所、单位的检查每月不得少于一次,对上级通报、群众反映的问题应当随时检查,认真查处。所以对网吧进行巡查,既是日常管理、维护治安的需要,也是法律制度的规定。通过公安机关派出所、网络安全保卫部门、消防监督部门的日常检查,增加检查的密度,促使互联网上网服务营业场所依法经营,减少安全隐患,促进行业健康发展。

1) 现场检查内容

公安机关除了对《互联网上网服务营业场所管理条例》中规定的监管内容进行检查以外,还可以根据《公安派出所执法执勤工作规范》中规定的治安检查内容进行检查,治安检查的基本内容包括:

(1) 有无营业许可证照及其项目变更情况;

(2) 房屋建筑的出入口、紧急通道畅通情况,安全指示、警示标志设置情况,防盗设施安装情况;

(3) 易燃易爆物品存放情况;

(4) 配备治安保卫、保安人员情况;

(5) 安全防范规章制度建立落实情况;

(6) 治安秩序情况;

(7) 从业人员情况。

2) 检查的准备工作

(1) 详细了解网吧情况:首先需要了解网吧的基本情况,确定网吧地址以及网吧的合法经营性;了解网吧的周围环境、规模大小、出入口分布、所属派出所的报警电话(有些违法行为不属于网安民警的管辖范围,需移交给相关部门),以及历史检查记录情况等。

在详细了解了网吧的上述基本情况后,才能有的放矢地开展检查工作,遇到突发情况时,也可以灵活机动地应变。

(2) 明确职责,确定分工:根据相关规定,去网吧进行检查时,必须要2名或2名以上的民警共同前往。因为网吧的人员较多,并且检查的内容也多,所以应提前做好分工,控制好上网人员以及网吧管理人员,有条不紊地进行检查工作。

(3) 准备好检查物品及相关文件

①《互联网上网服务营业场所现场安全检查表》:该表中列出了民警检查网吧时所需要检查的事项,可以根据该表中的内容逐一进行检查,也可以根据检查需要重点检查某项内容(表3-3)。

② 询问、讯问笔录及附页:一般情况下,讯问笔录适用于刑事、治安案件嫌疑人的问讯过程,主要记录嫌疑人供述、交代的犯罪事实;询问笔录主要记录证人、被害人等提供的事实内容。在网吧进行检查执法时,所发生的案件多为行政案件,一般只需要对相关人员使用询问笔录即可。民警在对网吧进行检查时,当发现有违法行为时,就需要及时收集证据,对现场证人及当事人当场制作询问笔录或者讯问笔录。

表3-3 互联网上网服务营业场所现场安全检查表

检查单位： 时间： 年 月 日

网吧名称		负责人		联系电话	
网吧地址				联系电话	
联网方式	□ADSL □ISDN □DDN □微波 □HFC □光纤			有( )个互联网接入IP	
(固定IP)互联网接入IP地址					
(动态IP)互联网接入账号				上网电话	
场地实际营业面积				( )m²	
提供上网服务的计算机数量				( )台	
有无专用配电箱				有( ) 无( )	
是否三相四线电源接入				是( ) 否( )	
有无漏电开关				有( ) 无( )	
有无应急照明措施				有( ) 无( )	
上网计算机是否采用单机单插方式供电				是( ) 否( )	
有无悬挂"禁止吸烟"标志				有( ) 无( )	
有无制定和公示安全管理制度				有( ) 无( )	
有无制定和公示上网登记制度				有( ) 无( )	
有无公示有关法律、法规及建立场内巡查制度				有( ) 无( )	
有无安装防计算机病毒软件				有( ) 无( )	
有无公示报警电话				有( ) 无( )	
有无擅自停止实施安全技术措施				有( ) 无( )	
有无擅自变更地址或改建、扩建,变更计算机数量				有( ) 无( )	
有无按规定核对、登记上网人员的有效身份证件				有( )未严格落实( ) 无( )	
有无按规定保存、备份计算机信息系统日志记录60日以上				有( )保存不全面( ) 无( )	
消防安全通道是否健全、畅通				有通道( )个、畅通( ) 封堵( )	
内部网络设置情况	安全管理系统是否运行正常			正常( ) 不正常( ) 未安装( )	
	内部网络设置情况与上报材料是否一致			一致( ) 不一致( )	
	网络结构是否符合安全要求或被擅自更改			符合( ) 不符合( ) 有更改( )	

(续表)

安全员姓名		证书编号		培训日期	
安全员姓名		证书编号		培训日期	
检查结果：					

检查民警签名：　　　　　　　　　　联系电话：
网吧当事人签名：

③ 检查证和检查笔录：民警在检查网吧时，需要出示检查证，并对检查情况当场制作检查笔录。如果因情况紧急，又有必要进行检查时，办案人员可以凭执法证件对网吧进行检查，现场检查笔录如图 3-11 所示。

④ 扣押物品、文件清单：民警在检查网吧时，如果因证据固定的需要，并且符合暂扣规定，需要将计算机等上网设备进行暂时扣留的，需要开具扣押清单（一式两份），一份存根，一份交给当事人。

⑤ 未成年人上网登记表：此表用于民警在检查时发现有未成年人的情况，当发现网吧内有未成年人时，在此表上登记，并依法对网吧进行处罚。

⑥ 车辆、摄（照）像机、签字笔、印台、复写纸以及必要的警械武器等：网吧的分布都比较零散，并且携带的物品较多，所以一般都需要开车前往。当发现有赌博、浏览淫秽色情视频等违法行为时，需要拍照或摄像来固定证据；印台是为了供证人、当事人等按捺手印时使用的。一般检查网吧时，很少需要警械武器，但是在查处黑网吧时，有时会出现暴力抗法的行为，所以应该带上必要的警械武器。

××市公安局
检查笔录

检查时间＿＿＿年＿＿＿月＿＿＿日＿＿＿时＿＿＿分＿＿＿至＿＿＿年＿＿＿月＿＿＿日＿＿＿时＿＿＿分

检查人＿＿＿＿＿＿＿＿＿＿　　工作单位＿＿＿＿＿＿＿＿＿＿＿＿＿＿＿＿

检查证文号＿＿＿＿＿＿＿＿＿＿＿＿＿＿＿＿＿＿＿＿＿＿＿＿＿＿＿＿＿＿

检查对象＿＿＿＿＿＿＿＿＿＿＿＿＿＿＿＿＿＿＿＿＿＿＿＿＿＿＿＿＿＿＿

检查过程及情况＿＿＿＿＿＿＿＿＿＿＿＿＿＿＿＿＿＿＿＿＿＿＿＿＿＿＿＿
＿＿＿＿＿＿＿＿＿＿＿＿＿＿＿＿＿＿＿＿＿＿＿＿＿＿＿＿＿＿＿＿＿＿＿
＿＿＿＿＿＿＿＿＿＿＿＿＿＿＿＿＿＿＿＿＿＿＿＿＿＿＿＿＿＿＿＿＿＿＿
＿＿＿＿＿＿＿＿＿＿＿＿＿＿＿＿＿＿＿＿＿＿＿＿＿＿＿＿＿＿＿＿＿＿＿
＿＿＿＿＿＿＿＿＿＿＿＿＿＿＿＿＿＿＿＿＿＿＿＿＿＿＿＿＿＿＿＿＿＿＿

检查人（签名）：＿＿＿＿＿＿＿＿＿＿　　　　记录人（签名）：＿＿＿＿＿＿＿＿＿＿

当事人或者见证人（签名）：＿＿＿＿＿＿＿＿＿＿

图 3-11　现场检查笔录

3) 执法流程

(1) 出示检查证或执法身份证明,表明身份。联系网吧负责人或安全管理责任人,说明检查目的,要求配合填写《检查持证网吧情况登记表》,现场宣布此次检查为公安机关依法检查上网服务营业场所,请大家配合,要求所有人员原地不动并出示有效证件,并且双手离开鼠标和键盘。同时要求被检查网吧安排两位安全管理人员配合检查。

(2) 按照《互联网上网服务营业场所现场安全检查表》中所列事项进行检查,核对上网人员的上网卡与有效身份证;随机测试网吧安全管理系统是否正常运行;随机检查历史记录留存情况。

(3) 在固定证据时,首先需要拍摄现场重点部位照片和细节照片,包括该网吧连接互联网的设备、涉嫌违规上网人员的计算机 IE 历史记录或违规操作的计算机界面(要有相关上网人员或场所管理人员在场);使用打印机,打印出部分 IE 历史记录或有害信息内容,须由经营者在打印记录上签名并按手印。对有关上网人员做好询问笔录以作旁证。对于暂扣设备照片,要在检查笔录中体现。

取证过程中,应注意在查询计算机 IE 历史浏览记录时,发现嫌疑网址,不要第一时间打开,要先做好嫌疑网址属性的保存,如拷屏;然后打开网址,确认其性质,如果确实属于违法网站,则立即拍照固定,并让网吧安全管理人员以笔录形式进行辨认,要求其出示第一次访问该网站的人员详细信息;另外,要注意网吧现场,观察服务前台有无其他物证,如账目明细单、用户上网登记本、营业额登记本等,一旦发现证据立即固定,并让网吧安全管理人员或网吧负责人签名,按手印。

(4) 如果涉嫌违法经营的网吧法定代表人在场,应对其进行讯问,如当时不在场,应检查后传唤其到合适地点进行讯问。

(5) 对涉嫌违法经营网吧的法定代表人进行告知。

(6) 法律规定应举行听证的,依照听证程序进行。

4) 互联网上网服务营业场所行政处罚的程序

互联网上网服务营业场所经营单位行政处罚的程序与一般行政处罚的程序是一致的,因此下面主要介绍我国《行政处罚法》规定的行政处罚程序。

(1) 行政处罚的简易程序

行政处罚的简易程序又称当场处罚程序,是一种简单易行的行政处罚程序。《行政处罚法》第五十一条规定:违法事实确凿并有法定依据,对公民处以 200 元以下、对法人或者其他组织处以 3000 元以下罚款或者警告的行政处罚的,可以当场

作出行政处罚决定。法律另有规定的,从其规定。由此可见,行政处罚适用处罚必须符合三个条件:

① 违法事实确凿。就是说有确实充分的证据表明有违法事实存在,且确实为当事人所为。

② 对该违法行为处以行政处罚有明确、具体的法定依据。

③ 处罚较为轻微,即对个人处以 200 元以下罚款或警告,对组织处以 3000 元以下罚款或者警告。

根据《行政处罚法》第六十八条规定:依照本法第五十一条的规定当场作出行政处罚决定,有下列情形之一的,执法人员可以当场收缴罚款:

① 依法给予 100 元以下的罚款的;

② 不当场收缴事后难以执行的。

根据《治安管理处罚法》中第一百零四条规定:受到罚款处罚的人应当自收到处罚决定书之日起 15 日内,到指定的银行缴纳罚款。但是,有下列情形之一的,人民警察可以当场收缴罚款:

① 被处 50 元以下罚款,被处罚人对罚款无异议的;

② 在边远、水上、交通不便地区,公安机关及其人民警察依照本法的规定作出罚款决定后,被处罚人向指定的银行缴纳罚款确有困难,经被处罚人提出的;

③ 被处罚人在当地没有固定住所,不当场收缴,事后难以执行的。

《治安管理处罚法》与《行政处罚法》的关系应当是特别法与普通法的关系。因为:《治安管理处罚法》第三条规定:治安管理处罚的程序,适用本法的规定;本法没有规定的,适用《中华人民共和国行政处罚法》的有关规定。这一条明确规定了治安管理处罚的程序优先适用《治安管理处罚法》。因此公安民警可根据违法事实,对个人处以 50 元以下罚款,并当场收缴罚款。

行政主体的行政执行人员在进行当场处罚时,应遵循下列程序:

① 表明身份。它是表明处罚主体是否合法的必要手续,执法人员应向当事人出示执法身份证件或委托书。

② 说明处罚理由。执法人员应主动向当事人说明其违法行为的事实,说明其违反的法律规范和给予行政处罚的理由和依据。

③ 给予当事人陈述和申辩的机会。当事人可以口头申辩,执法人员要予以正确、全面的口头答辩,使当事人心服口服,而不得因当事人的申辩而加重处罚。

④ 制作笔录。执法人员对当事人违法行为客观状态当场制作笔录。

⑤ 制作当场处罚决定书。当场处罚决定书应是由有管辖权的行政机关或组

织统一制作的有格式、有编号的两联处罚决定书,由执法人员填写。当场处罚决定书应载明,被处罚人姓名或单位名称、违法事实、行政处罚的种类或处罚数额、处罚依据、时间地点、告知复议权利和诉讼权利及期限、处罚的机关或组织名称、执法人员的签名或盖章。当场处罚决定书制作后,应当当场交付被处罚人。

⑥ 备案。执法人员当场作出的行政处罚决定,必须向所属行政机关备案,以便接受监督和检查。

⑦ 执行。当场处罚决定作出后,一般可由被处罚人当场自觉执行。对当事人决定罚款的,可令其到指定的金融机构或其他专门机构缴纳,也可以由执法人员当场代收。被处罚人对处罚决定没有异议的,应在处罚决定书上签名或盖章,并表明没有异议。当事人对处罚持有异议或拒绝缴纳罚款的,执法人员应将当事人违法行为告诉其有管辖权的行政主体,由该行政主体按一般程序处理,即结束当场处罚程序而转入正常的一般程序。

(2) 行政处罚的一般程序

行政处罚的一般程序也称为普通程序,是行政处罚的一个基本程序,它具有程序完善、适用广泛的特点。一般程序的适用范围:

① 重大案件,即对个人处以警告和 200 元以下罚款以外的所有行政处罚,对组织处以警告和 3000 元以下罚款以外的所有行政案件;

② 情节复杂的案件,即需要经过调查才能弄清楚的处罚案件;

③ 当事人对于执法人员给予当场处罚的事实认定有分歧而无法作出行政处罚决定的案件。

设置一般行政处罚程序的法律意义在于以完整、科学的行政处罚程序来规范行政处罚权,保护被罚人对抗行政机关违法、滥用行政处罚权的行为。一般程序的处罚程序包括以下几个步骤:

① 立案:行政主体通过行政检查监督发现行政相对方个人、组织实施了违法行为,或者通过受理公民的申诉、控告、举报,或由其他信息渠道知悉相对方实施了违法行为,应先予以立案。

② 调查取证:《行政处罚法》第五十四条规定:除本法第五十一条规定的可以当场作出的行政处罚外,行政机关发现公民、法人或者其他组织有依法应当给予行政处罚的行为的,必须全面、客观、公正地调查,收集有关证据;必要时,依照法律、法规的规定,可以进行检查。

行政机关在调查或者进行检查时,执法人员不得少于 2 人,并应当向当事人或者有关人员出示证件。当事人或者有关人员应当如实回答询问,并协助调查或者检查,不得阻挠。询问或者检查应当制作笔录。

行政机关在收集证据时,可以采取抽样取证的方法;在证据可能灭失或者以后难以取得的情况下,经行政机关负责人批准,可以先行登记保存,并应当在7日内及时作出处理决定,在此期间,当事人或者有关人员不得销毁或者转移证据。执法人员与当事人有直接利害关系的,应当回避。

③ 告知处罚的事实、理由、依据和有关权利:《行政处罚法》第四十五条规定:当事人有权进行陈述和申辩。行政机关必须充分听取当事人的意见,对当事人提出的事实、理由和证据,应当进行复核;当事人提出的事实、理由或者证据成立的,行政机关应当采纳。行政机关不得因当事人陈述、申辩而加重处罚。行政机关及其执法人员在作出行政处罚决定之前,未依照本法第四十四条、第四十五条的规定向当事人告知拟作出的行政处罚的事实、理由、依据,或者拒绝听取当事人的陈述、申辩,不得作出行政处罚决定;当事人放弃陈述或者申辩权利的除外。

④ 听取陈述、申辩或者举行听证:《行政处罚法》第四十五、六十三条规定:行政机关在作出行政处罚决定之前,应当听取当事人的陈述和申辩;应当告知当事人有要求听证的权利,当事人要求听证的,并且确实符合听证条件的,行政机关应当组织听证。

⑤ 处罚决定

根据《行政处罚法》第五十七条规定,经过上述三个程序后,行政机关负责人应当对调查结果进行审查,根据不同情况,分别作出如下决定:

- 确有应受行政处罚的违法行为的,根据情节轻重及具体情况,作出行政处罚决定;
- 违法行为轻微,依法可以不予行政处罚的,不予行政处罚;
- 违法事实不能成立的,不予行政处罚;
- 违法行为涉嫌犯罪的,移送司法机关。

对情节复杂或者重大违法行为给予行政处罚,行政机关负责人应当集体讨论决定。

图3-12为公安机关关于行政处罚一般程序的流程图。

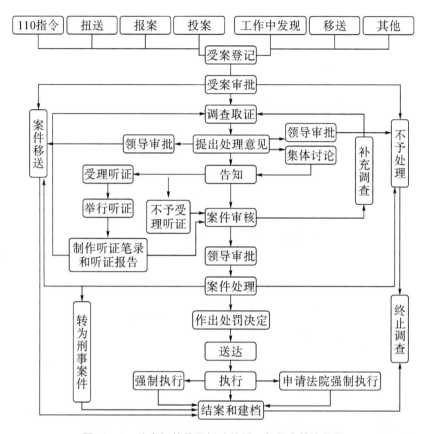

图 3-12 公安机关关于行政处罚一般程序的流程图

课后习题

一、选择题

1. 2019年10月,公安民警对本市"腾飞网吧"进行日常检查,发现该网吧存在下列情况,其中属于合法经营行为的是 ( )
   A. 顾客陈某忘带身份证,网吧收银员将自己身份证借给他用
   B. 网吧当班管理员每小时巡查各机台上网情况
   C. 网吧门口张贴广告"7×24小时全年无休"
   D. 保存顾客上网信息30日,并在公安机关依法查询时予以提供

2. 对擅自从事互联网上网服务经营活动的,违法经营额1万元以上的,并处违法经营额_____倍以上_____倍以下的罚款。 ( )
   A. 1 3   B. 1 5   C. 5 10   D. 5 15

3. 互联网上网服务营业场所经营单位违反《互联网上网服务营业场所管理条例》规定,涂改、出租、出借或者以其他方式转让《网络文化经营许可证》,尚不够刑事处罚的,由_____吊销《网络文化经营许可证》。 (   )
   A. 工商行政管理部门   B. 公安网监部门
   C. 电信管理部门   D. 文化行政部门

4. 网吧硬件系统的安全审核条件中,下列选项错误的是 (   )
   A. 网吧安装的安全审计技术产品必须采用经过公安部检测通过,具有计算机信息安全专用产品销售许可证的产品
   B. 安全审计系统和收费系统必须安装在不同主机上
   C. 连接设备是网管型交换机
   D. 工作站应分别指定 IP,不得采用自动获取的方式分配 IP

5. 某网吧经群众举报,有接纳未成年人进入网吧的现象,那么根据《公安派出所执法执勤工作规范》规定,当地派出所对该网吧的检查频率为 (   )
   A. 每月一次   B. 每月两次   C. 每周一次   D. 随时检查

6. 根据《关于加强执法监督完善政策管理 促进互联网上网服务行业健康有序发展的通知》,下列有关说法错误的是 (   )
   A. 上网服务场所距中学、小学校园出入口最低交通行走距离不低于 200 米
   B. 允许试点地区上网服务场所经营非网络游戏
   C. 取消关于单体网吧设定的限制条件
   D. 取消对上网服务场所计算机数量的限制

7. 互联网上网服务营业场所在安装视频监控摄像头过程中,几个位置必须安装摄像头,而且摄像头必须解像度高,并带红外线夜摄功能。从下面几个选项中选出不必安装摄像头的位置 (   )
   A. 吧台正面,要求能摄取登记上网人员正面面部图像
   B. 主要进出大门门口,要求能摄取进出网吧人员正面面部图像
   C. 有楼梯的网吧,要求能摄取上下楼梯人员正面面部图像
   D. 网吧其他出入口,要求能够摄取进出网吧人员正面面部图像

8. _____负责互联网上网服务营业场所经营单位设立的审批。 (   )
   A. 县级以上文化行政部门   B. 县级以上公安网监部门
   C. 县级以上公安消防部门   D. 县级以上工商行政管理部门

9. 关于网吧的网络连接方式,正确的是 (   )
   A. 某人在扬州市开设了三家网吧,为节约成本,使用 VPN 技术共用一个固定的外网 IP
   B. 某人开设了一家小型网吧,在保证网速的前提下,可以使用拨号上网的方式接入互联网
   C. 上网场所需安装网络安全审计管理系统,上网场所的所有上网设备必须纳入安全审计系统
   D. 以上三项都不对

第3章　互联网上网服务营业场所安全管理

10. 互联网上网服务营业场所经营单位应当对上网消费者的身份证等有效证件进行核对、登记，并记录有关上网信息。登记内容和记录备份保存时间不得少于＿＿＿日，视频录像资料保存时间不得低于＿＿＿日。（　　）
    A. 60　60　　　　B. 30　30　　　　C. 60　30　　　　D. 90　60

11. ＿＿＿负责对依法设立的互联网上网服务营业场所经营活动的监督管理。（　　）
    A. 县级以上工商行政管理部门　　　B. 县级以上公安网监部门
    C. 县级以上公安消防部门　　　　　D. 县级以上文化行政部门

12. （多选）《互联网上网服务营业场所管理条例》规定，互联网上网服务营业场所经营单位应当依法履行消防安全职责，并遵守＿＿＿规定。（　　）
    A. 禁止明火照明和吸烟并悬挂禁止吸烟标志
    B. 禁止带入和存放易燃、易爆物品
    C. 不得安装固定的封闭门窗栅栏
    D. 营业期间禁止封堵或者锁闭门窗、安全疏散通道和安全出口

13. （多选）互联网上网服务营业场所经营单位违反《互联网上网服务营业场所管理条例》规定，涂改、出租、出借或者以其他方式转让《网络文化经营许可证》，尚不够刑事处罚的，应接受＿＿＿处罚。（　　）
    A. 没收计算机及各种上网设备
    B. 吊销《网络文化经营许可证》，没收违法所得
    C. 违法经营额5 000元以上的，并处违法经营额2倍以上5倍以下的罚款
    D. 违法经营额不足5 000元的，并处5 000元以上10 000元以下的罚款

14. ＿＿＿负责对依法设立的互联网上网服务营业场所经营单位进行登记注册和营业执照的管理。（　　）
    A. 县级以上公安网监部门　　　　　B. 县级以上工商行政管理部门
    C. 县级以上公安消防部门　　　　　D. 县级以上文化行政部门

15. 设立互联网上网服务营业场所的经营单位，应当采用＿＿＿的组织形式。（　　）
    A. 个体经营　　　B. 事业单位　　　C. 政府下属单位　　　D. 企业

16. 《互联网上网服务营业场所管理条例》规定，文化行政部门应当自收到申请之日起＿＿＿个工作日内作出决定；经审查，符合条件的，发给同意筹建的批准文件。（　　）
    A. 10　　　　　　B. 15　　　　　　C. 20　　　　　　D. 30

17. 《互联网上网服务营业场所管理条例》规定，公安机关应当自收到申请人申请信息网络安全和消防安全审核之日起＿＿＿个工作日内作出决定；经实地检查并审核合格的，发给批准文件。（　　）
    A. 30　　　　　　B. 20　　　　　　C. 10　　　　　　D. 15

18. 《互联网上网服务营业场所管理条例》规定，互联网上网服务营业场所经营单位应当在营业场所入口处的显著位置悬挂＿＿＿标志。（　　）
    A. 营业执照　　　　　　　　　　　B. 网络文化经营许可证
    C. 小心路滑　　　　　　　　　　　D. 未成年人禁入

19. 互联网上网服务营业场所经营单位违反《互联网上网服务营业场所管理条例》的规定，未悬挂网络文化经营许可证的，可以并处＿＿＿＿＿元以下的罚款　　　　　　　（　　）
   A. 5 000　　　　　B. 10 000　　　　　C. 15 000　　　　　D. 20 000

20. 擅自设立的互联网上网服务营业场所经营单位被依法取缔的，自被取缔之日起＿＿＿＿＿年内，其主要负责人不得担任互联网上网服务营业场所经营单位的法定代表人或者主要负责人。　　　　　　　　　　　　　　　　　　　　　　　（　　）
   A. 3　　　　　　　B. 4　　　　　　　C. 5　　　　　　　D. 6

21. 互联网上网服务营业场所的上网登记制度是＿＿＿＿＿进行登记的安全管理制度。
   　　　　　　　　　　　　　　　　　　　　　　　　　　　　　　　　　（　　）
   A. 对上网人员的上网行为　　　　　B. 对上网人员的消费行为
   C. 对上网人员的娱乐行为　　　　　D. 对上网人员的合法身份

22. 信息安全培训制度，是指互联网上网服务营业场所的信息安全管理人员和技术人员必须接受相应的＿＿＿＿＿培训，考核通过后持证上岗。　　　　　　　　　（　　）
   A. 消防安全　　　　B. 经营管理　　　　C. 信息安全　　　　D. 场所治安

23. 互联网上网服务营业场所落实相关的＿＿＿＿＿措施，是对落实安全管理制度的进一步深化，是互联网上网服务营业场所的网络安全管理和保护网络安全必要的技术保障。
   　　　　　　　　　　　　　　　　　　　　　　　　　　　　　　　　　（　　）
   A. 系统冗余技术　　　　　　　　　B. 安全管理技术
   C. 经营管理技术　　　　　　　　　D. 防火墙技术

24. 上网消费者有违法行为，触犯刑律的，依法追究刑事责任；尚不够刑事处罚的，由公安机关依照＿＿＿＿＿的规定给予处罚。　　　　　　　　　　　　　　　（　　）
   A.《治安管理处罚法》　　　　　　B.《刑法》
   C.《消防法》　　　　　　　　　　D.《民法典》

25. 一个符合最低标准营业面积的互联网上网服务营业场所有50台计算机，则最低营业面积不低于100平方米，至少应设＿＿＿＿＿个疏散出口，且出口宽度可根据核定人数视情况确定。　　　　　　　　　　　　　　　　　　　　　　　　　　（　　）
   A. 1　　　　　　　B. 2　　　　　　　C. 3　　　　　　　D. 4

26. 下列人员依法具备相应从业资格的是　　　　　　　　　　　　　　　　（　　）
   A. 2020年3月，王某打算在自己家中开设小学课外补习班，但他在2016年5月曾因诱骗女童在网络空间裸聊被判处有期徒刑3年，并禁止其从事与未成年人相关的职业5年。
   B. 2020年8月，原公安机关网安部门负责人刘某打算与朋友合伙开办网吧，他已于2016年5月辞职。
   C. 2020年4月，贾某打算应聘政府网站网络运营专员岗位，但他在2018年7月曾因开发一款用户注册程序帮助用户绕过真实身份认证受到行政拘留处罚。
   D. 2020年5月，李某打算应聘某互联网企业网络安全管理核心岗位，但他在2019年1月曾因为在线赌博网站提供技术支持被判处有期徒刑1年。

二、判断题

1. 吴某开办一家网吧,网吧实际营业面积为 110 平方米,共设立计算机 60 台,此网吧符合国家《互联网上网服务营业场所管理条例》的相关规定。( )
2. 江苏省南京市某网吧距离最近的中学直线距离为 160 米,但是交通行走距离为 210 米,该网吧可以开设在其现处位置。( )
3. 某景区酒店为了方便住店顾客,在酒店内部划出专门区域,并安装了 20 台计算机为顾客提供上网服务,上网费用为每小时 10 元。该酒店应作为互联网上网服务营业场所接受公安机关监督管理。( )
4. 互联网上网服务营业场所经营单位变更营业场所地址或者对营业场所进行改建、扩建,应当经原审核机关同意;若减少计算机数量则无需经原审核机关同意。( )
5. 中小学校周围 200 米范围内和居民住宅楼(院内)不得设立互联网上网服务营业场所。( )
6. 目前互联网上网服务营业场所实行先照后证的审批政策,取消各级文化行政部门对连锁企业设立的认定。( )
7. 互联网上网服务营业场所,在经营过程中有违法行为时,公安机关可以依法吊销《网络文化经营许可证》。( )
8. 江苏省南京市某网吧距离最近的中学直线距离为 130 米,但是交通行走距离为 250 米,该网吧可以开设在其现处位置。( )
9. 2012 年以后文化部、工信部和工商总局联合发布,依法开展单体网吧审批。( )
10. 未经许可,任何组织和个人不得从事互联网上网服务经营活动。( )
11. 《互联网上网服务营业场所管理条例》规定,经文化行政部门审查不符合条件的,或者经公安机关审核不合格的,以口头通知的形式向申请人说明理由。( )
12. 《互联网上网服务营业场所管理条例》规定,申请人取得《网络文化经营许可证》后即可开业。( )
13. 当互联网上网服务营业场所经营单位终止经营活动时,可以出租、出借或者以其他方式转让《网络文化经营许可证》。( )
14. 互联网上网服务营业场所经营单位必须以固定网络地址的方式接入互联网。( )
15. 互联网上网服务营业场所经营单位提供给上网消费者使用的计算机必须通过局域网的方式接入互联网。( )
16. 试点地区的互联网上网服务营业场所经营单位为了吸引消费者可以经营非网络游戏。( )
17. 互联网上网服务营业场所经营单位只有在法定监护人的陪同下才能接纳未成年人进入营业场所。( )
18. 文化行政部门等有关主管部门的工作人员在不影响工作的前提下,可以从事或者变相从事互联网上网服务经营活动。( )
19. 工信部门负责对互联网上网服务营业场所经营单位信息网络安全的监督管理。( )
20. 单位的消防安全责任由单位的主要负责人负责。( )
21. 违反《治安管理处罚法》所引起的责任是一种法律责任。( )
22. 学校、图书馆等单位内部附设的为特定对象获取资料、信息提供上网服务的场所属于互

联网上网服务营业场所。（　　）

23. 《互联网上网服务营业场所管理条例》规定,互联网上网服务营业场所经营单位从事互联网上网服务经营活动应当有企业的名称。（　　）

24. 互联网上网服务营业场所经营单位和上网消费者不得利用互联网上网服务营业场所制作、下载、复制、查阅、发布、传播或者以其他方式使用我国法律、法规中所明确禁止的有害信息的内容。（　　）

25. 互联网上网服务营业场所经营单位和上网消费者只可以在场所内通过网络游戏进行赌博或者变相赌博活动。（　　）

26. 互联网上网服务营业场所经营单位对不需要的上网消费者的登记内容和上网记录备份,在保存期内可以修改或者删除。（　　）

27. 互联网上网服务营业场所经营单位对上网消费者的登记内容和上网记录备份,在文化行政部门、公安机关依法查询时予以提供。（　　）

28. 互联网上网服务营业场所经营单位违反《互联网上网服务营业场所管理条例》的规定,被吊销《网络文化经营许可证》的,其法定代表人或者主要负责人可以在1年后可以重新担任互联网上网服务营业场所经营单位的法定代表人或者主要负责人。（　　）

29. 互联网上网服务营业场所安全管理子系统是以记录并留存计算机信息系统运行日志信息为主,并集过滤封堵非法网站、通知汇报等管理功能于一体的安全管理系统。（　　）

三、简答题

1. 请简述互联网上网服务营业场所的概念,并分析其主要存在的安全问题有哪几个方面。
2. 执法人员前往互联网上网服务营业场所进行检查,所需要的准备工作有哪些?
3. 公安机关对互联网上网服务营业场所的信息网络安全监察管理职责是什么?

第 4 章 网络安全等级保护

随着社会和计算机技术的发展,我国各个行业和各个领域的信息化建设不断推进,取得了显著的成果。从国家政府机关、大中型国有企事业单位到与互联网相关的各类公司以及中小型企业或组织,都建立了适应自身业务需求与发展的网络基础设施以及各类业务信息系统,这些业务信息系统和其他相关系统在单位的日常运营或业务发展中,起着越来越重要的作用。对于一些互联网单位而言,业务信息系统更是其赖以生存的根本。

近年来,信息系统不断深入细化发展,与互联网交互融合,其重要性日益显著。李克强总理在2015年第十二届全国人民代表大会第三次会议上,提出"互联网+"行动计划(即"互联网+各个传统行业"),促进传统行业的变革与升级。目前"互联网+"不仅正在全面应用到第三产业,形成了诸如互联网金融、互联网交通、互联网医疗、互联网教育等新生态,而且正在向第一和第二产业渗透。各类信息系统作为传统行业、政府部门或其他大中小型企业(组织)与互联网结合的媒介,其重要性不言而喻,可以说各类信息系统已经逐渐成为关乎国计民生、社会稳定的重要一环。

在信息网络体系的发展和应用过程中,人们逐渐认识和关注到信息网络的安全性、稳定性等问题。针对不同的信息系统受到威胁与损坏时所产生的危害与影响也不尽相同的情况,各国都对信息系统的安全制定了相关的管理保护规定。

在我国,根据《人民警察法》和《中华人民共和国计算机信息系统安全保护条例》等有关法律,规定了公安机关负责监督管理信息系统特别是重点领域信息系统安全保护工作。

4.1 网络安全等级保护制度概述

多年来,对于此领域我国在相关的法律法规和文件中通常采用"信息安全"作为关键词,自2016年11月7日颁布了《中华人民共和国网络安全法》后,国家将这一关键词统一调整为"网络安全"。同时,对信息安全等级保护制度的名称作了调整,改为网络安全等级保护制度,国务院有关部门应当根据《网络安全法》完善相关配套规定,确保网络安全等级保护制度落到实处。本章在介绍等级保护制度时,将根据表述需要,部分沿用信息安全等级保护制度、信息系统等术语。

面对越来越复杂和严峻的国际网络安全形势,国家政治、经济、文化、社会、国防安全及公民在网络空间的合法权益面临巨大的风险和挑战。根据第一章中对信息安全内外因的分析可知,在现有的信息安全理论、方法和技术下,是不可能做到100%的安全,那么如何加强我国的网络安全建设和运行管理就成为一个重大课题。

根据国内外已有的信息安全建设和管理经验,2007年6月,我国公安部等部门提出了计算机信息系统的安全等级保护制度,即《信息安全等级保护管理办法》,为我国在现有的条件下,科学、合理地建设和管理计算机信息系统提供了正确的思路和方法。

但是,随着信息技术的不断发展,物联网、大数据、云计算等新技术不断涌现并应用于人们的日常生活和工作中,原有的等级保护制度已经不能适应新技术的发展需求。因此,2014年3月公安部牵头组织开展的适应信息技术新发展的等级保护重点标准申报国家标准的工作正式开展,为等级保护2.0时代拉开序幕。2019年5月13日,国家市场监督管理总局、国家标准化管理委员会召开新闻发布会,等级保护2.0相关的《信息安全技术网络安全等级保护基本要求》《信息安全技术网络安全等级保护测评要求》《信息安全技术网络安全等级保护安全设计技术要求》等国家标准正式发布,于2019年12月1日开始实施。

4.1.1 网络安全等级保护制度的基本概念

等级保护1.0时代中,信息安全等级保护是指对国家秘密信息,法人和其他组织及公民的专有信息以及公开信息,存储、传输、处理这些信息的信息系统分等级实行安全保护,对信息系统中使用的信息安全产品实行按等级管理,对信息系统中发生的信息安全事件分等级响应、处置。

等级保护2.0时代中,网络安全等级保护是指对网络(含信息系统、数据,下同)实施分等级保护、分等级监管,对网络中使用的网络安全产品实行按等级管理,对网络中发生的安全事件分等级响应、处置。

"网络"是指由计算机或者其他信息终端及相关设备组成的按照一定的规则和程序对信息进行收集、存储、传输、交换、处理的系统,包括网络设施、信息系统、数据资源等。

对网络信息系统的分级要科学、合理、简明、易操作。网络信息系统的分级能够突出不同级别的系统需要重点保护的目标和内容,实现总体防护重点保护。除此以外,网络安全等级保护制度,还可以使网络安全管理制度化,明确各方职责,有效提高网络安全保护的管理水平。

4.1.2 实行网络安全等级保护工作的必要性

1) 维护国家安全

习近平同志在中央网络安全和信息化领导小组第一次会议上指出:"网络安全和信息化是事关国家安全和国家发展、事关广大人民群众工作生活的重大战略问题,要从国际国内大势出发,总体布局,统筹各方,创新发展,努力把我国建设成为网络强国。"

目前,国际敌对势力对我国的网络渗透和颠覆活动长期存在并不断升级,西方一些政治家公开宣称,互联网将终结中国共产主义政权,他们视互联网为"中国和平演变的源泉"。美国前国务卿奥尔布赖特说过:"中国将随着信息流通而民主化,我们要利用互联网把美国的价值观送到中国去。"

20 世纪 90 年代初期在苏联和中东北非地区发生的以和平的非暴力方式进行的政权更迭运动被冠以"颜色革命"(Color Revolution)。我国自 1994 年 4 月接入国际互联网,经过二十多年的发展,截至 2020 年 12 月,中国网民规模达 9.89 亿,互联网普及率达 70.4%,较 2020 年 3 月提升 5.9 个百分点。网络用户数量于 2008 年超越美国,至今保持全球网络用户第一大国的地位。国内互联网迅速发展和广泛应用,已经成为当前信息传播与思想交流的重要工具,并且因为其具有传播迅捷、全民参与、社会热点与共识快速聚拢、社会动员力强等特点,使网络空间变成意识形态斗争的重要战场,成为影响社会稳定发展的重要因素,成为境内外敌对势力策动"颜色革命"的主战场。

同时,境外敌对势力针对我国封堵措施,投入大量资金组织研发破网软件,并将这些软件传播到境内。同时利用网络上广泛应用的电子邮件、网络论坛、即时通信工具、BT 软件等,积极传播反动信息,指挥、部署境内人员。2015 年 11 月,巴黎遭受爆炸恐怖袭击,疑犯使用游戏机 PS4 进行通信联络,导致法国警方无法监控。2009 年 6 月,伊朗总统大选,前总统内贾德获胜,美国便频频向反对派提供"技术支持",Facebook、翻墙软件"自由门"不约而同地增加了波斯语服务,美国国务院还要求 Twitter 公司务必推迟系统升级计划,确保伊朗反对派与西方能够保持通讯畅通。据美国《纽约时报》报道,美国政府正投入 7 000 万美元,以期打造一个"地下互联网"和"移动电话通信网",来帮助伊朗、叙利亚、利比亚等国反对派避开本国的网络监控或封锁,实现彼此之间和与外界的"自由联络""直接指挥"。

2017 年 8 月 18 日,美国总统特朗普宣布美军的网络司令部升格为作战司令部,网络司令部将成为美军第 10 个作战司令部。此后,美军以中国、俄罗斯等国作为假想敌,开展网络攻防演习和推演能力建设,并加速推进积极防御和国家级的网络空间威慑能力的建设。

由此可见,我国将长期面临敌对势力的信息优势、技术优势以及经济优势所带来的信息安全方面的威胁。我们必须严格按照信息系统安全等级保护制度来对信息系统进行监督管理,预防可能出现的信息安全威胁。

2) 网络安全形势严峻

(1) 互联网犯罪持续大幅上升:2016年以来,全国公安机关在打击整治网络侵犯公民个人信息犯罪专项行动、打击整治黑客攻击破坏犯罪和"净网2018""净网2019""净网2020"专项行动中,持续重拳打击整治侵犯公民个人信息违法犯罪活动,侦破侵犯公民个人信息案件1.7万余起,抓获各行业内部人员3 000余名,发现并通报一大批涉及金融、教育、电信、交通、物流等重点行业信息系统及安全监管漏洞,打掉了一批非法采集、贩卖公民个人信息的团伙。

互联网犯罪已经逐渐从单一形式的犯罪发展成网络犯罪黑色产业链,并且呈现出跨国犯罪的趋势。为了规避国内网络监管,越来越多的犯罪团伙,开始利用境外服务器作为跳板,利用国内外监管存在的"中空"地带实施犯罪,从而增加监管打击难度。来自中国的网络犯罪团伙,在欧洲、美国设立钓鱼网站,通过严密的团队协作返回国内进行诈骗,这已经成为网络犯罪常态。

在愈演愈烈的网络犯罪背后,形成了一条"年产值"超千亿元的网络犯罪黑色产业链。所谓"网络犯罪黑色产业链",是指以计算机网络为工具,运用计算机和网络技术实施的以盈利为目的、有组织、分工明确的团伙式犯罪行为。在这条黑色产业链上,上游为提供技术的黑客,中游为黑色产业犯罪团伙,下游则是支持黑色产业犯罪团伙的各种周边组织。

2020年以来,截至6月底,仅江苏省公安机关就侦破涉网犯罪案件4 752起,抓获犯罪嫌疑人1.2万余名,侦办9起重大案件,直接触发全国集群战役。严厉打击黑客攻击破坏和侵犯公民个人信息犯罪,共侦破案件393起,抓获犯罪嫌疑人1 939名,抓获运营商、银行和快递等行业"内鬼"67名。

随着网络案件的不断演变发展,网络犯罪已不单单针对个人用户,各类商业公司和机构也成为目标。

根据360首席安全官谭晓生介绍,国内外均监测到有网络犯罪组织针对某国上市公司进行网络攻击。"通过给相关公司网络设置'后门',犯罪分子可以提前知晓上市公司经营战略、财务状况等核心信息。"谭晓生认为,得知这些信息后,不法分子可以针对上市公司,进一步实施包括操作股价在内的各类犯罪。

除此以外,根据相关业内人士介绍,已有不法分子可以利用技术,对股票交易所的服务器进行攻击,通过减缓服务器运算速度,不法分子可以掌握某只股票的实时交易信息,并能够在服务器处理交易前"做手脚",实现渔利或影响某只股票的正常交易。

由此可见,打击互联网犯罪,保护互联网信息安全,已经不能再局限于某个国家自身的管辖与控制,需要多个国家共同合作。2020年7月27日至29日,联合国网络犯罪问题政府间专家组举行第六次会议,94个联合国成员国、欧盟、阿拉伯国家联盟等政府间组织,微软等互联网企业及有关专家学者等参加了会议。会议重点讨论了打击网络犯罪国际合作和预防问题,拟通过广泛的国际合作,积极营造全方位、宽领域、多层次、重实效的打击网络犯罪国际执法合作格局。

(2) 网络安全漏洞的威胁:2017年5月12日,Wanna Cry(又叫 Wanna Decryptor),一种"蠕虫式"勒索病毒软件由不法分子利用 NSA(National Security Agency,美国国家安全局)泄露的危险漏洞"Eternal Blue"(永恒之蓝)进行传播。勒索病毒肆虐,俨然是一场全球性互联网灾难,给广大电脑用户造成了巨大损失。最新统计数据显示,至少150个国家、30万名用户中招,造成损失达80亿美元,已经影响到金融、能源、医疗等众多行业,造成严重的危机管理问题。中国部分Windows操作系统用户遭受感染,校园网用户首当其冲,受害严重,大量实验室数据和毕业设计被锁定加密。部分大型企业的应用系统和数据库文件被加密后,无法正常工作,影响巨大。

漏洞是网络信息安全事件发生的根本原因之一,对漏洞的研究、分析、消除能力,很大程度上反映了一个国家的网络安全水平。

受限于现有计算机系统结构、产业基础、工程方法、开发周期、安全意识、资金人力投入等诸多因素,信息技术产品及应用系统在设计、实现、部署、运行、维护等阶段不可避免地存在各种安全缺陷,从而直接或间接地导致各种信息安全事件的发生。信息安全漏洞主要指信息技术、产品及系统在需求、设计、实现、配置、维护和使用等过程中,所产生的安全缺陷。这些缺陷被利用,就会造成对信息产品或系统的安全损害,从而影响正常服务运行,危害信息安全。

世界多个国家政府都高度重视对漏洞资源的管控,通过建立完善的国家漏洞管理体系,将漏洞资源纳入国家管控机制。以美国为例,美国政府于2006年,在ICAT Metabase 的基础上建立了美国国家漏洞库(National Vulnerability Database,NVD),由国土安全部(Department of Homeland Security,DHS)研究部署并提供建设资金,由美国国家标准与技术研究院(National Institute of Standards and Technology,NIST)负责技术开发和运维管理。2015年5月,美国商务部工业与安全局公布了"瓦森纳协定"的一份补充协定,把黑客技术放入全球武器贸易条约出口限制的范围内,限制零日漏洞及其相关产品流出美国。

中国政府同样高度重视网络和信息安全问题,重视对信息安全漏洞的管控。

2007年,中国信息安全测评中心负责建设运维国家信息安全漏洞共享平台(China National Vulnerability Database,CNVD)。

2020年4月20日,国家互联网应急中心(CNCERT)发布的《2019年我国互联网网络安全态势综述》显示,与2018年、2019年数据相比,事件型漏洞和高危零日漏洞数量持续上升,信息系统面临的漏洞威胁形势更加严峻。数据安全防护意识依然薄弱,大规模数据泄露事件更加频发;"灰色"应用程序大量出现,针对重要行业安全威胁更加明显;网络黑产活动专业化、自动化程度不断提升,技术对抗更加激烈;工业控制系统产品安全问题依然突出,新技术应用带来新安全隐患更加严峻。

根据CNCERT监测,2019年度,仅重要党政机关部门遭受钓鱼邮件攻击数量达50多万次,月均4.1万封,其中携带漏洞利用恶意代码的Office文档成为主要载荷。2019年,我国持续遭受来自"方程式组织""APT28""蔓灵花""海莲花""黑店""白金"等30余个APT组织的网络窃密攻击,国家网络空间安全受到严重威胁。2019年我国事件型漏洞数量大幅上升。CNVD接收的事件型漏洞数量约14.1万条,首次突破10万条,较2018年同比大幅增长227%。这些事件型漏洞涉及的信息系统大部分属于在线联网系统,一旦漏洞被公开或曝光,如未及时修复,易遭不法分子利用进行窃取信息、植入后门、篡改网页等攻击操作,甚至成为地下黑产进行非法交易的"货物"。图4-1为2019年上半年CNVD按影响对象类型收录的漏洞分类统计。

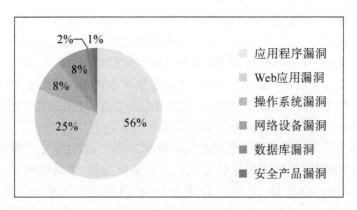

图4-1 2019年上半年CNVD收录漏洞按影响对象类型分类统计

近几年,随着新技术、新应用的不断涌现与普及,以"互联网+移动互联网+物联网"为信息传输和采集途径、以云存储和云计算为手段、以大数据为核心基础的新一代互联网体系,对我国现有的信息安全保障能力提出了巨大挑战:国家基础信息网络与重要信息系统的核心要害部位技术产品过度依赖国外的情况尚未根本改变；电子政务系统因为漏洞的存在而依然很脆弱，由漏洞攻击引起的失窃泄密事件和大规模数据泄露事件不断发生；通过漏洞而实现的 APT 攻击明显增加，对生产生活造成严重威胁；等等。与许多国外发达国家和信息安全强国相比，我国对漏洞的研究、分析能力还要大力加强。

（3）关键技术、产品受制于人：中国工程院院士倪光南在 2016 年 6 月 30 日的"航天科工 2016 安全可靠信息技术发展论坛"会议上表示，信息核心技术受制于人是最大的隐患，为保障我国信息网络安全，必须加紧突破关键技术，依靠自主创新打造安全可靠的信息核心技术这一"国之重器"。倪光南说，信息核心技术一个重要特点是具有高度垄断性，以智能终端（包括桌面电脑、移动手机等）操作系统为例，现在全世界近百亿台智能终端，基本都被安卓等少数几家系统控制。

我国《国家安全法》第二十四条规定，"国家加强自主创新能力建设，加快发展自主可控的战略高新技术和重要领域核心关键技术"。第二十五条规定，"实现网络和信息核心技术、关键基础设施和重要领域信息系统及数据的安全可控"。可见，强调自主可控是有法可依的。当然，在自主可控的基础上，我们还需要实现安全可控或者自主可控安全可信这样更高的要求。

自主可控包含知识产权、技术能力、发展主动权、供应链等方面。在当前的国际竞争格局下，知识产权自主可控十分重要，做不到这一点就一定会受制于人。技术能力自主可控，意味着要有足够规模的、能真正掌握该技术的科技队伍。技术能力可以分为一般技术能力、产业化能力、构建产业链能力和构建产业生态系统能力等层次。发展主动权自主可控，是因为我们不仅要着眼于现在，还要在今后相当长的时期里，使相关的技术和产业，都能不受制约地发展。供应链自主可控，是指一个产品的供应链可能很长，如果其中的一个或某些环节不能自主可控，也就不能满足自主可控的要求。例如对于复杂的 CPU 芯片，我们拥有知识产权，也有技术能力，能够在设计方面不受制于人。但是，如需依赖外国才能进行生产，那么仍然没有达到自主可控的要求。

近几年，我国通过多种方式支持信息技术攻关，在核心芯片、操作系统、高端服务器、网络设备和网络基础服务方面取得了一系列突破。国产通用 CPU 实现了"从无到有"的历史跨越，集成电路设计水平达到 28 纳米，45 纳米技术用于大规模生产；2019 年 11 月 18 日，由国际 TOP500 组织发布的全球超级计算机 500 强榜单显示，第一位和第二位分别是美国的"顶点"和"山脊"，第三位和第四位分别是中国的"神威·太湖之光"和"天河二号"，与此同时，中国在上榜超算数量上居于领先。我国的"神威·太湖之光"在 2016 年至 2017 年曾经四次蝉联冠军，"天河二号"也曾在 2014 年至 2016 年夺得六连冠。超级计算机的研制，辐射带动了国产高端服务器和海量存储系统的自主发展。TD-SCDMA（中国提出的第三代移动通信标准)和 TD-LTE(中国主导的第四代移动通信标准)成为国际主流技术标准,推动覆盖了标准、芯片、系统、终端、测试、应用等完整产业链的形成。目前,中国移动牵头制定 5G 网络架构国际标准,在相关国际标准组织中累计提交标准提案 2700 余篇,在全球电信运营企业中网络领域提案数排名第一,申请 5G 专利超 1000 项;而华为公司在 5G 标准必要专利上全球排名第一。在 5G 的发展道路上,我国已真正意义上处于世界领先地位。

4.1.3 国外信息安全等级保护的发展历程

1) 美国

等级保护思想最早源于 20 世纪 60 年代的美军文件保密制度,其中第一个比较成熟并且具有重大影响的是 1985 年发布的《可信计算机系统评估准则》(TCSEC)。该准则是当时美国国防部为适应军事计算机的保密需要提出的,主要是针对没有外部连接的多用户系统而提出的。

在《可信计算机系统评估准则》(TCSEC)中,美国将计算机信息系统的安全级别定为 A、B、C、D 四个等级,A1、B3、B2、B1、C2、C1、D1 七个类别,其中 A1 是最高安全级别,D1 是最低安全级别。

2) 欧盟

受美国等级保护思想影响,欧盟和加拿大也分别制定自己的等级保护评估准则。英法德荷四国于 1991 年提出了包含保密性、完整性、可用性等概念的欧共体《信息技术安全评估准则》(ITSEC)。ITSEC 作为多国安全评估标准的综合产物,适用于军队、政府和商业部门。

1997 年欧盟发布了 ITSEC 评估互认可协定,并在 1999 年 4 月协定修改后发布了新的互认可协定第二版。目前签署双方承担义务并相互承认的有英国、法国、德国,接受这 3 个国家的评估结果的有芬兰、希腊、荷兰、挪威、西班牙、瑞典以及瑞士。

3) 加拿大

1993 年加拿大公布《可信计算机产品评估准则》(CTCPEC)3.0 版本。CTCPEC 作为 TCSEC 和 ITSEC 的结合,将安全分为功能性要求和保证性要求两部分。功能性要求分为机密性、完整性、可用性、可控性等四个大类。

为解决原各自标准中出现的概念和技术差异,1996 年美国、欧盟、加拿大联合起来将各自评估准则合为一体,形成通用评估准则 CC(Common Criteria)。1999 年出台的 CC2.1 版本被 ISO 采纳,作为 ISO15408 发布。在 CC 中定义了评估信息技术产品和系统安全性所需要的基础准则,是度量信息技术安全性的基准。

由此可见,对信息安全的技术和管理措施进行分析,是国际惯例,也是大家公认的方法。

4.1.4 我国信息安全等级保护的发展历程

在国际上对信息安全的技术和管理措施进行分析与研究的同时,我国也同样认识到网络信息安全的重要性,与此同时,我国的信息安全等级保护工作也被提上日程。我国的信息安全等级保护制度的发展主要经历了五个阶段,如图4-2所示。

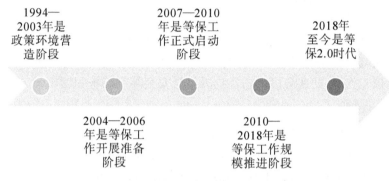

图4-2 我国信息安全等级保护制度的发展历程

1) 政策营造阶段(1994—2003)

从1994年起,公安部就组织相关专家开始着手制定《信息安全等级保护管理办法》。为了制定科学、合理、切实可行的管理办法,公安部相关部门做了大量的前期准备工作。

2003年,公安部在全国范围内选择具有代表性的单位,首次开展了以管理为核心的计算机信息系统等级保护试点和检查工作,为信息系统安全等级保护制度的开展摸索道路,提出等级保护制度中的关键问题和工作难点。2003年9月7日,中央办公厅、国务院办公厅发出通知,转发《国家信息化领导小组关于加强信息安全保障工作的意见》(中办发〔2003〕27号)。该文件明确指出"实行信息安全等级保护"。此文件的出台标志着等级保护从计算机信息系统安全保护的一项制度提升到国家信息安全保障的一项基本制度。

2) 准备阶段(2004—2006)

2005年,公安部、国务院信息化工作办公室联合下发《关于开展信息系统安全等级保护基础调查工作的通知》,并于2006年上半年在全国范围内开展了大规模的计算机新系统等级保护的基础性调查工作,共调查了65 117家单位,涉及115 319个信息系统。通过本次大范围的摸底调查,基本弄清了我国计算机信息系统的现状和主要存在的问题,为全面开展等级保护工作奠定了坚实的基础。

2006年6月,公安部、国家保密局等四部门联合发布了《关于开展信息安全等级保护试点工作的通知》,在全国13个省(自治区、直辖市)、市,以及3个部委开展了计算机信息系统安全等级保护试点工作。通过本次大规模的试点工作,对信息系统等级保护工作的实施思路进行了进一步的完善,为等级保护工作的领导、组织和协调方式提供了大量的参考经验,并在此基础上,总结提炼了相关制度。

3) 正式启动阶段(2007—2010)

2007年6月,公安部等四个部门联合出台了《信息安全等级保护管理办法》。7月,四部门联合颁布了《关于开展全国重要信息系统安全等级保护定级工作的通知》,并于7月20日召开了全国重要信息系统安全等级保护定级工作部署专题电视电话会议,会议主题为"在全国范围内部署和开展重要计算机信息系统安全等级保护的定级工作"。此次会议标志着我国信息安全等级保护制度历经十多年的探索正式开始实施。

4) 规模推进阶段(2010—2018)

2010年4月,公安部出台了《关于推动信息安全等级保护测评体系建设和开展等级测评工作的通知》,提出等级保护工作的阶段性目标。2010年12月,公安部和国务院国有资产监督管理委员会联合出台了《关于进一步推进中央企业信息安全等级保护工作的通知》,要求中央企业贯彻执行等级保护工作。至此,我国信息安全等级保护工作全面展开,等保工作进入规模化推进阶段。

各重点行业也根据等级保护的政策要求开展了本行业内的等级保护工作。在落实相关等级保护政策的过程中,各重点行业也制定了自己的行业标准,例如《水利网络与信息安全体系建设基本技术要求》《广播电视等级保护定级指南》等。在金融领域,人民银行出台了《中国人民银行关于银行业金融机构信息系统安全等级保护定级的指导意见》,并于2012年发布了金融行业的《金融行业信息系统信息安全等级保护实施指引》《金融行业信息安全等级保护测评服务安全指引》《金融行业信息系统信息安全等级保护测评指南》等三项行业标准。

随着《中华人民共和国网络安全法》的颁布,可以发现目前我国现有的信息安全等级保护制度并不够完善,国家鼓励大型企业参与网络信息安全保护工作,鼓励企业内部制定高于国家信息安全等级保护的技术标准。

5) 等保2.0时代(2018年至今)

等保2.0时代具有几个关键时间节点:一是2014年3月公安部牵头组织开展的适应信息技术新发展的等级保护重点标准申报国家标准的工作正式开展;二是第十二届全国人民代表大会常务委员会第二十四次会议于2016年11月7日发布

了《中华人民共和国网络安全法》,其中二十一条明确规定了"国家实行网络安全等级保护制度";第三十一条规定"对……关键信息基础设施,在网络安全等级保护制度的基础上,实施重点保护",网络安全等级保护正式上升到法律层面,在法律层面确立了其在网络安全领域的基础、核心地位;三是2018年6月27日,公安部发布《网络安全等级保护条例(征求意见稿)》作为《网络安全法》的重要配套法规,标志着我国正式进入等保2.0时代;四是2019年5月13日,国家市场监督管理总局、国家标准化管理委员会召开新闻发布会,发布《信息安全技术网络安全等级保护基本要求》《信息安全技术网络安全等级保护测评要求》《信息安全技术网络安全等级保护安全设计技术要求》等国家标准,标志着等保2.0时代正式进入应用评估阶段。

4.2 网络安全等级保护的政策与标准

为了进一步提高我国信息安全的保障能力和防护水平,维护国家安全、公共利益和社会稳定,保障和促进信息化建设的健康发展,国务院于1994年发布了《中华人民共和国计算机信息系统安全保护条例》。该《条例》的第九条规定:计算机信息系统实行安全等级保护。安全等级的划分标准和安全等级保护的具体办法,由公安部会同有关部门制定。随后由原国务院信息化领导小组办公室会同公安部、国家保密局、国家密码管理局、国家发改委等相关部门发布了一系列部门规章和政策性文件。

随后公安部发布了《关于信息安全等级保护工作的实施意见》(公通字〔2004〕66号)和《信息安全等级保护管理办法》(公通字〔2007〕43号)两个文件,这两个文件确定了等级保护制度的总体内容和要求,对等级保护工作的开展起到宏观指导作用。

公安部于2004年发布了《关于信息安全等级保护工作的实施意见》(公通字〔2004〕66号)。该文件是由公安部、国家保密局、国家密码管理局、国务院信息化工作办公室共同会签印发,是指导相关部门实施信息安全等级保护工作的纲领性文件,主要内容包括贯彻落实信息安全等级保护制度的基本原则,等级保护工作的基本内容、工作要求和实施计划以及各部门工作职责分工等。

2007年,公安部发布了《信息安全等级保护管理办法》(公通字〔2007〕43号)。该文件是在开展信息系统安全等级保护基础调查工作和信息安全等级保护试点工作基础上,由公安部、国家保密局、国家密码管理局、国务院信息化工作办公室共同会签印发的重要管理规范,主要内容包括信息安全等级保护制度的基本内容、流程及工作要求,系统定级、备案、安全建设整改、等级测评的实施与管理,信息安全产品和测评机构选择等,为开展信息安全等级保护工作提供了规范保障。

我国一直非常重视网络安全的立法问题,除了上述两个文件以外,在 2003 年,中办 23 号文《国家信息化领导小组关于加强信息安全保障工作的意见》便已提出"抓紧研究起草《信息安全法》"的要求。随着中央网络安全和信息化领导小组的成立,更是将网络安全提升到了国家安全和发展的高度。

2016 年 11 月 7 日,第十二届全国人民代表大会常务委员会第二十四次会议颁布我国网络安全领域内的第一部基础性重要法律——《中华人民共和国网络安全法》。该法对网络安全等级保护提出了明确的保护要求,在关键信息基础设施及其数据保护、公民个人信息保护等方面也做了明确规定,另外也加大了对危害网络安全行为的惩戒力度等。为加快推进信息安全等级保护,规范信息安全等级保护管理,提高信息安全保障能力和水平,维护国家安全、社会稳定和公共利益,保障和促进信息化建设,公安部、国家保密局、国家密码管理局、国务院信息化办公室于 2007 年 6 月 22 日颁布了《信息安全等级保护管理办法》。由于该管理办法颁发的时间过早,无法满足网络信息技术的发展需要,公安部于 2018 年 6 月 27 日颁布《网络安全等级保护条例(征求意见稿)》。该条例发布后将是《网络安全法》的一个重要配套。《保护条例》对网络安全等级保护的适用范围、各监管部门的职责、网络运营者的安全保护义务以及网络安全等级保护建设提出了更加具体、操作性也更强的要求,为开展等级保护工作提供了重要的法律支撑。考虑到政策的适用性和书本内容的前瞻性,本章节将以《网络安全等级保护条例(征求意见稿)》作为《信息安全等级保护管理办法》的替代法规进行重点阐述,原管理办法将作为附录放在本书末尾附录一中进行补充。

等保 1.0 时代中,对全国各类信息系统提出了分五个等级的通用安全要求。因为作为通用安全要求,所以等保 1.0 中等级保护制度提出的要求仅仅是基本要求,必须满足但并不足够,特别是不足以反映应用模式日趋复杂的异构系统的动态防护需求。此外,保护关键信息基础设施涉及很多工作,不仅仅是简单地提出系统自身的保护要求、加强系统安全建设,还包括一系列的管理工作和公共平台建设,不能由一项制度取代其他制度,理应对此建立专门制度。在等保 2.0 中,网络安全等级保护制度从等保对象、等保内容和等保的标准体系进行了扩展。

1) 对等保对象进行了扩展

等保 2.0 体系中,对等保对象从横向和纵向都进行了扩展。在横向上,除了信息系统,还将基础信息网络和大数据这样的内容纳入进来;在纵向上,也把对象做了扩展,除了有传统的信息系统以外,还将像云计算平台、工控、物联网、移动互联这样的系统都纳入等级保护的工作范围,这是相对于等保 1.0 体系,一个很大的不同。

2) 对等保内容进行了扩展

传统的等级保护工作为五个工作环节——定级、备案、建设整改、等级测评、监督检查,在等保 2.0 时代中,除了需要完成以上五个工作环节以外,还要把风险评估、安全检测、通报预警、案件调查等方面的工作都纳入等级保护的范围之内。

3) 对等保标准体系进行了扩展

传统等级保护主要有几大核心的标准,包括基本要求、测评要求、设计要求。新的体系下,除了有传统系统对应的相应标准以外,云计算、大数据、移动互联等领域都做了扩展,形成了一个新的标准的体系。

4.2.1 等级保护工作的法律政策体系

4.2.1.1 《中华人民共和国计算机信息系统安全保护条例》

根据《中华人民共和国计算机信息系统安全保护条例》(国务院令第 147 号)中第六条和第九条的规定,确定公安部门为我国计算机信息系统安全保护工作的主管部门,具备监督、检查、指导以及处罚的相关职能。

第六条 公安部主管全国计算机信息系统安全保护工作。国家安全部、国家保密局和国务院其他有关部门,在国务院规定的职责范围内做好计算机信息系统安全保护的有关工作。

第九条 计算机信息系统实行安全等级保护。安全等级的划分标准和安全等级保护的具体办法,由公安部会同有关部门制定。

在信息系统安全等级保护制度中,共有信息系统定级、备案、安全建设整改、等级测评、安全检查这样五个环节,公安机关、信息系统应用单位以及社会评测机构分别负责不同的环节。

自《中华人民共和国计算机信息系统安全保护条例》(国务院令第 147 号)颁布以后,我国又陆续出台了和信息安全等级保护相关的法律法规,不断完善信息系统安全等级保护工作的法律制度,图 4-3 所示为信息系统安全等级保护工作中所涉及的法律法规,在图中不仅显示了信息系统安全等级保护工作中纲领性的法律规章,还列出了等级保护工作中各个环节所依据的法律制度。另外,2016 年 11 月 7 日颁布的《中华人民共和国网络安全法》中对网络安全等级保护制度也作出相关规定,更加完善了网络安全保护制度的法律体系。图 4-3 中的《信息安全等级保护管理办法》(公通字〔2007〕43 号)将由《网络安全等级保护条例》替代。

4.2.1.2 《中华人民共和国网络安全法》

《中华人民共和国网络安全法》于 2016 年 11 月 7 日颁布,是我国网络安全领域的基础性法律,也是国家安全领域的一部重要法律。相较于《网络安全等级保护条例》《网络安全法》作为上位法,其法律效力优于《网络安全等级保护条例》。

图4-3 信息安全等级保护制度政策体系

第二十一条 国家实行网络安全等级保护制度。网络运营者应当按照网络安全等级保护制度的要求,履行下列安全保护义务,保障网络免受干扰、破坏或者未经授权的访问,防止网络数据泄露或者被窃取、篡改:

(一)制定内部安全管理制度和操作规程,确定网络安全负责人,落实网络安全保护责任;

(二)采取防范计算机病毒和网络攻击、网络侵入等危害网络安全行为的技术措施;

(三)采取监测、记录网络运行状态、网络安全事件的技术措施,并按照规定留存相关的网络日志不少于六个月;

(四)采取数据分类、重要数据备份和加密等措施;

(五)法律、行政法规规定的其他义务。

《网络安全法》在制定过程中总结以往实践经验,对信息安全等级保护制度的名称作了调整,更改为"网络安全等级保护制度"。

本条款是根据网络安全等级保护制度,对网络运营者的安全保护义务做了基本规定,主要包括以下几个方面:

1) 制定内部安全管理制度和操作规程,确定网络安全负责人,落实网络安全保护责任

内部安全管理制度是网络运营者制定的有关网络安全管理组织架构、人员配备、行为规范、管理责任的规则;操作规程是网络运营者制定的有关人员在操作设备或办理业务时应当遵守的程序或者步骤。网络运营者应当依照法律、行政法规及网络安全等级保护制度的规定,制定内部安全管理制度和操作规程,细化并落实安全管理义务,根据不同保护等级设置安全管理机构、安全管理人员、安全主管、安全管理负责人等,并明确相关机关和人员的职责。安全管理制度和操作规程规定的每一项具体制度、每一个具体操作步骤都应当有具体的责任人,哪个环节出了责任事故都要有相应的人员负责。

2) 采取防范危害网络安全行为的技术措施

网络运营者应当依照法律、行政法规及网络安全等级保护制度的规定,切实采取技术防范措施,从技术上防范计算机病毒和网络攻击、网络侵入等网络安全风险。例如,安装防病毒软件,防范计算机病毒;安装网络身份认证系统、网络入侵检测系统、网络风险审计系统等,防范网络攻击、侵入;安装自动报警系统,当检测到安全风险时自动报警等。

3) 配备相应的硬件和软件检测、记录网络运行状态、网络安全事件的技术措施,按照规定留存相关网络日志

网络日志是对网络信息系统的用户访问、运行状态、系统维护等情况的记录,对于追溯非法操作、未经授权的访问,维护网络安全以及调查网络违法犯罪活动具有重要作用。我国相关行政法规和标准对网络日志的留存及其期限做了规定,一些国家的法律也对留存期限做了规定。《网络安全法》根据维护网络安全的需要,借鉴有关国家的做法,对网络日志留存及留存的期限做了规定。同时,考虑到网络日志的种类较多,哪些需要按照本条款规定留存不少于六个月,需要根据维护网络安全的实际来确定,因此,本条规定,网络运营者应当按照规定留存相关的网络日志不少于六个月。

4) 采取数据分类、重要数据备份和加密等措施。数据分类就是按照某种标准,例如重要程度,对数据进行区分、归类

数据备份就是为了防止系统故障或者其他安全事件导致数据丢失,而将数据从应用主机的硬盘或阵列复制、存储到其他存储介质。数据加密就是通过加密算法和密钥将明文数据转变为密文数据,从而实现数据的保密性。网络运营者应当

依照本法和有关法律、行政法规以及网络安全等级保护制度的规定,采取数据分类、重要数据备份和加密等措施,保护网络数据安全。

5) 网络运营者的其他义务

除了本法规定的义务外,网络运营者还应当履行其他有关法律、法规规定的网络安全保护义务。

第二十三条 网络关键设备和网络安全专用产品应当按照相关国家标准的强制性要求,由具备资格的机构安全认证合格或者安全检测符合要求后,方可销售或者提供。国家网信部门会同国务院有关部门制定、公布网络关键设备和网络安全专用产品目录,并推动安全认证和安全检测结果互认,避免重复认证、检测。

按照相关标准和程序对产品进行认证、检测,是我国标准化法确立的重要制度,也是国际通行做法。《网络安全法》总结我国前期经验,对网络关键设备和网络安全专用产品的安全认证、检测制度做了规定。根据本条款的规定,销售或者提供的网络关键设备和网络安全专用产品均需通过安全认证和安全检测。这里的"提供"既包括有偿供他人使用,也包括无偿供他人使用。

目前,我国有多个政府部门根据自己的工作职责开展网络相关设备和产品的安全认证和安全检测。这样多头管理就会出现产品范围重复、要求和标准不统一、认证检测项目交叉等问题,导致需要重复认证和检测,不仅增加了企业负担,还造成资源浪费。本条款要求国家网信部门会同国务院有关主管部门从两方面开展工作,避免重复认证、检测:一是制定和公布网络关键设备和网络安全专用产品目录,提高安全认证和检测的透明度,避免应检产品的重复;二是推动安全认证和安全检测结果互认,减少某一类产品认证、检测项目的重复。

第三十一条 国家对公共通信和信息服务、能源、交通、水利、金融、公共服务、电子政务等重要行业和领域,以及其他一旦遭到破坏、丧失功能或者数据泄露,可能严重危害国家安全、国计民生、公共利益的关键信息基础设施,在网络安全等级保护制度的基础上,实行重点保护。关键信息基础设施的具体范围和安全保护办法由国务院制定。国家鼓励关键信息基础设施以外的网络经营者自愿参与关键信息基础设施保护体系。

本条是关于建立关键信息基础设施安全保护制度的规定。

《网络安全法》根据我国实践需要,并借鉴一些国家的经验,对关键信息基础设施保护制度做了规定。根据本条规定,关键信息基础设施是指那些一旦遭到破坏、丧失功能或者数据泄露将对国家安全、国计民生、公共利益造成重大影响的重要网络设施与系统,本条列举了公共通信和信息服务、能源、交通、水利、金融、公共服务、电子政务7个领域,但不限于这些领域,其具体范围将由国务院制定具体办法予以确定。

另外，本条专门对国家鼓励关键信息基础设施以外的网络运营者自愿参与关键信息基础设施保护体系做了规定，以扩大关键信息基础设施保护制度共享合作机制的范围，更好地发挥关键信息基础设施保护制度在提高网络安全保护水平方面的作用。

第五十九条 网络运营者不履行本法第二十一条、第二十五条规定的网络安全保护义务的，由有关主管部门责令改正，给予警告；拒不改正或者导致危害网络安全等后果的，处一万元以上十万元以下罚款，对直接负责的主管人员处五千元以上五万元以下罚款。

关键信息基础设施的运营者不履行本法第三十三条、第三十四条、第三十六条、第三十八条规定的网络安全保护义务的，由有关主管部门责令改正，给予警告；拒不改正或者导致危害网络安全等后果的，处十万元以上一百万元以下罚款，对直接负责的主管人员处一万元以上十万元以下罚款。

本条是关于网络运营者不履行本法规定的网络安全保护义务应承担的法律责任的规定。

网络运营者是保障网络运行安全的第一责任人，本法第二十一条、第二十五条对网络运营者的网络安全保护义务做了规定。将现行的网络安全等级保护制度上升为法律规定，要求网络运营者按照网络安全等级保护制度的要求，采取技术措施和其他必要措施，维护网络运行安全。

本款实行的是双罚制，既对网络运营者进行处罚，也对直接负责的主管人员予以处罚。"直接负责的主管人员"是指违法行为的决策人、事后对违反行为予以认可和支持的领导人员、由于疏于管理或放任而对单位违法行为负有不可推卸的责任的领导人员。

图4-4所示为近年来网络安全等级保护相关政策体系结构图。

4.2.1.3 《网络安全等级保护条例（征求意见稿）》解读

公安部发布的《网络安全等级保护条例（征求意见稿）》将是《中华人民共和国网络安全法》的重要配套法规，也是等级保护2.0体系中替代《信息安全等级保护管理办法》，在网络安全等级保护工作中进行监督和管理的重要法律依据。此管理办法全面阐述了网络安全等级保护管理的具体办法，给出了相关单位网络安全保护的划分原则，网络安全等级定级制度、备案制度、整改制度和监督检查制度等。

1）第一章 总则

第一章是总则，从立法宗旨与依据、适用范围、确立制度、工作原则、职责分工、网络运营者责任义务、行业要求七个方面来阐述。

第一条 【立法宗旨与依据】为加强网络安全等级保护工作，提高网络安全防范能力和水平，维护网络空间主权和国家安全、社会公共利益，保护公民、法人和其

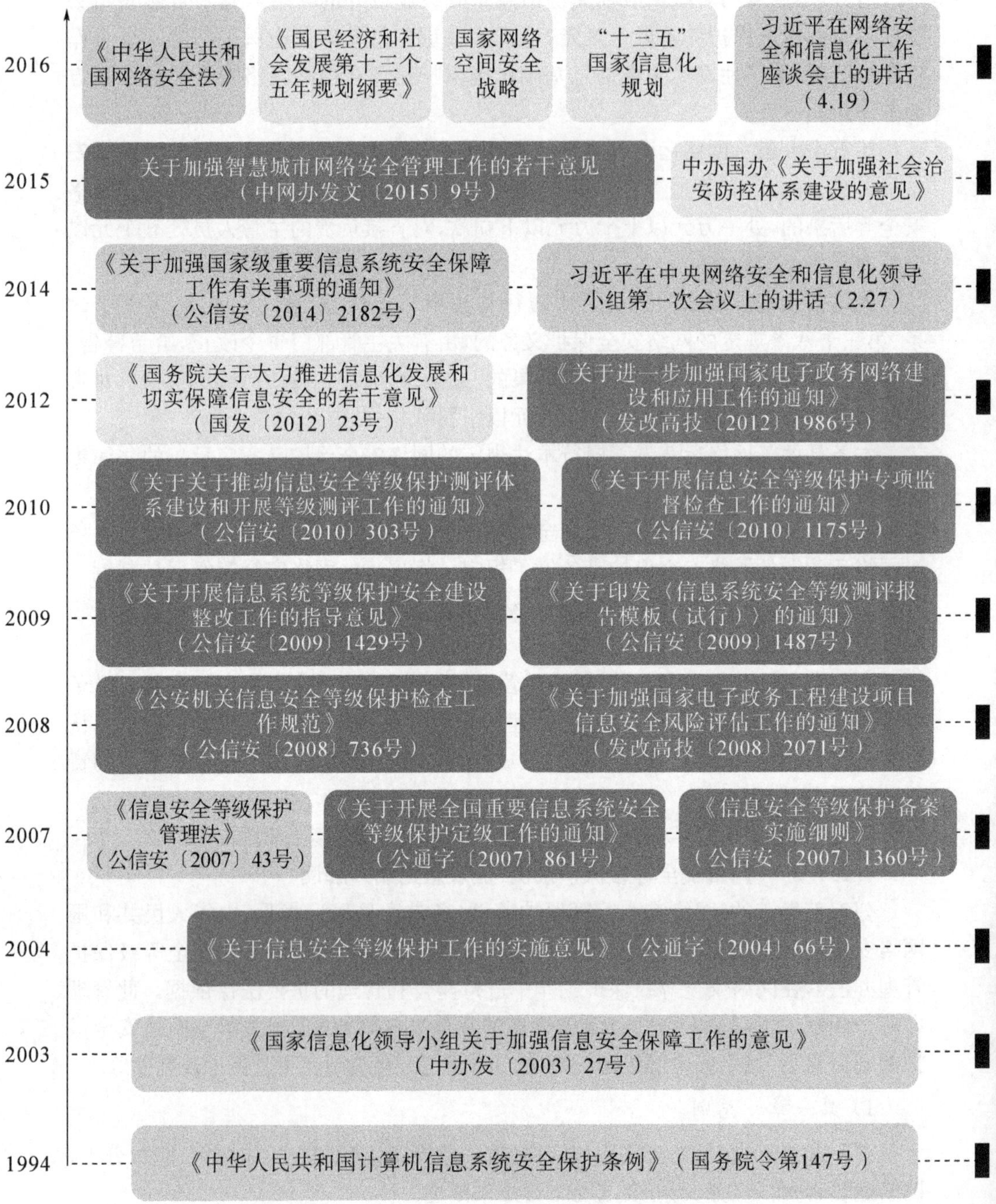

年份	政策文件
2016	《中华人民共和国网络安全法》 — 《国民经济和社会发展第十三个五年规划纲要》 — 国家网络空间安全战略 — "十三五"国家信息化规划 — 习近平在网络安全和信息化工作座谈会上的讲话（4.19）
2015	关于加强智慧城市网络安全管理工作的若干意见（中网办发文〔2015〕9号） — 中办国办《关于加强社会治安防控体系建设的意见》
2014	《关于加强国家级重要信息系统安全保障工作有关事项的通知》（公信安〔2014〕2182号） — 习近平在中央网络安全和信息化领导小组第一次会议上的讲话（2.27）
2012	《国务院关于大力推进信息化发展和切实保障信息安全的若干意见》（国发〔2012〕23号） — 《关于进一步加强国家电子政务网络建设和应用工作的通知》（发改高技〔2012〕1986号）
2010	《关于关于推动信息安全等级保护测评体系建设和开展等级测评工作的通知》（公信安〔2010〕303号） — 《关于开展信息安全等级保护专项监督检查工作的通知》（公信安〔2010〕1175号）
2009	《关于开展信息系统等级保护安全建设整改工作的指导意见》（公信安〔2009〕1429号） — 《关于印发〈信息系统安全等级测评报告模板（试行）〉的通知》（公信安〔2009〕1487号）
2008	《公安机关信息安全等级保护检查工作规范》（公信安〔2008〕736号） — 《关于加强国家电子政务工程建设项目信息安全风险评估工作的通知》（发改高技〔2008〕2071号）
2007	《信息安全等级保护管理法》（公信安〔2007〕43号） — 《关于开展全国重要信息系统安全等级保护定级工作的通知》（公通字〔2007〕861号） — 《信息安全等级保护备案实施细则》（公信安〔2007〕1360号）
2004	《关于信息安全等级保护工作的实施意见》（公通字〔2004〕66号）
2003	《国家信息化领导小组关于加强信息安全保障工作的意见》（中办发〔2003〕27号）
1994	《中华人民共和国计算机信息系统安全保护条例》（国务院令第147号）

图4-4 近年来网络安全等级保护相关政策体系结构图

他组织的合法权益,促进经济社会信息化健康发展,依据《中华人民共和国网络安全法》《中华人民共和国保守国家秘密法》等法律,制定本条例。

第二条 【适用范围】在中华人民共和国境内建设、运营、维护、使用网络,开展网络安全等级保护工作以及监督管理,适用本条例。个人及家庭自建自用的网络除外。

第三条 【确立制度】国家实行网络安全等级保护制度,对网络实施分等级保护、分等级监管。

前款所称"网络"是指由计算机或者其他信息终端及相关设备组成的按照一定的规则和程序对信息进行收集、存储、传输、交换、处理的系统。

第四条 【工作原则】网络安全等级保护工作应当按照突出重点、主动防御、综合防控的原则,建立健全网络安全防护体系,重点保护涉及国家安全、国计民生、社会公共利益的网络的基础设施安全、运行安全和数据安全。

网络运营者在网络建设过程中,应当同步规划、同步建设、同步运行网络安全保护、保密和密码保护措施。

涉密网络应当依据国家保密规定和标准,结合系统实际进行保密防护和保密监管。

第五条 【职责分工】中央网络安全和信息化领导机构统一领导网络安全等级保护工作。国家网信部门负责网络安全等级保护工作的统筹协调。

国务院公安部门主管网络安全等级保护工作,负责网络安全等级保护工作的监督管理,依法组织开展网络安全保卫。

国家保密行政管理部门主管涉密网络分级保护工作,负责网络安全等级保护工作中有关保密工作的监督管理。

国家密码管理部门负责网络安全等级保护工作中有关密码管理工作的监督管理。

国务院其他有关部门依照有关法律法规的规定,在各自职责范围内开展网络安全等级保护相关工作。

县级以上地方人民政府依照本条例和有关法律法规规定,开展网络安全等级保护工作。

第六条 【网络运营者责任义务】网络运营者应当依法开展网络定级备案、安全建设整改、等级测评和自查等工作,采取管理和技术措施,保障网络基础设施安全、网络运行安全、数据安全和信息安全,有效应对网络安全事件,防范网络违法犯罪活动。

第七条 【行业要求】行业主管部门应当组织、指导本行业、本领域落实网络安全等级保护制度。

第一、二、三条,明确了本条例的制定依据、适用范围,说明对我国网络实行分等级安全保护制度。第五条明确了我国网络安全等级保护工作中各部门的管辖范围和职责,所涉及的监管部门包括中央网络安全和信息化领导机构、国家网信部门、国务院公安部门、国家保密行政管理部门、国家密码管理部门、国务院其他相关部门以及县级以上地方人民政府等,国家行业主管或监管部门的监管权力和职责具体如表4-1所示。

表4-1 国家行业主管或监管部门的监管权力和职责

序号	具体部门单位	工作职责
1	中央网络安全和信息化领导机构	统一领导网络安全等级保护工作
2	国家网信部门	统筹协调网络安全等级保护工作
3	国务院公安部门	主管网络安全等级保护工作,负责网络安全等级保护工作的监督管理,依法组织开展网络安全保卫
4	国家保密行政管理部门	主管涉密网络分级保护工作,负责网络安全等级保护工作中有关保密工作的监督管理
5	国家密码管理部门	负责网络安全等级保护工作中有关密码管理工作的监督管理
6	国务院其他有关部门	在各自职责范围内开展网络安全等级保护相关工作
7	县级以上地方人民政府	依照本条例有关法律法规规定,开展网络安全等级保护工作

2) 第二章 支持与保障

对比《信息安全等级保护管理办法》,本章节为新增内容。随着信息科技的不断发展,网络安全已经成为国家安全的重要组成部分之一,本章从网络安全的总体保障、标准制定、投入和保障、技术支持、绩效考核、宣传教育培训、鼓励创新几个方面,展现国家从政策、制度、标准、考核等各方面对于网络安全的重视以及对于技术创新的鼓励。

第八条 【总体保障】国家建立健全网络安全等级保护制度的组织领导体系、技术支持体系和保障体系。

各级人民政府和行业主管部门应当将网络安全等级保护制度实施纳入信息化工作总体规划,统筹推进。

第九条 【标准制定】国家建立完善网络安全等级保护标准体系。国务院标准化行政主管部门和国务院公安部门、国家保密行政管理部门、国家密码管理部门根据各自职责,组织制定网络安全等级保护的国家标准、行业标准。

国家支持企业、研究机构、高等学校、网络相关行业组织参与网络安全等级保护国家标准、行业标准的制定。

第十条 【投入和保障】各级人民政府鼓励扶持网络安全等级保护重点工程和项目,支持网络安全等级保护技术的研究开发和应用,推广安全可信的网络产品和服务。

第十一条 【技术支持】国家建设网络安全等级保护专家队伍和等级测评、安全建设、应急处置等技术支持体系,为网络安全等级保护制度提供支撑。

第十二条 【绩效考核】行业主管部门、各级人民政府应当将网络安全等级保护工作纳入绩效考核评价、社会治安综合治理考核等。

第十三条 【宣传教育培训】各级人民政府及其有关部门应当加强网络安全等级保护制度的宣传教育,提升社会公众的网络安全防范意识。

国家鼓励和支持企事业单位、高等院校、研究机构等开展网络安全等级保护制度的教育与培训,加强网络安全等级保护管理和技术人才培养。

第十四条 【鼓励创新】国家鼓励利用新技术、新应用开展网络安全等级保护管理和技术防护,采取主动防御、可信计算、人工智能等技术,创新网络安全技术保护措施,提升网络安全防范能力和水平。

国家对网络新技术、新应用的推广,组织开展网络安全风险评估,防范网络新技术、新应用的安全风险。

第十二条明确表明网络安全等级保护工作将纳入行业主管部门和各级人民政府的绩效、综合治理考核中,从行业主管角度,将等级保护政策提升到新的高度。

第十三条和十四条,表明国家对网络安全人才培养和网络安全技术创新的重视,网络安全技术是国家网络安全的基本和重要保障,守住网络信息安全,就是保护"国门"安全。在第十三条中,同时加大了对网络安全宣传的要求,网络安全与我们个人信息安全、个人网络安全有着紧密的关系,面向广大公众开展网络安全科普宣传,能够进一步提高全民的网络安全意识。

3) 第三章 网络的安全保护

第十五条 【网络等级】根据网络在国家安全、经济建设、社会生活中的重要程度,以及其一旦遭到破坏、丧失功能或者数据被篡改、泄露、丢失、损毁后,对国家安全、社会秩序、公共利益以及相关公民、法人和其他组织的合法权益的危害程度等因素,网络分为五个安全保护等级。

(一)第一级,一旦受到破坏会对相关公民、法人和其他组织的合法权益造成损害,但不危害国家安全、社会秩序和公共利益的一般网络。

(二)第二级,一旦受到破坏会对相关公民、法人和其他组织的合法权益造成严重损害,或者对社会秩序和公共利益造成危害,但不危害国家安全的一般网络。

(三)第三级,一旦受到破坏会对相关公民、法人和其他组织的合法权益造成特别严重损害,或者会对社会秩序和社会公共利益造成严重危害,或者对国家安全造成危害的重要网络。

(四)第四级,一旦受到破坏会对社会秩序和公共利益造成特别严重危害,或者对国家安全造成严重危害的特别重要网络。

(五)第五级,一旦受到破坏后会对国家安全造成特别严重危害的极其重要网络。

第十五条明确了网络等级的划分。受侵害的客体包括三个方面:一是公民、法人和其他组织的合法权益;二是社会秩序、公共利益;三是国家安全;对客体的侵害程度也分为三种:一是造成一般损害;二是造成严重损害;三是造成特别严重损害。原《信息安全等级保护管理办法》中,对一旦受到破坏会对相关公民、法人和其他组织的合法权益造成特别严重损害的网络,划分为第二级网络,本条例中则提高到第三级网络,但是根据2020年11月1日正式实施的新国标——《信息安全技术网络安全等级保护定级指南》,该级别的网络依然被定义为第二级。因此,该征求意见稿在正式发布时,应该仍会调整为二级。如表4-2所示。

表4-2 网络安全等级保护级别划分

受侵害的客体	对相应客体的侵害程度		
	一般损害	严重损害	特别严重损害
公司、法人和其他组织的合法利益	第一级	第二级	第二级
社会秩序、公共利益	第二级	第三级	第四级
国家安全	第三级	第四级	第五级

第十六条 【网络定级】网络运营者应当在规划设计阶段确定网络的安全保护等级。

当网络功能、服务范围、服务对象和处理的数据等发生重大变化时,网络运营者应当依法变更网络的安全保护等级。

第十六条规定网络运营者应当在规划设计阶段确定网络的安全保护等级。意味着网络系统使用前必须先定级。与此同时,网络功能、服务范围、服务对象和处理的数据等发生重大变化时,需要根据情况调整定级。

第十七条 【定级评审】对拟定为第二级以上的网络,其运营者应当组织专家评审;有行业主管部门的,应当在评审后报请主管部门核准。

跨省或者全国统一联网运行的网络由行业主管部门统一拟定安全保护等级,统一组织定级评审。

行业主管部门可以依据国家标准规范,结合本行业网络特点制定行业网络安全等级保护定级指导意见。

第十七条为本条例在定级阶段新增要求,第二级以上必须经过专家评审、行业主管部门核准。跨省或者全国统一联网由行业主管部门统一拟定安全保护等级,统一组织定级评审。

第十八条 【定级备案】第二级以上网络运营者应当在网络的安全保护等级确定后10个工作日内,到县级以上公安机关备案。

因网络撤销或变更调整安全保护等级的,应当在10个工作日内向原受理备案公安机关办理备案撤销或变更手续。

备案的具体办法由国务院公安部门组织制定。

第十八条规定了网络运营者等级保护备案的期限以及受理部门。相对于原《管理办法》,本条例将受理部门由之前所在地设区的市级以上公安机关扩展到县级公安机关,等保备案工作更加有效、便民。

第十九条 【备案审核】公安机关应当对网络运营者提交的备案材料进行审核。对定级准确、备案材料符合要求的,应在10个工作日内出具网络安全等级保护备案证明。

第二十条 【一般安全保护义务】网络运营者应当依法履行下列安全保护义务,保障网络和信息安全:

(一)确定网络安全等级保护工作责任人,建立网络安全等级保护工作责任制,落实责任追究制度;

(二)建立安全管理和技术保护制度,建立人员管理、教育培训、系统安全建设、系统安全运维等制度;

(三)落实机房安全管理、设备和介质安全管理、网络安全管理等制度,制定操作规范和工作流程;

(四)落实身份识别、防范恶意代码感染传播、防范网络入侵攻击的管理和技术措施;

(五)落实监测、记录网络运行状态、网络安全事件、违法犯罪活动的管理和技术措施,并按照规定留存六个月以上可追溯网络违法犯罪的相关网络日志;

(六)落实数据分类、重要数据备份和加密等措施;

(七)依法收集、使用、处理个人信息,并落实个人信息保护措施,防止个人信息泄露、损毁、篡改、窃取、丢失和滥用;

(八)落实违法信息发现、阻断、消除等措施,落实防范违法信息大量传播、违法犯罪证据灭失等措施;

(九)落实联网备案和用户真实身份查验等责任;

(十)对网络中发生的案事件,应当在二十四小时内向属地公安机关报告;泄露国家秘密的,应当同时向属地保密行政管理部门报告。

（十一）法律、行政法规规定的其他网络安全保护义务。

第二十条中规定了等级保护一般安全保护义务,对责任人、安全管理、技术保护制度等要求与《网络安全法》第二十一条内容对应。同时对个人信息的保护、身份验证、报告时限要求等进行明确。

第二十一条 【特殊安全保护义务】第三级以上网络的运营者除履行本条例第二十条规定的网络安全保护义务外,还应当履行下列安全保护义务:

（一）确定网络安全管理机构,明确网络安全等级保护的工作职责,对网络变更、网络接入、运维和技术保障单位变更等事项建立逐级审批制度;

（二）制定并落实网络安全总体规划和整体安全防护策略,制定安全建设方案,并经专业技术人员评审通过;

（三）对网络安全管理负责人和关键岗位的人员进行安全背景审查,落实持证上岗制度;

（四）对为其提供网络设计、建设、运维和技术服务的机构和人员进行安全管理;

（五）落实网络安全态势感知监测预警措施,建设网络安全防护管理平台,对网络运行状态、网络流量、用户行为、网络安全案事件等进行动态监测分析,并与同级公安机关对接;

（六）落实重要网络设备、通信链路、系统的冗余、备份和恢复措施;

（七）建立网络安全等级测评制度,定期开展等级测评,并将测评情况及安全整改措施、整改结果向公安机关和有关部门报告;

（八）法律和行政法规规定的其他网络安全保护义务。

第三级以上还需履行特殊安全保护义务,包含管理机构、总体规划和整体防护策略、背景审查等。要求落实网络安全态势感知监测预警措施,并与同级公安机关对接。

第二十二条 【上线检测】新建的第二级网络上线运行前应当按照网络安全等级保护有关标准规范,对网络的安全性进行测试。

新建的第三级以上网络上线运行前应当委托网络安全等级测评机构按照网络安全等级保护有关标准规范进行等级测评,通过等级测评后方可投入运行。

上线检测也是本条例新增的等级保护管理规定,要求新建二级系统上线前按照相关标准进行安全性测试,新建三级以上系统上线前应当委托相关机构进行等保测评,通过等级测评后方可投入运行。

第二十三条 【等级测评】第三级以上网络的运营者应当每年开展一次网络安全等级测评,发现并整改安全风险隐患,并每年将开展网络安全等级测评的工作情况及测评结果向备案的公安机关报告。

第二十三条为测评周期要求,相对于原《管理办法》,本条例中下调了等级测评的周期,原四级网络测评周期为每半年一次,现下调为每年一次。测评周期下调带来部分便利,但并不意味着安全防护和检查要求降低。

第二十四条 【安全整改】网络运营者应当对等级测评中发现的安全风险隐患,制定整改方案,落实整改措施,消除风险隐患。

第二十五条 【自查工作】网络运营者应当每年对本单位落实网络安全等级保护制度情况和网络安全状况至少开展一次自查,发现安全风险隐患及时整改,并向备案的公安机关报告。

第二十五条为自查工作要求,要求二级以上的网络每年进行一次自查,并向备案的公安机关报告。对于三级以上的网络,每年的测评报告可以作为自查报告,而二级网络则需要额外提交,实际上是对二级网络的等保要求进行了补充和增强。

第二十六条 【测评活动安全管理】网络安全等级测评机构应当为网络运营者提供安全、客观、公正的等级测评服务。

网络安全等级测评机构应当与网络运营者签署服务协议,并对测评人员进行安全保密教育,与其签订安全保密责任书,明确测评人员的安全保密义务和法律责任,组织测评人员参加专业培训。

第二十六条规定了网络安全等级测评机构应承担的法律责任和相关义务,以及应遵守的相关要求。

第二十七条 【网络服务机构要求】网络服务提供者为第三级以上网络提供网络建设、运行维护、安全监测、数据分析等网络服务,应当符合国家有关法律法规和技术标准的要求。

网络安全等级测评机构等网络服务提供者应当保守服务过程中知悉的国家秘密、个人信息和重要数据。不得非法使用或擅自发布、披露在提供服务中收集掌握的数据信息和系统漏洞、恶意代码、网络入侵攻击等网络安全信息。

第二十七条规定了网络测评服务机构应达到的要求,网络测评服务机构应由省级以上网络安全等级保护工作协调(领导)小组办公室推荐,表4-3为网络安全等级保护网于2020年9月发布的国家网络安全等级保护工作协调小组办公室推荐的部分评测机构名单。

第二十八条 【产品服务采购使用的安全要求】网络运营者应当采购、使用符合国家法律法规和有关标准规范要求的网络产品和服务。

第三级以上网络运营者应当采用与其安全保护等级相适应的网络产品和服务;对重要部位使用的网络产品,应当委托专业测评机构进行专项测试,根据测试结果选择符合要求的网络产品;采购网络产品和服务,可能影响国家安全的,应当通过国家网信部门会同国务院有关部门组织的国家安全审查。

第二十九条 【技术维护要求】第三级以上网络应当在境内实施技术维护,不

表 4-3 国家网络安全等级保护工作协调小组办公室推荐测评机构名单

推荐证书编号	测评机构名称	注册地址	联系人	联系电话	传真	推荐时间	有效期至
DJCP2010000001	公安部信息安全等级保护评估中心	北京市海淀区阜成路58号新洲商务大厦7层	李升	13331101888 010-51607592	010-88152669	2010年6月	2022年6月
DJCP2010000002	国家信息技术安全研究中心	北京市海淀区农大南路1号硅谷亮城2C座	史大为	18911228939	010-59613975	2010年6月	2022年6月
DJCP2010000003	中国信息安全测评中心	北京市海淀区上地西路8号院1号楼	宋巍	18518392555 010-8241587	010-82341100	2010年6月	2022年6月
DJCP2010000004	电力行业信息安全等级保护测评中心	北京市西城区广安门内大街311号祥龙商务大厦东区7层	吴桐	010-58681853 19910222699	010-58681835	2010年6月	2022年6月
DJCP2011000005	中国金融认证中心公司测评中心	北京市大兴区西红门镇中国人民银行软件开发中心	唐辉	010-57687897 13581747670	010-57687650	2011年1月	2023年1月
DJCP2011000006	教育信息安全等级保护测评中心（北京网盟正通科技有限公司）	北京市西城区大木仓胡同37号2号楼406室	郭宗臣	13810976255	010-66097058-8003	2011年6月	2023年6月
DJCP2012000007	国家广播电视总局广播电视信息安全测评中心	北京市西城区复兴门外大街2号	任晓炜	010-86094891 13911237250	010-86094150	2012年7月	2021年7月
DJCP2015000008	信息产业信息安全测评中心	北京市海淀区北四环中路211号	霍珊珊	010-89056107 13810532039	010-89056109	2010年6月	2021年6月
DJCP2015000009	公安部第一研究所信息安全等级保护测评中心	北京市海淀区首体南路1号	李秋香	15010189805 010-68773975	010-68774041	2015年9月	2021年9月
DJCP2016000010	国économic信息中心（电子政务信息安全等级保护测评中心）	北京市西城区三里河路58号	陈永刚	13910697749 010-68557181	010-68557621	2016年1月	2022年1月
DJCP2016000011	中国铁道科学研究院集团有限公司信息系统与信息安全评测中心	北京市海淀区大柳树路2号	朱广劼	13911887019	010-51890963	2016年1月	2022年1月

得境外远程技术维护。因业务需要,确需进行境外远程技术维护的,应当进行网络安全评估,并采取风险管控措施。实施技术维护,应当记录并留存技术维护日志,并在公安机关检查时如实提供。

第二十八、二十九条重点规范了三级以上网络运营者采购产品服务和进行技术维护的要求。

第三十条　【监测预警和信息通报】地市级以上人民政府应当建立网络安全监测预警和信息通报制度,开展安全监测、态势感知、通报预警等工作。

第三级以上网络运营者应当建立健全网络安全监测预警和信息通报制度,按照规定向同级公安机关报送网络安全监测预警信息,报告网络安全事件。有行业主管部门的,同时向行业主管部门报送和报告。

行业主管部门应当建立健全本行业、本领域的网络安全监测预警和信息通报制度,按照规定向同级网信部门、公安机关报送网络安全监测预警信息,报告网络安全事件。

第三十条为监测预警和信息通报,与《中华人民共和国网络安全法》要求一致,网络安全等级保护工作中,增加安全监测预警通报环节,具体涉及以下三方协作:

地市级以上人民政府:建立监测预警制度及信息通报制度,开展安全监测、态势感知、通报预警等工作;

第三级以上网络运营者:向同级公安机关及行业主管部门报送安全预警信息及安全事件;

行业主管部门:建立健全本行业、本领域的安全监测预警和信息通报制度,向同级网信部门、公安机关报送监测预警信息及安全事件。

第三十一条　【数据和信息安全保护】网络运营者应当建立并落实重要数据和个人信息安全保护制度;采取保护措施,保障数据和信息在收集、存储、传输、使用、提供、销毁过程中的安全;建立异地备份恢复等技术措施,保障重要数据的完整性、保密性和可用性。

未经允许或授权,网络运营者不得收集与其提供的服务无关的数据和个人信息;不得违反法律、行政法规规定和双方约定收集、使用和处理数据和个人信息;不得泄露、篡改、损毁其收集的数据和个人信息;不得非授权访问、使用、提供数据和个人信息。

第三十一条规定了网络运营者应当建立并落实重要数据和个人信息安全保护制度。保障重要数据的完整性、保密性和可用性,以及确保个人信息安全。

第三十二条　【应急处置要求】第三级以上网络的运营者应当按照国家有关规定,制定网络安全应急预案,定期开展网络安全应急演练。

网络运营者处置网络安全事件应当保护现场,记录并留存相关数据信息,并及时向公安机关和行业主管部门报告。

公安机关和行业主管部门应当向同级网信部门报告重大网络安全事件处置情况。

发生重大网络安全事件时,有关部门应当按照网络安全应急预案要求联合开展应急处置。电信业务经营者、互联网服务提供者应当为重大网络安全事件处置和恢复提供支持和协助。

第三十二条规定第三级以上网络的运营者需制定网络安全应急预案,并定期开展演练。处置网络事件时需保护现场,留存数据,并及时向公安机关和行业主管部门报告。

第三十三条 【审计审核要求】网络运营者建设、运营、维护和使用网络,向社会公众提供需取得行政许可的经营活动的,相关主管部门应当将网络安全等级保护制度落实情况纳入审计、审核范围。

第三十三条要求,对于向社会公众提供经营活动的网络运营者,主管部门应当将等级保护纳入审计、审核范围,也意味着相关运营者将被审计、审核。

第三十四条 【新技术新应用风险管控】网络运营者应当按照网络安全等级保护制度要求,采取措施,管控云计算、大数据、人工智能、物联网、工控系统和移动互联网等新技术、新应用带来的安全风险,消除安全隐患。

第三十四条体现了随着等级保护对象的扩展,对于新技术新领域也同样需要采取风险管控。

4) 第四章 涉密网络的安全保护

第四章规定了涉及国家秘密的网络的分级保护管理。涉密网络对国家安全和社会稳定来说非常重要,涉密网络中的信息一旦遭受威胁,将直接威胁到国家安全、社会稳定和公共利益。国家保密部门同时制定了与涉密计算机信息系统安全等级保护相关的技术规范:BMB17—2006《涉及国家秘密的计算机信息系统分级保护技术要求》、BMB20—2007《涉及国家秘密的信息系统分级保护管理规范》、BMB22—2007《涉及国家秘密的计算机信息系统分级保护测评指南》和《涉及国家秘密的信息系统审批管理规定》等文件。

第三十五条 【分级保护】涉密网络按照存储、处理、传输国家秘密的最高密级分为绝密级、机密级和秘密级。

等级保护是针对非涉密系统和网络,涉密网络则进行分级保护。分级保护定级有三个级别:秘密级、机密级、绝密级安全要求依次增强。一般来说秘密、机密和绝密三个等级对应非涉密系统等级保护中的三、四、五安全保护等级。具体的定级方法则根据《涉及国家秘密的计算机信息系统分级保护技术要求》中的规定来实施。

第三十六条 【网络定级】涉密网络运营者应当依法确定涉密网络的密级,通过本单位保密委员会(领导小组)的审定,并向同级保密行政管理部门备案。

第三十六条确定了涉密网络的分级保护定级流程:确定涉密网络的密级→本单位保密委员会(领导小组)的审定→同级保密行政管理部门备案(保密局)。

第三十七条 【方案审查论证】涉密网络运营者规划建设涉密网络,应当依据国家保密规定和标准要求,制定分级保护方案,采取身份鉴别、访问控制、安全审计、边界安全防护、信息流转管控、电磁泄漏发射防护、病毒防护、密码保护和保密监管等技术与管理措施。

第三十七条规定了涉密网络运营者规划建设涉密网络时,应当依据国家保密规定和标准要求,制定分级保护方案,在保护方案中应重点关注采取身份鉴别、访问控制、安全审计、边界安全防护、信息流转管控、电磁泄漏发射防护、病毒防护、密码保护和保密监管等技术与管理措施。

第三十八条 【建设管理】涉密网络运营者委托其他单位承担涉密网络建设的,应当选择具有相应涉密信息系统集成资质的单位,并与建设单位签订保密协议,明确保密责任,采取保密措施。

第三十八条规定了涉密网络建设时,应选择具备涉密信息系统集成资质的单位承接建设,并与建设单位签订保密协议。

第三十九条 【信息设备、安全保密产品管理】涉密网络中使用的信息设备,应当从国家有关主管部门发布的涉密专用信息设备名录中选择;未纳入名录的,应选择政府采购目录中的产品。确需选用进口产品的,应当进行安全保密检测。

涉密网络运营者不得选用国家保密行政管理部门禁止使用或者政府采购主管部门禁止采购的产品。

涉密网络中使用的安全保密产品,应当通过国家保密行政管理部门设立的检测机构检测。计算机病毒防护产品应当选用取得计算机信息系统安全专用产品销售许可证的可靠产品,密码产品应当选用国家密码管理部门批准的产品。

第三十九条规定,涉密网络中使用的安全保密产品,应当从国家有关主管部门发布的涉密专用信息设备名录中选择,并通过国家保密行政管理部门设立的检测机构检测,这条原则极大降低了涉密信息外泄的风险。

国家保密科技测评中心是由国家保密局决定,报中央领导同志批准并经中央机构编制委员会办公室批复成立的,并已通过中国合格评定国家认可委员会的实验室认可(No. L2511)和检查机构认可(No. I0059)。测评中心依据国家保密标准和规范,对用于涉密网络的安全保密产品进行检测,通过检测的产品经国家保密局审核批准后,颁发《国家保密科技测评中心产品检测证书》,并列入国家保密局批准的在涉密信息系统中使用的产品目录。

涉密系统集成资质分为甲级、乙级和单项三种资质：

甲级资质单位可在全国范围内从事涉密系统集成业务；

乙级资质单位仅限在所批准的省、自治区、直辖市所辖行政区域内从事涉密系统集成业务；

单项资质单位可在全国范围内开展业务，但仅限承接所批准的涉密系统集成单项业务，如软件开发综合布线、系统服务、系统咨询、屏蔽室建设、风险评估、工程监理、数据恢复等。

第四十条 【测评审查和风险评估】涉密网络应当由国家保密行政管理部门设立或者授权的保密测评机构进行检测评估，并经设区的市级以上保密行政管理部门审查合格，方可投入使用。

涉密网络运营者在涉密网络投入使用后，应定期开展安全保密检查和风险自评估，并接受保密行政管理部门组织的安全保密风险评估。绝密级网络每年至少进行一次，机密级和秘密级网络每两年至少进行一次。

公安机关、国家安全机关涉密网络投入使用的管理，依照国家保密行政管理部门会同公安机关、国家安全机关制定的有关规定执行。

第四十条规定了涉密网络投入使用前的要求，以及投入使用后的风险评估周期。

第四十一条 【涉密网络使用管理总体要求】涉密网络运营者应当制定安全保密管理制度，组建相应管理机构，设置安全保密管理人员，落实安全保密责任。

第四十二条 【涉密网络预警通报要求】涉密网络运营者应建立健全本单位涉密网络安全保密监测预警和信息通报制度，发现安全风险隐患的，应及时采取应急处置措施，并向保密行政管理部门报告。

第四十三条 【涉密网络重大变化的处置】有下列情形之一的，涉密网络运营者应当按照国家保密规定及时向保密行政管理部门报告并采取相应措施：

（一）密级发生变化的；

（二）连接范围、终端数量超出审查通过的范围、数量的；

（三）所处物理环境或者安全保密设施变化可能导致新的安全保密风险的；

（四）新增应用系统的，或者应用系统变更、减少可能导致新的安全保密风险的。

对前款所列情形，保密行政管理部门应当及时作出是否对涉密网络重新进行检测评估和审查的决定。

第四十三条规定了当涉密网络哪些要素发生变化时，需要及时向保密行政管理部门汇报，并由保密行政管理部门决定是否需要重新进行测评、审批和备案。

第四十四条 【涉密网络废止的处理】涉密网络不再使用的，涉密网络运营者应当及时向保密行政管理部门报告，并按照国家保密规定和标准对涉密信息设备、产品、涉密载体等进行处理。

第四十四条规定涉密网络不再使用时,需向保密行政管理部门报告,在特定场所采取特定措施处置,不能直接丢弃。

5) 第五章　密码管理

第五章是对网络安全等级保护中密码管理的相关规定。密码是信息安全的基础,在本《条例》中要求,无论是涉密网络还是非涉密网络,其中涉及密码的部分都需要采用特殊的管理措施。国家密码管理部门也针对网络安全等级保护中,密码的设计、使用和管理制定了《信息安全等级保护商用密码管理办法》《信息安全等级保护商用密码技术要求》等文件。

第四十五条　【确定密码要求】国家密码管理部门根据网络的安全保护等级、涉密网络的密级和保护等级,确定密码的配备、使用、管理和应用安全性评估要求,制定网络安全等级保护密码标准规范。

第四十六条　【涉密网络密码保护】涉密网络及传输的国家秘密信息,应当依法采用密码保护。

密码产品应当经过密码管理部门批准,采用密码技术的软件系统、硬件设备等产品,应当通过密码检测。

密码的检测、装备、采购和使用等,由密码管理部门统一管理;系统设计、运行维护、日常管理和密码评估,应当按照国家密码管理相关法规和标准执行。

第四十七条　【非涉密网络密码保护】非涉密网络应当按照国家密码管理法律法规和标准的要求,使用密码技术、产品和服务。第三级以上网络应当采用密码保护,并使用国家密码管理部门认可的密码技术、产品和服务。

第三级以上网络运营者应在网络规划、建设和运行阶段,按照密码应用安全性评估管理办法和相关标准,委托密码应用安全性测评机构开展密码应用安全性评估。网络通过评估后,方可上线运行,并在投入运行后,每年至少组织一次评估。密码应用安全性评估结果应当报受理备案的公安机关和所在地设区市的密码管理部门备案。

第四十七条规定了三级以上网络安全等级保护中的密码管理制度以及密码评估结果的备案制度。

第四十八条　【密码安全管理责任】网络运营者应当按照国家密码管理法规和相关管理要求,履行密码安全管理职责,加强密码安全制度建设,完善密码安全管理措施,规范密码使用行为。

任何单位和个人不得利用密码从事危害国家安全、社会公共利益的活动,或者从事其他违法犯罪活动。

本章为等级保护工作中,密码使用的相关管理要求。涉密网络及传输的国家秘密信息,应当依法采用密码保护。第三级以上网络应当使用国家密码管理部门认可的密码技术、产品和服务(等级保护三级使用),需委托密码应用安全性测评机构开展密码应用安全性评估。

6) 第六章 监督管理

第四十九条 【安全监督管理】县级以上公安机关对网络运营者依照国家法律法规规定和相关标准规范要求,落实网络安全等级保护制度,开展网络安全防范、网络安全事件应急处置、重大活动网络安全保护等工作,实行监督管理;对第三级以上网络运营者按照网络安全等级保护制度落实网络基础设施安全、网络运行安全和数据安全保护责任义务,实行重点监督管理。

县级以上公安机关对同级行业主管部门依照国家法律法规规定和相关标准规范要求,组织督促本行业、本领域落实网络安全等级保护制度,开展网络安全防范、网络安全事件应急处置、重大活动网络安全保护等工作情况,进行监督、检查、指导。

地市级以上公安机关每年将网络安全等级保护工作情况通报同级网信部门。

第四十九条要求,第三级以上网络运营者实行重点监督管理;每年等级保护工作情况通报同级网信部门。

第五十条 【安全检查】县级以上公安机关对网络运营者开展下列网络安全工作情况进行监督检查:

(一)日常网络安全防范工作;

(二)重大网络安全风险隐患整改情况;

(三)重大网络安全事件应急处置和恢复工作;

(四)重大活动网络安全保护工作落实情况;

(五)其他网络安全保护工作情况。

公安机关对第三级以上网络运营者每年至少开展一次安全检查。涉及相关行业的可以会同其行业主管部门开展安全检查。必要时,公安机关可以委托社会力量提供技术支持。

公安机关依法实施监督检查,网络运营者应当协助、配合,并按照公安机关要求如实提供相关数据信息。

第五十条规定,公安机关对第三级以上网络运营者每年至少开展一次安全检查。可会同其行业主管部门开展安全检查。

第五十一条 【检查处置】公安机关在监督检查中发现网络安全风险隐患的,应当责令网络运营者采取措施立即消除;不能立即消除的,应当责令其限期整改。

公安机关发现第三级以上网络存在重大安全风险隐患的,应当及时通报行业主管部门,并向同级网信部门通报。

第五十一条明确了公安机关的检查处置权利。可要求网络运营者限期整改、第三级以上的网络存在重大安全风险隐患时,通报行业主管部门,并向同级网信部门通报。

第五十二条 【重大隐患处置】公安机关在监督检查中发现重要行业或本地区存在严重威胁国家安全、公共安全和社会公共利益的重大网络安全风险隐患的,应报告同级人民政府、网信部门和上级公安机关。

第五十三条 【对测评机构和安全建设机构的监管】国家对网络安全等级测评机构和安全建设机构实行推荐目录管理,指导网络安全等级测评机构和安全建设机构建立行业自律组织,制定行业自律规范,加强自律管理。

非涉密网络安全等级测评机构和安全建设机构具体管理办法,由国务院公安部门制定。保密科技测评机构管理办法由国家保密行政管理部门制定。

第五十四条 【关键人员管理】第三级以上网络运营者的关键岗位人员以及为第三级以上网络提供安全服务的人员,不得擅自参加境外组织的网络攻防活动。

第五十四条规定了第三级以上网络运营者的关键人员(含安全服务人员)管理要求,不得擅自参加境外组织的网络攻防活动。

第五十五条 【事件调查】公安机关应当根据有关规定处置网络安全事件,开展事件调查,认定事件责任,依法查处危害网络安全的违法犯罪活动。必要时,可以责令网络运营者采取阻断信息传输、暂停网络运行、备份相关数据等紧急措施。

网络运营者应当配合、支持公安机关和有关部门开展事件调查和处置工作。

第五十五条规定了网络运营者在公安机关和有关部门开展事件调查和处置工作时应尽的义务。

第五十六条 【紧急情况断网措施】网络存在的安全风险隐患严重威胁国家安全、社会秩序和公共利益的,紧急情况下公安机关可以责令其停止联网、停机整顿。

第五十七条 【保密监督管理】保密行政管理部门负责对涉密网络的安全保护工作进行监督管理,负责对非涉密网络的失泄密行为的监管。发现存在安全隐患,违反保密法律法规,或者不符合保密标准保密的,按照《中华人民共和国保守国家秘密法》和国家保密相关规定处理。

第五十八条 【密码监督管理】密码管理部门负责对网络安全等级保护工作中的密码管理进行监督管理,监督检查网络运营者对网络的密码配备、使用、管理和密码评估情况。其中重要涉密信息系统每两年至少开展一次监督检查。监督检查中发现存在安全隐患,或者违反密码管理相关规定,或者不符合密码相关标准规范要求的,按照国家密码管理相关规定予以处理。

第五十九条 【行业监督管理】行业主管部门应当组织制定本行业、本领域网络安全等级保护工作规划和标准规范,掌握网络基本情况、定级备案情况和安全保护状况；监督管理本行业、本领域网络运营者开展网络定级备案、等级测评、安全建设整改、安全自查等工作。

行业主管部门应当监督管理本行业、本领域网络运营者依照网络安全等级保护制度和相关标准规范要求，落实网络安全管理和技术保护措施，组织开展网络安全防范、网络安全事件应急处置、重大活动网络安全保护等工作。

相对于原《管理办法》，本《条例》中突出强调了行业监督管理的相关要求，行业主管部门应全面了解、监督管理、严格落实网络安全等级保护的相关工作。

第六十条 【监督管理责任】网络安全等级保护监督管理部门及其工作人员应当对在履行职责中知悉的国家秘密、个人信息和重要数据严格保密，不得泄露、出售或者非法向他人提供。

第六十条规定了网络安全等级保护监督管理部门及其工作人员应遵守的行为规范。

第六十一条 【执法协助】网络运营者和技术支持单位应当为公安机关、国家安全机关依法维护国家安全和侦查犯罪的活动提供支持和协助。

第六十二条 【网络安全约谈制度】省级以上人民政府公安部门、保密行政管理部门、密码管理部门在履行网络安全等级保护监督管理职责中，发现网络存在较大安全风险隐患或者发生安全事件的，可以约谈网络运营者的法定代表人、主要负责人及其行业主管部门。

网络运营者应建立密码安全制度、完善密码安全管理措施，规范密码使用行为。任何单位和个人不得利用密码从事违法犯罪活动。

7) 第七章　法律责任

第七章为网络运营者和网络安全监管部门在网络安全等级保护工作中所需要承担的法律责任。

第六十三条 【违反安全保护义务】网络运营者不履行本《条例》第十六条，第十七条第一款，第十八条第一款、第二款，第二十条，第二十二条第一款，第二十四条，第二十五条，第二十八条第一款，第三十一条第一款，第三十二条第二款规定的网络安全保护义务的，由公安机关责令改正，依照《中华人民共和国网络安全法》第五十九条第一款的规定处罚。

第三级以上网络运营者违反本《条例》第二十一条、第二十二条第二款，第二十三条，第二十八条第二款，第三十条第二款，第三十二条第一款规定的，按照前款规定从重处罚。

第六十四条 【违反技术维护要求】网络运营者违反本《条例》第二十九条规定，对第三级以上网络实施境外远程技术维护，未进行网络安全评估、未采取风险管控措施、未记录并留存技术维护日志的，由公安机关和相关行业主管部门依据各自职责责令改正,依照《中华人民共和国网络安全法》第五十九条第一款的规定处罚。

第六十五条 【违反数据安全和个人信息保护要求】网络运营者违反本《条例》第三十一条第二款规定,擅自收集、使用、提供数据和个人信息的,由网信部门、公安机关依据各自职责责令改正,依照《中华人民共和国网络安全法》第六十四条第一款的规定处罚。

第六十六条 【网络安全服务责任】违反本《条例》第二十六条第三款,第二十七条第二款规定的,由公安机关责令改正,可以根据情节单处或者并处警告、没收违法所得、处违法所得一倍以上十倍以下罚款,没有违法所得的,处一百万元以下罚款,对直接负责的主管人员和其他直接责任人员处一万元以上十万元以下罚款;情节严重的,并可以责令暂停相关业务、停业整顿,直至通知发证机关吊销相关业务许可证或者吊销营业执照。

违反本《条例》第二十七条第二款规定,泄露、非法出售或者向他人提供个人信息的,依照《中华人民共和国网络安全法》第六十四条第二款的规定处罚。

第六十七条 【违反执法协助义务】网络运营者违反本《条例》规定,有下列行为之一的,由公安机关、保密行政管理部门、密码管理部门、行业主管部门和有关部门依据各自职责责令改正;拒不改正或者情节严重的,依照《中华人民共和国网络安全法》第六十九条的规定处罚。

(一)拒绝、阻碍有关部门依法实施的监督检查的;
(二)拒不如实提供有关网络安全保护的数据信息的;
(三)在应急处置中拒不服从有关主管部门统一指挥调度的;
(四)拒不向公安机关、国家安全机关提供技术支持和协助的;
(五)电信业务经营者、互联网服务提供者在重大网络安全事件处置和恢复中未按照本条例规定提供支持和协助的。

第六十八条 【违反保密和密码管理责任】违反本条例有关保密管理和密码管理规定的,由保密行政管理部门或者密码管理部门按照各自职责分工责令改正,拒不改正的,给予警告,并通报向其上级主管部门,建议对其主管人员和其他直接责任人员依法给予处分。

第六十九条 【监管部门渎职责任】网信部门、公安机关、国家保密行政管理部门、密码管理部门以及有关行业主管部门及其工作人员有下列行为之一,对直接负责的主管人员和其他直接责任人员,或者有关工作人员依法给予处分:

(一)玩忽职守、滥用职权、徇私舞弊的;
(二)泄露、出售、非法提供在履行网络安全等级保护监管职责中获悉的国家秘密、个人信息和重要数据;或者将获取其他信息,用于其他用途的。

第七十条 【法律竞合处理】违反本《条例》规定,构成违反治安管理行为的,由公安机关依法给予治安管理处罚;构成犯罪的,依法追究刑事责任。

《保护条例》的规定处罚基本上依照《网络安全法》,处罚措施集中在警告处分、责令整改、罚款(包括单位和直接负责人)、责令停产停业、行政拘留等形式。值得注意的是,第三级以上网络运营者违反本《条例》第二十一条、第二十二条第二款、第二十三条规定、第二十八条第二款、第三十条第二款、第三十二条第一款规定的,将会被从重处罚。

8) 第八章 附 则

第七十一条 【术语解释】本《条例》所称的"内""以上"包含本数;所称的"行业主管部门"包含行业监管部门。

第七十二条 【军队】军队的网络安全等级保护工作,按照军队的有关法规执行。

第七十三条 【生效时间】本条例由自 年 月 日起施行。

4.2.1.4 其他相关法律政策文件概述

1)《国家信息化领导小组关于加强信息安全保障工作的意见》(中办发〔2003〕27号)

该文件属于信息系统安全等级保护工作中纲领性政策文件,标志着中共中央对于信息系统等级保护工作的关注与重视,是我国信息系统等级保护工作全面启动和开展的标志,并提出了制定信息安全等级保护管理办法与技术指南的要求。

2)《关于信息安全等级保护工作的实施意见》(公通字〔2004〕66号)

该文件是为了贯彻落实国务院令第147号和中办27号文件的精神,公安部等四部委联合签发的指导我国全面实施信息安全等级保护制度指导性政策文件。主要内容包括贯彻落实信息安全等级保护制度的基本原则,等级保护工作的基本内容、工作要求和实施计划,以及各部门工作职责分工等。

3) 信息系统定级环节涉及的政策文件

《关于开展全国重要信息系统安全等级保护定级工作的通知》(公信安〔2007〕861号),部署在全国范围内开展重要信息系统安全等级保护定级工作,标志信息安全等级保护工作由计算机信息系统安全保护的一项制度提升到国家信息安全保障的一项基本制度,并且信息安全等级保护制度将在我国全面开展与实施。该文件由公安部、国家保密局、国家密码管理局、国务院信息化工作办公室共同会签印发。

4) 信息系统备案环节涉及的政策文件

为加强和指导信息安全等级保护备案工作,规范备案受理、审核和管理等工作,公安部网络安全保卫局(十一局)根据《信息安全等级保护管理办法》制定《信息安全等级保护备案实施细则》(公信安〔2007〕1360号)。该文件规定了公安机关受理信息系统运营使用单位信息系统备案工作的内容、管辖范围、流程、审核等内容,并附带有关法律文书,指导各级公安机关受理信息系统备案工作。

5) 信息系统建设整改环节设计的政策文件

(1) 2009年10月27日,公安部印发了《关于开展信息系统等级保护安全建设整改工作的指导意见》(公信安〔2009〕1429号)。该文件明确了非涉密信息系统开展安全建设整改工作的目标、内容、流程和要求等,要求已确定安全等级的信息系统要按照国家信息安全相关标准,落实物理安全、网络安全、主机安全、应用安全和数据安全等方面的安全保护等级技术措施。该文件附件中包括《信息安全等级保护建设整改工作情况统计表》(要求建设单位每半年将本单位信息系统安全等级保护的建设与整改情况填写在统计表上,并报受理备案的公安机关)、《信息安全等级保护安全建设整改工作指南》和《信息安全等级保护主要标准简要说明》。

(2) 由国家发改委、公安部、国家保密局共同会签印发的《关于加强国家电子政务工程建设项目信息安全风险评估工作的通知》(发改高技〔2008〕2071号)。该文件要求非涉密国家电子政务项目开展等级测评和信息安全风险评估要按照《信息安全等级保护管理办法》等有关要求进行,明确了项目验收条件:公安机关颁发的信息系统安全等级保护备案证明、等级测评报告和风险评估报告。涉密信息系统的信息安全风险评估应按照《涉及国家秘密的信息系统分级保护管理办法》等国家有关保密规定和标准,进行系统测评并履行审批手续。

(3)《国家发展改革委关于进一步加强国家电子政务工程建设项目管理工作的通知》(发改高技〔2008〕2544号)。该文件要求国家电子政务项目的信息安全工作,需要按照国家信息安全等级保护制度要求,并且项目建设部门在电子政务项目的需求分析报告和建设方案中,就需要同步落实信息安全等级测评的要求。

(4) 由国家发改委、公安部、财政部、国家保密局、国家电子政务网建设和管理协调小组办公室联合印发的《关于进一步加强国家电子政务网络建设和应用工作的通知》(发改高技〔2012〕1986号),该文件要求开展国家电子政务网络建设和应用工作中,必须按照信息安全等级保护制度的要求建设和管理国家电子政务外网。

6) 信息系统的等级测评环节涉及的政策法规

(1) 2010年3月12日,公安部网络安全保卫局发布了《关于推动信息安全等级保护测评体系建设和开展等级测评工作的通知》(公信安〔2010〕303号),303号文件要求信息系统安全等级保护建设单位需聘请有资质的信息安全等级测评机构对信息系统的安全保护情况进行专业评测,以确定信息系统是否符合信息安全等级标准,如果未能达标,则根据相关要求进行整改。该文件中明确了等级测评的工作目标、工作内容、工作要求等,文件附件包括《信息安全等级保护测评机构申请表》《信息安全等级保护测评机构推荐证书样式》和《信息安全等级保护测评机构检查表》。

(2) 公安部网络安全保卫局发布了《关于做好信息安全等级保护测评机构审核推荐工作的通知》(公信安〔2010〕559号),该文件明确规定了等级测评机构审核推荐的方法和流程,用于规范等级测评机构和测评师的管理工作。该文件的附件中包含《等级测评机构审核推荐工作流程和方法》。

(3) 由公安部网络安全保卫局发布的《关于印发〈网络安全等级保护测评机构管理办法〉的通知》(公信安〔2018〕755号)。该文件规定了测评机构的条件、业务范围和禁止行为,规范了测评机构的申请、受理及测评能力评估、审核、推荐的流程和要求;规范了等级测评师的相关要求以及测评机构的监督、检查和指导内容等。该管理办法为等级测评工作的顺利开展提供了政策支持。原《信息安全等级保护测评机构管理办法》(公信安〔2013〕755号)废止。

(4) 由公安部网络安全保卫局发布的《网络安全等级保护测评报告模板(2019版)》将于2019年10月1日起在全国正式实施,原《网络安全等级保护测评报告模板(2015版)》同时作废。该文件明确了等级测评的内容、方法和测评报告格式等内容,用于规范等级测评报告的主要内容。

(5) 2020年7月22日,公安部网络安全保卫局发布了《关于印送〈贯彻落实网络安全等级保护制度和关键信息基础设施安全保护制度的指导意见〉的函》(公网安〔2020〕1960号)。该文件要求要深入贯彻实施国家网络安全等级保护制度、建立并实施关键信息基础设施安全保护制度、加强网络安全保护工作协作配合、加强网络安全工作各项保障。

4.2.2 等级保护的标准体系

标准是一种技术法规,是人们在某个领域内必须遵循的技术规范。计算机信息系统等级保护标准,从技术方面规范了信息系统在建设、使用和管理时应该达到什么样的标准,是对法律法规的有效补充。

为了推动我国信息安全等级保护工作的开展,十几年来在公安部等相关部门的领导和支持下,经过国内有关专家和企业的共同努力,全国信息安全标准化技术委员会和公安部信息系统安全标准化技术委员会组织制订了信息安全等级保护工作需要的一系列标准,形成了比较完整的信息安全等级保护标准体系,为开展信息安全等级保护工作提供了标准保障。

4.2.2.1 网络安全等级保护标准分类

网络安全等级保护相关标准主要分为5类,分别是基础类、应用类、产品类、新技术类和其他类。

1) 基础标准
- 《计算机信息系统安全保护等级划分准则》(GB 17859—1999)

2) 应用类标准

(1) 网络安全等级保护定级
- 《信息安全技术 网络安全等级保护定级指南》(GB/T 22240—2020)
- 《信息安全技术 网络安全等级保护定级指南》(GA/T 1389—2017)

(2) 网络安全等级保护实施
- 《信息安全技术 网络安全等级保护实施指南》(GB/T 25058—2019)

(3) 网络安全建设管理
- 《信息安全技术 网络安全等级保护基本要求》(GB/T 22239—2019)
- 《信息安全技术 信息系统通用安全技术要求》(GB/T 20271—2006)
- 《信息安全技术 网络安全等级保护安全设计技术要求》(GB/T 25070—2019)
- 《信息安全技术 信息系统安全管理要求》(GB/T 20269—2006)
- 《信息安全技术 办公信息系统安全管理要求》(GB/T 37094—2018)
- 《信息安全技术 信息系统安全工程管理要求》(GB/T 20282—2006)
- 《信息安全技术 信息系统物理安全技术要求》(GB/T 21052—2007)
- 《信息安全技术 网络基础安全技术要求》(GB/T 20270—2006)
- 《信息安全技术 信息系统安全等级保护体系框架》(GA/T 708—2007)
- 《信息安全技术 信息系统安全等级保护基本模型》(GA/T 709—2007)
- 《信息安全技术 信息系统安全等级保护基本配置》(GA/T 710—2007)
- 《信息安全技术 网络安全等级保护基本要求》(GB/T 22239—2019)

(4) 网络安全等级保护测评
- 《信息安全技术 网络安全等级保护测评过程指南》(GB/T 28449—2018)
- 《信息安全技术 网络安全等级保护测评机构能力要求和评估规范》(GB/T 36959—2018)
- 《信息安全技术 网络安全等级保护测评要求》(GB/T 28448—2019)

3) 产品类标准

(1) 操作系统
- 《信息安全技术 云操作系统安全技术要求》(GA/T 1346—2017)
- 《信息安全技术 操作系统安全技术要求》(GB/T 20272—2019)
- 《信息安全技术 移动通信智能终端操作系统安全技术要求》(GB/T 30284—2020)

- 《信息安全技术　移动智能终端操作系统安全技术要求和测试评价方法》(GB/T 34976—2017)

（2）数据库
- 《信息安全技术　数据库管理系统安全技术要求》(GB/T 20273—2019)
- 《信息安全技术　数据库管理系统安全评估准则》(GB/T 20009—2019)

（3）网络
- 《信息安全技术　网络和终端隔离产品安全技术要求》(GB/T 20279—2015)
- 《信息安全技术　网络和终端隔离产品测试评价方法》(GB/T 20277—2015)

（4）PKI
- 《信息安全技术　公钥基础设施 PKI 系统安全等级保护技术要求》(GB/T 21053—2007)
- 《信息安全技术　公钥基础设施 PKI 系统安全等级保护评估准则》(GB/T 21054—2007)

（5）网关
- 《信息安全技术　网关安全技术要求》(GA/T 681—2018)
- 《信息安全技术　防病毒网关安全技术要求和测试评价方法》(GB/T 35277—2017)

（6）服务器
- 《服务器安全技术要求》(GB/T 21028—2007)
- 《信息技术　中文 Linux 服务器操作系统技术要求》(GB/T 25645—2010)
- 《信息安全技术　服务器安全测评要求》(GB/T 25063—2010)
- 《信息安全技术　移动互联网应用服务器安全技术要求》(GB/T 35281—2017)

（7）入侵检测
- 《网络入侵检测系统测试方法》(GB/T 26268—2010)
- 《网络入侵检测系统技术要求》(GB/T 26269—2010)
- 《信息安全技术　网络入侵检测系统技术要求和测试评价方法》(GB/T 20275—2013)

（8）防火墙
- 《信息安全技术　包过滤防火墙评估准则》(GB/T 20010—2005)
- 《信息安全技术　防火墙安全技术要求和测试评价方法》(GB/T 20281—2015)
- 《信息安全技术　WEB 应用防火墙安全技术要求与测试评价方法》(GB/T 32917—2016)
- 《信息安全技术　工业控制系统专用防火墙技术要求》(GB/T 37933—2019)

(9) 路由器
- 《路由器安全评估准则》(GB/T 20011—2005)
- 《路由器安全技术要求》(GB/T 18018—2019)

(10) 交换机
- 《信息安全技术　交换机安全技术要求》(GA/T 684—2007)
- 《信息安全技术　交换机安全评估准则》(GA/T 685—2007)
- 《信息安全技术　交换机安全技术要求和测试评价方法》(GA/T 1484—2018)
- 《信息安全技术　网络交换机安全技术要求》(GB/T 21050—2019)

(11) 其他产品
- 《信息安全技术　终端计算机通用安全技术要求与测试评价方法》(GB/T 29240—2012)
- 《信息安全技术　信息系统安全审计产品技术要求和测试评价方法》(GB/T 20945—2013)
- 《信息安全技术　数据库安全审计产品安全技术要求》(GA/T 913—2019)
- 《信息安全技术　工业控制系统网络审计产品安全技术要求》(GB/T 37941—2019)
- 《信息安全技术　虹膜识别系统技术要求》(GB/T 20979—2019)
- 《信息安全技术　虚拟专用网产品安全技术要求》(GA/T 686—2018)
- 《信息安全技术　虚拟化安全防护产品安全技术要求和测试评价方法》(GA/T 1541—2018)
- 《信息安全技术　应用软件系统通用安全技术要求》(GB/T 28452—2012)
- 《信息安全技术　移动智能终端应用软件安全技术要求和测试评价方法》(GB/T 34975—2017)
- 《信息技术　智能移动终端应用软件(App)技术要求》(GB/T 37729—2019)
- 《信息技术　虚拟现实应用软件基本要求和测试方法》(GB/T 38258—2019)
- 《信息安全技术　网络脆弱性扫描产品安全技术要求》(GB/T 20278—2013)
- 《信息安全技术　网络脆弱性扫描产品测试评价方法》(GB/T 20280—2006)

4) 新技术类标准

(1) 工业控制系统
- 《信息安全技术　工业控制系统安全控制应用指南》(GB/T 32919—2016)
- 《信息安全技术　工业控制系统安全管理平台安全技术要求》(GA/T 1350—2017)
- 《信息安全技术　工业控制系统安全管理基本要求》(GB/T 36323—2018)
- 《信息安全技术　工业控制系统信息安全分级规范》(GB/T 36324—2018)

- 《信息安全技术　工业控制系统风险评估实施指南》(GB/T 36466—2018)
- 《信息安全技术　工业控制系统现场测控设备通用安全功能要求》(GB/T 36470—2018)
- 《信息安全技术　工业控制系统入侵检测产品安全技术要求》(GA/T 1485—2018)
- 《信息安全技术　工业控制系统软件脆弱性扫描产品安全技术要求》(GA/T 1559—2019)
- 《信息安全技术　工业控制系统主机安全防护与审计监控产品安全技术要求》(GA/T 1560—2019)
- 《信息安全技术　工业控制系统边界安全专用网关产品安全技术要求》(GA/T 1562—2019)
- 《信息安全技术　工业控制系统专用防火墙技术要求》(GB/T 37933—2019)
- 《信息安全技术　工业控制系统网络审计产品安全技术要求》(GB/T 37941—2019)
- 《信息安全技术　工业控制系统漏洞检测产品技术要求及测试评价方法》(GB/T 37954—2019)
- 《信息安全技术　工业控制系统产品信息安全通用评估准则》(GB/T 37962—2019)
- 《信息安全技术　工业控制系统安全检查指南》(GB/T 37980—2019)

(2) 大数据
- 《信息安全技术　大数据服务安全能力要求》(GB/T 35274—2017)
- 《信息技术　大数据分析系统功能要求》(GB/T 37721—2019)
- 《信息技术　大数据存储与处理系统功能要求》(GB/T 37722—2019)
- 《信息安全技术　大数据安全管理指南》(GB/T 37973—2019)

(3) 物联网
- 《信息安全技术　物联网感知终端应用安全技术要求》(GB/T 36951—2018)
- 《信息安全技术　物联网感知层网关安全技术要求》(GB/T 37024—2018)
- 《信息安全技术　物联网数据传输安全技术要求》(GB/T 37025—2018)
- 《信息安全技术　物联网安全参考模型及通用要求》(GB/T 37044—2018)
- 《信息安全技术　物联网感知层接入通信网的安全要求》(GB/T 37093—2018)

(4) 移动互联网
- 《信息安全技术　移动互联网应用服务器安全技术要求》(GB/T 35281—2017)

(5) 云计算
- 《信息安全技术　云计算服务安全指南》(GB/T 31167—2014)

- 《信息安全技术 云计算服务安全能力要求》(GB/T 31168—2014)
- 《信息安全技术 云计算安全参考架构》(GB/T 35279—2017)
- 《信息安全技术 云计算服务安全能力评估方法》(GB/T 34942—2017)
- 《信息安全技术 云计算网络入侵防御系统安全技术要求》(GA/T 1345—2017)
- 《信息安全技术 云计算安全综合防御产品安全技术要求》(GA/T 1527—2018)
- 《信息安全技术 云计算服务运行监管框架》(GB/T 37972—2019)

(6) 智慧城市
- 《新型智慧城市评价指标》(GB/T 33356—2016)
- 《智慧城市 技术参考模型》(GB/T 34678—2017)
- 《面向智慧城市的物联网技术应用指南》(GB/T 36620—2018)
- 《智慧城市 信息技术运营指南》(GB/T 36621—2018)
- 《信息安全技术 智慧城市安全体系框架》(GB/T 37971—2019)

(7) 智能终端
- 《机动车查验检验智能终端通用技术要求》(GA/T 1434—2017)
- 《信息安全技术 移动智能终端安全监测产品安全技术要求》(GA/T 1528—2018)
- 《信息安全技术 移动智能终端用户数据存储安全技术要求和测试评价方法》(GA/T 1547—2019)
- 《信息安全技术 移动智能终端安全架构》(GB/T 32927—2016)
- 《信息安全技术 移动智能终端应用软件安全技术要求和测试评价方法》(GB/T 34975—2017)
- 《信息安全技术 移动智能终端操作系统安全技术要求和测试评价方法》(GB/T 34976—2017)
- 《信息安全技术 移动智能终端数据存储安全技术要求与测试评价方法》(GB/T 34977—2017)
- 《信息安全技术 移动智能终端个人信息保护技术要求》(GB/T 34978—2017)

(8) 电子政务类
- 《信息安全技术 基于互联网电子政务信息安全实施指南 第1部分:总则》(GB/Z 24294.1—2018)
- 《信息安全技术 基于互联网电子政务信息安全实施指南 第2部分:接入控制与安全交换》(GB/Z 24294.2—2017)
- 《信息安全技术 基于互联网电子政务信息安全实施指南 第3部分:身份认证与授权管理》(GB/Z 24294.3—2017)

- 《信息安全技术 基于互联网电子政务信息安全实施指南 第 4 部分：终端安全防护》(GB/Z 24294.4—2017)
- 《信息安全技术 电子政务移动办公系统安全技术规范》(GB/T 35282—2017)

5) 其他类标准

(1) 风险评估
- 《信息安全风险评估规范》(GB/T 20984—2007)
- 《信息安全技术 信息安全风险评估实施指南》(GB/T 31509—2015)
- 《信息安全技术 工业控制系统风险评估实施指南》(GB/T 6466—2018)

(2) 事件管理
- 《信息安全技术 信息安全事件分类分级指南》(GB/Z 20986—2007)
- 《公安信息网信息安全事件等级代码》(GA/T 1253—2015)
- 《公安信息网信息安全事件分类与代码》(GA/T 1254—2015)
- 《信息系统灾难恢复规范》(GB/T 20988—2007)

4.2.2.2 等级保护相关标准与等级保护各工作环节之间的关系

目前国家已出台众多等级保护有关的技术标准，形成较完整的网络安全等级保护标准体系。图 4-5 为等级保护相关标准与等级保护各个工作环节之间的关系，下面将对部分重要标准进行简要说明。

1)《计算机信息系统安全保护等级划分准则》(GB 17859—1999)

《计算机信息系统安全保护等级划分准则》(GB 17859—1999)是强制性国家标准，属于技术法规。该标准是计算机信息系统安全等级保护标准体系中的核心技术标准，规范和指导了《信息系统通用安全技术要求》《信息系统安全管理要求》等各类标准的制定，为安全产品的研究开发提供了技术支持；并且也为计算机信息系统安全法规的制定以及执法部门的监督管理提供了依据。

该《准则》制定的主要精神：信息系统的一切活动均是鉴别与控制的过程，安全策略则是对访问者及其访问活动的合法性和合规性实施鉴别与控制。

本标准中将计算机信息系统的安全保护能力划分为 5 个等级：第一级为用户自主保护级别，第二级为系统审计保护级别，第三级为安全标记保护级别，第四级为结构化保护级别，第五级为访问验证保护级别。另外，本标准还确定了各个保护级别所需要采取的技术保护措施要求。

信息系统安全保护要满足的功能共包括：自主访问控制、身份鉴别、客体重用、审计、数据完整性、强制访问控制、标记、隐蔽信道分析、可信路径、可信恢复等 10 个方面。不同等级的信息系统对功能上的要求采取逐级增强的方式进行建设。图 4-6 为不同等级的信息系统安全保护能力示意图。

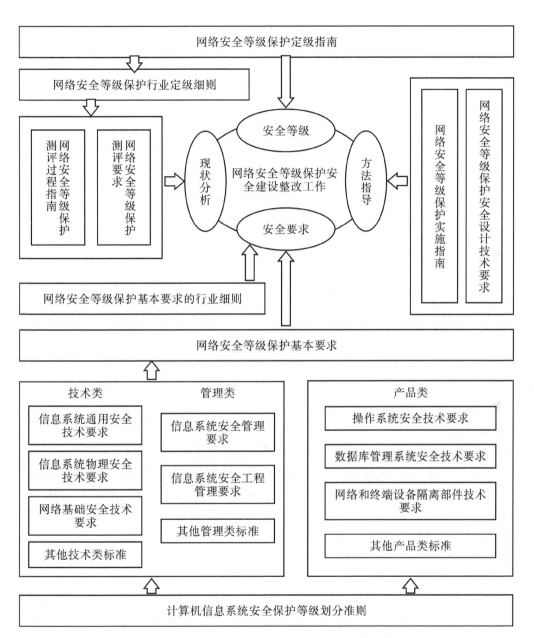

图4-5 等级保护相关标准与等级保护各个工作环节之间的关系

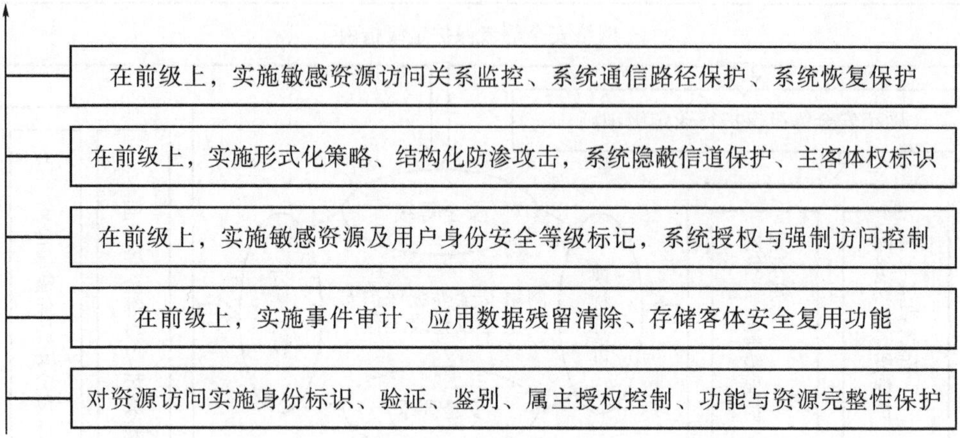

```
┌─ 在前级上，实施敏感资源访问关系监控、系统通信路径保护、系统恢复保护
│
├─ 在前级上，实施形式化策略、结构化防渗攻击，系统隐蔽信道保护、主客体权标识
│
├─ 在前级上，实施敏感资源及用户身份安全等级标记，系统授权与强制访问控制
│
├─ 在前级上，实施事件审计、应用数据残留清除、存储客体安全复用功能
│
└─ 对资源访问实施身份标识、验证、鉴别、属主授权控制、功能与资源完整性保护
```

图 4-6 不同等级的信息系统安全保护能力示意图

2)《信息系统安全等级保护基本要求》(GB/T 22239—2008)(已作废)

《信息系统安全等级保护基本要求》是以《计算机信息系统安全保护等级划分准则》为基础制定的信息安全等级保护的基础性标准之一，目前已废止，由《信息安全技术 网络安全等级保护基本要求》(GB/T 22239—2019)替代。《信息系统安全等级保护基本要求》提出了各级信息系统应当具备的保护能力，并从技术和管理两方面提出了相关措施，适用于指导分等级的信息系统的安全建设和监督管理。

基本安全要求是针对不同安全保护等级信息系统应该具有的基本安全保护能力提出的安全要求，根据实现方式的不同，基本安全要求分为基本技术要求和基本管理要求两大类。技术类安全要求与信息系统提供的技术安全机制有关，主要通过在信息系统中部署软硬件并正确地配置其安全功能来实现；管理类安全要求与信息系统中各种角色参与的活动有关，主要通过控制各种角色的活动，从政策、制度、规范、流程以及记录等方面做出规定来实现。

基本技术要求从物理安全、网络安全、主机安全、应用安全和数据安全几个层面提出；基本管理要求从安全管理制度、安全管理机构、人员安全管理、系统建设管理和系统运维管理几个方面提出。基本技术要求和基本管理要求是确保信息系统安全不可分割的两个部分。

根据保护侧重点的不同，技术类安全要求进一步细分为：保护数据在存储、传输、处理过程中不被泄漏、破坏和免受未授权修改的信息安全类要求(简记为 S)；保护系统连续正常的运行，免受对系统的未授权修改、破坏而导致系统不可用的服务保证类要求(简记为 A)；通用安全保护类要求(简记为 G)。

管理类安全要求主要包括确定安全策略,落实信息安全责任制,建立安全组织机构,加强人员管理、系统建设和运行维护的安全管理。提出了机房安全管理、网络安全管理、系统运行维护管理、系统安全风险管理、资产和设备管理、数据及信息安全管理、用户管理、安全监测、备份与恢复管理、应急处置管理、密码管理、安全审计管理等基本安全管理制度要求,以及建立岗位和人员管理制度、安全教育培训制度、安全建设整改的监理制度、自行检查制度等要求。

3)《信息安全技术　网络安全等级保护基本要求》(GB/T 22239—2019)

本标准是在《信息系统安全等级保护基本要求》(GB/T 22239—2008)基础上对标准的时效性、易用性和可操作性进行了修订,使其适应信息技术不断发展的需求。新标准体现了综合防御、纵深防御和主动防御的思想,规定了第一级到第四级等级保护对象的安全保护的基本要求,每个级别的基本要求均由安全通用要求和安全扩展要求构成。

本标准除了把标准中"信息系统安全"更改为"网络安全",还对下列几个方面进行修订:

- 对等级保护的对象进行了扩展,由信息系统扩展为基础信息网络、信息系统(含采用移动互联技术的系统)、大数据应用/平台/资源、云计算平台/系统、物联网和工业控制系统等;
- 对原来各个级别的安全通用要求,新标准中更改为安全通用要求和安全扩展要求。安全通用要求,是针对所有等级保护对象都必须满足的要求;安全扩展要求,是针对云计算、移动互联、物联网和工业控制系统提出的特殊要求。
- 原标准中的各级技术要求由"物理安全""网络安全""主机安全""应用安全"和"数据安全和备份与恢复"修订为"安全物理环境""安全通信网络""安全区域边界""安全计算环境"和"安全管理中心";原标准中的各级管理要求"安全管理制度""安全管理机构""人员安全管理""系统建设管理"和"系统运维管理"修订为"安全管理制度""安全管理机构""安全管理人员""安全建设管理"和"安全运维管理"。
- 将原来的安全要求分为安全通用要求和安全扩展要求,安全通用要求是所有等级保护对象都必须满足的要求,而针对云计算、移动互联、物联网和工业控制系统提出了特殊要求,称为安全扩展要求。
- 将各级技术要求的"物理安全""网络安全""主机安全""应用安全""数据安全和备份与恢复"修订为"物理和环境安全""网络和通信安全""设备和计算安全""应用和数据安全",将各级管理要求的"安全管理制度""安全管理机构""人员安全管理""系统建设管理""系统运维管理"修订为"安全策略和管理制度""安全管理机构和人员""安全建设管理""安全运维管理"。
- 新的标准取消了原来安全控制点的 S、A、G 标注,增加一个附录 A 描述等级保护对象的定级结果和安全要求之间的关系,说明如何根据定级结果选择安全要求。

以本标准提出的第三级安全要求基本结构为例:

主要包含安全通用要求、云计算安全扩展要求、移动互联安全扩展要求、物联网安全扩展要求、工业控制系统安全扩展要求。安全要求细分为技术要求和管理要求。其中技术要求部分为"安全物理环境""安全通信网络""安全区域边界""安全计算环境""安全管理中心";管理要求部分为"安全管理制度""安全管理机构""安全管理人员""安全建设管理""安全运维管理",两者合计共分为10大类。

安全技术要求的分类体现了"从外部到内部"的纵深防御思想。对等级保护对象的安全防护应考虑在通信网络、区域边界和计算环境方面从外到内地整体防护,同时考虑其所处的物理环境的安全防护,对级别较高的还需要考虑对分布在整个系统中的安全功能或安全组件的集中技术管理手段。

安全管理要求的分类体现了"从要素到活动"的综合管理思想,安全管理需要的"机构""制度""人员"三要素缺一不可,同时应对系统的建设整改过程和运行维护过程中重要活动实施控制和管理,对级别较高的需要构建完备的安全管理体系。

4)《信息系统安全等级保护实施指南》(GB/T 25058—2010)(已作废)

依据《中华人民共和国计算机信息系统安全保护条例》(国务院令第147号)、《国家信息化领导小组关于加强信息安全保障工作的意见》(中办发〔2003〕27号)、《关于信息安全等级保护工作的实施意见》(公通字〔2004〕66号)和《信息安全等级保护管理办法》(公通字〔2007〕43号)制定本标准。目前,该标准已废止,由《信息安全技术　网络安全等级保护实施指南》(GB/T 25058—2019)替代。

信息系统从系统的规划设计到终止运行要经历多个阶段,本标准适用于指导信息系统生命周期的各个阶段和信息安全等级保护的实施。

本标准共有九章,第一章到第三章规定了标准的适用范围、规范性引用文件以及术语和定义。第四章为等级保护实施概述,介绍了信息安全等级保护实施的基本原则、各部门的参与角色与职责、实施的基本流程。第五章至第九章分别对信息系统定级、总体安全规划、安全设计与实施、安全运行与维护和信息系统终止共5个阶段的安全等级保护工作进行了详细阐述,说明了每个阶段中,主要的工作过程和相关活动的目标、参与角色、输入条件、活动内容和输出结果等,图4-7为信息系统安全等级保护实施的基本流程图。

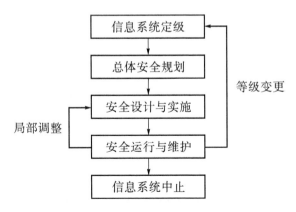

图 4-7 信息系统安全等级保护实施的基本流程图

5)《信息安全技术 网络安全等级保护实施指南》(GB/T 25058—2019)

《信息安全技术 网络安全等级保护实施指南》(GB/T 25058—2019)是在新的国家网络安全形势要求下,通过分析研究信息化发展的新技术、新应用,比如IPv6技术、云计算技术、移动互联技术、工业控制技术、大数据技术等的使用场景和应用特点等,结合国家信息安全等级保护工作的新思路及新要求,针对这些新技术、新应用系统的等级保护对象可能面临的威胁,为运营使用单位在实施等级保护工作时提供工作内容及工作方法指导,从技术角度使工作指导流程化,并使之贯穿整个信息系统生命周期。

相对于《信息系统安全等级保护实施指南》(GB/T 25058—2010)标准,新的《实施指南》将实施的基本流程从原来的5个阶段调整成为6个阶段,如图4-8所示。具体包含等级保护对象定级与备案、总体安全规划、安全设计与实施、安全运行与维护、应急响应与保障、定级对象终止,其中应急响应与保障是新的《实施指南》新增的新阶段。

(1) 定级备案阶段的变化:《信息安全技术 网络安全等级保护实施指南》在定级备案阶段增加了行业、领域定级工作,对行业主管单位如何管理行业内等级保护对象的定级工作给予指导。行业、领域定级工作包括梳理本行业、领域的重要社会功能、职能,分析确定主要业务,并对各项业务给予定级指导意见,部署、指导并督促本行业、领域的定级工作。

因等级保护对象的重要性由其承载的业务功能及其社会职能决定,因此将等级保护对象的分析过程调整为对对象所在单位在其行业、领域中的重要性,对象在单位中的地位这两方面进行分析。

(2) 总体安全规划阶段的变化:《信息安全技术 网络安全等级保护实施指南》中网络安全基本需求强调了两个来源需求相结合,一是国家等级保护管理规范和技术标准要求,一是行业等级保护管理规范和技术标准要求,与新版等级测评报告保持一致。

总体安全设计时强调等级保护对象的体系设计要求,不仅仅是零散的功能项的堆积,还增加了"安全技术体系架构设计"和"安全管理体系框架设计"等内容。同时,还对云计算、移动互联系统在设计时的特殊关注点和安全保护措施给予指导,譬如云计算规划时应不低于其承载的定级对象等级等。

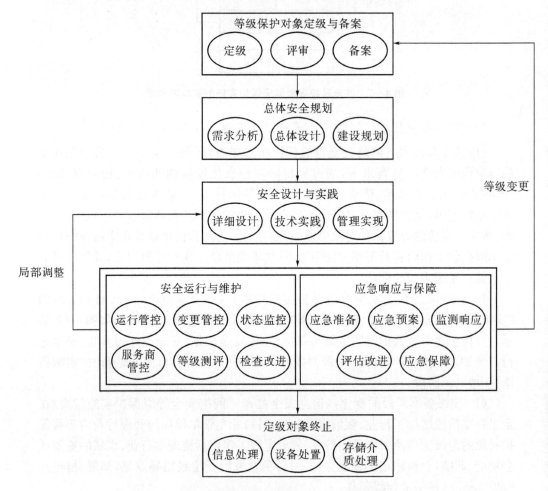

图4-8 等级保护对象安全等级保护工作实施的基本流程

(3)安全运行与维护阶段的变化:随着社会分工不断细化的必然趋势,很多网络运营使用单位以购买等级保护运维服务的方式将等保对象运维工作委托给服务商。在本《实施指南》中,增加并细化了服务商的管理和监控相关内容,包括选择服务商时应分析其服务能力、信息安全风险以及服务内容互斥性等方面。对服务商如何管理以及如何监控服务商的服务过程和内容也给予了相应指导[①]。

6)《信息安全技术 网络安全等级保护定级指南》(GB/T 22240—2020)

《信息安全技术 网络安全等级保护定级指南》是《信息安全技术 信息系统安全等级保护定级指南》(GB/T 22240—2008)的修订版,于2020年11月1日正式实施。定级是开展网络安全等级保护工作的"基本出发点",定级结果应当成为系统安全保护的总体安全需求之一,定级过程是找到系统最大风险的过程。

(1)定级要素与安全保护等级的关系:根据受侵害的客体和对客体的侵害程度,可以得到相应的安全保护等级,如一个信息系统遭受到破坏后对社会秩序和公共利益造成特别严重损害,那么这个系统应当定为第四级。在《网络安全等级保护条例(征求意见稿)》中,当对公民、法人和其他组织的合法权益造成特别严重损害时,对应的是第三级。但在本标准正式发布后,该项对应的是第二级,依旧沿用了旧的定级标准。

(2)定级流程:《信息安全技术 网络安全等级保护定级指南》中规定,安全保护等级初步确定为第二级及以上的等级保护对象,其网络运营者依据本标准组织进行专家评审、主管部门核准和备案审核,最终确定其安全保护等级,如图4-9所示。

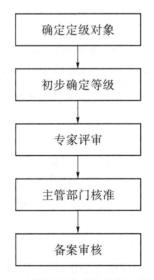

图4-9 等级保护对象定级一般流程

---

① 网络安全等级保护网。《网络安全等级保护实施指南》修订解读[EB/OL]. (2017-09-13)[2019-09-18]. http://www.dibh.net/webdev/web/Academician_Column_Action.do? p=get_Yszl&id=8a8182565deefd0d015e79a53acc0095.

安全保护等级初步确定为第一级的等级保护对象,其网络运营者可依据本标准自行确定最终安全保护等级,可不进行专家评审、主管部门核准和备案审核。

(3)定级对象:本版本的《定级指南》相对于旧版,对等级保护的定级对象进行了较大拓展,除了原有的信息系统以外,增加了通信网络设施和数据资源等定级对象,如图4-10所示。本标准细化了定级对象的类型,其中信息系统包括:传统信息系统、工业控制系统、云计算平台、物联网、采用移动互联技术的系统,并对各类系统的基本特征进行了描述。本标准中明确,对于定级对象的主要安全责任主体包括但不限于企业、机关和事业单位等法人,以及不具备法人资格的社会团体等其他组织。另外,要避免将某个单一的系统组件,如服务器、终端或网络设备作为定级对象。

图4-10 等级保护对象类型

(4)确定安全保护等级:安全保护等级初步确定为第二级及以上的定级对象,网络运营者组织专家评审、主管部门核准和备案审核,最终确定安全保护等级。

对于通信网络设施、云计算平台或系统等定级对象,需根据其承载或将要承载的等级保护对象的重要程度确定其安全保护等级,原则上不低于其承载的等级保护对象的安全保护等级。而对于电信网、广播电视传输网等通信网络设施,宜根据安全责任主体、服务类型或服务地域等因素将其划分为不同的定级对象。跨省的行业或单位的专用通信网可作为一个整体对象定级,或分区域划分为若干个定级对象。

数据资源可独立定级。当安全责任主体相同时,大数据、大数据平台或系统宜作为一个整体对象定级;当安全责任主体不同时,大数据应独立定级。涉及大量公民个人信息以及为公民提供公共服务的大数据平台或系统,原则上其安全保护等级不低于第三级。

对于大型云计算平台,宜将云计算基础设施和有关辅助服务系统划分为不同的定级对象。

物联网主要包括感知层、网络传输层和处理应用层等,需将以上要素作为一个整体对象进行定级,各要素不建议单独定级。

工业控制系统中现场采集或执行、现场控制和过程控制等要素需作为一个整体对象进行定级,各要素也不建议单独定级,但是生产管理要素建议单独定级。而对于大型工业控制系统,可根据系统功能、责任主体、控制对象和生产厂商等因素划分为多个定级对象。

7)《信息系统安全等级保护测评要求》(GB/T 28448—2012)(已废止)

本标准规定了对信息系统安全等级保护状况进行安全测试评估的要求,包括对第一级信息系统、第二级信息系统、第三级信息系统和第四级信息系统进行安全测试评估的单元测评要求和信息系统整体测评要求。因为第五级信息系统由国家制定的专门机构进行测评,所以本标准略去对第五级信息系统进行单元测评的具体内容要求。

本标准适用于信息安全测评服务机构、信息系统的主管部门及运营使用单位对信息系统安全等级保护状况进行的安全测试评估。信息安全监管职能部门依法进行的信息安全等级保护监督检查可以参考使用。

本标准从第四章开始介绍了等级测评的原则、测评内容、测评强度、结果重用和使用方法。第五章至第九章分别规定了对五个等级的信息系统进行等级测评的单元测评要求。第十章描述了整体测评的四个方面,即安全控制间安全测评、层面间安全测评、区域间安全测评和系统结构测评安全测评。第十一章描述了等级测评结论的产生方法。

(1)测评原则:主要包括客观性和公正性原则、经济性和可重用性原则、可重复性和可再现性原则、符合性原则。

(2)测评内容和测评方法:信息系统安全等级测评主要包括单元测评和整体测评两部分。单元测评是等级测评工作的基本活动,每个单元测评包括测评指标、测评实施和结果判定三部分。整体测评是在单元测评的基础上,通过进一步分析信息系统的整体安全性,对信息系统实施的综合安全测评。

测评方法指测评人员在测评实施过程中所使用的方法,主要包括访谈、检查和测试三种测评方法。

(3)测评力度:测评力度是在测评过程中实施测评工作的力度,反映测评的广度和深度,体现为测评工作的实际投入程度。测评广度越大,测评实施的范围越大,测评实施包含的测评对象就越多;测评深度越深,越需要在细节上展开,测评就越严格,因此就越需要更多的投入。投入越多,测评力度就越强,测评就越有保证。测评的广度和深度落实到访谈、检查和测试三种不同的测评方法上,能体现出测评实施过程中访谈、检查和测试的投入程度的不同。

(4) 结果重用:在信息系统中,有些安全控制可以不依赖于其所在的地点便可测评,即在其部署到运行环境之前便可以接受安全测评。一些商用安全产品的测评就属于这种安全测评。

8)《信息安全技术　网络安全等级保护测评要求》(GB/T 28448—2019)

本标准是于2019年12月1日实施,是对《信息系统安全等级保护测评要求》(GB/T 28448—2012)的替代标准,并以GB/T 22239《网络安全等级保护基本要求》的要求项作为测评指标,规定了第一级到第四级等级保护对象的测评要求,对第五级等级保护对象的安全测评要求不在本标准中描述。本标准规定了不同级别的等级保护对象的安全测评通用要求和安全测评扩展要求,为安全测评服务机构、等级保护对象的运营使用单位及主管部门对等级保护对象的安全状况进行安全测评提供指南,也可供网络安全职能部门依法进行的网络安全等级保护监督检查参考使用。

标准文本分为12章,3个附录。其中第6、7、8、9、11和12章为重点章节,分别描述了第一、二、三、四级测评要求,每级分别遵从《基本要求》的框架描述如何实施测评工作。每个级别包括安全测评通用要求、云计算安全测评扩展要求、移动互联安全测评扩展要求、物联网安全测评扩展要求和工业控制系统安全测评扩展要求五个部分内容。

其中技术方面分别从安全物理环境、安全通信网络、安全区域边界、安全计算环境和安全管理中心五个方面展开;而管理方面则分别从安全管理制度、安全管理机构、安全管理人员、安全建设管理和安全系统运维管理五个方面展开,与《基本要求》形成了一致对应的标准文本结构。

第11章描述了系统整体测评方法,在单项测评的基础上,从系统整体的角度综合考虑如何进行系统性的测评。分别从安全控制点、安全控制点间及区域间测评三方面进行描述,分析了在进行系统整体测评时所需考虑的内容。

第12章概要说明了测评结论的得出方法以及测评结论主要包括哪些方面的内容等。

9)《信息系统安全等级保护测评过程指南》(GB/T 28449—2012)(已作废)

本《指南》规定了信息系统安全等级保护测评工作的测评过程,既适用于测评机构、信息系统的主管部门及运营使用单位对信息系统安全等级保护状况进行的安全测试评价,也适用于信息系统的运营使用单位在信息系统定级工作完成之后,对信息系统的安全保护现状进行的测试评价,获取信息系统的全面保护需求。该指南目前已被《信息安全技术　网络安全等级保护测评过程指南》(GB/T 28449—2018)替代。

本《指南》以测评机构对三级信息系统的首次等级测评活动过程为主要线索,

定义信息系统等级测评的主要活动和任务,包括测评准备活动、方案编制活动、现场测评活动、分析与报告编制活动四个部分。其中测评准备活动包括项目启动、信息收集和分析、工具和表单准备三项任务;方案编制活动包括测评对象确定、测评指标确定、测试工具接入点确定、测评内容确定、测评实施手册开发和测评方案编制六项任务;现场测评活动包括现场测评准备、现场测评和结果记录、结果确认和资料归还三项任务;分析与报告编制活动包括单项测评结果判定、单元测评结果判定、整体测评、风险分析、等级测评结论形成及测评报告编制六项任务。对每一项活动,介绍了工作流程、主要工作任务、输出文档、双方职责等。对各工作任务,描述了任务内容和输入或输出产品等。

等级测评过程分为四个基本测评活动:测评准备活动、方案编制活动、现场测评活动、分析及报告编制活动。而测评双方之间的沟通与洽谈应贯穿整个等级测评过程。

(1) 测评准备活动:本活动是开展等级测评工作的前提和基础,是整个等级测评过程有效性的保证。测评准备工作是否充分直接关系到后续工作能否顺利开展。本活动的主要任务是掌握被测系统的详细情况,准备测试工具,为编制测评方案做好准备。

(2) 方案编制活动:本活动是开展等级测评工作的关键活动,为现场测评提供最基本的文档和指导方案。本活动的主要任务是确定与被测信息系统相适应的测评对象、测评指标及测评内容等,并根据需要重用或开发测评指导书,形成测评方案。

(3) 现场测评活动:本活动是开展等级测评工作的核心活动。本活动的主要任务是按照测评方案的总体要求,严格执行测评指导书,分步实施所有测评项目,包括单元测评和整体测评两个方面,以了解系统的真实保护情况,获取足够证据,发现系统存在的安全问题。

(4) 分析与报告编制活动:本活动是给出等级测评工作结果的活动,是总结被测系统整体安全保护能力的综合评价活动。本活动的主要任务是根据现场测评结果和《信息安全技术 信息系统安全等级保护测评要求》(GB/T 28448—2012)的有关要求,通过单项测评结果判定、单元测评结果判定、整体测评和风险分析等方法,找出整个系统的安全保护现状与相应等级的保护要求之间的差距,并分析这些差距导致被测系统面临的风险,从而给出等级测评结论,形成测评报告文本。

10)《信息安全技术 网络安全等级保护测评过程指南》(GB/T 28449—2018)

为更好地指导新形势下的等级测评实施,公安部于2013年牵头启动了《信息安全技术 信息系统安全等级保护测评过程指南》(GB/T 28448—2012)的修订工作,于2018年12月正式发布了《信息安全技术 网络安全等级保护测评过程指南》(GB/T 28449—2018)。

相对于2012年版本的《测评过程指南》,新的标准主要对以下几个方面进行了修订:

(1) 与新修订的《网络安全等级保护基本要求》和《网络安全等级保护测评要求》标准同步修订,保持等级保护系列标准的一致性;

(2) 根据长期的等级保护工作经验,逐渐完善等级保护的工作思路,将等级测评环节的相关要求纳入新的《测评过程指南》中;

(3) 研究分析基于无线网络、云计算、IPv6等新技术,以及物联网、工业控制系统等新应用的应用方式和应用场景,研究新环境和新技术下定级对象的存在形态、部署方式、安全设备和组件部署情况等对等级测评过程以及具体任务的影响,并给予相应的测评指导;

(4) 根据几年来的标准应用实践和经验,修订原标准中不通用的等级测评过程及任务相关内容,标准正文内容全部改写为通用性的规范内容,特殊性内容放在附录中。以此为指导,本次标准修订内容主要包括:修正了标准名称,完善了等级测评流程和关键环节,扩充了新技术新应用相关测评对象及测评方法,保证了标准内容通用性及一致性等[①]。

4.3 网络安全等级保护工作流程

网络安全等级保护工作主要包括五个环节:网络定级、备案、安全建设整改、等级测评和监督检查。图4-11为网络等级保护工作各个环节与主要责任单位的对应关系。

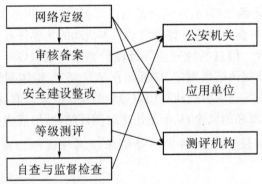

图4-11 等保工作各环节与主要责任单位的对应关系

---

① 袁静.《网络安全等级保护测评过程指南》修订要点解析[C]// 公安部网络安全保卫局.2019互联网安全与治理论坛论文集.2019:195-198.

各网络运营者,应按照"准确定级、严格审批、及时备案、认真整改、科学测评"的要求完成等级保护的定级、备案、整改、测评等工作。公安机关和保密、密码工作部门要及时开展监督检查,严格审查各类网络所定级别,认真开展备案、整改、测评等工作。

1) 网络定级

网络定级应该按照《网络安全等级保护条例》和《信息安全技术 网络安全等级保护定级指南》(GA/T 1389—2017)的管理要求和标准,按照拟定网络等级、专家评审、主管部门核准、公安机关审核的流程进行。

对于拟定为第二级及二级以上的网络,网络运营者应聘请网络安全等级保护专家进行定级评审,有行业主管部门的,还应报请行业主管部门核准。跨省或者全国统一联网运行的网络,可以由行业主管部门统一拟定安全保护等级,统一组织定级评审。行业主管部门可依据国家标准规范,结合本行业网络特点制定行业定级指导意见。

2) 审核备案

第二级以上网络的运营者,应当在网络的安全保护等级确定后10个工作日内,到县级以上公安机关网络安全保卫部门办理备案手续,提交定级报告。因网络撤销或变更调整安全保护等级的,应当在10个工作日内向原受理备案公安机关办理备案撤销或变更手续。第三级以上网络运营者(含关键信息基础设施运营者)在向公安机关备案时,还应当提交测评报告、经专家评审通过的安全建设方案等其他有关材料。

根据《信息安全等级保护备案实施细则》(公信安〔2007〕1360号)文件要求,公安机关应及时对网络运营者提交的备案材料进行审核。对于定级准确、备案材料符合要求的,应在10个工作日内出具网络安全等级保护备案证明;对于定级不准确或材料不符合要求的,应当通知备案单位进行修改,修改完成后再次提交。

3) 安全建设整改

网络安全保护等级确定以后,运营使用单位应当按照《网络安全等级保护条例》以及相关管理规范和技术标准,选择符合要求的网络安全产品,制定并落实安全管理制度,落实安全责任,建设安全设施,落实安全技术措施。

网络运营者在网络建设运营过程中,应当遵守下列安全保护义务,做好安全防护工作:

(1) 确定网络安全等级保护工作责任人,建立网络安全等级保护工作责任制,落实责任追究制度;

(2) 建立安全管理和技术保护制度,建立人员管理、教育培训、系统安全建设、系统安全运维等制度;

(3) 落实机房安全管理、设备和介质安全管理、网络安全管理等制度,制定操作规范和工作流程;

(4) 落实身份识别,防范恶意代码感染传播,防范网络入侵攻击的管理和技术措施;

(5) 落实监测、记录网络运行状态、网络安全事件、违法犯罪活动的管理和技术措施,并按照规定留存六个月以上可追溯网络违法犯罪的相关网络日志;

(6) 落实数据分类、重要数据备份和加密等措施;

(7) 依法收集、使用、处理个人信息,并落实个人信息保护措施,防止个人信息泄露、损毁、篡改、窃取、丢失和滥用;

(8) 落实违法信息发现、阻断、消除等措施,落实防范违法信息大量传播、违法犯罪证据灭失等措施;

(9) 落实联网备案和用户真实身份查验等责任;

(10) 对网络中发生的案事件,应当在二十四小时内向属地公安机关报告;泄露国家秘密的,应当同时向属地保密行政管理部门报告。

三级以上运营者除了需要履行上述网络安全保护义务以外,还应履行下列安全保护义务:

(1) 确定网络安全管理机构,明确网络安全等级保护的工作职责,对网络变更、网络接入、运维和技术保障单位变更等事项建立逐级审批制度;

(2) 制定并落实网络安全总体规划和整体安全防护策略,制定安全建设方案,并经专业技术人员评审通过;

(3) 对网络安全管理负责人和关键岗位的人员进行安全背景审查,落实持证上岗制度;

(4) 对为其提供网络设计、建设、运维和技术服务的机构和人员进行安全管理;

(5) 落实网络安全态势感知监测预警措施,建设网络安全防护管理平台,对网络运行状态、网络流量、用户行为、网络安全案事件等进行动态监测分析,并与同级公安机关对接;

(6) 落实重要网络设备、通信链路、系统的冗余、备份和恢复措施;

(7) 建立网络安全等级测评制度,定期开展等级测评,并将测评情况及安全整改措施、整改结果向公安机关和有关部门报告。

4) 等级测评

网络建设完成后,三级及以上的运营、使用单位(含关键信息基础设施运营者)

或者其主管部门应当选择具有相关资质的测评机构,依据《信息安全技术 网络安全等级保护测评要求》等技术标准,定期对网络安全等级状况开展等级测评。

新建的第二级网络上线运行前应当按照网络安全等级保护有关标准规范,对网络的安全性进行测试。第三级以上网络的运营者应当每年开展一次网络安全等级测评,发现并整改安全风险隐患,并每年将开展网络安全等级测评的工作情况及测评结果向备案的公安机关报告。

5) 监督检查

公安机关依据信息安全等级保护管理规范,对非涉密的网络进行监督检查。要求第三级以上网络的运营者应当每年开展一次网络安全等级测评,发现并整改安全风险隐患,并每年将开展网络安全等级测评的工作情况及测评结果向备案的公安机关报告。

在检查工作过程中,公安机关要依据公安机关网络安全执法检查工作指引、云计算平台安全执法检查工作指引、政府信息系统及网站安全执法检查工作指引、视频监控系统安全执法检查工作指引、工业控制系统安全执法检查工作指引、大数据服务安全执法检查工作指引、邮件系统安全执法检查工作指引、移动 App 系统安全执法检查工作指引,以及 IDC、CDN、DNS 安全执法检查工作指引等,开展网络安全执法检查。

4.3.1 角色和职责

网络安全等级保护实施过程中涉及的各类角色和职责如下:

1) 国家管理部门

中央网络安全和信息化领导机构统一领导网络安全等级保护工作;国家网信部门负责网络安全等级保护工作的统筹协调;公安机关负责网络安全等级保护工作的监督、检查、指导;国家保密工作部门负责等级保护工作中有关保密工作的监督、检查、指导;国家密码管理部门负责等级保护工作中有关密码工作的监督、检查、指导;涉及其他职能部门管辖范围的事项,由有关职能部门依照国家法律法规的规定进行管理;县级以上地方人民政府依照《网络安全等级保护条例》和有关法律法规规定,开展网络安全等级保护工作。

2) 行业主管部门

负责依照国家网络安全等级保护的管理规范和技术标准,督促、检查和指导本行业、本领域或者本地区网络运营、使用单位的网络安全等级保护工作。

3) 网络运营、使用单位

负责依照国家网络安全等级保护的管理规范和技术标准,落实网络安全等级保护制度,确定其网络的安全保护等级;根据已经确定的安全保护等级,到公安机关办理备案手续;按照国家网络安全等级保护管理规范和技术标准,进行网络安全保护的规划设计;使用符合国家有关规定,满足网络安全保护等级需求的信息技术产品和网络安全产品,开展网络安全建设或者整改工作;制定、落实各项安全管理制度,定期对网络的安全状况、安全保护制度及措施的落实情况进行自查,选择符合国家相关规定的等级测评机构,定期进行等级测评;制定不同等级信息安全事件的响应、处置预案,对网络安全事件分等级进行应急处置。

4) 网络安全服务机构

负责根据网络运营、使用单位的委托,依照国家网络安全等级保护的管理规范和技术标准,协助网络运营、使用单位完成等级保护的相关工作,包括确定其网络的安全保护等级、进行安全需求分析、安全总体规划、实施安全建设和安全改造等。

5) 网络安全等级测评机构

负责根据网络运营、使用单位的委托或根据国家管理部门的授权,协助网络运营、使用单位或国家管理部门,按照国家网络安全等级保护的管理规范和技术标准,对已经完成等级保护建设的网络进行等级测评;对网络安全产品供应商提供的网络安全产品进行安全测评。

6) 网络安全产品供应商

负责按照国家网络安全等级保护的管理规范和技术标准,开发符合等级保护相关要求的网络安全产品,接受安全测评;按照等级保护相关要求销售信息安全产品并提供相关服务。

4.3.2 网络定级和备案工作

网络定级是开展网络安全等级保护的基础,也是网络安全等级保护的第一步,只有在准确定级的基础上,才能进行相应等级的安全保护。网络安全级别定不准,系统建设、整改、备案、等级测评等后续工作都失去了针对性。

4.3.2.1 定级工作的原则和范围

1) 定级工作的原则

网络安全等级保护的定级工作中,应该按照"网络运营者拟定网络安全保护等级→专家评审→主管部门核准→公安机关审核"的流程和原则进行,如图4-12所示。等保工作中,网络主管部门和运营者是网络设施安全的第一责任人,必须按照"谁主管谁负责、谁运营谁负责"的原则开展等保工作。

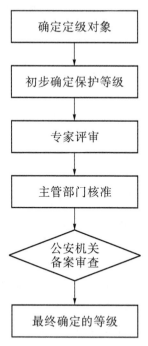

图 4-12 网络安全定级

2) 定级工作的范围

根据公安部等多个部门联合下发的《关于开展全国重要信息系统安全等级保护定级工作的通知》(公信安〔2007〕861号),定于2007年7月至10月在全国范围内组织开展重要信息系统安全等级保护定级工作,涉及信息系统定级的主要范围包括:

(1) 电信、广电行业的公用通信网、广播电视传输网等基础信息网络,经营性公众互联网信息服务单位、互联网接入服务单位、数据中心等单位的重要信息系统。

(2) 铁路、银行、海关、税务、民航、电力、证券、保险、外交、科技、发展改革、国防科技、公安、人事劳动和社会保障、财政、审计、商务、水利、国土资源、能源、交通、文化、教育、统计、工商行政管理、邮政等行业、部门的生产、调度、管理、办公等重要信息系统。

(3) 市(地)级以上党政机关的重要网站和办公信息系统。

(4) 涉及国家秘密的信息系统(以下简称涉密信息系统)。

4.3.2.2 网络安全等级的划分

等级保护是我国实施网络安全管理的基本制度,网络安全保护等级是行政管理服务等级,不是纯粹的技术等级。根据《网络安全等级保护条例》和国家标准化部门制定的《信息技术　网络安全等级保护定级指南》(GB/T 22240—2020)、《信息安全技术　网络安全等级保护定级指南》(GA/T 1389—2017)中的相关规定进行定级。

网络安全等级保护定级时，依据受到破坏时"所侵害的客体"和"对客体造成侵害的程度"两个要素进行定级。所侵害的客体包括三个方面：一是公民、法人和其他组织的合法权益；二是社会秩序、公共利益；三是国家安全。对客体的侵害程度由客观方面的不同外在表现综合决定，因此对客体的侵害外在表现为对等级保护对象的破坏，通过危害方式、危害后果和危害程度加以描述。等级保护对象受到迫害后对客体造成的侵害程度有三种：一是造成一般损害；二是造成严重损害；三是造成特别严重损害。网络共分为五个安全保护等级，从第一级到第五级逐级增高。

第一级，一旦受到破坏会对相关公民、法人和其他组织的合法权益造成损害，但不危害国家安全、社会秩序和公共利益的一般网络。

第二级，一旦受到破坏会对相关公民、法人和其他组织的合法权益造成严重损害，或者对社会秩序和公共利益造成危害，但不危害国家安全的一般网络。

第三级，一旦受到破坏会对相关公民、法人和其他组织的合法权益造成特别严重损害，或者会对社会秩序和社会公共利益造成严重危害，或者对国家安全造成危害的重要网络。

第四级，一旦受到破坏会对社会秩序和公共利益造成特别严重危害，或者对国家安全造成严重危害的特别重要网络。

第五级，一旦受到破坏后会对国家安全造成特别严重危害的极其重要网络。

对于不同的网络如何定级，可以参考下列说明，确定网络的安全等级。

第一级网络，一般适用于小型私营及个体企业、中小学，以及乡镇所属网络系统、县级单位中重要性不高的网络系统。

第二级网络，一般适用于县级某些单位中的重要网络系统，以及地市级以上国家机关、企事业单位内部一般的网络系统。例如，非涉及工作秘密、商业秘密、敏感信息的办公系统和管理系统等。

第三级网络，一般适用于地市级以上国家机关、企事业单位内部重要的网络系统。例如，涉及工作秘密、商业秘密、敏感信息的办公系统和管理系统，跨省或者全国联网运行的用于生产、调度、管理、指挥、作业、控制等方面的重要信息系统及这类系统在省、地市的分支系统，中央各部委、省(区、市)门户网站和重要网站，跨省连接的网络系统，大型云平台、工控系统、物联网、移动网络、大数据等。

第四级网络，一般适用于国家重要领域、重要部门中的特别重要网络系统及核心系统。例如，电力、电信、广电、铁路、民航、银行、税务等重要部门的生产、调度、指挥等涉及国家安全、国计民生的核心系统，超大型的云平台、工控系统、物联网、移动网络、大数据等。

第五级网络，一般适用于国家重要领域、重要部门中的极端重要系统。

4.3.2.3 定级工作的步骤

1）第一步：摸底调查，掌握网络底数

按照《定级工作的通知》确定的定级范围，各部委和各省（区、市）可以组织开展对所属网络进行摸底调查，摸清网络底数；掌握网络的业务类型、应用或服务范围、系统结构等基本情况。各行业主管部门要根据行业的特点提出指导本地区、本行业定级工作的具体意见。

2）第二步：确定定级对象

在网络安全等级保护定级工作中，如何科学、合理地确定定级对象是最关键、最复杂的问题。网络运营者开展网络定级前，要搞清网络支撑的业务类型、应用或服务范围、网络结构、数据和信息的规模、重要性等基本情况，为合理定级打好基础（个人、家庭组建的网络和使用的计算机不在等级保护范围之内）。

《信息安全技术　网络安全等级保护定级指南》标准中，细化了网络安全等级保护制度定级对象的具体范围，主要包括基础信息网络、工业控制系统、云计算平台、物联网、使用移动互联技术的网络、其他网络以及大数据等多个系统平台。另外，作为定级对象的网络还应当满足三个基本特征：

第一，具有确定的主要安全责任主体。主要安全责任主体包括但不限于企业、机关和事业单位等法人，以及不具备法人资格的社会团体等其他组织；

第二，承载相对独立的业务应用。相对独立并不意味着完全独立，可与其他业务应用有少量的数据交换；

第三，包含相互关联的多个资源。多个资源可包括但不限于网络资源、计算资源、存储资源等，应避免将某个单一的系统组件（例如服务器、终端或网络设备）作为定级对象。

网络运营者或主管部门可参考下列内容确定定级对象：

一是起支撑、传输作用的信息网络（包括专网、内网、外网、网管系统）要作为定级对象。但不是将整个网络作为一个定级对象，而是要从安全管理和安全责任的角度将基础信息网络划分成若干安全域或单元去定级。

二是用于生产、调度、管理、作业、指挥、办公等目的的各类业务系统，要按照不同业务类别单独确定为定级对象，不以系统是否进行数据交换、是否独享设备为确定定级对象的条件。不能将某一类信息系统作为一个定级对象去定级。

三是各单位网站、邮件系统要作为独立的定级对象。如果网站的后台数据库管理系统安全级别较高，也要作为独立的定级对象。网站上运行的信息系统（例如对社会提供服务的报名考试系统）也要作为独立的定级对象。

四是对于云平台、大数据、工业控制系统、物联网、移动互联网、卫星系统等,要按照定级指南的要求,合理确定定级对象。

五是确认负责定级的单位是否对所定级网络负有业务主管责任。也就是说,业务部门应主导对业务网络的定级,运维部门(例如信息中心、托管方)可以协助定级并按照业务部门的要求开展后续安全保护工作。

六是具有网络的基本要素。作为定级对象的网络、信息系统应该是由相关的和配套的设备、设施按照一定的应用目标和规则组合而成的有形实体。不应将某个单一的系统组件(例如服务器、终端、网络设备等)作为定级对象。

3) 第三步:初步确定网络安全等级

网络的安全保护等级是网络的客观属性,不以已采取或将采取什么安全保护措施为依据,而是以网络的重要性和网络遭到破坏后对国家安全、社会稳定、人民群众合法权益的危害程度为依据。

对于新建设的网络,需要按照三同步原则,即"同步设计、同步建设、同步实施"的原则实施安全保护技术措施和管理措施,网络运营者在网络的规划设计阶段即应确定网络的安全保护等级。

跨省或者全国统一联网运行的网络或信息系统,可以由主管部门统一确定安全保护等级。由各行业统一规划、统一建设、统一安全保护策略的网络或信息系统,应由各部委对各级网络分别确定一个级别;由各部委统一规划、分级建设、全国联网运行的网络或信息系统,应由部、省、地市分别确定系统等级,但各行业应对该类系统提出定级意见,避免出现同类系统定级出现较大偏差的问题,对于该类系统的等级,下级部门确定后需上报上级主管部门审批。对于单位自主建设的网络(与上级单位无关),可由本单位参照定级流程定级。

需要特别注意的是,同类网络的安全保护级别不能因部、省、市行政级别的降低而降低,如地市级重要行业的重要系统不能定位第一级或第二级。

4) 第四步:网络安全等级评审

在网络安全保护等级初步确定过程中,为了确保定级准确、合理,二级以上的网络,其运营者应聘请由公安部门推荐的专家机构进行评审,并出具定级评审意见。

5) 第五步:网络等级的最终确定与审批

网络运营使用单位参考专家定级评审意见,最终确定网络安全保护等级,形成定级报告。如果专家评审意见与运营使用单位意见不一致,由运营使用单位自主决定系统等级,网络运营使用单位有上级主管部门的,应当经上级主管部门对安全保护等级进行审核批准。主管部门一般是指行业的上级主管部门或监管部门。如果是跨地域联网运营使用的网络,则必须由其上级主管部门审批,确保同类网络或分支网络在各地域分别定级的一致性。与上级单位无关的单位自建网络,在其安全等级确定后,是否上报主管部门审核批准,由各行业自行决定。

以《信息系统安全等级保护定级报告》为例,主要包含两大部分,一是信息系统描述,二是信息系统安全保护等级确定。

信息系统描述是简述确定该系统为定级对象的理由。主要从三个方面来说明:一是描述承担信息系统安全责任的相关单位或部门,说明本单位或部门为信息系统的主管部门;二是该定级对象是否具有信息系统的基本要素,描述基本要素、系统网络结构、系统边界和边界设备;三是该定级对象是否承载着单一或相对独立的业务。

信息系统安全保护等级确定主要包括业务信息安全保护等级的确定、系统服务安全保护等级的确定和安全保护等级的确定三个部分。每一部分都由描述、受到破坏时所侵害的客体的确定、受到破坏后对侵害客体的侵害程度的确定和安全等级的确定四部分组成。

6) 第六步:备案和备案审核

第二级以上网络运营者应当在网络安全保护等级确定后10个工作日内,到县级以上公安机关备案。因网络撤销或变更调整安全保护等级的,应当在10个工作日内向原受理备案公安机关办理备案撤销或变更手续。运营使用单位或主管部门在备案时应填写备案材料,提交有关备案材料及电子数据文件。受理备案的公安机关要公布备案受理地点、备案联系方式等。在受理备案时,应对提交的备案材料进行完整性审核和定级准确性审核。公安部门审核网络定级基本准确后,由其颁发《网络安全等级保护备案证明》(由公安部统一监制)。对于定级不准确的网络,公安部门应告知网络运营者,建议重新组织专家进行定级评审,并再次报上级主管部门核准。如果网络运营者坚持原定等级,公安机关可以受理备案,但是需要书面告知网络运营者应承担由此引发的责任和后果,在经过上级公安机关同意后,需要同时通报给备案单位的上级主管部门。

4.3.2.4 定级工作的具体流程(以信息系统为例)

1) 系统的识别和描述

定级时最初面临的往往不是已经划分好的信息系统,而是整个单位的信息系统,或者单位信息系统的一部分。即使只是信息系统的一部分,由于等级保护需求的不同,也有可能需要对此部分的信息系统进行进一步划分,区别出不同等级的信息系统。

活动目标:

本活动的目标是通过从信息系统运营、使用单位相关人员处收集有关信息系统的信息,并对信息进行综合分析和整理,依据分析和整理的内容形成组织机构内信息系统的总体描述性文档。

参与角色:信息系统运营、使用单位,信息安全服务机构。

活动描述:

本活动主要包括以下子活动内容:

(1) 识别信息系统的基本信息:调查了解信息系统的行业特征、主管机构、业务范围、地理位置以及信息系统基本情况,获得信息系统的背景信息和联络方式。

(2) 识别信息系统的管理框架:可以采取调查表的方式,了解信息系统所在单位的组织管理结构、管理策略、部门设置和部门在业务运行中的作用、岗位职责,获得支持信息系统业务运营的管理特征和管理框架方面的信息,从而明确信息系统的安全责任主体。

需要注意的是,如果一个单位的信息系统分布于不同的物理区域时,应了解不同区域系统运行的安全管理责任。安全管理责任是进行信息系统划分首要参考因素,如果没有统一的管理,则无法保证同一级别的信息系统实行统一的安全策略。

(3) 识别信息系统的网络及设备部署:了解信息系统的物理环境、网络拓扑结构和硬件设备的部署情况,在此基础上明确信息系统的边界,即确定定级对象及其范围。

在了解网络状况时,主要了解网络覆盖范围(全国、全省还是本地区)、网络的构成(广域网、城域网或局域网等)、内部网段/VLAN划分、网段/VLAN划分与系统的关系、与上级单位、下级单位、外部用户、合作单位等的网络连接方式、与互联网的连接方式等等。

在了解设备部署情况时,主要了解与目标信息系统相关的服务器、网络、终端、存储设备以及安全设备等,并了解这些设备所在网段在系统中的功能和作用。信息系统定级时,一般只与信息系统有关,但是由于在划分信息系统时,可能会涉及设备共用问题,调查设备的位置和作用在于了解不同信息系统对设备的共用程度。

(4) 识别信息系统的业务种类和特性:了解机构内主要依靠信息系统处理的业务种类和数量、这些业务各自的社会属性、哪些业务是主要业务、哪些业务是支撑性业务、各项业务具体要完成的工作内容和业务流程等,从中明确支持机构业务运营的信息系统的业务特性,将承载比较单一的业务应用或者承载相对独立的业务应用的信息系统作为单独的定级对象。

在调查时还应该了解每个信息系统的业务流,以及不同信息系统之间的业务关系,因为不同信息系统之间的业务关系和数据关系将对信息系统划分起重要作用,应了解单位内不同业务系统提供的服务在履行单位职能方面影响的区域范围、用户人数、业务量以及对本单位以外机构或个人的影响等方面的差异。

(5) 识别业务系统处理的信息资产：调查了解各信息系统所处理的信息特点，了解单位对信息的三个安全属性的需求，了解业务系统处理的信息资产的类型，这些信息资产在保密性、完整性和可用性等方面的重要性程度，以及对单位职能、单位资金、单位信誉、人身安全等方面可能对国家、社会、本单位造成的影响。

除了了解数据信息以外，还应该关注信息系统的数据流，以及不同信息系统之间的数据交换或共享关系。

(6) 识别用户范围和用户类型：根据用户或用户群的分布范围了解业务系统的服务范围、作用以及业务连续性方面的要求等。

要了解各系统的管理用户和一般用户、内部用户和外部用户、本地用户和远程用户等类型，了解用户或用户群的数量分布，各类用户可访问的数据信息类型和操作权限。

(7) 信息系统描述：通过上面6个步骤的调查，已经比较全面地了解了信息系统的基本信息、管理信息、业务信息、网络信息、设备信息和用户信息等，信息系统描述是信息系统划分和定级的基础。

对收集的信息进行整理、分析，形成对信息系统的总体描述文件。一个典型的信息系统的总体描述文件应包含以下内容：

- 系统概述；
- 系统边界描述；
- 网络拓扑；
- 设备部署；
- 支撑的业务应用的种类和特性；
- 处理的信息资产；
- 用户的范围和用户类型；
- 信息系统的管理框架。

2) 信息系统划分

一个单位内运行的信息系统可能比较庞大，为了体现重要部分重点保护、有效控制信息安全建设成本、优化信息安全资源配置的等级保护原则，可将较大的信息系统划分为若干个较小的、可能具有不同安全保护等级的定级对象。

根据《信息安全技术 网络安全等级保护定级指南》(GB/T 22240—2020)，作为定级对象的信息系统应具有如下基本特征：

(1) 具有唯一确定的安全责任单位：作为定级对象的信息系统应能够唯一地确定其安全责任单位。如果一个单位的某个下级单位负责信息系统安全建设、运行维护等过程的全部安全责任，则这个下级单位可以成为信息系统的安全责任单位;如果一个单位中的不同下级单位分别承担信息系统不同方面的安全责任,则该信息系统的安全责任单位应是这些下级单位共同所属的单位。

(2) 包含相互关联的多个资源:作为定级对象的信息系统应该是由相关的和配套的设备、设施按照一定的应用目标和规则组合而成的有形实体。应避免将某个单一的系统组件,如服务器、终端、网络设备等作为定级对象。

单独的设备或由单独设备构成的安全域本身无法实现完整的信息系统保护,不能抵御来自内部或外部的攻击。因此,作为定级对象的信息系统应当包括信息系统的核心资产——保护目标,以及对保护目标提供保护的所有相关设备和人员——保护机制,只有涵盖了这两部分,才能使信息系统实现其安全保护要求。

(3) 承载相对独立的业务应用:定级对象承载"单一"的业务应用是指该业务应用的业务流程独立,且与其他业务应用没有数据交换,且独享所有信息处理设备。定级对象承载"相对独立"的业务应用是指其业务应用的主要业务流程独立,同时与其他业务应用有少量的数据交换,定级对象可能会与其他业务应用共享一些设备,尤其是网络传输设备。

需要注意的是,"相对独立"的业务应用,并不一定是整个业务流程,也可以是整体业务中某一部分完整的业务流程。"相对独立"的业务应用信息系统一般而言,可以理解为整个信息系统中的一个子系统,其业务功能明显区别于其他系统并且相对独立,与其他系统有着明确的业务边界和信息交换方式。

信息系统划分的活动目标:

本活动的目标是依据信息系统的总体描述文件,在综合分析的基础上将组织机构内运行的信息系统进行合理分解,确定所包含可以作为定级对象的信息系统的个数。

参与角色:信息系统运营、使用单位,信息安全服务机构。

信息系统划分主要包括以下子活动内容:

① 划分方法的选择:一个组织机构可能运行一个大型信息系统,为了突出重点保护的等级保护原则,应对大型信息系统进行划分,进行信息系统划分的方法可以有多种,可以考虑管理机构、业务类型、物理位置等因素,信息系统的运营、使用单位应该根据本单位的具体情况确定一个系统的分解原则。

② 信息系统划分:依据选择的系统划分原则,将一个组织机构内拥有的大型信息系统进行划分,划分出相对独立的信息系统并作为定级对象,应保证每个相对独立的信息系统具备定级对象的基本特征。在信息系统划分的过程中,应该首先考虑组织管理的要素,然后考虑业务类型、物理区域等要素。

③ 信息系统详细描述:在对信息系统进行划分并确定定级对象后,应在信息

系统总体描述文件的基础上,进一步增加信息系统划分信息的描述,准确描述一个大型信息系统中包括的定级对象的个数。

进一步的信息系统详细描述文件应包含以下内容:
- 相对独立的信息系统列表;
- 每个定级对象的概述;
- 每个定级对象的边界;
- 每个定级对象的设备部署;
- 每个定级对象支撑的业务应用及其处理的信息资产类型;
- 每个定级对象的服务范围和用户类型;
- 其他内容。

3) 安全保护等级的确定

信息系统安全包括业务信息安全和系统服务安全,与之相关的受侵害客体和对客体的侵害程度可能不同,因此,信息系统定级也应由业务信息安全和系统服务安全两方面确定。从业务信息安全角度反映的信息系统安全保护等级业务信息安全保护等级。从系统服务安全角度反映的信息系统安全保护等级称系统服务安全保护等级。

(1) 确定信息系统安全保护等级的一般流程如下:
- 确定作为定级对象的信息系统;
- 确定业务信息安全受到破坏时所侵害的客体;
- 根据不同的受侵害客体,从多个方面综合评定业务信息安全被破坏对客体的侵害程度;
- 依据表4-4,得到业务信息安全保护等级;
- 确定系统服务安全受到破坏时所侵害的客体;
- 根据不同的受侵害客体,从多个方面综合评定系统服务安全被破坏对客体的侵害程度;
- 依据表4-5,得到系统服务安全保护等级;
- 将业务信息安全保护等级和系统服务安全保护等级的较高者确定为定级对象的安全保护等级。

上述步骤如图4-13确定信息系统安全等级一般流程所示。

表4-4 业务信息安全保护等级矩阵

业务信息安全被破坏时所侵害的客体	对相应客体的侵害程度		
	一般损害	严重损害	特别严重损害
公民、法人和其他组织的合法权益	第一级	第二级	第二级
社会秩序、公共利益	第二级	第三级	第四级
国家安全	第三级	第四级	第五级

表4-5 系统服务安全保护等级矩阵表

系统服务安全被破坏时所侵害的客体	对相应客体的侵害程度		
	一般损害	严重损害	特别严重损害
公民、法人和其他组织的合法权益	第一级	第二级	第二级
社会秩序、公共利益	第二级	第三级	第四级
国家安全	第三级	第四级	第五级

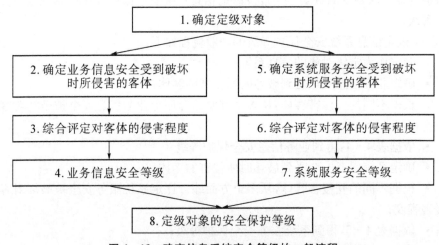

图4-13 确定信息系统安全等级的一般流程

（2）确定所侵害的客体：定级对象受到破坏时所侵害的客体包括国家安全、社会秩序、公众利益以及公民、法人和其他组织的合法权益。

侵害国家安全的事项包括以下方面：影响国家政权稳固和国防实力；影响国家统一、民族团结和社会安定；影响国家对外活动中的政治、经济利益；影响国家重要的安全保卫工作；影响国家经济竞争力和科技实力；其他影响国家安全的事项。

侵害社会秩序的事项包括以下方面：影响国家机关社会管理和公共服务的工作秩序；影响各种类型的经济活动秩序；影响各行业的科研、生产秩序；影响公众在法律约束和道德规范下的正常生活秩序；其他影响社会秩序的事项。

影响公共利益的事项包括以下方面：影响社会成员使用公共设施；影响社会成员获取公开信息资源；影响社会成员接受公共服务；其他影响公共利益的事项。

影响公民、法人和其他组织的合法权益是指由法律确认的并受法律保护的公民、法人和其他组织所享有的一定的社会权力和利益。

确定作为定级对象的信息系统受到破坏后所侵害的客体时，应首先判断是否侵害国家安全，然后判断是否侵害社会秩序或公众利益，最后判断是否侵害公民、法人和其他组织的合法权益。

各行业可根据本行业业务特点，分析各类信息和各类信息系统与国家安全、社会秩序、公共利益以及公民、法人和其他组织的合法权益的关系，从而确定本行业各类信息和各类信息系统受到破坏时所侵害的客体。

(3) 确定对客体的侵害程度

① 侵害的客观方面：在客观方面，对客体的侵害外在表现为对定级对象的破坏，其危害方式表现为对信息安全的破坏和对信息系统服务的破坏，其中信息安全是指确保信息系统内信息的保密性、完整性和可用性等，系统服务安全是指确保信息系统可以及时、有效地提供服务，以完成预定的业务目标。由于业务信息安全和系统服务安全受到破坏所侵害的客体和对客体的侵害程度可能会有所不同，在定级过程中，需要分别处理这两种危害方式。

信息安全和系统服务安全受到破坏后，可能产生以下危害后果：影响行使工作职能；导致业务能力下降；引起法律纠纷；导致财产损失；造成社会不良影响；对其他组织和个人造成损失；其他影响。

② 综合判定侵害程度：侵害程度是客观方面的不同外在表现的综合体现，因此，应首先根据不同的受侵害客体、不同危害后果分别确定其危害程度。对不同危害后果确定其危害程度所采取的方法和所考虑的角度可能不同，例如系统服务安全被破坏导致业务能力下降的程度可以从信息系统服务覆盖的区域范围、用户人数或业务量等不同方面确定，业务信息安全被破坏导致的财物损失可以从直接的资金损失大小、间接的信息恢复费用等方面进行确定。

在针对不同的受侵害客体进行侵害程度的判断时，应参照以下不同的判别基准：

• 如果受侵害客体是公民、法人或其他组织的合法权益，则以本人或本单位的总体利益作为判断侵害程度的基准；

• 如果受侵害客体是社会秩序、公共利益或国家安全，则应以整个行业或国家的总体利益作为判断侵害程度的基准。

不同危害后果的三种危害程度描述如下：

一般损害:工作职能受到局部影响,业务能力有所降低但不影响主要功能的执行,出现较轻的法律问题、较低的财产损失、有限的社会不良影响,对其他组织和个人造成较低损害。

严重损害:工作职能受到严重影响,业务能力显著下降且严重影响主要功能执行,出现较严重的法律问题、较高的财产损失、较大范围的社会不良影响,对其他组织和个人造成较严重损害。

特别严重损害:工作职能受到特别严重影响或丧失行使能力,业务能力严重下降或功能无法执行,出现极其严重的法律问题、极高的财产损失、大范围的社会不良影响,对其他组织和个人造成非常严重损害。

信息安全和系统服务安全被破坏后对客体的侵害程度,由对不同危害结果的危害程度进行综合评定得出。由于各行业信息系统所处理的信息种类和系统服务特点各不相同,信息安全和系统服务安全受到破坏后关注的危害结果、危害程度的计算方式均可能不同,各行业可根据本行业信息特点和系统服务特点,制定危害程度的综合评定方法,并给出侵害不同客体造成一般损害、严重损害、特别严重损害的具体定义。

③ 确定定级对象的安全保护等级:根据业务信息安全被破坏时所侵害的客体以及对相应客体的侵害程度,依据表4-4业务信息安全保护等级矩阵表,即可得到业务信息安全保护等级。

根据系统服务安全被破坏时所侵害的客体以及对相应客体的侵害程度,依据表4-5系统服务安全保护等级矩阵表,即可得到系统服务安全保护等级。

作为定级对象的信息系统的安全保护等级由业务信息安全保护等级和系统服务安全保护等级的较高者决定。

④ 信息系统定级结果审核和批准:信息系统运营、使用单位初步确定了安全保护等级后,有主管部门的,应当经主管部门审核批准,跨省或者全国统一联网运行的信息系统可以由主管部门统一确定安全保护等级。二级以上的网络,其运营者应聘请由公安部门推荐的专家机构进行评审,并出具定级评审意见,涉密信息系统应按照国家保密局有关规定进行等级评审。

⑤ 信息系统等级的最终确定与审批:信息系统运营使用单位参考专家定级评审意见,最终确定信息系统等级,形成定级报告。如果专家评审意见与运营使用单位意见不一致,由运营使用单位自主决定系统等级,信息系统运营使用单位有上级主管部门的,应当经上级主管部门对安全保护等级进行审核批准。

⑥ 形成定级报告:等级对象确定后,可参照定级指南中的《网络安全等级保护定级报告》模板,起草定级报告。涉密信息系统按照国家保密局的有关规定进行定级,并提交《涉密信息系统定级表》。

《网络安全等级保护定级报告》主要包括两大部分,一是信息系统描述,二是信息系统安全保护定级确定。

4.3.2.5 网络等级保护的备案

信息系统等级保护备案,主要依据的是《网络安全等级保护条例》,下面将介绍备案工作的各项内容。

1) 期限

第二级以上网络运营者应当在网络的安全保护等级确定后10个工作日内,到县级以上公安机关备案。

因网络撤销或变更调整安全保护等级的,应当在10个工作日内向原受理备案公安机关办理备案撤销或变更手续。

2) 管辖

隶属于中央的在京单位,其跨省或者全国统一联网运行并由主管部门统一定级的网络系统,由主管部门向公安部网络安全保卫局办理备案手续。其他网络系统由北京市公安局网络安全保卫部门受理备案。

隶属于中央的非在京单位的网络系统,由当地省级公安机关网络安全保卫部门(或其指定的地市级公安机关网络安全保卫部门)受理备案。

跨省或者全国统一联网运行并由主管部门统一定级的网络系统在各地运行、应用的分支系统(包括由上级主管部门定级,在当地有应用的信息系统),由所在地的地市级以上公安机关网络安全保卫部门受理备案。

地市级以上公安机关网络安全保卫部门受理本辖区内备案单位的备案。隶属于省级的备案单位,其跨地(市)联网运行的网络系统,由省级公安机关信息网络安全保卫部门受理。

3) 材料(以信息系统安全等级保护备案材料为例)

根据《网络安全等级保护条例》的相关规定:

网络运营使用单位或者其主管部门(以下简称"备案单位")应当在网络安全保护等级确定后10日内,到公安机关公共信息网络安全监察部门办理备案手续。办理备案手续时,应当首先到公安机关指定的网址下载并填写备案表,准备好备案文件,然后到指定的地点备案。

备案时应当提交《信息系统安全等级保护备案表》(以下简称《备案表》)(一式两份)及其电子文档,一份由备案单位保存,一份由受理公安机关存档。《备案表》由封面和四张《备案表》表单构成,包括《备案表》表单一、二、三、四。第二级以上信息系统备案时需提交《备案表》中的表一、二、三;第三级以上信息系统还应当在系统整改、测评完成后30日内提交《备案表》表四及其有关材料。《备案表》的具体内容和填写说明参见第七章后附录二中的附表 1。

表一为单位信息,每个填表单位填写一张;表二为信息系统基本信息,表三为信息系统定级信息。如果某单位有多个信息系统,在申请信息系统备案时,表二、表三每个信息系统填写一张。表二、三、四可以复印使用。信息系统备案过程中,应注意信息系统的编号,如果某单位共有 5 个信息系统,则填写表二的过程中,需按照表二(1/5)、表二(2/5)……表二(5/5)的编号和命名规则。如果 5 个信息系统中有 2 个是第三级以上的信息系统,则表四的编号要和同一信息系统的表二、三的编号保持一致。

根据《信息安全等级保护管理办法》第十六条规定,办理信息系统安全保护等级备案手续时,第三级以上信息系统除填写《备案表》以外,还需要同时提供以下材料:

- 系统拓扑结构及说明;
- 系统安全组织机构和管理制度;
- 系统安全保护设施设计实施方案或者改建实施方案;
- 系统使用的信息安全产品清单及其认证、销售许可证明;
- 测评后符合系统安全保护等级的技术检测评估报告;
- 信息系统安全保护等级专家评审意见;
- 主管部门审核批准信息系统安全保护等级的意见。

信息系统等级保护备案材料除了需要提交上述文件以外,在填写表格的过程中,也有需要注意的地方。书后附录二中的附表 1 中对填写内容进行了简单说明,下面对填写说明进行详细阐述。

(1)《备案表》封面:《备案表》封面标号,由受理备案的公安机关填写并校验,分两部分共 11 位,该编号与每一个备案单位一一对应。

第一部分标号共 6 位,为受理备案的公安机关代码的前六位(可参照行标 GA 380—2002)。其中前 4 位为受理备案的地市级公安机关代码的前 4 位,该代码可确定受理备案的公安机关,后两位为受理备案的年份的后两位,例如 2016 年,则后两位填写 16。第二部分共 5 位,为受理备案的公安机关给出的备案单位的顺序编号。其中前两位为备案单位在备案表中所填的行业类别代码,如果一个单位存在行业交叉的情况,则应确定其中一个行业作为单位的行业类别;后三位为该行业备案单位的顺序号。图 4-14 为备案表编号规则示意图。

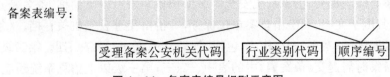

图 4-14 备案表编号规则示意图

(2)《备案表》表一:下面就《备案表》表一中需要解释的项目进行说明。

06 责任部门:是指单位内负责信息系统安全工作的部门,如果单位内的信息系统分别由不同的责任部门管理,则可以统一填写在表一的责任部门一栏中,或分别填写表一。

08 隶属关系:是指信息系统运营使用单位与上级行政机构的从属关系,须按照单位隶属关系代码(GB/T 12404—1997)填写。表4-6 为国家标准《单位隶属关系代码》(GB/T 12404—1997)。

表4-6 国家标准《单位隶属关系代码》(GB/T 12404—1997)

代码	隶属关系名称	说明
10	中央	包括全国人大常委会,中共中央,国务院各部委及其所属机构,国务院各直属机构,办事机构及其所属机构
20	省	包括自治区、直辖市
40	市、地区	包括自治州、盟、省辖市、直辖市辖区(县)
50	县	包括地(州、盟)辖市、省辖市辖区、自治县(旗)、旗、县级市
60	街道、镇、乡	
61	街道	
62	镇	
63	乡	
70	居民、村民委员会	
71	居民委员会	
72	村民委员会	
90	其他	

在填写过程中需注意下列问题:

① 各级政府(中央、省、地、县、乡、镇)、党委、人大、政协等机关的隶属关系填写本级。如:省政府的隶属关系填"省"。

② 如果某单位由中央和地方双重领导,以主要领导方来划分中央属或地方属。隶属于"中央"所属单位的集体企业,隶属关系选"其他",并在其后填写隶属单位名称;省属以下企业(单位)所属的企业(单位),其隶属关系与企业(单位)本身的隶属关系一致。

③ 其他:是指不隶属于表4-6 中的各级企业(单位)。例如,无主管部门的单位、本省(自治区、直辖市)在外省(自治区、直辖市)的办事机构所开办的第三产业等单位等。

11 信息系统总数:是指本单位内所拥有的信息系统个数,包括第一级信息系统,因此,信息系统总数大于等于其右侧第二、三、四、五级信息系统。

(3)《备案表》表二

07 关键产品使用情况:产品类型,是指信息系统(包括网络)中使用的信息技术产品的类型。其中,安全专用产品是指根据《计算机信息系统安全专用产品检测和销售许可证管理办法》规定,用于保护计算机信息系统安全的专用硬件和软件产品,主要包括:扫描类产品(包括入侵检测、防御等产品),防雷产品,防火墙,数据完整类(包括身份认证、访问控制、签章、指纹识别等),网络安全(包括网吧安全管理、审计产品等),病毒产品,等;网络产品是指除上述安全产品外的其他网络产品,主要包括路由器、网关、网闸等;操作系统是指管理计算机系统全部硬件、软件资源及数据资源,控制程序运行,改善人机界面,为其他应用软件提供支持等,使计算机系统所有资源最大限度地发挥作用,为用户提供方便、有效、友善的服务界面的专用软件;数据库是指帮助用户依照某种数据模型组织起来并存放数据的软件,这里主要是指数据库软件。

数量:软件产品的数量按购买的套数计算,不以实际安装的台数计算;硬件产品的数量以购买的台(件)数计算,如果没有则填 0。

08 系统采用服务情况:是指信息系统在其生命周期内各个环节所采用的由供应商、组织结构或人员所执行的一系列的安全过程或任务。

服务类型:等级测评,是指依据等级保护测评标准对相应等级信息系统开展的标准复合型测评,测评完成后出具符合等级要求的测评报告,报公安机关备案;风险评估,是指信息安全评估;灾难恢复,是指将信息系统从灾难造成的故障或瘫痪状态恢复到正常运行状态,并将其支持的业务功能从灾难造成的不正常状态恢复到可接受状态的活动和流程;应急响应,是指对影响计算机系统和网络安全的不当行为(事件)进行标识、记录、分类和处理,直到受影响的服务恢复正常运行的过程;系统集成,是指系统集成商使用硬件和软件资源来满足用户的特定需求的过程;安全咨询,是指开展信息系统安全工作,由信息系统运营使用或主管部门发起的咨询工作;安全培训,是指开展安全工作对相应人员进行的培训。如果在上述服务外还采用了其他服务,可以选其他,并在后面的横线中标明具体的内容。

服务责任方类型:是指提供服务的服务单位是属于本行业的,还是属于国内其他行业(单位),还是国外服务商。

(4)备案审核:根据《网络安全等级保护条例》第十九条规定:公安机关应当对网络运营者提交的备案材料进行审核。对定级准确、备案材料符合要求的,应在10 个工作日内出具网络安全等级保护备案证明。发现不符合本办法及有关标准的,应当在收到备案材料之日起的 10 个工作日内通知备案单位予以纠正;发现定级不准的,应当在收到备案材料之日起的10个工作日内通知备案单位重新审核确定。

运营、使用单位或者主管部门重新确定信息系统等级后,应当按照本办法向公安机关重新备案。

收到备案材料后,公安机关网络安全保卫部门应当对下列内容进行审核:
① 备案材料填写是否完整,是否符合标准,其纸质材料和电子文档是否一致;
② 网络系统安全保护等级定级是否准确。

对属于本级公安机关受理范围且备案材料齐全的,应当向备案单位出具《网络安全等级保护备案材料接收回执》(详见附录二之附表2);备案材料不齐全的,应当当场或者在5日内一次性告知其补正内容;对不属于本级公安机关受理范围的,应当书面告知备案单位到有管辖权的公安机关办理。

经审核符合等级保护要求的,应当自收到备案材料之日起10个工作日内,将加盖本级公安机关印章(或等级保护专用章)的《备案表》一份反馈备案单位,一份存档;对不符合等级保护要求的,公安机关网络安全保卫部门应当在10个工作日内通知备案单位进行整改,并出具《信息系统安全等级保护备案审核结果通知》(详见附表3)。

《备案表》经公安机关审核通过后,由公安机关网络安全保卫部门出具《信息系统安全等级保护备案证明》,如图4-15所示。《信息系统安全等级保护备案证明》由公安部统一监制。备案证明编号共16位,分为两部分,第一部分11位,为单位备案表编号,第二部分5位,为备案单位填写的系统编号。

图4-15 《信息系统安全等级保护备案证明》

公安机关网络安全保卫部门在审核过程中,发现有定级不准的信息系统,在通知其单位整改的同时,应当建议备案单位组织专家重新进行定级评审,并报上级主管部门审批。如果备案单位仍然坚持原定等级,根据自主定级原则,公安机关网络安全保卫部门可以受理其备案，但是应当书面告知其承担由此引发的责任和后果，经上级公安机关网络安全保卫部门同意后，同时通报给上级主管部门。

对拒不履行备案职责的单位，公安机关应当依据《计算机信息系统安全保护条例》等其他有关法律、法规的规定，责令限期整改。逾期仍不备案的，予以警告，并向其上级主管部门通报。向中央和国家机关通报的，应当经公安部同意（限期整改通知书详见附表4）。

受理备案的公安机关网络安全保卫部门应当及时将备案文件录入到数据库管理系统，并定期逐级上传《备案表》中表一、表二、表三内容的电子数据。上传时间为每季度的第一天。

受理备案的公安机关网络安全保卫部门应当建立管理制度，对备案材料按照等级进行严格管理，严格遵守保密制度，未经批准不得对外提供查询。

4.3.3 网络安全建设整改与等级测评

根据等级保护管理办法，等级保护工作主要分为五个环节——定级、备案、建设整改、等级测评和监督检查。其中定级和备案是网络安全等级保护的首要环节，可以梳理各行业、各部门、各单位的网络系统类型、重要程度和数量等，确定网络安全保护的重点。而安全建设整改是网络安全等级保护工作落实的关键，通过建设整改使具有不同等级的网络系统达到相应等级的基本保护能力，从而提高我国基础网络和重要网络系统整体防护能力。等级测评工作的主体是第三方测评机构，工作目的是检验和评价网络系统的安全建设整改工作的成效，判断安全保护能力是否达到相关要求，监督检查工作的主体是信息安全职能管理部门，通过定期的监督、检查和指导，保证重要信息系统安全保护能力不断提高。

4.3.3.1 网络安全等级保护建设整改工作

网络系统的安全保护等级确定后，运营、使用单位应当按照国家信息安全等级保护管理规范和技术标准，使用符合国家有关规定，满足网络安全保护等级需求的信息技术产品，开展网络安全建设或改建工作。

《计算机信息系统安全保护等级划分准则》（GB 17859—1999）是基础性标准，《计算机信息系统安全保护等级划分准则》（GB/T 20271—2006）、《信息安全技术 网络基础安全技术要求》（GB/T 20270—2006）、《信息安全技术 信息系统物理安全技术要求》（GB/T 21052—2007）等技术要求类标准和《信息安全技术 信息系统安全管理要求》（GB/T 20269—2006）、《信息安全技术 信息系统安全工程管理要求》（GB/T 20282—2006）等管理要求类标准是在 GB 17859—1999 基础上的进一步细化和扩展。

为了配合《中华人民共和国网络安全法》的实施，同时适应云计算、移动互联、物联网、工业控制和大数据等新技术、新应用情况下网络安全等级保护工作的开展,对原《信息系统安全等级保护基本要求》(GB/T 22239—2008)进行修订,修订标准为《信息安全技术 网络安全等级保护基本要求》(GB/T 22239—2019)。修订的思路和方法是调整原国家标准 GB/T 22239—2008 的内容,针对共性安全保护需求提出安全通用要求,针对云计算、移动互联、物联网、工业控制和大数据等新技术、新应用领域的个性安全保护需求提出安全扩展要求,形成新的网络安全等级保护基本要求标准。

GB/T 22239—2019 相较于 GB/T 22239—2008,在总体结构方面和细节内容方面均发生了改变。具体修订内容已在本书 140 至 141 页阐述,本处不再复述。

《信息安全技术 信息系统安全等级保护实施指南》(GB/T 25058—2010)由《信息安全技术 网络安全等级保护实施指南》(GB/T 25058—2019)替代。相对于旧标准,GB/T 25058—2019 进行了以下修订。

第一,标准名称变更为《信息安全技术 网络安全等级保护实施指南》,新标准中将"信息系统"调整为"等级保护对象"或"定级对象";将国家标准"信息系统安全等级保护基本要求"调整为"网络安全等级保护基本要求";新标准中还增加了云计算、移动互联、大数据等相关内容。

第二,在等级保护对象定级阶段,增加了行业或领域主管单位的工作过程;增加了云计算、移动互联、物联网、工控、大数据定级的特殊关注点。

第三,在总体安全规划阶段,增加了行业等级保护管理规范和技术标准相关内容、"设计等级保护对象的安全技术体系架构"内容、"设计等级保护对象的安全管理体系框架"内容等。

第四,在安全设计与实施阶段,在技术措施实现中增加了对于云计算、移动互联等新技术的风险分析、技术防护措施实现等要求;在测试环节中,更侧重安全漏洞扫描、渗透测试等安全测试内容;在原有信息安全产品供应商的基础上,增加网络安全服务机构的评价和选择要求;安全控制集成中,增加安全态势感知、监测通报预警、应急处置追踪溯源等安全措施的集成;安全管理制度的建设和修订要求中,增加要求总体安全方针、安全管理制度、安全操作规程、安全运维记录和表单四层体系文件的一致性;安全实施过程管理中,增加整体管理过程的活动内容描述。

第五,在安全运行与维护阶段,增加"服务商管理和监控";删除了"安全事件处置和应急预案";删除了"系统备案";修改了"监督检查"的内容;增加了"应急响应与保障"。

1)《信息安全技术 网络安全等级保护基本要求》(GB/T 22239—2019)

(1) 不同级别的等级保护对象应具备的基本安全保护能力

根据 GB/T 22239—2019 标准中的要求,不同级别的等级保护对象应具备的

基本安全保护能力如下:

第一级安全保护能力:应能够防护免受来自个人的、拥有很少资源的威胁源发起的恶意攻击,一般的自然灾难以及其他相当危害程度的威胁所造成的关键资源损害。在自身遭到损害后,能够恢复部分功能。

第二级安全保护能力:应能够防护免受来自外部小型组织的、拥有少量资源的威胁源发起的恶意攻击,一般的自然灾难以及其他相当危害程度的威胁所造成的重要资源损害,能够发现重要的安全漏洞和处置安全事件。在自身遭到损害后,能够在一段时间内恢复部分功能。

第三级安全保护能力:应能够在统一安全策略下防护免受来自外部有组织的团体、拥有较为丰富资源的威胁源发起的恶意攻击,较为严重的自然灾难以及其他相当危害程度的威胁所造成的主要资源损害。能够及时发现、监测攻击行为和处置安全事件,在自身遭到损害后,能够较快恢复绝大部分功能。

第四级安全保护能力:应能够在统一安全策略下防护免受来自国家级别的、敌对组织的,拥有丰富资源的威胁源发起的恶意攻击,严重的自然灾难以及其他相当危害程度的威胁所造成的资源损害。能够及时发现、监测发现攻击行为和安全事件,在自身遭到损害后,能够迅速恢复所有功能。

第五级安全保护能力:略。

(2) 主要框架和内容

GB/T 22239—2019 中规定了第一到第四级别的安全保护要求,均由安全通用要求和安全扩展要求组成,第一到第四级别的安全要求基本结构,如图 4-16 所示:

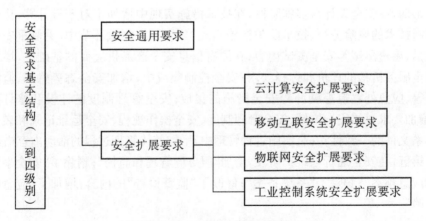

图 4-16 安全要求基本结构

安全通用要求细分为技术要求和管理要求。其中技术要求包括"安全物理环境""安全通信网络""安全区域边界""安全计算环境"和"安全管理中心";管理要求包括"安全管理制度""安全管理机构""安全管理人员""安全建设管理"和"安全运维管理"。两者合计10大类,如图4-17所示。

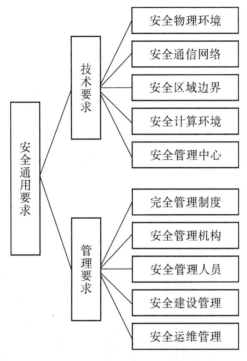

图4-17 安全通用要求基本分类

2) 安全建设整改工作流程

安全建设整改工作分五步进行。

第一步:落实负责安全建设整改工作的责任部门,制定网络安全建设整改工作规划,对安全建设整改工作进行总体部署;

第二步:对于新建设的网络,应按照《网络安全等级保护基本要求》等标准,根据网络的安全保护等级,从技术要求和管理要求确定网络安全建设需求并论证;对于已经运行的网络,可通过等级测评工作,分析网络安全保护现状,形成安全整改的需求并论证;

第三步:确定安全保护策略,制定网络安全建设整改方案。在第二步的基础上,制定网络安全建设整改方案设计,包括总体设计、详细设计、工作实施计划和工程预算等,为网络安全建设整改工作提供可操作性依据。安全建设整改方案需要经过专家评审论证,第三级及以上网络的整改方案应报送公安机关备案,公安机关

具有监督检查备案单位进行安全建设整改的职责;

第四步:根据建设整改方案,开展网络安全建设整改工作,建立并落实安全管理制度,落实安全责任制,建设安全设施,落实安全措施。在整改过程中,需要加强投资风险控制、实施流程管理、进度规划控制、工程质量控制和信息保密管理。

第五步:开展安全自查和等级测评,及时发现网络中存在的安全隐患和威胁,通过风险分析,确定须要解决的主要问题,进一步开展安全建设整改工作。该流程如图4-18所示。

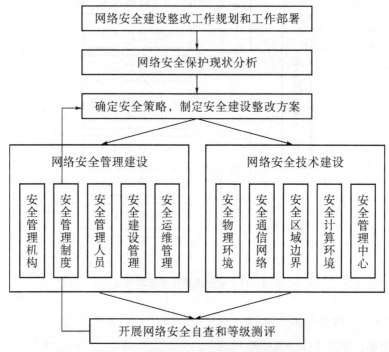

图4-18 网络安全建设整改工作基本流程

4.3.3.2 网络安全等级测评工作

1)等级测评工作的概述

等级测评工作是指测评机构依据国家网络安全等级保护管理制度规定,按照有关管理规范和技术标准对非涉及国家机密的信息系统安全保护状况进行分等级测试评估的活动。等级测评包括标准符合性评判活动和风险评估活动,即依据网络安全等级保护的国家标准或行业标准,按照特定方法对网络的安全保护能力进行科学、公正的综合评判过程。

等级测评机构,是指具备本规范的基本条件,经能力评估和审核,由省级以上网络安全等级保护工作协调(领导)小组办公室(以下简称为"省等保办")推荐,从事等级测评工作的机构。

等级保护测评机构分三类,分别是由国家信息安全等级保护工作协调小组办公室(以下简称"国家等保办")推荐的网络安全职能部门测评机构、由"省等保办"推荐的地方性测评机构和行业性测评机构。等级保护测评机构推荐证书有效期为三年,等级测评机构应在推荐证书期满前30日内,向等保办申请复审。

在公安部备案的信息系统,备案单位应选择国家等保办推荐的等级测评机构实施等级测评;在省(区、市)、地市级公安机关备案的信息系统,备案单位应选择本省等保办或国家等保办推荐的等级测评机构实施等级测评。

等级测评活动除应以《信息安全技术 网络安全等级保护基本要求》为依据外,还应参照《信息安全技术 网络安全等级保护实施指南》和《信息安全技术 网络安全等级保护测评过程指南》两个标准进行。

2)等级测评的方法

等级测评实施的基本方法是针对特定的测评对象,采用相关的测评手段,遵从一定的测评规程,获取需要的证据数据,给出是否达到特定级别安全保护能力的评判。等级测评实施的详细流程和方法应按照《信息安全技术 网络安全等级保护测评过程指南》(GB/T 28449—2018)。

等级测评包括单项测评和整体测评。单项测评是针对各安全要求项的测评,支持测评结果的可重复性和可再现性。本标准中单项测评由测评指标、测评对象、测评实施和单元判定结果构成。

整体测评是在单项测评基础上,对等级保护对象整体安全保护能力的判断。整体安全保护能力从纵深防护和措施互补两个角度评判。

每个级别测评要求都包括安全测评通用要求、云计算安全测评扩展要求、移动互联安全测评扩展要求、物联网安全测评扩展要求和工业控制系统安全测评扩展要求5个部分。

3)测评过程

(1)测评准备工作:测评准备活动的目标是顺利启动测评项目,收集定级对象相关资料,准备测评所需资料,为编制测评方案打下良好的基础。测评准备活动包括工作启动、信息收集和分析、工具和表单准备三项主要任务。这三项任务的基本工作流程如图4-19所示。

测评准备活动的输出文档及其内容如表4-7所示。

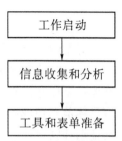

图4-19 测评准备活动的基本工作流程

表 4-7 测评准备活动的输出文档及其内容

任务	输出文档	文档内容
工作启动	项目计划书	项目概述、工作依据、技术思路、工作内容和项目组织等
信息收集和分析	填好的调查表格,各种与被测定级对象相关的技术资料	被测定级对象的安全保护等级、业务情况、数据情况、网络情况、软硬件情况、管理模式和相关部门及角色等
工具和表单准备	选用的测评工具清单 打印的各类表单:风险告知书、文档交接单、会议记录表单、会议签到表单	风险告知、交接的文档名称、会议记录、会议签到表

（2）方案编制活动:方案编制活动的目标是整理测评准备活动中获取的定级对象相关资料,为现场测评活动提供最基本的文档和指导方案。

方案编制活动包括测评对象确定、测评指标确定、测评内容确定、工具测试方法确定、测评指导书开发及测评方案编制六项主要任务,基本工作流程如图 4-20 所示。

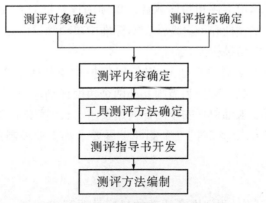

图 4-20 方案编制活动的基本流程

方案编制活动的输出文档及其内容如表 4-8 所示。

（3）现场测评活动:通过与测评委托单位进行沟通和协调,为现场测评的顺利开展打下良好基础,依据测评方案实施现场测评工作,将测评方案和测评方法等内容具体落实到现场测评活动中。现场测评工作应取得报告编制活动所需的、足够的证据和资料。

现场测评活动包括现场测评准备、现场测评和结果记录、结果确认和资料归还三项主要任务,基本工作流程如图 4-21 所示。

表 4-8 方案编制活动的输出文档及其内容

任务	输出文档	文档内容
测评对象确定	测评方案的测评对象部分	被测定对象的整体结构、边界、网络区域、重要节点、测评对象等
测评指标确定	测评方案的测评指标部分	被测定级对象定级结果、测评指标
测评内容确定	测评方案的单项测评实施部分	单项测评实施内容
工具测试方法确定	测评方案的工具测试方法及内容部分	工具测试接入点及测试方法
测评指导书开发	测评指导书、测评结果记录表格	各测评对象的测评内容及方法 测评结果记录表格表头
测评方案编制	经过评审和确认的测评方案文本 风险规避实施方案文本	项目概述、测评对象、测评指标、测试工具接入点、单项测评实施内容等 风险规避措施等

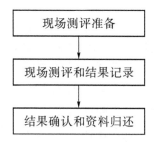

图 4-21 现场测评活动的基本工作流程

现场测评活动的输出文档及其内容如表 4-9 所示。

表 4-9 现场测评活动的输出文档及其内容

任务	输出文档	文档内容
现场测评准备	会议记录、确认的风险告知书、测评方案和现场测评工作计划、现场测评授权书	工作计划和内容安排,双方人员的协调,测评委托单位应提供的配合
访谈	技术和管理安全测评的测评结果记录	访谈记录
文档审查	技术和管理安全测评的测评结果记录	安全策略、技术文档、管理制度和管理执行过程的文档的记录
实地察看	技术安全和管理安全的测评结果记录	核查内容的记录

(续表)

任务	输出文档	文档内容
配置核查	技术安全测评的测评结果记录	核查内容的记录
工具测试	技术安全测评的测评结果记录,工具测试完成后的电子输出记录,备份的测试结果文件	漏洞扫描、渗透性测试、性能测试、入侵检测和协议分析等内容的技术测试结果
测评结果确认和资料归还	经过测评委托单位确认的测评证据和证据源记录	测评中获取的证据和证据源

(4)报告编制活动:在现场测评工作结束后,测评机构应对现场测评获得的测评结果(或称测评证据)进行汇总分析,形成等级测评结论,并编制测评报告。

测评人员在初步判定单项测评结果后,还需进行单元测评结果判定、整体测评、系统安全保障评估,经过整体测评后,有的单项测评结果可能会有所变化,需进一步修订单项测评结果,而后针对安全问题进行风险评估,形成等级测评结论。分析与报告编制活动包括单项测评结果判定、单元测评结果判定、整体测评、系统安全保障评估、安全问题风险分析、等级测评结论形成及测评报告编制七项主要任务,基本工作流程见图4-22所示。

报告编制活动需要输出的文档及其内容如表4-10所示:

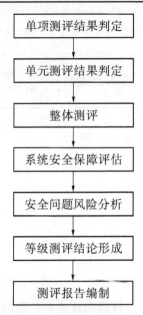

图4-22 报告编制活动的基本流程

表4-10 报告编制活动的输出文档及其内容

任务	输出文档	文档内容
单项测评结果判定	等级测评报告的等级测评结果记录部分	分析测评对象的安全现状与标准中相应等级基本要求项的符合情况,给出单项测评结果和符合程度得分
单元测试结果判断	等级测评报告的单元测评小结部分	汇总统计单项测评结果,分析计算控制点符合情况、存在的安全问题
整体测评	等级测评报告的整体测评部分	分析被测定级对象整体安全状况及对单项测评结果的影响情况,给出安全问题严重程度及对应的要求项符合程度得分修正值

(续表)

任务	输出文档	文档内容
系统安全保障评估	测评报告的系统安全保障评估部分	汇总被测定级对象已采取的安全保护措施情况,计算安全控制点得分及安全层面得分,并总体评价被测定级对象已采取的有效保护措施和存在的主要安全问题情况
安全问题风险分析	等级测试报告的安全问题风险评估部分	分析被测定级对象存在安全问题可能对定级对象、单位、社会及国家造成的最大安全危害(损失),并给出风险等级
等级测评结论形成	等级测评报告的等级测评结论部分	对测评结果进行分析,形成等级测评结论,并给出综合得分
测评报告编制	经过评审和确认的被测定级对象等级测评报告	等级测评结果记录,单元测评结果汇总及结果分析,整体测评过程及结果,风险分析过程及结果,等级测评结论,问题处置建议等

4.3.4 网络安全等级保护自查和监督管理工作

4.3.4.1 备案单位的自查工作

根据《中华人民共和国网络安全法》和《网络安全等级保护条例》《公安机关互联网安全监督检查规定》等相关制度要求,网络运营者应当每年对本单位落实网络安全等级保护制度情况和网络安全状况至少开展一次自查,发现安全风险隐患及时整改,并向备案的公安机关报告。

第三级以上网络的运营者应当每年开展一次网络安全等级测评,发现并整改安全风险隐患,并每年将开展网络安全等级测评的工作情况及测评结果向备案的公安机关报告。

网络运营者应当对等级测评中发现的安全风险隐患,制定整改方案,落实整改措施,消除风险隐患。

4.3.4.2 行业主管部门的督导检查

行业主管部门应当组织制定本行业、本领域网络安全等级保护工作规划和标准规范,掌握网络基本情况、定级备案情况和安全保护状况;监督管理本行业、本领域网络运营者开展网络定级备案、等级测评、安全建设整改、安全自查等工作。

行业主管部门应当监督管理本行业、本领域网络运营者依照网络安全等级保护制度和相关标准规范要求,落实网络安全管理和技术保护措施,组织开展网络安全防范、网络安全事件应急处置、重大活动网络安全保护等工作。

行业主管部门应当建立健全本行业、本领域的网络安全监测预警和信息通报制度,按照规定向同级网信部门、公安机关报送网络安全监测预警信息,报告网络安全事件。

4.3.4.3　公安机关的监督检查

根据《网络安全等级保护条例》要求:县级以上公安机关对网络运营者依照国家法律法规规定和相关标准规范要求,落实网络安全等级保护制度,开展网络安全防范、网络安全事件应急处置、重大活动网络安全保护等工作,实行监督管理;对第三级以上网络运营者按照网络安全等级保护制度落实网络基础设施安全、网络运行安全和数据安全保护责任义务,实行重点监督管理。

县级以上公安机关对同级行业主管部门依照国家法律法规规定和相关标准规范要求,组织督促本行业、本领域落实网络安全等级保护制度,开展网络安全防范、网络安全事件应急处置、重大活动网络安全保护等工作情况,进行监督、检查、指导。

地市级以上公安机关每年将网络安全等级保护工作情况通报同级网信部门。

1) 网络安全等级保护检查工作原则

公安机关进行监督检查时,应参照公安部网络安全保卫局下发的《公安机关互联网安全监督检查规定》(公安部令第151号)等各类规范。

公安机关开展检查工作,应当按照"严格依法,热情服务"的原则,遵守检查纪律,规范检查程序,主动、热情地为运营使用单位提供服务和指导。

2) 网络安全等级保护检查工作要求

网络安全检查工作应按照"谁受理备案,谁负责检查"的原则,对跨省或者全国联网运行、跨市或者全省联网运行等跨地域的网络,由部、省、地市级公安机关分别对所受理备案的网络系统进行检查。对在辖区内独立运行的网络,由受理备案的公安机关独自进行检查。

对于有主管部门的网络系统,公安机关应积极会同网络系统的主管部门共同对其开展检查,充分发挥主管部门的作用,建立监督检查的配合机制。如主管部门因故不能共同前往,公安机关可以自行实施检查。

网络安全等级保护监督管理部门及其工作人员应当对在履行职责中知悉的国家秘密、个人信息和重要数据严格保密,不得泄露、出售或者非法向他人提供。

3) 网络安全等级保护检查工作的主要内容

县级以上公安机关对网络运营者开展下列网络安全工作情况进行监督检查:

(一) 日常网络安全防范工作;

(二) 重大网络安全风险隐患整改情况;

(三) 重大网络安全事件应急处置和恢复工作;

（四）重大活动网络安全保护工作落实情况；

（五）其他网络安全保护工作情况。

公安机关对第三级以上网络运营者每年至少开展一次安全检查。涉及相关行业的可以会同其行业主管部门开展安全检查。必要时，公安机关可以委托社会力量提供技术支持。

公安机关依法实施监督检查，网络运营者应当协助、配合，并按照公安机关要求如实提供相关数据信息。

4）检查整改处置

公安机关在监督检查中发现网络安全风险隐患的，应当责令网络运营者采取措施立即消除；不能立即消除的，应当责令其限期整改。

公安机关发现第三级以上网络存在重大安全风险隐患的，应当及时通报行业主管部门，并向同级网信部门通报。

公安机关在监督检查中发现重要行业或本地区存在严重威胁国家安全、公共安全和社会公共利益的重大网络安全风险隐患的，应报告同级人民政府、网信部门和上级公安机关。

除此以外，公安机关依法对互联网服务提供者和联网使用单位履行法律、行政法规规定的网络安全义务情况进行的安全监督检查时，应按照《公安机关互联网安全监督检查规定》(公安部令第151号)相关规定进行检查。

课后习题

一、选择题

1. 根据《网络安全等级保护（征求意见稿）》，保密工作部门分别应对秘密级、机密级和绝密级信息系统的保密检查或系统测评频率至少是多少？ （ ）
   A. 每两年一次　每一年一次　每半年一次
   B. 每一年一次　每一年一次　每半年一次
   C. 每两年一次　每两年一次　每半年一次
   D. 每两年一次　每两年一次　每一年一次

2. 网络安全等级保护工作中，审计审核工作应该由下列哪个部门或单位来实施 （ ）
   A. 第三方等级保护测评公司　　　　B. 公安机关
   C. 相关主管部门　　　　　　　　　D. 网信部门

3. 相对于原《信息安全等级保护管理办法》，在《网络安全等级保护条例（征求意见稿）》中，新增的等级保护工作环节为 （ ）
   A. 通报预警　　B. 备案　　C. 监督检查　　D. 定级

4. 根据《中华人民共和国网络安全法》规定,关键信息基础设施的运营者应当履行下列安全保护义务 （   ）
   A. 设置专门安全管理机构和安全管理负责人,并对该负责人和关键岗位的人员进行安全背景审查
   B. 定期对从业人员进行网络安全教育、技术培训和技能考核
   C. 制定网络安全事件应急预案,并定期进行演练
   D. 以上全对

5. 根据《计算机信息系统安全保护等级划分准则》第四级安全保护等级的信息系统应采用 （   ）
   A. 系统审计保护级别　　　　　　B. 安全标记保护级别
   C. 访问验证保护级别　　　　　　D. 结构化保护级

6. (多选题)等级保护的安全要求分为安全通用要求和安全扩展要求,安全扩展要求是针对_____提出了特殊要求。 （   ）
   A. 云计算　　　　　　　　　　　B. 移动互联
   C. 物联网　　　　　　　　　　　D. 工业控制系统

7. 计算机信息系统实行安全等级保护。安全等级的划分标准和安全等级保护的具体办法,由_____会同有关部门制定。 （   ）
   A. 网络安全与信息化委员会办公室
   B. 公安部
   C. 国家安全部
   D. 工业和信息化部

8. (多选)_____,应当有相应机构负责国际联网的安全保护管理工作。 （   ）
   A. 省、自治区、直辖市公安厅(局)　　B. 地(市)公安局
   C. 县(市)公安局　　　　　　　　　　D. 乡派出所

9. 《网络安全等级保护(征求意见稿)》将网络的安全保护等级分为_____,以更好地保护网络安全。 （   ）
   A. 三级　　　B. 四级　　　C. 五级　　　D. 六级

10. 我国的信息安全等级保护制度的发展主要经历了四个阶段,2007—2010年处于等级保护工作的_____阶段。 （   ）
    A. 政策营造阶段　　　　　　B. 开展准备阶段
    C. 正式启动阶段　　　　　　D. 规模推进阶段

11. (多选题)等保2.0体系相对于等保1.0的体系,从以下_____方面进行了扩展。 （   ）
    A. 等保对象　　　　　　　　B. 等保测评过程
    C. 等保内容　　　　　　　　D. 等保标准体系

12. 对于国家网信部门在网络安全等级保护工作中的职责为 （   ）
    A. 统一领导网络安全等级保护工作
    B. 统筹协调网络安全等级保护工作

C. 主管网络安全等级保护工作,负责网络安全等级保护工作的监督管理,依法组织开展网络安全保卫

D. 负责网络安全等级保护工作中有关密码管理工作的监督管理

13. 公安机关应当对网络运营者提交的备案材料进行审核。对定级准确、备案材料符合要求的,应在_____个工作日内出具网络安全等级保护备案证明。 ( )
    A. 7　　　　　　　　B. 10　　　　　　　　C. 15　　　　　　　　D. 20

14. 网络运营者应当按照规定留存相关的网络日志不少于_____。 ( )
    A. 1个月　　　　　　B. 3个月　　　　　　C. 6个月　　　　　　D. 9个月

15. 网络运营者不履行法律规定的网络安全保护义务的,由有关主管部门责令改正,给予警告;拒不改正或者导致危害网络安全等后果的,处_____罚款。 ( )
    A. 一万元以上十万元以下　　　　　　B. 五万元以上十万元以下
    C. 五万元以上十五万元以下　　　　　D. 十万元以上二十万元以下

16. (多选题)《信息安全技术　网络安全等级保护基本要求》中,安全技术要求的分类体现了"从外部到内部"的纵深防御思想。对等级保护对象的安全防护应考虑从_____几个方面,从外到内的整体防护,同时考虑其所处的物理环境的安全防护,对级别较高的还需要考虑对分布在整个系统中的安全功能或安全组件的集中技术管理手段。( )
    A. 安全运维　　　　　　　　　　　　B. 通信网络
    C. 区域边界　　　　　　　　　　　　D. 计算环境

17. (多选题)网络安全等级保护测评的原则主要包括 ( )
    A. 客观性和公正性原则　　　　　　　B. 经济性和可重用性原则
    C. 可重复性和可再现性原则　　　　　D. 符合性原则

18. (多选题)作为定级对象的网络应当满足基本特征有 ( )
    A. 具有确定的主要安全责任主体
    B. 承载相对独立的业务应用
    C. 包含起支撑、传输作用的信息网络
    D. 包含相互关联的多个资源

19. 根据《中华人民共和国网络安全法》,对于没有认真履行网络安全保护义务的关键信息基础设施的运营者,由有关主管部门责令改正,给予警告;拒不改正或者导致危害网络安全等后果的,处_____罚款,对直接负责的主管人员处_____罚款。 ( )
    A. 五万元以上五十万元以下　一万元以上十万元以下
    B. 十万元以上一百万元以下　一万元以上十万元以下
    C. 二十万元以上一百万元以下　五万元以上十万元以下
    D. 十万元以上一百万元以下　五万元以上十万元以下

20. 等级保护思想最早源于20世纪60年代的美军文件保密制度,其中第一个比较成熟并且具有重大影响的是1985年发布的_____文件。 ( )
    A. ITSEC　　　　　　B. CTCPEC　　　　　C. TCSEC　　　　　　D. CC

二、判断题

1. 受理备案的公安机关应当对第三级、第四级信息系统的运营、使用单位的信息安全等级

保护工作情况进行检查。对第三级信息系统每年至少检查一次,对第四级信息系统每半年至少检查一次。( )

2. 网络安全等级保护相关标准主要分为4类,分别是基础类、应用类、产品类和其他类。( )

3. 某网络产品设置了恶意程序,在整改期限内并未整改,公安机关可处五万元以上三十万元以下罚款,并对直接负责的主管人员处一万元以上十万元以下罚款。( )

4. 三级以上信息系统应当选择在中华人民共和国内注册成立(包含港澳台地区)的等级保护测评机构进行测评。( )

5. 参与网络安全等级保护工作的主要部门有国家网信部门、国务院公安部门、国家保密行政管理部门、国家密码管理部门。( )

6. 定级为二级的网络系统不需要每年提交自查报告。( )

7. 《网络安全等级保护条例(征求意见稿)》出台后,等级保护的对象除了原有传统系统对应的标准以外,像云计算、大数据、移动互联等在每个领域都做了扩展,形成了一个新的标准的体系。( )

8. 网络安全等级保护是指对网络(含信息系统、数据)实施分等级保护、分等级监管,对网络中发生的安全事件分等级响应、处置。( )

9. 等级保护思想最早源于20世纪60年代的美军文件保密制度,其中第一个比较成熟并且具有重大影响的是1985年发布的《可信计算机系统评估准则》(TCSEC)。( )

10. 对于关键信息基础设施,只需严格按照国家网络安全等级保护制度的要求,实行网络安全保障即可。( )

11. 《网络安全等级保护条例(征求意见稿)》中规定三级以上的网络每年需进行一次自查,并向备案的公安机关报告,二级网络则无需提交自查报告。( )

12. 张明作为某银行网络系统维护的资深技术员工,在境外度假时,收到国内同事的求助,要求其以远程登录服务器等方式,协助解决突发技术故障。张明可以帮助其同事,尽快解决故障,以免造成严重影响。( )

13. 涉密网络中使用的信息设备,应当从国家有关主管部门发布的涉密专用信息设备名录中选购;未纳入名录的,则不能购买。确需选用进口产品的,应当进行安全保密检测。( )

14. 网络安全等级保护实施过程中,网络安全的基本需求不仅需要满足国家等级保护管理规范和技术标准的要求,还需要结合行业等级保护管理规范和技术标准要求。( )

15. 等级保护对象定级的一般流程为:确定定级对象→初步确定等级→专家评审→主管部门核准→备案审核。( )

16. 工业控制系统中现场采集或执行、现场控制和过程控制等要素需作为单独的对象进行定级。( )

17. 涉及大量公民个人信息以及为公民提供公共服务的大数据平台或系统,原则上其安全保护等级不低于第四级。( )

18. 网络安全等级保护定级时,依据受到破坏时"所侵害的客体"和"对客体造成侵害的程度"两个要素进行定级。( )

19. 一级网络一般适用于小型私营及个体企业、中小学,以及乡镇所属网络系统、县级单位中重要性不高的网络系统。（　　）
20. 隶属于中央的非在京单位的网络系统,可由地市级公安机关网络安全保卫部门受理备案。（　　）

三、简答题

1. 简述我国网络安全等级保护工作中各行政管理部门的职责分工。
2. 网络安全等级保护分为哪五个级别？根据各个级别的判断标准,普通大学的门户网站应定义为几级？
3. 简述网络运营者应当依法履行的一般安全保护义务有哪些。

第 5 章　互联网用户的监督管理

互联网用户的监督管理工作,是指公安机关依照国家法律和法规,运用行政手段,对互联网用户的信息网络安全进行监督、检查和指导,有效预防信息网络违法犯罪,依法查处信息网络领域违法行为,维护网上公共秩序,保障社会生活正常运行的行政管理工作。对互联网用户的监督管理工作是公共信息网络安全监察工作的重要内容,是国家行政管理的组成部分。

公安机关网络安全保卫部门对互联网用户的监督管理,主要任务包括以下几个方面:

(1) 指导督促互联网单位的备案工作。
(2) 督促、检查互联网单位落实安全管理制度和安全保护技术措施。
(3) 督促管理互联网上网服务营业场所,严格按照国家相关规定进行安全审核和日常检查。
(4) 处置网络有害信息,查处信息网络违法违规行为等。
(5) 监督、检查、指导互联网信息系统的安全等级保护工作。

本书将互联网上网服务营业场所的管理、互联网信息内容管理、信息系统等级保护工作等内容均作为独立章节阐述,因此本章仅讨论互联网用户的备案管理工作,以及互联网单位的日常管理。

5.1　互联网用户的基本概念

互联网用户,是指通过接入网络进行国际联网的个人、法人和其他组织。本章中互联网用户主要分为互联网单位用户与互联网个人用户,下面将分别对它们的概念进行阐述。

5.1.1　互联网单位用户的概念

互联网单位用户是一个比较广泛的概念,可以理解为除了互联网个人联网用户以外所有通过接入网络与互联网连接的计算机信息网络单位用户。包括所有的互联网服务提供者、接入互联网的企事业单位,以及所有的经营性和非经营性的互联网上网服务场所。

根据工业和信息化部发布的《电信业务分类目录(2015年版)》,公安机关需要监督管理的电信业务服务商主要有以下几类:

1) 互联网接入服务提供商(ISP:Internet Service Provider)

互联网接入服务业务是指利用接入服务器和相应的软硬件资源建立业务节点,并利用公用通信基础设施将业务节点与互联网骨干网相连接,为各类用户提供接入互联网的服务。用户可以利用公用通信网或其他接入手段连接到其业务节点,并通过该节点接入互联网。为用户提供互联网接入服务的企业,即为互联网接入服务提供商。

我国各省电信行业主管部门(即通信管理局)对互联网接入服务的理解也有所不同。有的省份将互联网接入服务提供商定义为仅为用户提供宽带或光纤等互联网物理接入服务的企业;有的省份则认为除了提供互联网物理接入服务以外,互联网接入服务提供商还可以为用户提供网站等信息载体成功和互联网连接,以及一系列配套增值服务,如空间出租、服务器托管等服务。

我国开展ISP业务的主要有电信、移动和联通三大运营商,以及一些虚拟运营商(如长城宽带等),虚拟运营商主要是以租借网络的形式来开展ISP业务,但是物理网络还掌握在三大运营商手中。

2) 互联网数据中心(IDC:Internet Data Center)

互联网数据中心(IDC)业务是指利用相应的机房设施,以外包出租的方式为用户的服务器等互联网或其他网络相关设备提供放置、代理维护、系统配置及管理服务,以及提供数据库系统或服务器等设备的出租及其存储空间的出租、通信线路和出口带宽的代理租用以及其他应用服务。

互联网数据中心业务经营者应提供机房和相应的配套设施,并提供安全保障措施。

互联网数据中心业务也包括互联网资源协作服务业务。互联网资源协作服务业务是指利用架设在数据中心之上的设备和资源,通过互联网或其他网络以随时获取、按需使用、随时扩展、协作共享等方式,为用户提供的数据存储、互联网应用开发环境、互联网应用部署和运行管理等服务。

IDC是专门提供网络资源外包以及专业网络服务的企业模式,是互联网业内分工更加细化的一个必然结果。例如国内阿里云计算有限公司、腾讯云等均为IDC服务商。

3) 互联网信息服务商(ICP：Internet Content Provider)

根据《互联网信息服务管理办法》中第三条规定：互联网信息服务分为经营性和非经营性两类。经营性互联网信息服务，是指通过互联网向上网用户有偿提供信息或者网页制作等服务活动。非经营性互联网信息服务，是指通过互联网向上网用户无偿提供具有公开性、共享性信息的服务活动。

经营性的信息服务业务是指通过信息采集、开发、处理和信息平台的建设，通过公用通信网或互联网向用户提供信息服务的业务。信息服务的类型按照信息组织、传递等技术服务方式，主要包括信息发布平台和递送服务、信息搜索查询服务、信息社区平台服务、信息即时交互服务、信息保护和处理服务等。

以上从事经营性信息服务业务的互联网企业，均需要办理相应的许可证方能经营。

5.1.2 互联网个人用户的概念

互联网个人用户泛指所有在家中或者私人场所通过网络运营商提供的宽带接入互联网，并且为其分配动态 IP 地址的用户。但是公安机关重点监督管理的则是个人用户开设的个人网站或者微博客等。当网站(微博客)开办者为个人的，则根据个人居住地由当地的公安机关网络安全保卫部门进行基本信息收集和监督管理。

5.2 对互联网用户监督管理的法律依据

5.2.1 备案管理的相关法律制度

备案管理是互联网安全管理的基础，也是互联网安全监管的重要一环。备案制度的实施，不仅可以增强互联网单位用户的安全管理意识，提高互联网单位用户的自律性；同时，也有利于公安部门对互联网基础数据的采集，提高公安机关对互联网用户的监督管理能力，是公安机关网络安全保卫部门的基本工作。备案工作的开展不仅可以有效防止和控制危害我国国家利益、影响社会稳定以及人民人身财产安全等有害信息的发布与扩散，还可以为政府部门有针对性地开展舆情引导等工作提供帮助。

1) 备案的法律依据

(1)《中华人民共和国计算机信息系统安全保护条例》(国务院令第 147 号)

第十一条规定：进行国际联网的计算机信息系统，由计算机信息系统的使用单位报省级以上人民政府公安机关备案。

这里所说的计算机信息系统是指由本《条例》第二条规定的：由计算机及其相关的和配套的设备、设施（含网络）构成的，按照一定的应用目标和规则对信息进行采集、加工、存储、传输、检索等处理的人机系统。

(2)《计算机信息网络国际联网安全保护管理办法》（公安部令第33号）

第十一条 用户在接入单位办理入网手续时，应当填写用户备案表。备案表由公安部监制。

第十二条 互联单位、接入单位、使用计算机信息网络国际联网的法人和其他组织（包括跨省、自治区、直辖市联网的单位和所属的分支机构），应当自网络正式联通之日起30日内，到所在地的省、自治区、直辖市人民政府公安机关指定的受理机关办理备案手续。

前款所列单位应当负责将接入本网络的接入单位和用户情况报当地公安机关备案，并及时报告本网络中接入单位和用户的变更情况。

第十四条 涉及国家事务、经济建设、国防建设、尖端科学技术等重要领域的单位办理备案手续时，应当出具其行政主管部门的审批证明。

前款所列单位的计算机信息网络与国际联网，应当采取相应的安全保护措施。

第十六条 公安机关计算机管理监察机构应当掌握互联单位、接入单位和用户的备案情况，建立备案档案，进行备案统计，并按照国家有关规定逐级上报。

(3)《公安部关于对与国际联网的计算机信息系统进行备案工作的通知》（公通字〔1996〕8号）

与国际联网的计算机信息系统的使用单位和个人，应当在网络正式联通后的30日内，到所在地的省、自治区、直辖市人民政府公安机关指定的地（市）级或者县（市）级人民政府公安机关办理备案手续。

已经与国际联网的计算机信息系统，其使用单位和个人应当在本通知公布之日起30日内，到所在地（市）级或者县（市）级人民政府公安机关补办备案手续。

与国际联网的计算机信息系统的使用单位和个人的联网方式变更或者终止联网时，应当在30日内通知所在地（市）级或者县（市）级人民政府公安机关。

2) 备案制度的常见疑问

(1) 已经在工业和信息化部ICP/IP地址或域名信息备案管理系统办理ICP备案，是否还要在地方公安机关的网络保卫部门进行备案？

根据国务院令第292号《互联网信息服务管理办法》中明确规定：

从事经营性互联网信息服务，应当向省、自治区、直辖市电信管理机构或国务院信息产业主管部门申请办理互联网信息服务增值电信业务经营许可证（以下简称经营许可证）。

从事非经营性互联网信息服务,应当向省、自治区、直辖市电信管理机构或者国务院信息产业主管部门办理备案手续。

经营性互联网信息服务商在获得经营许可证的同时,还需要进行备案,许可证号即为备案号。

另外《非经营性互联网信息服务备案管理办法》(信息产业部令第33号),对非经营性互联网信息服务单位的备案也有明确要求。

根据前述的备案法律依据,公安机关的网络安全保卫部门也为计算机信息系统的安全保护工作主管部门,公安机关的备案旨在督促各单位落实安全管理制度和技术措施的安全备案,与工业和信息化部的主管方向不同,备案目的、材料不同。在办理工信部备案的同时,也要办理公安机关的备案。

(2) 如果个人或单位拥有多个网站(域名)应如何备案?

每个域名对应一个备案编号,所以多个域名需分开填写,每个域名单独填写一次备案信息。

(3) 服务器托管地与维护者不在同一地区的应如何备案?

凡是服务器托管地与维护地不在同一行政区划内的,必须同时向服务器托管地和维护地的公安机关网络安全保卫部门申请备案。

(4) 个人上网用户是否要办理备案?

答:个人用户(如普通 ADSL 上网用户)备案由接入服务运营单位负责实名制登记。个人用户在开通互联网时要登记相关基本资料,资料暂时保存在接入单位,并由接入服务运营单位负责将接入本网络的接入单位和用户情况每月报公安机关的网络安全保卫部门备案。一般个人用户原则上不直接到公安机关办理备案手续,有个人网站的除外。

(5) 备案证是否需要年审,如何年审?

如备案单位的资料有变更(如 IP 地址、电话等),则在备案系统中提请变更,并在审核资料后将备案证提交到公安机关的网络安全保卫部门加盖年审章,若资料无变更则无须年审。

(6) 办理备案是否意味着要购买安全产品?

公安机关依法督促各单位按照本单位性质落实安全技术措施,除网吧、宾馆、酒店等公共上网场所需安装公安机关指定的安全产品外,其他单位可自行按照法规要求落实安全技术措施。

5.2.2 互联网用户监管的法律依据

备案制度为公安机关对所有互联网用户信息的一个采集、整理的过程,为网络案件侦破打下了坚实的基础,同时也是掌控互联网安全,维护国家稳定的一个重要手段。除了备案制度的实施以外,我国对互联网用户的管理还有其他的法律要求,公安机关和相关政府部门对互联网用户实行监督管理的法律依据如下。

1)《中华人民共和国网络安全法》

网络安全法作为我国网络安全领域的基础性法律,对网络运行安全、网络信息安全、监测预警与应急处置等方面都做出了规定,是相关政府部门以及企事业单位对互联网进行安全防范和管理的重要依据。下面就《网络安全法》中对于和互联网用户监管有关的条款进行解读。

第十条 建设、运营网络或者通过网络提供服务,应当依照法律、行政法规的规定和国家标准的强制性要求,采取技术措施和其他必要措施,保障网络安全、稳定运行,有效应对网络安全事件,防范网络违法犯罪活动,维护网络数据的完整性、保密性和可用性。

本条是关于维护网络安全总体要求的规定,概括规定了建设、运营网络或者通过网络提供服务应当遵守的维护网络安全的总体要求。

第二十二条 网络产品、服务应当符合相关国家标准的强制性要求。网络产品、服务的提供者不得设置恶意程序;发现其网络产品、服务存在安全缺陷、漏洞等风险时,应当立即采取补救措施,按照规定及时告知用户并向有关主管部门报告。

网络产品、服务的提供者应当为其产品、服务持续提供安全维护;在规定或者当事人约定的期限内,不得终止提供安全维护。

网络产品、服务具有收集用户信息功能的,其提供者应当向用户明示并取得同意;涉及用户个人信息的,还应当遵守本法和有关法律、行政法规关于个人信息保护的规定。

本条是关于网络产品和服务提供者保证安全和保护个人信息的义务的规定。本法所称的网络产品和服务,是指作为网络组成部分以及维护网络功能的设备、软件和服务。目前我国网络产品、服务的标准多为推荐性行业标准,国务院有关部门应依据本法要求,根据实际需要和标准化的规定,抓紧制定相关产品和服务的强制性国家标准。对于尚未制定强制性国家标准的网络产品和服务,也必须符合保障人体健康和人身、财产安全的要求。

由于技术等原因,网络产品和服务有时难免会出现安全缺陷、漏洞等风险,网络产品和服务的提供者负有在发现安全风险后及时应对的义务,应立即采取补救措施,按照规定及时告知用户并向有关主管部门报告,以防止风险扩大或者避免损害发生。在实践中,安全风险有大有小,为避免频繁告知用户可能会引起的恐慌,本条对网络产品和服务提供者的安全风险告知的具体情形、程序、时限等,未做具体规定,可由相关配套规定进一步明确。

目前,越来越多的网络产品、服务具有收集用户信息的功能,同时存在信息收集功能被滥用的情形,因此本条规定网络产品、服务提供者必须向用户明示并取得同意后方可收集用户信息。本法第四章规定了网络运营者的个人信息保护义务,但是第四章规定的网络运营者并不能涵盖网络产品、服务的提供者。因此,本条特别做了衔接性规定,要求涉及用户个人信息的,还应当遵守本法和有关法律、行政法规关于个人信息保护的规定。

第二十四条 网络运营者为用户办理网络接入、域名注册服务,办理固定电话、移动电话等入网手续,或者为用户提供信息发布、即时通信等服务,在与用户签订协议或者确认提供服务时,应当要求用户提供真实身份信息。用户不提供真实身份信息的,网络运营者不得为其提供相关服务。

国家实施网络可信身份战略,支持研究开发安全、方便的电子身份认证技术,推动不同电子身份认证之间的互认。

近年来,我国高度重视网络用户身份管理问题。2012年第十一届全国人大常委会第三十次会议通过的《关于加强网络信息保护的决定》对网络身份管理制度做了规定。根据全国人大常委会的决定,工信部制定了《电话用户真实身份信息登记规定》,国家网信办制定了《互联网用户账号名称管理规定》,在电信用户入网环节和互联网应用环节实行用户实名登记管理。2015年《反恐怖主义法》从反恐的角度又对网络用户身份管理做了规定,要求电信和互联网业务经营者、服务提供者对用户身份进行查验,对身份不明或者拒绝身份查验的不得提供服务。

按照《互联网用户账号名称管理规定》,互联网信息服务提供者应当按照"后台实名、前台自愿"的原则,要求互联网信息服务使用者通过真实身份认证后注册账号。在实际操作中,多数服务提供者是通过手机号进行验证,实现用户身份实名制。

第二十五条 网络运营者应当制定网络安全事件应急预案,及时处置系统漏洞、计算机病毒、网络攻击、网络侵入等安全风险;在发生危害网络安全的事件时,立即启动应急预案,采取相应的补救措施,并按照规定向有关主管部门报告。

本条是关于网络运营者防范和应对网络安全事件义务的规定。

应急预案是指突发事件应急方针、政策,应急组织结构及其职责,应急行动、措施和保障等方面的要求和程序的文件。应急预案通常应该包括下列内容:(1)明确有关各方的分工和责任;(2)明确各类事故的诊断方法和流程;事故场景应覆盖电力故障、火情水灾、人为破坏、病毒爆发、网络攻击、计算机硬件故障、操作系统故障、系统漏洞、应用系统故障以及其他各类与网络相关的故障;(3)制定网络恢复流程和应急处置操作手册;(4)明确应急恢复过程中的关键状态,并明确不同状态的沟通和报告内容及等级;(5)明确应急相关人员的协调内容和沟通方式;(6)明确系统重建步骤,确保网络恢复正常业务处理能力。

第二十六条 开展网络安全认证、检测、风险评估等活动,向社会发布系统漏洞、计算机病毒、网络攻击、网络侵入等网络安全信息,应当遵守国家有关规定。

目前有一些机构、个人根据自己对网络安全风险的评估、监测,向社会发布网络安全信息,为防范网络安全风险发挥了积极作用。但是,与此同时我们发现这些信息的发布活动中也存在着一些突出问题,有的机构能力不足、服务不规范,有的机构和个人甚至滥用自己的专业技术和掌握的信息,通过各种手段谋取非法利益。因此,必须对网络安全认证、检测、风险评估以及网络安全信息的发布活动进行规范。目前由于对这方面的管理还缺少成熟的制度,因此本法只对该问题做了原则规定,为有关部门制定具体规范和开展执法提供依据。

第二十七条 任何个人和组织不得从事非法侵入他人网络、干扰他人网络正常功能、窃取网络数据等危害网络安全的活动;不得提供专门用于从事侵入网络、干扰网络正常功能及防护措施、窃取网络数据等危害网络安全活动的程序、工具;明知他人从事危害网络安全的活动的,不得为其提供技术支持、广告推广、支付结算等帮助。

本条是关于禁止危害网络安全行为的规定。

对于本条法律中规定的危害网络安全的行为,有关法律、行政法规已经规定为违法犯罪行为,本条规定是与相关法律、行政法规的规定相衔接的。例如《刑法》中第二百八十五条、第二百八十六条以及第二百八十七条。

第二十八条 网络运营者应当为公安机关、国家安全机关依法维护国家安全和侦查犯罪的活动提供技术支持和协助。

本条是关于网络运营者应当为公安机关、国家安全机关依法维护国家安全和侦查犯罪的活动提供技术支持和协助。

通过立法确立网络运营者为有关执法机关维护国家安全和侦查犯罪的活动提供技术和协助义务,是维护国家安全和惩治犯罪所必需的。我国有关法律对提供技术支持和协助的范围、措施等做了规定。根据《国家安全法》《反间谍法》《反恐怖主义法》以及《刑事诉讼法》的规定,任何公民和组织对有关部门维护国家安全和侦查犯罪的活动都有提供支持和协助的义务。《反间谍法》《反恐怖主义法》和《刑事诉讼法》明确规定,公安机关、国家安全机关为获取情报或者追查相关犯罪,根据国家有关规定,经过严格的批准手续,可以采取技术侦查措施。

第三十二条 按照国务院规定的职责分工,负责关键信息基础设施安全保护工作的部门分别编制并组织实施本行业、本领域的关键信息基础设施安全规划,指导和监督关键信息基础设施运行安全保护工作。

本条对关键信息基础设施的安全保护确立了部门分工负责的体制,但对各负责部门未做具体规定,应当按照国务院规定的职责分工来确定。

第三十三条 建设关键信息基础设施应当确保其具有支持业务稳定、持续运行的性能,并保证安全技术措施同步规划、同步建设、同步使用。

本条是关于建设关键信息基础设施的安全要求规定。

根据本法第三十一条规定,列举了关键信息基础设施有公共通信和信息服务、能源、交通、水利、金融、公共服务、电子政务7个领域,但不限于这些领域,其具体范围将由国务院制定具体办法予以确定。

对于关键信息基础设施的建设,各行业一般有相应规定。例如《电信网络运行监督管理办法》中规定,基础电信经营者应当采取多重节点、多重路由、负荷分担、自动倒换、冗余配置等网络架构保护措施,最大限度地减少事故隐患,确保网络运行稳定可靠。

为了防范网络安全风险、减少网络安全事件的发生,本条要求保障关键信息基础设施运行安全的技术措施,应当与关键信息基础设施的主题工程同时规划、同时建设、同时使用,通常被称为"三同时"制度。"三同时"制度应满足以下要求:(1)建设项目的设计单位编制项目设计文件时,应当依照规定编制安全技术措施的设计文件;(2)关键信息基础设施的运营者在编制建设项目投资计划时,应当将安全技术措施所需投资纳入预算;(3)关键信息基础设施的运营者应当要求施工单位严格按照安全技术措施的设计要求施工;(4)在建设项目验收时,应当对安全技术措施进行调试、检测和验收;(5)安全技术措施应当与主体工程同时投入使用。

第三十四条 除本法第二十一条的规定外,关键信息基础设施的运营者还应当履行下列安全保护义务:

(一)设置专门安全管理机构和安全管理负责人,并对该负责人和关键岗位的人员进行安全背景审查;

(二)定期对从业人员进行网络安全教育、技术培训和技能考核;

(三)对重要系统和数据库进行冗灾备份;

(四)制定网络安全事件应急预案,并定期进行演练;

(五)法律、行政法规规定的其他义务。

本条是关于关键信息基础设施运营者应当履行的安全保护义务的规定。

对于关键信息基础设施,本法要求在网络安全等级保护制度的基础上,还要实行重点保护。

第三十五条 关键信息基础设施的运营者采购网络产品和服务,可能影响国家安全的,应当通过国家网信部门会同国务院有关部门组织的国家安全审查。

本条是关于关键信息基础设施采购的国家安全审查的规定,落实了2015年全国人大常委会通过的《国家安全法》确立的国家安全审查制度。

这一制度不同于本法第二十三条规定的网络安全关键设备和安全专用产品的安全认证和安全检测。本条规定的国家安全审查只在可能影响国家安全的特殊情况下才启动,在对产品和服务的安全性进行审查的同时,还需要对影响国家安全的其他因素进行审查。

第三十六条 关键信息基础设施的运营者采购网络产品和服务,应当按照规定与提供者签订安全保密协议,明确安全和保密义务与责任。

本条是关于关键信息基础设施采购的安全保密义务的规定。

关键信息基础设施的建设与维护,必然需要购买相关产品和服务,产品和服务的供应链风险是关键信息基础设施面临的主要安全风险之一。因此采购时需要注意以下几点:(1)关键信息基础设施运营者应当加强资质审查,慎重选择网络产品和服务的供应商;(2)应当按照规定与供应商签订保密协议,明确供应商的安全义务、保密义务及不履行义务应承担的责任和义务;(3)应当监督供应商进行设备安装、测试、检测、维修、安全维护等各方面的活动,留存操作记录,保障供应商按照协议的规定履行安全和保密义务。

第三十七条 关键信息基础设施的运营者在中华人民共和国境内运营中收集和产生的个人信息和重要数据应当在境内存储。因业务需要,确需向境外提供的,应当按照国家网信部门会同国务院有关部门制定的办法进行安全评估;法律、行政法规另有规定的,依照其规定。

本条是关于关键信息基础设施有关数据境内存储和向境外提供的规定。

第三十八条 关键信息基础设施的运营者应当自行或者委托网络安全服务机构对其网络的安全性和可能存在的风险每年至少进行一次检测评估,并将检测评估情况和改进措施报送相关负责关键信息基础设施安全保护工作的部门。

本条是关于关键信息基础设施运营者开展网络安全检测评估的规定。

关键信息基础设施的网络安全保护应当遵循持续改进的原则,贯穿关键信息基础设施的整个生命周期,需要更具安全需求、系统脆弱性、风险威胁程度、系统环境的变化以及对系统安全认识的深化,及时检查、总结、调整现有的安全策略和保护措施,持续改进网络安全管理体系的有效性。因此本条要求关键信息基础设施的运营者每年至少进行一次检测评估,根据监测评估情况持续改进安全保护措施,不断提升关键信息基础设施的网络安全保护能力。

第四十条 网络运营者应当对其收集的用户信息严格保密,并建立健全用户信息保护制度。

本条是关于网络运营者用户信息保护制度的规定。

本条规定的用户信息包括自然人的个人信息、隐私以及法人和其他组织的商业秘密等信息。《侵权责任法》《反不正当竞争法》以及《刑法》对隐私和商业秘密的保护已经做了规定,本法侧重对自然人的个人信息的保护。

第四十一条 网络运营者收集、使用个人信息,应当遵循合法、正当、必要的原则,公开收集、使用规则,明示收集、使用信息的目的、方式和范围,并经被收集者同意。

网络运营者不得收集与其提供的服务无关的个人信息,不得违反法律、行政法规的规定和双方的约定收集、使用个人信息,并应当依照法律、行政法规的规定和与用户的约定,处理其保存的个人信息。

本条是关于网络运营者收集、使用个人信息应遵循的原则的规定。

网络运营者收集、使用个人信息应当符合合法原则、正当原则和公开透明原则。正当原则包括目的特定原则和收集使用限制原则。目的特定是指个人信息的收集、处理与利用应当依据特定、明确的目的进行,禁止超出目的范围收集、使用个人信息;收集使用限制原则要求收集和使用个人信息应当限定在必要的限度内,不应当超出特定目的的合理范围收集和使用个人信息。网络运营者在设计业务需求以及管理制度时应当将信息的收集、使用限制在履行特定目的所必需的最低限度内。

第四十二条 网络运营者不得泄露、篡改、毁损其收集的个人信息;未经被收集者同意,不得向他人提供个人信息。但是,经过处理无法识别特定个人且不能复原的除外。

网络运营者应当采取技术措施和其他必要措施,确保其收集的个人信息安全,防止信息泄露、毁损、丢失。在发生或者可能发生个人信息泄露、毁损、丢失的情况时,应当立即采取补救措施,按照规定及时告知用户并向有关主管部门报告。

本条是关于个人信息安全原则、个人信息匿名化处理和个人信息泄露报告义务的规定。

随着互联网的发展,海量的个人信息数据已经成为具有重大价值的资产。想要利用个人信息数据,其中一种重要合法的方式是通过匿名化方法消除个人信息的用户身份特征后加以利用。

本条法律借鉴了其他国家的一些做法,对个人信息匿名化处理做了规定,作为向他人提供个人信息须经本人同意的例外。即如果个人信息的收集、使用者采用匿名化技术对个人信息进行了处理,使其无法识别出特定个人且不能复原,向他人提供这些匿名化的数据就不需经被收集者同意。对个人信息匿名化处理的具体规则和技术要求等,本条未做具体规定,应当遵守有关标准和技术规范的要求。

第四十三条 个人发现网络运营者违反法律、行政法规的规定或者双方的约定收集、使用其个人信息的,有权要求网络运营者删除其个人信息;发现网络运营者收集、存储的其个人信息有错误的,有权要求网络运营者予以更正。网络运营者应当采取措施予以删除或者更正。

本条是关于个人信息删除权和更正权的规定。

个人信息删除权,是指信息主体在具备法定理由的情形下,请求删除其个人信息的权利。通常包括下列三种情况:一是收集、使用行为不具备合法性;二是收集、使用个人信息的目的消失,使对个人信息的保存及处理、利用失去了必要性、正当性;三是约定的收集、使用、保存个人信息的期限届满。

个人信息更正权,是指在个人信息收集、存储、使用过程中,个人信息不完整或不准确时,个人有权要求及时改正、补充的权利。

第四十四条 任何个人和组织不得窃取或者以其他非法方式获取个人信息,不得非法出售或者非法向他人提供个人信息。

本条是关于禁止非法获取、非法出售、非法提供个人信息的规定。

有关政府部门在履职过程中需要获取个人信息的,应当有明确的法律依据。

对违反本条规定的,应当依照本法第六十四条的规定予以处罚。构成犯罪的,应当依法追究其法律责任。

第四十六条 任何个人和组织应当对其使用网络的行为负责,不得设立用于实施诈骗,传授犯罪方法,制作或者销售违禁物品、管制物品等违法犯罪活动的网站、通讯群组,不得利用网络发布涉及实施诈骗,制作或者销售违禁物品、管制物品以及其他违法犯罪活动的信息。

本条是关于禁止设立专门用于实施犯罪行为的网站、通讯群组和禁止利用网络发布犯罪信息的规定。

本条与《刑法修正案(九)》增加的第二百八十七条之一相衔接,对于有本条规定行为的,应当按照本法第六十七条的规定予以处罚。情节严重构成犯罪的,应当按照《刑法》第二百八十七条之一的规定,追求其刑事责任。有本条规定的违法行为,同时构成其他违法犯罪行为的,应当依照处罚较重的规定处罚。

第四十七条 网络运营者应当加强对其用户发布的信息的管理,发现法律、行政法规禁止发布或者传输的信息的,应当立即停止传输该信息,采取消除等处置措施,防止信息扩散,保存有关记录,并向有关主管部门报告。

本条是关于网络运营者对用户发布信息的安全管理义务的规定。

第四十八条 任何个人和组织发送的电子信息、提供的应用软件,不得设置恶意程序,不得含有法律、行政法规禁止发布或者传输的信息。

电子信息发送服务提供者和应用软件下载服务提供者,应当履行安全管理义务,知道其用户有前款规定行为的,应当停止提供服务,采取消除等处置措施,保存有关记录,并向有关主管部门报告。

本条是关于电子信息发送服务提供者和应用软件下载服务提供者的信息安全

管理义务的规定。

第四十九条 网络运营者应当建立网络信息安全投诉、举报制度,公布投诉、举报方式等信息,及时受理并处理有关网络信息安全的投诉和举报。

网络运营者对网信部门和有关部门依法实施的监督检查,应当予以配合。

本条是关于网络信息安全投诉、举报和网络运营者配合监督检查的义务的规定。

根据《侵权责任法》第三十六条第二款的规定,网络用户利用网络服务实施侵权行为的,被侵权人有权通知网络服务提供者采取删除、屏蔽、断开链接等必要措施。网络服务提供者接到通知后未及时采取必要措施的,对损害的扩大部分与该网络用户承担连带责任。

第五十条 国家网信部门和有关部门依法履行网络信息安全监督管理职责,发现法律、行政法规禁止发布或者传输的信息的,应当要求网络运营者停止传输,采取消除等处置措施,保存有关记录;对来源于中华人民共和国境外的上述信息,应当通知有关机构采取技术措施和其他必要措施阻断传播。

本条是关于国家网信部门和有关部门处置违法信息的规定。

第五十五条 发生网络安全事件,应当立即启动网络安全事件应急预案,对网络安全事件进行调查和评估,要求网络运营者采取技术措施和其他必要措施,消除安全隐患,防止危害扩大,并及时向社会发布与公众有关的警示信息。

第五十六条 省级以上人民政府有关部门在履行网络安全监督管理职责中,发现网络存在较大安全风险或者发生安全事件的,可以按照规定的权限和程序对该网络的运营者的法定代表人或者主要负责人进行约谈。网络运营者应当按照要求采取措施,进行整改,消除隐患。

第五十五条和第五十六条是《网络安全法》的第五章——《监测预警与应急处置》中与互联网用户有关的规定。

第五十五条是关于网络安全事件应急处置措施的规定。

网络运营者是保障网络安全的第一责任人。一旦发生网络安全事件,其反应是否迅速,采取的应对措施是否得当,直接影响到网络安全事件的波及范围和危害程度。因此,当网络安全事件发生时,网络运营者有义务自行及时、有效地采取应急处置措施。并且,有关部门在依法处置网络安全事件时,也有权要求网络运营者采取技术措施和其他必要措施,消除安全隐患,防止危害扩大。

第五十六条是关于网络安全监督管理约谈制度的规定。

网络管理约谈制度,是网络安全行政管理主体对行政管理相对人进行的约谈,是一种行政指导行为。这一制度具有以下功能:一是具有警示告诫功能;二是具有督促履行义务的功能;三是有助于落实网络安全风险监测预警与应急处置的相关制度。

2)《互联网信息服务管理办法》(国务院令第 292 号)

根据《互联网信息服务管理办法》中第三条规定:互联网信息服务分为经营性和非经营性两类。经营性互联网信息服务,是指通过互联网向上网用户有偿提供信息或者网页制作等服务活动。非经营性互联网信息服务,是指通过互联网向上网用户无偿提供具有公开性、共享性信息的服务活动。本《管理办法》中的第十四条、十五条、十六条条款的主要适用对象即为互联网信息服务单位(ICP)。

第十四条 从事新闻、出版以及电子公告等服务项目的互联网信息服务提供者,应当记录提供的信息内容及其发布时间、互联网地址或者域名;互联网接入服务提供者应当记录上网用户的上网时间、用户帐号、互联网地址或者域名、主叫电话号码等信息。

互联网信息服务提供者和互联网接入服务提供者的记录备份应当保存 60 日,并在国家有关机关依法查询时,予以提供。

第十五条 互联网信息服务提供者不得制作、复制、发布、传播含有下列内容的信息:

（一）反对宪法所确定的基本原则的;
（二）危害国家安全,泄露国家秘密,颠覆国家政权,破坏国家统一的;
（三）损害国家荣誉和利益的;
（四）煽动民族仇恨、民族歧视,破坏民族团结的;
（五）破坏国家宗教政策,宣扬邪教和封建迷信的;
（六）散布谣言,扰乱社会秩序,破坏社会稳定的;
（七）散布淫秽、色情、赌博、暴力、凶杀、恐怖或者教唆犯罪的;
（八）侮辱或者诽谤他人,侵害他人合法权益的;
（九）含有法律、行政法规禁止的其他内容的。

第十六条 互联网信息服务提供者发现其网站传输的信息明显属于本办法第十五条所列内容之一的,应当立即停止传输,保存有关记录,并向国家有关机关报告。

3)《计算机信息网络国际联网安全保护管理办法》(公安部令第 33 号)

根据互联网用户的不同类型,本《管理办法》中第三条、第八条、第九条、第十七条条款主要适用于互联网接入服务单位,主要包含互联网接入服务商(ISP)互联网数据中心(IDC);第五条、第七条、第十条、第十二条条款主要适用于互联网信息服务单位(ICP);第三条、第八条、第十条、第十二条、第十七条条款主要适用于联网单位和个人用户。

本章所说的联网单位是指接入网络与互联网连接的计算机信息网络单位用

户,为非经营性质的互联网联网单位,也包括社区、学校、图书馆、宾馆、咖啡馆、娱乐休闲中心等向特定对象提供上网服务的场所。

个人用户管理的法律依据主要针对开办个人网站、微博客的用户。

第三条 公安部计算机管理监察机构负责计算机信息网络国际联网的安全保护管理工作。

公安机关计算机管理监察机构应当保护计算机信息网络国际联网的公共安全,维护从事国际联网业务的单位和个人的合法权益和公众利益。

第五条 任何单位和个人不得利用国际联网制作、复制、查阅和传播下列信息:

(一)煽动抗拒、破坏宪法和法律、行政法规实施的;

(二)煽动颠覆国家政权,推翻社会主义制度的;

(三)煽动分裂国家、破坏国家统一的;

(四)煽动民族仇恨、民族歧视,破坏民族团结的;

(五)捏造或者歪曲事实,散布谣言,扰乱社会秩序的;

(六)宣扬封建迷信、淫秽、色情、赌博、暴力、凶杀、恐怖,教唆犯罪的;

(七)公然侮辱他人或者捏造事实诽谤他人的;

(八)损害国家机关信誉的;

(九)其他违反宪法和法律、行政法规的。

第七条 用户的通信自由和通信秘密受法律保护。任何单位和个人不得违反法律规定,利用国际联网侵犯用户的通信自由和通信秘密。

第八条 从事国际联网业务的单位和个人应当接受公安机关的安全监督、检查和指导,如实向公安机关提供有关安全保护的信息、资料及数据文件,协助公安机关查处通过国际联网的计算机信息网络的违法犯罪行为。

第九条 国际出入口信道提供单位、互联单位的主管部门或者主管单位,应当依照法律和国家有关规定负责国际出入口信道、所属互联网络的安全保护管理工作。

第十条 互联单位、接入单位及使用计算机信息网络国际联网的法人和其他组织应当履行下列安全保护职责:

(一)负责本网络的安全保护管理工作,建立健全安全保护管理制度;

(二)落实安全保护技术措施,保障本网络的运行安全和信息安全;

(三)负责对本网络用户的安全教育和培训;

(四)对委托发布信息的单位和个人进行登记,并对所提供的信息内容按照本办法第五条进行审核;

(五)建立计算机信息网络电子公告系统的用户登记和信息管理制度;

(六)发现有本办法第四条、第五条、第六条、第七条所列情形之一的,应当保留有关原始记录,并在 24 小时内向当地公安机关报告;

(七)按照国家有关规定,删除本网络中含有本办法第五条内容的地址、目录或者关闭服务器。

第十二条 互联单位、接入单位、使用计算机信息网络国际联网的法人和其他组织(包括跨省、自治区、直辖市联网的单位和所属的分支机构),应当自网络正式联通之日起 30 日内,到所在地的省、自治区、直辖市人民政府公安机关指定的受理机关办理备案手续。

前款所列单位应当负责将接入本网络的接入单位和用户情况报当地公安机关备案,并及时报告本网络中接入单位和用户的变更情况。

第十七条 公安机关计算机管理监察机构应当督促互联单位、接入单位及有关用户建立健全安全保护管理制度。监督、检查网络安全保护管理以及技术措施的落实情况。

公安机关计算机管理监察机构在组织安全检查时,有关单位应当派人参加。公安机关计算机管理监察机构对安全检查发现的问题,应当提出改进意见,作出详细记录,存档备查。

4)《互联网安全保护技术措施规定》(公安部令第 82 号)

根据互联网用户的不同类型,本《措施规定》中第三条、第五条、第七条、第十条、第十二条、第十三条条款主要适用于互联网接入服务单位(ISP、IDC)、互联网信息服务单位(ICP)以及联网单位和个人用户;第九条则单独针对互联网信息服务单位(ICP);第十一条条款则主要适用于互联网上网服务营业场所的管理。

第三条 互联网服务提供者、联网使用单位负责落实互联网安全保护技术措施,并保障互联网安全保护技术措施功能的正常发挥。

第五条 公安机关公共网络安全监察部门负责对互联网安全保护技术措施的落实情况依法实施监督管理。

第七条 互联网服务提供者和联网使用单位应当落实以下互联网安全保护技术措施:

(一)防范计算机病毒、网络入侵和攻击破坏等危害网络安全事项或者行为的技术措施;

(二)重要数据库和系统主要设备的容灾备份措施;

(三)记录并留存用户登录和退出时间、主叫号码、账号、互联网地址或域名、系统维护日志的技术措施;

(四)法律、法规和规章规定应当落实的其他安全保护技术措施。

第九条 提供互联网信息服务的单位除落实本规定第七条规定的互联网安全

保护技术措施外,还应当落实具有以下功能的安全保护技术措施:

(五)在公共信息服务中发现、停止传输违法信息,并保留相关记录;

(六)提供新闻、出版以及电子公告等服务的,能够记录并留存发布的信息内容及发布时间;

(七)开办门户网站、新闻网站、电子商务网站的,能够防范网站、网页被篡改,被篡改后能够自动恢复;

(八)开办电子公告服务的,具有用户注册信息和发布信息审计功能;

(九)开办电子邮件和网上短信息服务的,能够防范、清除以群发方式发送伪造、隐匿信息发送者真实标记的电子邮件或者短信息。

第十条 提供互联网数据中心服务的单位和联网使用单位除落实本规定第七条规定的互联网安全保护技术措施外,还应当落实具有以下功能的安全保护技术措施:

(一)记录并留存用户注册信息;

(二)在公共信息服务中发现、停止传输违法信息,并保留相关记录;

(三)联网使用单位使用内部网络地址与互联网网络地址转换方式向用户提供接入服务的,能够记录并留存用户使用的互联网网络地址和内部网络地址对应关系。

第十一条 提供互联网上网服务的单位,除落实本规定第七条规定的互联网安全保护技术措施外,还应当安装并运行互联网公共上网服务场所安全管理系统。

第十二条 互联网服务提供者依照本规定采取的互联网安全保护技术措施应当具有符合公共安全行业技术标准的联网接口。

第十三条 互联网服务提供者和联网使用单位依照本规定落实的记录留存技术措施,应当具有至少保存60天记录备份的功能。

5)部分省市地区根据实际情况制定地方性规章或规范性文件

《计算机信息网络国际联网安全保护管理办法》和《互联网信息服务管理办法》制定的时间比较早,并且具有普适性。随着网络通信技术的发展,现有法律文件在实际管理工作中可能执行性较弱,此时为了适应时代发展和区域特性。部分省市政府部门往往会根据已有的法律法规,制定操作性更强的地方性规范文件,并在该地区内实施管理。

例如:广东省根据不同的互联网用户类型,分别制定了《广东省互联网个人主页及博客服务安全保护办法》《广东省互联网聊天室安全保护办法》《广东省互联网搜索引擎服务安全保护办法》《广东省互联网搜索引擎服务安全保护办法》《广东省互联网游戏安全保护办法》等,下面列出《广东省互联网聊天室安全保护办法》的内容。

第一条　为加强互联网聊天室安全管理,防范有害信息传播、计算机病毒感染和网络攻击,明确互联网聊天室安全保护责任,根据《计算机信息网络国际联网安全保护管理办法》和《广东省计算机信息系统安全保护管理规定》以及其他法律、法规和规章,制订本办法。

第二条　本办法所称互联网聊天室,是指供互联网用户以视频、语言、文字、图片等方式实时集中开展信息交流的互联网应用,简称聊天室。

第三条　本省聊天室安全管理,适用本办法。

第四条　聊天室服务单位应当成立安全管理机构,安全管理机构组成人员应当参加公安机关组织的安全培训并经考试合格。

第五条　安全管理机构履行下列职责:

（一）维护聊天室的安全运行;

（二）开展信息内容安全保护工作;

（三）及时向公安网监部门报告本聊天室发生的有害信息传播情况;

（四）每周向公安网监部门报告本聊天室的情况;

（五）协助公安网监部门查处违法犯罪和处置突发事件。

第六条　应当落实用户注册登记制度,登记用户的帐号、有效身份证件号、网络地址、联系方式、注册登记时间,并永久保留。

第七条　对申请开办聊天室包间的个人用户,聊天室服务单位应当要求其提交身份证复印件,单位用户应当提交相关证明文件。

申请开设视频聊天室包间的,申办者应当说明用途、服务对象范围。聊天室服务单位应当通过视频核实个人用户的身份证或单位用户的证明文件,摄录个人用户或单位用户经办人的肖像,根据其用途和服务对象范围核定包间容量限额。

第八条　聊天室服务单位应当以明显可见方式向用户宣传信息安全有关法律法规,告知用户传播有害信息应当承担的法律责任。与用户订立协议,明确用户利用聊天室传播有害信息的,聊天室服务单位有权停止服务。

对于开办聊天室包间的用户,应当签订安全协议,告知应当承担的安全管理责任,明确如果因管理不力导致有害信息传播的,聊天室服务单位有权停止服务并报告公安网监部门。

第九条　聊天室服务单位应当落实身份认证和日志留存措施,对聊天室用户实施身份认证,记录用户的登录起止时间、网络地址,具有聊天内容留存功能,并保留 60 日以上。

第十条　聊天室服务单位应当采取下列措施加强聊天内容安全管理。

（一）落实聊天室包间名称、用户昵称和链接审查制度,确保其不含有挑逗性、侮辱性字眼和其他有害、不良内容。

（二）落实内容过滤措施，对含有特定内容的聊天记录实施过滤，防止有害信息传播。

（三）落实巡查监控制度，对聊天室应当每 48 小时至少巡查一次，其中对视频聊天室应当每 24 小时至少巡查一次。对存在传播有害信息嫌疑或公安网监部门指定的聊天室应当实施全天候监测。

（四）落实举报投诉制度，为用户提供举报有害信息的渠道，并及时处理。

（五）落实案件报告制度，对利用聊天室传播有害信息的，应当保留聊天记录、网络地址、帐号、时间等原始记录，并在 24 小时内报告公安网监部门。对利用视频聊天室从事传播淫秽色情视频和组织淫秽色情表演等违法犯罪活动的，应当立即报告公安网监部门。

第十一条 聊天室服务单位应当向公安网监部门提供检查帐号。

第十二条 聊天室服务单位应当落实计算机病毒防治和网络攻击防范措施，确保聊天室的安全运行。

第十三条 聊天室服务单位应当指定联系人，畅通联络渠道，及时协助公安网监部门查处违法犯罪和处置突发事件。

第十四条 聊天室服务单位应当每周向公安网监部门报告本聊天室的情况，包括用户、聊天室包间数量，有害信息过滤、发现、处理(含警告、禁言、禁音、踢出聊天室、屏蔽网络地址，停止聊天室包间音频、视频，关闭聊天室包间等)情况，用户举报投诉处理情况，对违法违约聊天室的处理情况，计算机病毒防治和网络攻击防范处置情况等。

第十五条 聊天室服务单位应当建立应急处置机制并每年演练至少一次。处置有害信息、计算机病毒传播和网络攻击，协助公安网监部门查处违法犯罪和处置突发事件。

第十六条 聊天室服务单位应当自行采取技术措施或使用第三方提供的技术系统落实上述措施。第三方提供的技术系统应当取得公安部颁发的《计算机信息系统安全专用产品销售许可证》。

所在地公安网监部门已建立聊天室管理平台的，聊天室服务单位自行采取的技术措施或使用的技术系统应当与公安网监部门管理平台联网。

第十七条 聊天室服务单位和用户违反本办法的，依照《计算机信息网络国际联网安全保护管理办法》《广东省计算机信息系统安全保护管理规定》和其他有关法律、法规和规章给予处罚。

第十八条 法律、法规、规章另有规定的，从其规定。

第十九条 本办法由省公安厅网监处负责解释，根据执行情况每年进行审查修订。

第二十条 本办法自下发之日起施行。

在非经营性上网服务场所管理上,部分地区也制定了更加细致化的管理规定,例如西安市人民政府 2016 年 4 月发布了《西安市非经营性上网服务场所管理实施办法》。该规范性文件在制定时考虑到目前较为普及的 WIFI 无线上网等情况,可为其他省市地区在进行非经营性上网服务场所的管理办法制定上提供参考,具体内容如下。

第一条 为加强非经营性上网服务场所的管理,促进互联网上网服务活动健康发展,保护上网用户的合法权益,根据《中华人民共和国计算机信息系统安全保护条例》《中华人民共和国计算机信息网络国际联网管理暂行规定》《计算机信息网络国际联网安全保护管理办法》《互联网安全保护技术措施规定》等有关法律法规,结合本市实际,制定本办法。

第二条 本办法适用于对本市范围内非经营性上网服务场所的监督管理。

第三条 本办法所称非经营性上网服务场所,是指通过提供硬件设备、接入线路、网络资源等方式向公众用户无偿提供有线或者无线互联网上网服务的场所。包括为不特定对象提供上网服务的车站、机场、学校、宾馆、酒店、商场、酒吧、图书馆、党政机关、文体娱乐休闲场所等,以及在公共场所提供无线 WIFI 上网服务的单位。

第四条 本市非经营性上网服务场所网络安全采取"谁安装谁负责"的工作原则。

第五条 本市非经营性上网服务场所网络安全管理实行备案监督和网络安全审核制度。

第六条 市公安局负责非经营性上网服务场所的网络安全管理工作。其他有关部门在各自的职责范围内负责非经营性上网服务场所的相关管理工作。

第七条 开设非经营性上网服务场所,应当具备下列条件:

(一)应当使用经通信管理部门核准经营许可的 ISP 通信运营企业提供的线路,与国际互联网联网;

(二)有健全完善的网络安全保护管理制度;

(三)落实安全保护技术措施;

(四)有与其提供上网服务规模相适应的管理人员和专业技术人员,中大型场所的管理人员和专业技术人员须经过专门安全培训;

(五)安装并运行符合公安机关管理要求的互联网公共上网服务场所安全管控系统;

(六)符合法律、行政法规的其他规定。

第八条 非经营性上网服务场所的安全保护技术措施包括以下几种:

（一）防范计算机病毒、网络入侵和攻击破坏等危害网络安全或者行为的技术措施；

（二）记录并留存用户登录和退出时间、主叫号码、账号、互联网地址或域名、系统维护日志的技术措施；

（三）应当具有至少保存60天记录备份的功能；

（四）法律、法规和规章规定应当落实的其他安全保护技术措施。

第九条 非经营性上网服务场所应保障互联网安全保护技术措施的正常运行，所采取的网络安全保护技术措施符合以下要求：

（一）相关安全保护技术措施应当符合国家标准，没有国家标准的，应当符合公共安全行业技术标准；

（二）相关安全保护技术措施应当获得公安部审批颁发的计算机信息系统安全专用产品检测和销售许可证；

（三）具有符合公共安全行业技术标准的联网接口。

第十条 非经营性上网服务场所的运营者应当自网络正式联通之日起30日内填写备案表，到所在地公安机关办理备案手续。备案表由市公安局提供。

非经营性上网服务场所运营者、法定代表人、运营场所地址、计算机数量、变更网络出口线路、地址或者终止经营的，应当在变更后30日内到所在地公安机关办理变更备案。

第十一条 非经营性上网服务场所不得实施下列破坏互联网安全保护技术措施的行为：

（一）擅自停止或者部分停止安全保护技术设施、技术手段运行；

（二）故意破坏安全保护技术设施；

（三）擅自删除、篡改安全保护技术设施、技术手段运行程序和记录；

（四）擅自改变安全保护技术措施的用途和范围；

（五）其他故意破坏安全保护技术措施或者妨碍其功能正常发挥的行为。

第十二条 非经营性上网服务场所应当接受公安机关依法开展的信息安全监督、检查。

第十三条 公安机关对非经营性上网服务场所依法进行检查时，检查人员不少于2人，应当出示行政执法身份证件。

第十四条 违反本办法规定的，由公安机关依据有关规定进行处理。

第十五条 有关行政主管部门及其工作人员违反本办法规定，滥用职权、徇私舞弊、收受贿赂，构成犯罪的，依法追究刑事责任；尚不构成犯罪的，依法给予行政处分。

第十六条 在本办法公布前已开设的非经营性上网服务场所，应当自本办法公布之日起 60 日内依照本办法的有关规定补办有关手续。

第十七条 本办法自 2016 年 5 月 22 日起施行，有效期 5 年。

5.3 备案管理

5.3.1 备案的对象和要求

根据《公安部关于对与国际联网的计算机信息系统进行备案工作的通知》中规定：凡是在中华人民共和国境内，通过物理通信信道直接或者间接与境外（含港、澳、台地区）的计算机信息系统进行联网的计算机信息系统的使用单位和个人均应当登记备案。

也就是说所有的互联网运营单位及互联网信息服务单位、互联网上网服务营业场所及非营业性上网服务场所、接入互联网的企事业单位和个人用户均需要进行备案。

根据不同单位的性质，备案时对单位的要求与提交的材料也有所不同，所有单位在备案时均需要提供以下材料：

（1）中华人民共和国公安部网络安全保卫局印发的备案表一式两份（加盖备案单位公章）。表 5-1 至表 5-3 为《计算机信息网络国际联网单位备案表》及其中的两份附表。

表 5-1 计算机信息网络国际联网单位备案表

单位编号：

单位名称			单位负责人（法人代表）	
通信地址				
邮政编码			联系电话	
备案单位安全管理员	姓名		电话	传真
	姓名		电话	传真
	E-mail 地址			
网络名称			域名注册服务商	
接入网络服务商			申请入网时间	
所属网络	○ 中国公用计算机网　○ 中国教育和科研计算机网　○ 中国科技网 ○ 中国联通　○ 中国网通　○ 中国国际经济贸易网　○ 中国移动 ○ 中国长城互联网　○ 中国卫星集团互联网　○ 其他网络			

续表

服务种类	☐ 接入服务　☐ 虚拟空间租用　☐ 主机托管　☐ 电子邮件服务 ☐ 个人主页　☐ 论坛、留言板、BBS服务　☐ FTP服务 ☐ WWW服务　☐ 聊天室　☐ 电子商务　☐ 即时通讯服务 ☐ 短信息服务　☐ 宽带多媒体服务　☐ 网络游戏　☐ 其他
服务性质	○ ISP　○ ICP　○ ISP兼ICP　○固定IP地址的互联网单位用户 ○ 其他
网络概况	下级网络(详情填附表)_____个,联网主机_____台
IP地址范围	
出口路由器IP	
域名服务器IP	
邮件服务器IP	
备案单位盖章 年　月　日	公安机关盖章 年　月　日

表5-2　附表一:下级网络、虚拟空间租用及主机托管服务备案表

编号:

类型	○ 下级网络　○ 虚拟空间租用　○ 主机托管		
网络名称			
单位名称			
所在省(区、市)		所在地(市)	
联系人		联系电话	
通信地址			
域名			
IP地址段			

表 5-3　附表二：固定 IP 地址个人用户入网备案表（ISP 提供）

编号：

姓名		性别		出生日期	
证件种类		证件编号			
职业类别	○ 国家公务员　○ 企事业单位人员　○ 军人　○ 农民 ○ 商业、服务业人员　○ 学生、教师　○ 无业人员　○ 其他				
联系电话					
上网地址					
通信地址					
IP 地址					
申请入网时间					
IP 地址分配单位					

（2）本单位的计算机信息网络安全组织成员名单（应为本单位正式下发的文件，并加盖公章），以及单位法人、信息网络安全主要负责人、两名计算机安全员，含联系方式以及身份证复印件。

（3）计算机安全员证书复印件。

（4）本单位的网络拓扑图（标明内部 IP 使用情况）。

（5）《互联网信息安全责任书》一式两份（单位法人签字并加盖公章）。

除了上述材料，不同性质的单位，在公安机关备案时，还需要提交不同的材料，不同省市地区在进行备案时根据自己的要求，所要提交的材料也会略有不同。

1）互联网接入服务单位（ISP）

（1）本单位的计算机信息网络安全保护制度。包括互联网公用账号登记制度、互联网安全应急处置制度、互联网安全保护管理制度等。

（2）安全保护技术措施，包括：网络安全审计、防病毒、防黑客攻击措施等。

（3）本单位的网络拓扑图（标明内部 IP 使用情况）。

（4）本单位的 IP 分配、使用和变更情况（全部 IP 分配情况）。

（5）本单位的接入方式、使用、新增和变更情况。

（6）本单位的用户注册登记、使用与变更情况（包括固定 IP 用户、动态 IP 用户、托管主机用户）。

（7）通信管理部门核发的电信和信息服务业务许可证复印件（ISP 许可证等）（加盖公章）。

（8）工商部门核发的《营业执照副本》复印件（加盖公章）。

2) 互联网数据中心(IDC)

(1) 本单位的计算机信息网络安全保护管理制度。包括信息发布审核制度、24 小时交互栏目信息巡查制度、互联网公用账号登记制度、互联网安全管理制度、互联网安全应急处置制度等。

(2) 安全保护技术措施。包括交互式栏目必须有关键字过滤技术措施、网络安全审计、防病毒防黑客攻击等措施。

(3) 本单位 IP 分配、使用和变更情况。

(4) 本单位所有托管主机服务及虚拟空间服务的用户基本情况,包括网站相关资料、负责人信息、联系方式等。

(5) 通信管理部门核发的电信和信息服务业务许可证复印件(IDC 许可证等)(加盖公章)。

(6) 工商部门核发的《营业执照副本》复印件(加盖公章)。

公安机关网络安全保卫部门在受理互联网数据中心备案时,要督促互联网数据中心及时将虚拟空间服务用户的变更情况以电子表格的形式上报,包括用户虚拟空间的服务器地址、用户网站信息、用户姓名、联系电话、地址等内容。

3) 互联网信息服务单位(ICP)

(1) 本单位的计算机信息网络安全保护管理制度。包括信息发布审核制度、24 小时交互栏目信息巡查制度、互联网公用账号登记制度、互联网安全管理制度、互联网安全应急处置制度等。

(2) 安全保护技术措施。包括交互式栏目必须有关键字过滤技术措施、网络安全审计、防病毒防黑客攻击等措施。

(3) 网站网页基本情况,网页栏目设置与变更及栏目负责人情况。

(4) 提供服务或开办栏目的种类,重点说明新闻、交互式栏目、邮件服务、搜索引擎等情况;针对各种服务类型制定的安全保护管理制度及安全保护技术措施等。

(5) 提供虚拟主机服务的信息服务单位,还必须提交使用本单位虚拟主机的所有用户的基本情况,包括 URL、负责人、联系方式。

(6) 单位的组织机构代码证复印件(加盖公章)或工商部门核发的《营业执照副本》复印件(加盖公章)。

(7) 经营性网站需提交通信管理部门核发的电信和信息服务业务许可证(ICP 证)复印件(加盖公章)。

(8) 从事新闻、出版、教育、医疗保健、药品和医疗器械等互联网信息服务的,和依照法律、行政法规以及国家有关规定须进行前置审批的网站,需要经有关主管部门审核同意,并提交有关主管部门的批准文件复印件(加盖公章),例如《互联网药品信息服务资格证书》,如图 5-1 所示。

第 5 章　互联网用户的监督管理

图 5-1 《互联网药品信息服务资格证书》

公安机关网络安全保卫部门在受理互联网信息服务单位备案的同时,还要督促互联网信息服务单位报送本单位提供出租网站服务用户的情况,并及时以电子表格的形式报告出租网站服务用户的变更情况,包括用户服务器的地址、所有者姓名、联系电话、详细地址、服务内容等。

如果某单位,同时兼具 ISP、IDC、ICP 两种以上的业务,则每一种业务功能都需要到公安机关网络安全保卫部门依法履行备案义务。

4) 非经营性互联网单位

(1) 本单位的计算机信息网络安全保护管理制度。包括互联网安全保护管理制度、互联网安全应急处置制度、互联网公用账号登记制度等。

(2) 安全保护技术措施。包括网络安全日志审计、防计算机病毒、防黑客攻击措施。

(3) 本单位的网络拓扑图(标明内部 IP 使用情况)。

(4) 单位的组织机构代码证复印件(加盖公章)或工商部门核发的《营业执照副本》复印件(加盖公章)

5) 拥有个人网站的用户

拥有个人网站的用户,在备案时和上述互联网单位用户的资料略有不同,因为是个人性质的网站,所以没有单位的计算机信息网络安全组织成员名单等资料。拥有个人网站的用户所需的全部备案资料如下(各地区可能会有所不同)。

(1) 中华人民共和国公安部网络安全保卫局印发的备案表一式两份(网站负责人签字)。

(2) 个人有效身份证件的复印件(网站负责人签字)。

(3) 计算机安全员证书复印件(若没有计算机安全员证书则需在材料中说明)。

(4)《互联网信息安全责任书》一式两份(网站负责人签字)。

(5) 经营性网站需提交通信管理部门核发的电信和信息服务业务许可证即《经营性互联网信息服务(ICP)许可证》复印件(个人签字)、工商部门核发的《营业执照副本》复印件(个人签字)(网站负责人签字)。

(6) 从事新闻、出版、教育、医疗保健、药品和医疗器械等互联网信息服务的,和依照法律、行政法规以及国家有关规定须经有关主管部门审核同意的,还必须提交有关主管部门的批准文件(网站负责人签字)。

(7) 提供虚拟主机服务的信息服务,还必须提交使用本虚拟主机的所有用户的基本情况,包括URL、负责人、联系方式(网站负责人签字)。

除了上述互联网用户需要备案以外,还有互联网上网服务营业场所和普通个人用户需要备案。互联网上网服务营业场所的备案,在第三章中有详细说明,在此不再赘述;普通个人用户的备案由互联网接入服务单位负责统一将接入本网络的接入单位和用户情况每月报公安机关的网络安全保卫部门备案。

2015年12月,公安部开发了"全国公安机关互联网站安全服务管理平台"(http://www.beian.gov.cn/)并上线运营,要求全国各省市地区的网站必须在该平台内完成公安备案手续。所有已经在地方网络安全保卫部门备案的网站也需要在该网站重新注册登录进行备案。该平台的网站数据分为已备案网站和未备案网站两类。当一个网站通过该平台完成备案审核、取得备案编号后,该网站就会由未备案网站变为已备案网站。之前已在属地公安机关办理过备案的网站,需要开办人登录平台补充备案信息、变更备案编号,所以纳入"未备案网站"进行管理。该平台中将网站的备案主体分为六类:企业单位、军队院校、政府机构、事业单位、社会团体、个人。

5.3.2 备案的管辖

(1) 备案管辖为属地化管理。各县级(区)以上公安机关网络安全保卫部门对物理位置在本行政区划内与互联网相连接的计算机信息系统(服务器)或维护人员都具有备案管辖权。

(2) 各县级(区)以上公安机关网络安全保卫部门对分别落于不同各县级(区)的与互联网相连接的计算机信息系统(服务器)所在单位或维护人员、维护权在本地的都具有备案管辖权,即共同管辖。

备案管辖以计算机信息系统服务器所在地的公安机关网络安全保卫部门为主,负有监督管理责任,必须加强管理,及时指导、督促其履行备案义务。

(3) 计算机信息系统服务器所在地的公安机关网络安全保卫部门有义务将互

联网单位的有关资料在备案结束后 15 天内抄送给计算机信息系统所在单位或维护人员、维护权所在地的公安机关网络安全保卫部门。

抄送互联网单位资料的主要内容包括：互联网单位和个人的基本资料、服务器资料、网站和网上服务相关资料、维护人员基本情况等。

（4）与互联网相连接的互联网信息系统（服务器）或维护人员所在单位或个人都必须向服务器托管地和维护地的公安机关网络安全保卫部门申请备案。

（5）ISP 备案管辖：在某省境内有业务的互联网服务提供商，业务覆盖范围在该省两个以上地市的，应按照省级单位到该省公安厅网络安全保卫总队进行备案，业务仅覆盖在该省一个地市的，应到当地公安机关网络安全保卫支队备案。

（6）ICP 备案管辖：在某省范围内的省级机关和省级事业单位，以及中央驻省会机关和事业单位应在省公安厅网络安全保卫总队备案，其他单位以及个人网站应当到单位或个人所在地的公安机关网络安全保卫部门备案。

5.3.3 备案的程序

目前一般各省市都有自己的联网信息备案管理系统，处理 ISP、IDC、ICP、个人网站等互联网用户的备案工作，公安部发布的"全国公安机关互联网站安全服务管理平台"则是专门针对互联网网站的备案。不同省市地区的备案程序和审批时间可能略有差异，基本过程如下：

（1）备案人所属管辖省市的网络备案系统，按照备案类型和单位所在地填写相关备案后提交，公安机关网络安全保卫部门将视备案人提交资料的行为提出备案申请。备案人在提交备案申请后须记住系统分配的备案编号和备案密码，以便日后登陆备案网站查询备案结果和更改备案内容。

（2）备案申请提交后的 1 日内，备案人可对备案资料和内容进行修改，修改后按修改时间重新计算备案日期。

（3）公安机关网络安全保卫部门将在备案申请提交 2 日后对备案进行初审，备案初审将在 1 个工作日内完成，并将初审结果告知备案者。备案人可在初审完成后通过备案编号和密码登录备案网站查询初审结果，若初审合格，则进入复审程序；若初审不合格，请备案人按照系统提示进行整改。

（4）在初审合格后进入复审程序，备案人根据系统提示，在初审合格后的 5 个工作日内携带相关材料到公安机关网络安全保卫部门进行复审，备案复审将在公安机关网络安全保卫部门收到备案材料的 5 个工作日内完成，并将复审结果告知备案人。备案人可在复审完成后通过备案编号和密码登录备案网站查询复审结果，若复审合格，公安机关将在备案单位提交的《中华人民共和国计算机信息网络国际联网单位备案表》上盖章后交还备案人，证明备案人完成备案；若复审不合格，请备案人按照系统提示进行整改。

（5）备案人领取加盖公安机关网络安全保卫部门公章的《中华人民共和国计算机信息网络国际联网单位备案表》后即完成备案。

（6）ICP 备案完成后，备案人应通过备案编号和密码登录备案网站，下载备案图标、报警岗亭图标、"警警察察"和记录链接，及时将备案图标、报警岗亭置于已完成备案网站首页的下方，将"警警察察"图片置于交互式栏目入口处，并按要求完成相应的链接。

（7）备案信息如有变更，备案人应通过备案编号和密码登录备案网站进行修改。若在备案进入初审程序后需要修改备案信息，备案人应首先通过备案网站向公安机关网监部门提出申请，公安机关将在收到申请后的 2 日内进行审核，备案人可在提出修改申请的 2 日后登陆备案网站，依照系统提示进行修改，修改后按修改时间重新计算备案日期。

5.3.4 备案罚则

对不按规定履行备案义务的单位或个人，不落实安全管理制度和措施的，按照《中华人民共和国计算机信息系统安全保护条例》第二十条和《计算机信息网络国际联网安全保护管理办法》第二十三条进行处罚。

《中华人民共和国计算机信息系统安全保护条例》第二十条规定：有下列行为之一的，由公安机关处以警告或者停机整顿：

（1）违反计算机信息系统安全等级保护制度，危害计算机信息系统安全的；
（2）违反计算机信息系统国际联网备案制度的；
（3）不按照规定时间报告计算机信息系统中发生的案件的；
（4）接到公安机关要求改进安全状况的通知后，在限期内拒不改进的；
（5）有危害计算机信息系统安全的其他行为的。

《计算机信息网络国际联网安全保护管理办法》第二十三条规定：

违反本办法第十一条、第十二条规定，不履行备案职责的，由公安机关给予警告或者停机整顿不超过 6 个月的处罚。

5.3.5 相关表格

因为各省市地区管理的差异性，不同地区需要提交的材料可能略有不同。

1）互联网接入服务提供商（ISP）

《IP 地址分配信息表》

《固定 IP 地址使用信息表》

《宽带（无线）用户上网账号注册信息表》

《ISP单位安全责任书告知书》

《ICP登记信息表》

《主机客户信息表》(有主机托管业务填写)

《中华人民共和国计算机信息网络国际联网单位备案表》

《信息系统定级报告模板和备案表》

2）互联网数据中心(IDC)

《服务器信息表》

《主机客户信息表》(有主机托管业务填写)

《IP地址分配信息表》

《IDC单位安全责任书告知书》

《空间网站信息表》(有虚拟空租赁业务填写)

《中华人民共和国计算机信息网络国际联网单位备案表》

《信息系统定级报告模板和备案表》

3）互联网信息服务商(ICP)

《ICP(网站)安全责任告知书》

《ICP注册用户注册信息表》

《空间网站信息表》(有虚拟空租赁业务填写)

《中华人民共和国计算机信息网络国际联网单位备案表》

《信息系统定级报告模板和备案表》

4）联网单位

《联网使用单位安全责任告知书》

《中华人民共和国计算机信息网络国际联网单位备案表》

《重要信息系统和重点网站安全执法检查自查表》

《信息系统定级报告模板和备案表》

5.4 互联网单位用户的日常管理

5.4.1 互联网接入服务单位的管理(ISP/IDC)

1）管理方法

（1）掌握本地所有互联网运营单位的基本情况，积极发展安全组织机构和安全员，加强对安全负责人、安全联络员、安全专管员及相关技术人员的管理。建立安全组织人员资料库,及时掌握运营单位的运行情况。

(2) 全面掌握互联网运营单位网络拓扑结构的基本情况,要求运营单位向公安机关网络安全保卫部门提供本单位网络拓扑结构的三级网络示意图。

(3) 全面掌握互联网运营单位 IP 资源和 IP 资源的分配接入方式(包括小区的接入方式、小区内的组网方式、IP 地址的分配和使用情况),将 IP 资源情况录入基础数据库。

(4) 全面掌握互联网运营单位网络出口情况,发现互联网运营单位私自接入互联网或使用异地网络出口的情况,有效避免出现监管漏洞。

(5) 加强安全保护技术措施的检查,重点检查安全审计技术措施落实情况,对提供拨号上网、无线上网或小区接入的单位,着重要求采取必要的技术措施实现上网 IP、上网时间与上网用户的一一关系;特别是针对采用 NAT 式为用户提供上网服务的单位,务必要求其记录 NAT 转换记录(包括内网 IP、转换出口的公网 IP、时间、访问的目的地址等)。

(6) 督促互联网运营单位依法履行备案义务和通知其提供服务的联网用户办理备案手续,并按照要求做好定期数据报送。在规定期间向公安机关网络安全保卫部门报送本月新增和变更的用户资料以及本单位 IP 地址使用情况,及时将报送数据整理录入基础数据库。

(7) 统一向互联网运营单位提供固定的报送接口和报送格式,不得随意改变报送接口和报送格式。

(8) 定期走访运营单位,每半年至少到各个单位走访调研一次,及时了解各单位发展情况和业务发展计划。

(9) 对未落实安全保护管理制度,经常发生违法行为,或未落实案件协查制度,案件倒查准确率不足 95% 的,经屡次教育坚决不予改正的互联网运营单位严格依法查处。

2) 日常管理工作流程

(1) 摸底调查:依法对管辖区域内的互联网接入服务单位进行摸查,掌握管辖区内的互联网接入服务单位的数量及相关信息。

(2) 督促备案:电话通知或采用其他方式通知互联网接入服务单位,要求其在规定时间内备案,并要求互联网接入服务单位协助公安机关进行互联网个人用户的备案。

(3) 督促指导建立安全保护管理制度:要求互联网接入服务单位建立相关制度,如计算机机房安全管理制度;安全管理责任人、信息审查员的任免和安全责任制度;网络安全漏洞检测和系统升级管理制度;操作权限管理制度;用户登记制度等其他安全保护工作制度。

(4) 督促指导完善安全保护技术措施:要求互联网接入服务单位对其系统实施安全保护技术,主要有,系统时钟统一,统一核对北京时间;计算机病毒防治措施;系统重要部分的冗余或备份措施;系统运行和用户使用制度保存60日以上的措施;网络攻击防范、追踪措施;记录用户主叫电话号码和网络地址的措施等其他安全技术措施。

(5) 督促指导建立安全组织机构:按照国家相关规定,互联网接入服务单位需要建立计算机安全组织机构,并提供责任人和安全组织机构内的人员名单和联系电话等相关信息;需要组织两名或两名以上计算机安全员参加公安机关的专业培训;落实7×24小时值班制度等。

(6) 定期提交数据:互联网接入服务单位每月应在固定时间内报送本月新增和变更用户资料以及本单位IP地址使用情况和网络出口情况。

3) 行政处罚

(1) 根据《计算机信息网络国际联网安全保护管理办法》第二十一条规定:有下列行为之一的,由公安机关责令限期改正,给予警告,有违法所得的,没收违法所得;在规定的限期内未改正的,对单位的主管负责人员和其他直接责任人员可以并处5000元以下的罚款,对单位可以并处1.5万元以下的罚款;情节严重的,并可以给予6个月以内的停止联网、停机整顿的处罚,必要时可以建议原发证、审批机构吊销经营许可证或者取消联网资格。

① 未建立安全保护管理制度的;
② 未采取安全技术保护措施的;
③ 未对网络用户进行安全教育和培训的;
④ 未提供安全保护管理所需信息、资料及数据文件,或者所提供内容不真实的;
⑤ 对委托其发布的信息内容未进行审核或者对委托单位和个人未进行登记的;
⑥ 未建立电子公告系统的用户登记和信息管理制度的;
⑦ 未按照国家有关规定,删除网络地址、目录或者关闭服务器的;
⑧ 未建立公用账号使用登记制度的;
⑨ 转借、转让用户账号的。

(2) 根据《计算机信息网络国际联网安全保护管理办法》第二十三条规定:违反本办法第十一条、第十二条规定,不履行备案职责的,由公安机关给予警告或者停机整顿不超过6个月的处罚。

(3) 根据《中华人民共和国计算机信息网络国际联网管理暂行规定实施办法》第二十二条规定:对未使用邮电部国家公用电信网提供的国际出入口信道,或自行建立或者使用其他信道进行国际联网的,由公安机关责令停止联网,可以并处1.5万元以下罚款;有违法所得的,没收违法所得。对接入单位未领取国际联网经营许可证从事国际联网经营活动的,由公安机关给予警告,限期办理经营许可证;在限期内不办理经营许可证的,责令停止联网;有违法所得的,没收违法所得。对个人、法人和其他组织用户未通过接入网络进行国际联网的,对个人由公安机关处 5000 元以下的罚款;对法人和其他组织用户由公安机关给予警告,可以并处 1.5 万元以下的罚款。对进行国际联网的专业计算机信息网络经营国际互联网络业务的,由公安机关给予警告,可以并处 1.5 万元以下的罚款;有违法所得的,没收违法所得。企业计算机信息网络和其他通过专线进行国际联网的计算机信息网络违反只限于内部使用规定的,由公安机关给予警告,可以并处 1.5 万元以下的罚款;有违法所得的,没收违法所得。

5.4.2 互联网信息服务单位的管理(ICP)

1) 管理方法

① 全面掌握基本情况。

② 加强安全检查和指导。

③ 建立日常应急联络机制。

④ 逐步落实实名制。

⑤ 督促、指导网站落实信息先审后发制度。

⑥ 督促、指导电子邮件服务单位落实关键字技术措施;推动电子邮件服务单位履行行业规范;建立案件协查机制;建立有害信息的应急处置机制。

⑦ 加强对互联网娱乐平台开设的新业务、新栏目指导监管,防止涉及黄赌毒内容的业务进入互联网娱乐平台;落实重点网络游戏用户虚拟财产保护工作;加强对互联网娱乐平台的公示牌聊天功能等交互式空间内容的管理。

⑧ 建立紧急突发事件预警通报机制。

2) 日常管理工作流程

(1) 摸底调查:依法对管辖区域内的互联网信息服务单位进行摸查,掌握管辖区内的互联网信息服务单位(包括维护权在本地的)的数量及相关信息。

(2) 督促备案:电话通知或采用其他方式通知互联网信息服务单位,要求其在规定时间内备案,并要求互联网信息服务单位协助公安机关出租网站用户情况的备案。

(3) 督促指导建立安全保护管理制度:要求互联网信息服务单位建立相关制度,如计算机机房安全管理制度;安全管理责任人、信息审查员的任免和安全责任制度;网络安全漏洞检测和系统升级管理制度;操作权限管理制度;用户登记制度;信息先审后发等其他安全保护工作制度。

(4) 督促指导完善安全保护技术措施:要求互联网信息服务单位对其系统实

施安全保护技术,主要有,系统时钟统一、统一核对北京时间;计算机病毒防治措施;系统重要部分的冗余或备份措施;系统运行和用户使用制度保存60日以上的措施;网络攻击防范、追踪措施;安全审计和预警措施;查询检索功能等。

(5) 督促指导建立安全组织机构:按照国家相关规定,互联网信息服务单位需要建立计算机安全组织机构,并提供责任人和安全组织机构内的人员名单和联系电话等相关信息;需要组织两名或两名以上计算机安全员参加公安机关的专业培训;落实7×24小时值班制度等。

(6) 定期提交数据:互联网信息服务单位每月应在固定时间内报送本月新增和变更用户资料以及本单位IP地址使用情况和网络出口情况,及时将变更情况录入基础数据库。

3) 行政处罚

(1) 根据《计算机信息网络国际联网安全保护管理办法》相关规定进行处罚。

第二十条 违反法律、行政法规,有本办法第五条、第六条所列行为之一的,由公安机关给予警告,有违法所得,没收违法所得,对个人可以并处5000元以下的罚款,对单位可以并处1.5万元以下的罚款;情节严重的,并可以给予6个月以内停止联网、停机整顿的处罚,必要时可以建议原发证、审批机构吊销经营许可证或者取消联网资格;构成违反治安管理行为的,依照治安管理处罚条例的规定处罚;构成犯罪的,依法追究刑事责任。

第二十一条 有下列行为之一的,由公安机关责令限期改正,给予警告,有违法所得的,没收违法所得;在规定的限期内未改正的,对单位的主管负责人员和其他直接责任人员可以并处5000元以下的罚款,对单位可以并处1.5万元以下的罚款;情节严重的,并可以给予6个月以内的停止联网、停机整顿的处罚,必要时可以建议原发证、审批机构吊销经营许可证或者取消联网资格。

(一) 未建立安全保护管理制度的;

(二) 未采取安全技术保护措施的;

(三) 未对网络用户进行安全教育和培训的;

(四) 未提供安全保护管理所需信息、资料及数据文件,或者所提供内容不真实的;

(五) 对委托其发布的信息内容未进行审核或者对委托单位和个人未进行登记的;

(六) 未建立电子公告系统的用户登记和信息管理制度的;

(七) 未按照国家有关规定,删除网络地址、目录或者关闭服务器的;

(八) 未建立公用账号使用登记制度的;

(九) 转借、转让用户账号的。

第二十三条 违反本办法第十一条、第十二条规定,不履行备案职责的,由公安机关给予警告或者停机整顿不超过 6 个月的处罚。

(2) 根据《中华人民共和国计算机信息网络国际联网管理暂行规定实施办法》第二十二条规定:对未使用邮电部国家公用电信网提供的国际出入口信道,或自行建立或者使用其他信道进行国际联网的,由公安机关责令停止联网,可以并处 1.5 万元以下罚款;有违法所得的,没收违法所得。对接入单位未领取国际联网经营许可证从事国际联网经营活动的,由公安机关给予警告,限期办理经营许可证;在限期内不办理经营许可证的,责令停止联网;有违法所得的,没收违法所得。对个人、法人和其他组织用户未通过接入网络进行国际联网的,对个人由公安机关处五千元以下的罚款;对法人和其他组织用户由公安机关给予警告,可以并处 1.5 万元以下的罚款。对进行国际联网的专业计算机信息网络经营国际互联网络业务的,由公安机关给予警告,可以并处 1.5 万元以下的罚款;有违法所得的,没收违法所得。企业计算机信息网络和其他通过专线进行国际联网的计算机信息网络违反只限于内部使用规定的,由公安机关给予警告,可以并处 1.5 万元以下的罚款;有违法所得,没收违法所得。

5.4.3 联网单位的管理

1) 管理方法

(1) 全面掌握联网单位基本情况:掌握联网单位基本情况的方法包括及时收集本行政区划内互联网运营单位(ISP、IDC)报送的联网单位情况;通过备案及时掌握联网单位的情况;通过日常管理和监控工作发现联网单位的情况。

应掌握的基本情况包括:本行政区划内联网单位的底数、服务内容、用户规模以及单位的相关情况。掌握联网单位的备案率应达到 90%。

(2) 加强安全检查和指导:要求各联网单位落实安全保护管理制度和安全保护技术措施,重点检查重要网络系统的系统备份、安全审计日志记录留存以及突发性事件的应急处置措施的落实情况。具有保存 60 天以上系统运行日志和内部用户使用日志记录功能。上网日志应包括上网时间、下网时间、用户名、网卡 MAC 地址、内部 IP 地址、内部 IP 与外部 IP 地址的对应关系、访问的目标 IP 地址等信息。落实安全技术保护措施的联网单位必须达到 95%。

(3) 分层次、分类型指导联网单位落实安全保护管理制度

① 分层次管理

• 普通联网单位。对于用户规模在 100 个以下的联网单位,纳入普通联网单位管理,指导落实安全保护管理制度。一是依法通过正规途径接入互联网,不得私自接入,并依法履行备案义务;二是安全审计产品必须使用相应带宽的硬件产品,

防止低带宽产品审计高带宽出口造成丢包。

• 大型联网单位。对于用户规模在 100~500 个之间的联网单位,纳入大型联网单位重点管理。在普通联网单位管理的基础上,还要求单位服务器必须采用专用机房统一管理。

• 特大型联网单位。对于用户规模达到 500 个以上的联网单位,纳入特大型联网单位重点管理。在大型联网单位管理的基础上,还要求把特大型联网单位纳入互联网运营单位管理对象中,采用互联网运营单位管理模式进行管理。

② 分类型管理

• 党政机关联网单位。指导建立安全保护管理制度,重点落实重要信息系统的系统备份及应急预案制度、操作权限管理制度和用户登记制度;系统重要部分的冗余或备份措施、计算机病毒防治措施以及网络攻击防范、追踪措施;对使用公网动态 IP 地址上网的用户,上网日志应包括上网时间、下网时间、用户名、主叫电话号码、分配给用户的 IP 地址等信息。

• 宾馆旅业。指导建立安全保护管理制度,重点落实操作权限管理制度;用户登记制度、异常情况及违法犯罪案件报告和协查制度;系统运行和用户使用日志记录措施,其中对使用内部 IP 地址,通过网络地址转换技术(NAT、PAT)上网的用户,上网日志应包括上网时间、下网时间、用户名、网卡 MAC 地址、内部 IP 地址、内部 IP 与外部 IP 地址的对应关系、访问的目标 IP 地址等信息。

• 非经营性公共上网服务场所。指导建立安全保护管理制度,重点落实操作权限管理制度、用户登记制度和备案制度,以及系统运行和用户使用日志记录保存 60 日以上措施、身份登记和识别确认措施。

• 重点联网用户。指导建立安全保护管理制度,严格上网管理,禁止一机两用。

2) 日常管理工作流程

(1) 摸底调查:依法对管辖区域内的联网单位进行摸查,掌握管辖区内的联网单位的数量及相关信息。

(2) 督促备案:电话通知或采用其他方式通知联网单位,要求其在规定时间内备案。

(3) 督促指导建立安全保护管理制度:要求联网单位建立相关管理制度,如使用互联网日志记录留存制度;信息发布和链接网站审核、登记制度;异常情况及违法犯罪安全报告和协查制度;安全教育和培训制度;重要网络系统的系统备份及应急预案制度及其他安全保护工作制度等。

(4) 督促指导完善安全保护技术措施:要求联网单位对其系统实施安全保护技术,主要有,信息网络防入侵检测和计算机病毒安全技术措施;重要网络系统的系统备份及处理突发事件的应急措施;提供信息服务的单位可参照互联网信息服务单位实施的安全保护技术措施。

（5）督促指导建立安全组织机构：按照国家相关规定，联网单位需要建立计算机安全组织机构，并提供责任人和安全组织机构内的人员名单和联系电话等相关信息；需要组织两名或两名以上计算机安全员参加公安机关的专业培训等。

（6）定期提交数据：联网单位每月应在固定时间内报送本月新增和变更用户资料以及本单位 IP 地址使用情况和网络出口情况，及时将变更情况录入基础数据库。

3）行政处罚

根据《计算机信息网络国际联网安全保护管理办法》相关规定进行处罚。

第二十条 违反法律、行政法规，有本办法第五条、第六条所列行为之一的，由公安机关给予警告，有违法所得的，没收违法所得，对个人可以并处 5000 元以下的罚款，对单位可以并处 1.5 万元以下的罚款；情节严重的，并可以给予 6 个月以内停止联网、停机整顿的处罚，必要时可以建议原发证、审批机构吊销经营许可证或者取消联网资格；构成违反治安管理行为的，依照治安管理处罚条例的规定处罚；构成犯罪的，依法追究刑事责任。

第二十一条 有下列行为之一的，由公安机关责令限期改正，给予警告，有违法所得的，没收违法所得；在规定的限期内未改正的，对单位的主管负责人员和其他直接责任人员可以并处 5000 元以下的罚款，对单位可以并处 1.5 万元以下的罚款；情节严重的，并可以给予 6 个月以内的停止联网、停机整顿的处罚，必要时可以建议原发证、审批机构吊销经营许可证或者取消联网资格。

（一）未建立安全保护管理制度的；

（二）未采取安全技术保护措施的；

（三）未对网络用户进行安全教育和培训的；

（四）未提供安全保护管理所需信息、资料及数据文件，或者所提供内容不真实的；

（五）对委托其发布的信息内容未进行审核或者对委托单位和个人未进行登记的；

（六）未建立电子公告系统的用户登记和信息管理制度的；

（七）按照国家有关规定，删除网络地址、目录或者关闭服务器的；

（八）未建立公用账号使用登记制度的；

（九）转借、转让用户账号的。

第二十三条 违反本办法第十一条、第十二条规定，不履行备案职责的，由公安机关给予警告或者停机整顿不超过 6 个月的处罚。

课后习题

一、选择题

1. 互联网服务提供者和联网使用单位落实的记录留存技术措施,应当具有至少保存_____天记录备份的功能。 （ ）
   A. 10   B. 30   C. 60   D. 90

2. 根据《计算机信息网络国际联网安全保护管理办法》,互联网联网用户需要到公安机关办理备案手续,请问以下哪个答案是错误的 （ ）
   A. ISP、IDC   B. ISP、ICP
   C. IDC、ICP   D. ISP、个人联网用户

3. 下列哪项材料是互联网单位用户在备案时不需要提供的材料？ （ ）
   A. 省通信管理局发放的备案编号
   B. 本单位的计算机信息网络安全组织成员名单
   C. 计算机安全员证书复印件
   D. 《互联网信息安全责任书》

4. 对从事国际联网经营活动的接入单位实行 （ ）
   A. 审批制度   B. 国际联网经营许可证制度
   C. 特惠制度   D. 备案制度

5. 用户使用的计算机或者计算机信息网络,需要接入网络的,应当征得_____的同意,并办理登记手续。 （ ）
   A. 接入单位   B. 互联网通信管理部门
   C. 国际联网资格审批机关   D. 网络安全与信息化领导小组

6. （多选）_____发现国家秘密泄露或可能泄露情况时,应当立即向保密工作部门或机构报告。 （ ）
   A. 互联单位   B. 接入单位   C. 用户   D. 使用者

7. （多选）互联网信息服务提供者应当在其网站主页的显著位置标明其 （ ）
   A. 经营许可证编号   B. 备案编号
   C. 记录提供的信息内容及其发布时间   D. 互联网地址或者域名

8. 《信息安全技术互联网服务安全评估基本程序及要求》明确要求,互联网服务上线前,互联网服务提供者应自行组织开展安全评估,向属地_____提交评估报告,进行安全检查。 （ ）
   A. 公安机关   B. 网信办   C. 电信机关   D. 工商局

9. 互联网服务提供者履行登记备案义务,应在进行国际联网后的一定期限内向所在地_____指定的受理机关备案,并承担一定的安全保护责任,接受公安机关的监督和检查。 （ ）
   A. 县级公安机关   B. 省级以上公安机关
   C. 公安厅   D. 市级公安机关

10. 《信息安全技术互联网服务安全评估基本程序及要求》规定,互联网服务提供者开展互联网应用服务安全评估后,应当在互联网应用服务正式上线提供服务之日起_____内将书面安全评估报告向其所在地市级以上公安机关网安部门备案。（   ）
    A. 1个工作日　　　B. 3个工作日　　　C. 5个工作日　　　D. 7个工作日

11. 当发现个人电子信息泄露事件后,互联网交互式服务提供者应立即采取补救措施,防止信息继续泄露,_____告知用户。（   ）
    A. 立即　　　B. 12小时内　　　C. 24小时内　　　D. 48小时内

12. （多选）在我国,互联网服务提供者包括向用户提供（   ）
    A. 互联网接入服务的单位　　　B. 互联网数据中心服务的单位
    C. 互联网信息服务的单位　　　D. 互联网上网服务的单位

13. （多选）《信息安全技术互联网交互式服务安全保护要求》适用于互联网交互式服务提供者落实互联网安全保护管理制度和安全保护技术措施。该标准明确规定,互联网交互式服务提供者应建立文件化的安全管理制度,包括（   ）
    A. 用户管理制度　　　B. 安全培训制度
    C. 系统操作权限管理制度　　　D. 安全岗位管理制度

14. （多选）《信息安全技术互联网交互式服务安全保护要求》规定,互联网交互式服务提供者应对用户真实身份信息进行有效核验,有效核验方法可追溯到用户登记的真实身份,如（   ）
    A. 已确认真实身份的网络服务的注册用户
    B. 已经注销的银行卡
    C. 身份证与姓名实名验证服务
    D. 经电信运营商接入实名认证的用户

15. （多选）互联网服务提供者和联网使用单位不得实施_____破坏互联网安全保护技术措施的行为。（   ）
    A. 擅自改变安全保护技术措施的用途和范围
    B. 擅自删除、篡改安全保护技术设施、技术手段运行程序和记录
    C. 故意破坏安全保护技术设施
    D. 擅自停止或者部分停止安全保护技术设施、技术手段运行

16. （多选）应急预案是指突发事件应急方针、政策,应急组织结构及其职责、应急行动、措施和保障等方面的要求和程序的文件。应急预案通常应该包括下列内容（   ）
    A. 明确各类事故的诊断方法和流程;事故场景应覆盖电力故障、火情水灾、人为破坏、病毒爆发、网络攻击、计算机硬件故障、操作系统故障、系统漏洞、应用系统故障以及其他各类与网络相关的故障
    B. 制定网络恢复流程和应急处置操作手册
    C. 明确应急恢复过程中的关键状态,并明确不同状态的沟通和报告内容及等级
    D. 明确应急相关人员的协调内容和沟通方式

二、判断题

1. 服务器设在杭州,维护者在上海的信息系统,只需要在杭州公安机关网络安全管理部门备案即可。（   ）

2. 提供虚拟主机服务的经营性互联网单位,在备案时除了要提交常规备案资料以外,还必须提交使用本虚拟主机的所有用户的基本情况,包括 URL、负责人、联系方式(网站负责人签字)。( )
3. 互联网单位用户,有违法行为时,公安机关可以依法吊销其经营许可证或者取消其联网资格。( )
4. 中国四大主干网络包含中国科技网、中国教育与科研网、中国金桥信息网、中国公众互联网。( )
5. 网络运营者在网络建设和运营中,必须要保证先建设、后定级,并且要求同步运行网络安全保护、保密和密码保护措施。( )
6. 如果个人或单位拥有多个网站(域名),则多个域名需分开填写,每个域名单独填写一次备案信息。( )
7. 某互联网信息服务公司出于业务扩展需求,需向合作公司提供客户个人信息。只需要将客户信息匿名化后,即可在未征求客户同意的情况下,将客户个人信息提供给合作公司。( )
8. 当发现网络产品、服务存在较大安全缺陷、漏洞等风险时,应实时向公众通报安全风险的具体情况。( )
9. 联网使用单位使用内部网络地址与互联网网络地址转换方式向用户提供接入服务的,能够记录并留存用户使用的互联网网络地址和内部网络地址对应关系。( )
10. 如果某单位,同时兼具 ISP、IDC、ICP 两种以上的业务,则每一种业务功能都需要到公安机关网络安全保卫部门依法履行备案义务。( )

三、简答题

1. 简述互联网单位用户中,互联网接入服务提供商(ISP)的业务范围。
2. 简述互联网服务提供者的安全保护义务的概念和内容。
3. 简述互联网接入服务单位(ISP)在办理备案时需要提供哪些材料。

第 6 章　互联网信息内容安全管理

在科技信息化已成为世界发展趋势的背景下,互联网有着极为广泛的应用。一方面,互联网创造出了巨大的经济效益和社会效益,人们可以轻易地获取信息、互相交流、协同工作;另一方面,互联网也带来了一些负面影响,如色情、反动等不良信息在网络上大量传播,滥发垃圾邮件、垃圾短信等不正当行为肆虐,网络谣言、网络群体性事件频出,还有通过网络社交软件对网民进行诈骗的案件也层出不穷。互联网的信息内容安全问题暴露在公众眼前,信息内容安全管理已经成为互联网管理的重要方面。

6.1　互联网信息内容安全管理概述

6.1.1　相关概念界定

1) 管理和治理的概念

在互联网管理过程中,常常会出现"管理"和"治理"两个概念,这两个概念相似,但是又有区别,下面对这两个概念进行阐述,以便更好地理解互联网信息内容管理的内涵。

"管理"(administration),是指政府、政府授权的机构或者依法设立的其他组织从降低资本风险、保护社会公共利益、维护社会安定的目的出发,根据国家的宪法和相关法律,制定相应的法律、法规、条例和政策,并根据它们对资本市场体系和各种活动进行的监督、管理、控制与指导。管理的干预强度大,通常如果违反相关的管理规定就要承担一定的法律责任。

"治理"(governance)的理念被广泛地应用于公共政策研究和公共事务的管理实践之中。与管理不同,治理是指一种由共同目标支持的活动,这些活动的主体未必是政府,也无须依靠国家的强制力量来实现。作为一种公共事务管理的理念,治理强调如下几个方面:

(1) 治理不仅是一整套规则、一系列活动,更重要的是一个过程。

(2) 治理过程的基础不是控制,而是协调。政府统治的权力运行方向总是自上而下的,它运用政府的政治权威,通过发号施令、制定政策和实施政策对社会公共事务实行单一向度的管理。与此不同,治理则是一个上下互动的过程,它主要通过合作、协商、伙伴关系、确立认同和共同的目标等方式实施对公共事务的管理。

(3) 治理既涉及公共部门,也涉及私人部门。治理虽然需要权威,但这个权威并非一定是政府机关。治理过程包括政治国家与公民社会的合作、公共机构与私人机构的合作、强制与自愿的合作等。

(4) 治理不是以一次行动或者一个阶段的活动为标志,而是以持续的互动为主要特征。

在我国现有的互联网管理实践中,对管理作了扩大理解,基本将"管理"与"治理"作同义使用,本书不再对其进行严格区分。

2) 互联网信息内容安全管理

互联网信息内容安全管理是为了维护公众的利益和市场竞争的秩序,通过制定法律、规章制度等对互联网进行监查和管理,对互联网络之间传输的数据或建立的连接按照一定的安全指标进行检查,监测和控制互联网上传播的信息内容,禁止有害信息的传播,从而使互联网上的信息内容完整、无害、有序地进行传播,确保维护互联网秩序而采取的措施和管理。信息社会,信息的传递和反馈快速灵敏,具有动态性和实时性等特点,但网络共享性与开放性使得人人都可以在互联网上索取和存放信息,这些信息良莠不齐,各种不良和无用的信息大量充斥在网络上,形成了一个纷繁复杂的信息世界,给用户选择、利用互联网信息带来了障碍。

随着网络服务的日益普及,互联网逐渐成为人们获取信息、处理事务、休闲娱乐不可或缺的工具,而且由于互联网传播具有的信息量大、易检索、便捷快速等独特优势,使之在某种意义上成为继报纸、广播、电视后的又一种新传播媒介。网民透过网络直接表达自己的见解有其积极的一面,但网民发表言论的随意性有时也会对现实社会产生意想不到的冲击,严重时网络会演变成谣言的集散地、不满情绪的发泄处、恶意攻击的发射场。当前互联网信息内容安全所面临的威胁主要有以下三个方面:一是境内外敌对势力或非法组织利用互联网进行意识形态的渗透并伺机挑唆,攻击我国的社会主义制度和共产党领导;二是少数对社会心怀不满的人,借助互联网散布谣言,甚至恶意煽动或组织群体性事件,破坏社会稳定;三是不法分子利用互联网进行各种违法犯罪活动,进行网络赌博、诈骗、盗窃、诽谤,传播色情、暴力等有害信息,制造和传播网络病毒等。这些使互联网的信息内容安全面临严峻的考验,政府职能部门在这方面的管理还有待加强。

3) 信息内容安全管理和信息安全管理的区别

信息内容安全管理和信息安全管理主要存在以下区别：

第一，从管理范围上看，信息安全管理比信息内容安全管理更广泛。信息安全管理包括安全规划、风险管理、应急计划、安全教育培训、安全系统评估、安全认证等多方面的内容，只靠个别机构无法解决这些问题。因此，信息安全管理的主体可以是政府机构，也可以是社会各级各类组织。而信息内容安全管理的主体是特定的机构，如国家互联网信息办公室、公安机关等。

第二，从管理内容上看，信息内容安全管理侧重于打击违法有害信息，对信息的合法有效性进行控制管理。信息内容安全管理旨在识别信息内容是否合法，阻止违法有害信息的传播和利用，主要是对信息生命周期的管理过程，包括信息内容存储管理、信息内容传播管理、信息内容过滤管理等。而信息安全管理不仅包括信息内容安全管理，也包括策略、过程、规程、组织结构以及软件和硬件功能的管理。保证网络的硬件、软件及信息系统不因偶然的或者恶意的原因而遭到破坏、更改、泄露，系统连续、可靠、正常地运行，信息服务不中断。此外，信息安全管理还包括对人员的管理，要培养信息安全人员并且适时进行培训，以便扭转重技术轻管理、重物质资源轻人力资源的倾向，消除内部人员管理上的漏洞，解决信息安全人才不足的问题。

6.1.2 互联网信息内容安全管理的意义

1）维护国安全的意义

随着国际形势的不断变换，目前我国正面临着百年所未有之大变局，以美国为首的西方资本主义国家对中国不断发难，互联网上的意识形态领域的斗争也不断加剧。境外反华势力不断通过电子邮件、即时聊天工具、"翻墙"软件、社交网站等方式打开我国网络的缺口，制造各类政治谣言、诋毁社会主义制度、鼓吹西方民主自由。尤其是2019年底新冠疫情爆发以来，如"病毒源自中国实验室"的阴谋论等各类网络谣言甚嚣尘上，同时西方媒体抨击我国疫情防控手段毫无人权保障，混淆民众视听、煽动民众不满情绪、扰乱我国的社会秩序。此外，境内外的敌对反动势力利用网络制造危害国家安全稳定的各类言论。"港独""台独""疆独""藏独""法论功"等各类反动组织不断在网络上掀起反华浪潮，煽动民族分裂，对公众造成恶劣影响，蓄意引发群体性事件。并且，随着媒体传播结构的去中心化发展，有害信息一旦扩散，便很难进行有效管控，从而对国家的安全和稳定造成极大威胁。

2）维护公共安全的意义

目前，我国正处于改革开放的关键时期，面临巨大机遇的同时，也存在诸多问题与矛盾,加之自媒体时代的日益发展,人人都是新闻的发布者和传播者,新闻在发布过程中不受时间、地点的限制,可以实现即时性发布,对互联网公共安全管理造成了极大的挑战。

近年来互联网上掀起了一轮又一轮的舆论风暴,医患纠纷、拆迁纠纷、假疫苗……在国内外别有用心之人的煽动下,一些小事情也能发酵变为大事件。并且随着线上线下互动性的明显增加,网络舆情事件如果不加以干涉和引导,往往会演变成为组织者隐秘、形式松散、主题明确、集结速度快、参与人数多的线下群体性事件,对社会稳定和公共安全造成威胁,并产生恶劣影响。

当前,我国互联网信息过滤技术无法识别所有违法有害信息,尤其是图片和视频形式的有害信息难以筛选和识别,主要还是依靠有关部门主动发现、广大网络用户揭发举报、互联网服务提供商在发现国家规定违法有害信息时及时删除等方法进行治理。但是,在当下信息爆炸式传播的时代,事后补救的方式很难或者根本无法挽回已经造成的不良影响和损害。因此,在现有技术、人力、物力和政策法规的条件下,政府相关部门对互联网信息内容的监管愈发艰难,如何避免网络上负面信息对全国发展大局带来的干扰,维护社会稳定和公共安全,是对我国相关政府部门管理水平的考验。

3) 维护文化安全的意义

互联网自20世纪60年代诞生以来,随着信息技术的不断变革与发展,已经使全世界发生了翻天覆地的变化,不同国家和民族之间的文化交流与合作达到空前规模的同时,西方国家对于我国的文化渗透也无处不在。法国一位战略研究学者克利斯蒂昂·圣·艾蒂安纳在2010年写了一本题为《21世纪的战争与和平——理解明天之世界》的书,其中专门提出要对中国发动一场思想战争,认为只有通过思想战争才能打败中国发展模式对西方民主制度的威胁。法国另一位学者费雷德雷克·马尔戴尔也写了一本书叫作《主流——谁将打赢全球文化战争》,认为世界文化战争已宣告爆发。这两位学者不约而同地使用了"战争"这个词,从某种意义上表明,今天的世界,思想文化上的渗透与反渗透斗争非常激烈。

西方文化渗透的目的也很明确,通过影视、文学、新闻等各种包装和手段,来干扰和操纵人们的认知,使人们认定西方文化比自己的民族文化更文明更先进,进而把本民族的审美权、发展权甚至历史解释权都拱手交给别人。文化上被征服的人会心甘情愿地接受别人制定的文化评判标准,被文化渗透的国家也会形成思想乱流,人民丧失对本国文化、历史、体制的自信和认同。

因此,对于中国文化的正向网络输出,还需要全社会各个部门、各类团体和广大人民群众结合新的媒体传播方式,探索文化输出新方式,向全世界展现中国文化的自信与魅力。

4）维护群众精神文明健康和个人隐私的意义

信息爆炸的时代,互联网上存储和传播着海量信息,人们可以方便快速地获得自己想要的各类信息,但是同时个人的身份证、银行卡、家庭住址、照片等各类隐私信息在存储、处理和传播过程中也受到极大威胁。在目前技术制胜的时代,网络犯罪成本极低,巨大利益的诱惑,催生出各类黑灰产业链,如果个人隐私信息被"有心人"非法获取,并加以利用,会严重威胁到个人的人身财产安全。

此外,互联网上也存在大量的黄、赌、毒信息,如果不加以治理,任由其扩散传播,会对未成年人产生极大负面影响。未成年人由于智力、认知局限等原因,加上好奇心旺盛等特点,较易受互联网上信息内容吸引,同时对信息内容很难加以辨认识别,尤其是赌博、暴力、色情等有害信息对未成年人影响巨大,世界各国都对未成年人避免受到互联网上违法有害信息的干扰进行了相关法律规定。

因此,互联网信息内容安全管理从内容存储、传输、过滤等方面对信息进行全面监管,对保护个人隐私和生活安宁、未成年人的健康发展、公民和法人的合法权益具有重大意义。

6.1.3 互联网信息内容安全管理特征

在分析信息内容安全的问题前,首先要搞清楚信息安全的威胁来自何方。传统计算机安全面临的威胁有泄露、欺骗、破坏和篡改。但在互联网信息共享环境中,人们同样发现信息内容安全所面临的威胁也有泄露、欺骗、破坏和篡改。在局域网连上互联网时,局域网内的敏感信息有可能泄露到互联网中。例如,由于局域网上的信息可能会保存在不同的系统中,造成无法进行或不可能实现可控的安全管理。这种安全管理上的缺失,造成了互联网信息内容的安全面临着各方面的威胁。

第一,互联网中有大量公开的信息,如某人的姓名、工作单位、住宅地址、电话号码等。由于这些公开信息的获取途径简单、成本非常低,在某些情况下,会被整合并可能被不法分子利用,例如某些公司会将这些数据作为商业信息出售,还有些不法分子会利用这些信息进行诈骗。所以互联网上的信息泄露,还指将特定信息向特定相关人或组织进行传播,以妨碍特定相关人或组织的正常生活或运行。

第二,互联网的开放性和自主性,可使信息由各个组织自发生成,并共享到互联网中。但这也带来了很多欺骗性的威胁。例如,互联网的地址和内容都存在被伪造的可能性。这些是由于互联网运行中无法保证信息完整性而造成的。

第三,信息被非法传播。在网络中发现,很多具有知识产权的音乐和电影被广泛传播,从而造成了知识产权被侵犯的局面。

第四,信息在传播过程中,也可能被篡改。篡改信息的目的,可能是为了消除信息的来源,使其无法跟踪;也可能是为了伪造信息的内容,影响正常的信息交流。此外,信息被篡改后,还会被植入木马等病毒,这些程序代码不仅会对所在的信息载体带来破坏,还会直接危害到软硬件系统的安全。

当然,从威胁的种类来看,目前互联网上信息内容安全面临的威胁主要包括新型网络攻击、网络钓鱼和网络欺诈、恶意垃圾邮件、即时通信威胁、间谍软件的威胁、内部的威胁等等。

6.2 互联网信息内容安全管理的基本原则

6.2.1 依法管理原则

加强网络空间法治建设,完善网络信息服务法律法规,完善网络安全保护法律法规,依法规范和治理网络行为,这是依法治国的题中之意,也是必然要求。目前,我国已经制定了《中华人民共和国网络安全法》《全国人大常委会关于维护互联网安全的决定》《互联网新闻信息服务管理规定》等针对互联网的法律、行政法规、司法解释和部门规章,基本形成了专门立法和其他立法相结合、涵盖不同法律层级、覆盖互联网管理主要领域和主要环节的互联网法律制度。这些法律法规为互联网信息内容安全管理提供了法律遵循。互联网信息内容安全管理应坚持依法管理。依法管理就是互联网信息内容安全管理的相关单位或职能部门依照国家立法机关和行政机关制定颁发的法律、法规、规章,对互联网信息内容进行管理。要依照法规办事,加强互联网信息内容制作、传播和宣传的遵纪守法教育,对互联网信息内容安全管理的行为和传播不良信息的责任者严肃追究,依法处理。互联网信息内容安全管理的法律法规不仅具有引导、教育、评价、调整人们网络行为的规范作用,而且具有制裁、惩罚违法行为的强制作用。因此,任何单位、组织或个人都应组织学习,从本单位的实际出发,依照法律法规的基本要求,制定相应的规章制度或工作规程,并严格执行,做到有法必依、执法必严、违法必究,使互联网信息内容安全走上法治化的道路。互联网信息内容安全管理需要加强依法管网、依法办网、依法上网,全面推进网络空间法治化。

6.2.2 主体责任原则

"主体责任原则"就是通常所说的"谁主管谁负责、谁接入谁负责、谁运营谁负责",是互联网信息内容管理的责任原则,运营的主体包括:互联网接入服务提供者(ISP)和互联网信息服务提供者(ICP)。按照"谁运营、谁负责"的原则,各运营单位是相关责任主体，应当做好网络与信息系统安全工作，保障网络与信息系统安全可靠运营。1997年，经国务院批准，公安部发布的《计算机信息网络国际联网安全保护管理办法》规定，互联网服务单位负有对本单位网络用户的安全教育和培训的责任。2000年，公安部和人事部联合发布了《关于开展计算机安全员教育的通知》，2006年，公安部和人事部又联合发布了《关于开展信息网络安全专业技术人员继续教育工作的通知》，要求把互联网服务单位和使用单位信息安全人员教育培训工作落到实处。

6.2.3 协同共治原则

协同共治是我国社会治理实践探索的经验总结，是指多元主体有效协作配合，参与共同事务管理的行动。互联网信息内容安全管理需要充分发挥政府等利益相关者各自的资源、知识、技术等优势，实现对网络空间"整体大于部分之和"的治理功效。互联网信息内容安全管理的关键是协同共治。信息网络的开放性、互动性的特质决定了信息内容安全管理仅靠某一方面的力量显然是不够的，而需要政府等多元主体的共同推动。网络空间安全仅仅依靠政府是无法实现的，需要政府、企业、社会组织、技术社群和公民等网络利益相关者的共同参与。《网络安全法》坚持共同治理原则，要求采取措施鼓励全社会共同参与，政府部门、网络建设者、网络运营者等都应根据各自的角色参与网络安全治理工作。互联网信息内容安全管理不能仅仅依靠行政管理，而应该以开放、对话的姿态，深化政府与互联网企业、行业组织、科研机构以及公众的合作，构建多主体共同参与的治理模式。

6.3 我国互联网信息内容安全管理机构及其职责

本书在第二章中提及我国目前的互联网行政管理体系为：国家网信部门负责统筹协调网络安全工作和相关监督管理工作。国务院电信主管部门、公安部门和其他有关机关依照本法和有关法律、行政法规的规定，在各自职责范围内负责网络安全保护和监督管理工作。

互联网信息内容安全管理机构的设置与我国总体互联网行政管理机构一致，本章将更为细致地阐述我国各行政机构在互联网信息内容安全机构中承担的主要职责。

中央网络安全和信息化委员会（原名中央网络安全和信息化领导小组）为我国互联网信息内容安全管理的顶层设计机构；国家互联网信息办公室、公安部、工业和信息化部为综合管理机构；国家安全部、中央宣传部、国家广播电视总局、国家市场监督管理总局、国家保密局、国家知识产权局、国家反恐工作领导小组、国家"扫黄打非"工作小组办公室为专项管理机构。

6.3.1 我国互联网信息内容安全综合监管机构

在《关于进一步加强和改进互联网管理工作的意见》(中办发〔2010〕24号文)中,明确提出我国互联网信息内容安全管理的"三驾马车"管理架构。在这样的管理架构中,国家互联网信息办公室为互联网信息内容管理的牵头领导部门,公安部、工业和信息化部分别从打击违法犯罪和行业监管两方面进行合作监管,确保了互联网管理的整体性和系统性,提升了我国网络安全和信息安全的保障能力,能有效抵御境内外敌对势力和不法分子对于我国网络空间的渗透和破坏。

1) 国家互联网信息办公室的职责

落实互联网信息传播方针政策和推动互联网信息传播法制建设,指导、协调、督促有关部门加强互联网信息内容管理,负责网络新闻业务及其他相关业务的审批和日常监管,指导有关部门做好网络游戏、网络视听、网络出版等网络文化领域业务布局规划,协调有关部门做好网络文化阵地建设的规划和实施工作,负责重点新闻网站的规划建设,组织、协调网上宣传工作,依法查处违法违规网站,指导有关部门督促电信运营企业、接入服务企业、域名注册管理和服务机构等做好域名注册、互联网地址(IP地址)分配、网站登记备案、接入等互联网基础管理工作,在职责范围内指导各地互联网有关部门开展工作。

2018年3月21日,中共中央印发了《深化党和国家机构改革方案》,对中央网络安全和信息化委员会办公室的职责进行了优化,明确为维护国家网络空间安全和利益,将国家计算机网络与信息安全管理中心由工业和信息化部管理调整为由中央网络安全和信息化委员会办公室管理。

2) 公安部的职责

根据中办发〔2010〕24号文件的规定,公安部负责互联网安全监督,依法打击网络违法犯罪活动,监控和处理网上反动、淫秽、赌博、诈骗等违法信息,对网吧等公共上网场所进行安全监督管理。公安机关一直以来都是我国打击网络犯罪、维护互联网安全的重要监管机构,我国不断以立法形式确立公安机关的网络安全管理职责。

2018年3月21日,中共中央印发了《深化党和国家机构改革方案》,对公安部的职权作出了进一步的调整,将中央防范和处理邪教问题领导小组及其办公室职责划归中央政法委员会、公安部。调整后,公安部在防范和处理邪教工作方面的主要职责为,收集邪教组织影响社会稳定、危害社会治安的情况并进行分析研判,依法打击邪教组织的违法犯罪活动等。

3) 工业和信息化部的职责

根据中办〔2010〕24号文件的规定,工业和信息化部负责互联网行业管理,制定互联网行业规划、政策和标准,负责基础电信运营组织、互联网接入服务组织的市场准入、退出和日常监督,负责电信业务经营许可和非经营性网站备案,负责互联网域名、IP地址资源管理及国际协调,拟定电信网、互联网安全防护政策并组织实施,协调管理电信网、互联网网络信息安全平台等。

2018年3月21日,中共中央印发了《深化党和国家机构改革方案》,对中央网络安全和信息化委员会办公室及工业和信息化部的职责进行了调整,将国家计算机网络与信息安全管理中心由工业和信息化部管理调整为由中央网络安全和信息化委员会办公室管理。工业和信息化部仍负责协调电信网、互联网、专用通信网的建设,组织、指导通信行业技术创新和技术进步,对国家计算机网络与信息安全管理中心基础设施建设、技术创新提供保障,在各省(自治区、直辖市)设置的通信管理局管理体制、主要职责、人员编制维持不变。

6.3.2 互联网信息内容安全专项治理机构

1) 国家广播电视总局的职责

2018年3月21日,中共中央印发的《深化党和国家机构改革方案》提出,在国家新闻出版广电总局广播电视管理职责的基础上组建国家广播电视总局,作为国务院直属机构。其主要职责是,贯彻党的宣传方针政策,拟订广播电视管理的政策措施并督促落实,统筹规划和指导协调广播电视事业、产业发展,推进广播电视领域的体制机制改革监管、审查广播电视与网络视听节目内容和质量,负责广播电视节目的进口、收录和管理协调推动广播电视领域走出去工作等,不再保留国家新闻出版广电总局。

该方案还提出,原国家新闻出版广电总局的新闻出版管理职责划入中央宣传部,由中央宣传部统一管理新闻出版工作。中央宣传部对外加挂国家新闻出版署(国家版权局)牌子。调整后,中央宣传部关于新闻出版管理方面的主要职责是,贯彻落实党的宣传工作方针,拟订新闻出版业的管理政策并督促落实,管理新闻出版行政事务,统筹规划和指导协调新闻出版事业、产业发展,监督管理出版物内容和质量,监督管理印刷业、管理著作权、管理出版物进口等。此外,将原国家新闻出版广电总局的电影管理职责划入中央宣传部,由中央宣传部统一管理电影工作。中央宣传部对外加挂国家电影局牌子,调整后,中央宣传部关于电影管理方面的主要职责是,管理电影行政事务,指导监管电影制片、发行、放映工作,组织对电影内容进行审查,指导协调全国性重大电影活动,承担对外合作制片、输入输出影片的国际合作交流等。

2）国家知识产权局的职责

中华人民共和国国家知识产权局是中华人民共和国国务院主管专利工作和统筹协调涉外知识产权事宜的直属机构。国家知识产权局为国务院直属机构，其主要职责是：负责组织协调全国保护知识产权工作，推动知识产权保护工作体系建设；会同有关部门建立知识产权执法协作机制，开展相关的行政执法工作；开展知识产权保护的宣传工作；会同有关部门组织实施国家知识产权战略纲要；承担规范专利管理基本秩序的责任；拟订专利产权法律法规草案，拟订和实施专利管理工作的政策和制度，拟订规范专利技术交易的措施，指导地方处理、调解侵犯专利的纠纷案件以及查处假冒他人专利行为和冒充专利行为，会同有关部门指导和规范知识产权无形资产评估工作。

2018年3月21日，中共中央印发了《深化党和国家机构改革方案》，对国家知识产权局进行了重组。方案提出，将国家知识产权局的职责、国家工商行政管理总局的商标管理职责、国家质量监督检验检疫总局的原产地地理标志管理职责整合，重新组建国家知识产权局，由国家市场监督管理总局管理。其主要职责是，负责保护知识产权工作，推动知识产权保护体系建设，负责商标、专利、原产地地理标志的注册登记和行政裁决，指导商标、专利执法工作等。商标、专利执法职责交由市场监管综合执法队伍承担。

3）国家保密局的职责

国家保密局与中央保密委员会办公室是一个机构两块牌子，列入中共中央直属机关的下属机构。国家保密局是一个负有检查、督促各政府机关履行《保守国家秘密法》的行政主管部门，确定政府机关的各类文件、汇报、报告、统计数据等材料的机密等级，同时还可以对所有涉及秘密级别以上的文件和部门行使督察检查以及指导的权力，依法要求该部门执行《保守国家秘密法》的各项规定和要求。

国家保密局既是保密委员会办事机构，又是依法主管保密工作的职能机构。其主要职责包括：依法履行保密管理职能，监督、检查《保守国家秘密法》及其保密法规、规章的实施；制定和组织实施国家保密工作计划，提出改进和加强保密工作的全局性、政策性建议，拟订保密法规，经立法机关批准后颁布；制定或会同国家保密局与有关部门制定保密规章制度；负责保密法规的解释；指导、协调党、政、军、人民团体及企事业单位的保密工作；指导和监督各机关、单位对国家秘密事项依法确定密级、变更密级和解密工作；负责依法对国家秘密的有关密级鉴定工作；组织开展保密检查、督促有关部门和单位对泄密事件进行查处；组织或参与对重大的或跨地区、跨部门泄密事件的查处工作；督促有关部门对国家秘密的泄露采取补救措施；负责计算机网络信息安全管理的保密工作，负责对涉密计算机信息系统的审批和年审，组织实施对通信及办公自动化保密技术检查，负责对涉密计算机网络的设计、施工单位进行资格审查;组织、指导、协调对外经济合作中向境外提供资料的保密国家保密局工;负责指导、监督和检查对有关部门和单位驻境外机构和公司保密管理工作;负责对携带秘密级国家秘密出境的审批、签发《国家秘密出境许可证》工作;检查、指导国家秘密载体的保密管理工作;负责国家秘密载体定点复制单位的审批,核发《国家秘密载体复制许可证》;负责指导测绘资料成果的保密管理工作;负责指导各单位保护国家秘密和商业秘密。

4) 国家市场监督管理总局的职责

2018年3月21日,中共中央印发的《深化党和国家机构改革方案》中,撤销了国家食品药品监督管理总局,将国家工商行政管理总局的职责、国家质量监督检验检疫总局的职责、国家食品药品监督管理总局的职责、国家发展和改革委员会的价格监督检查与反垄断执法职责、商务部的经营者集中反垄断执法以及国务院反垄断委员会办公室等职责整合,组建国家市场监督管理总局,作为国务院直属机构。调整后,国家食品药品监督管理总局的职责交由国家市场监督管理总局承担。考虑到药品监管的特殊性,单独组建国家药品监督管理局,由国家市场监督管理总局管理。

此外,在《深化党和国家机构改革方案》中,还撤销了国家工商行政管理总局,相关职责由新组建的部门——国家市场监督管理总局承担。国家市场监督管理总局主要职责为:负责市场综合监督管理,统一登记市场主体并建立信息公示和共享机制,组织市场监管综合执法工作,承担反垄断统一执法,规范和维护市场秩序,组织实施质量强国战略,负责工业产品质量安全、食品安全、特种设备安全监管,统一管理计量标准、检验检测、认证认可工作等。

5) 国家药品监督管理局的职责

2018年3月21日,在中共中央印发的《深化党和国家机构改革方案》中,撤销了国家食品药品监督管理总局,将国家工商行政管理总局的职责、国家质量监督检验检疫总局的职责、国家食品药品监督管理总局的职责、国家发展和改革委员会的价格监督检查与反垄断执法职责、商务部的经营者集中反垄断执法以及国务院反垄断委员会办公室等职责进行整合,组建国家市场监督管理总局,作为国务院直属机构。调整后,国家食品药品监督管理总局的职责交由国家市场监督管理总局承担。考虑到药品监管的特殊性,单独组建国家药品监督管理局,由国家市场监督管理总局管理。

6) 全国"扫黄打非"办公室

全国"扫黄打非"工作小组隶属于中央宣传思想工作领导小组,由中央宣传部、中央政法委、新闻出版总署等29个部门组成,成员由各有关部门副部级分管领导担任。全国"扫黄打非"办公室设在中央宣传部,主要职责包括:拟订出版物市场"扫黄打非"的方针、政策和计划,参与起草出版物市场监管的法律、法规和规章,并组织实施;调查、研究出版物市场态势和制黄贩黄、非法出版活动的动向,拟订出版物市场"扫黄打非"的工作方案并组织实施和监督检查;对出版活动实施监督管理,参与查处出版、印刷、复制、发行单位的违规行为;对出版物市场实施监督管理,依法查处或组织查处非法出版活动,查缴或组织查缴非法出版物;组织、协调、指导"扫黄打非"集中行动和专项治理,督办大案要案的查处工作;组织、协调、指导各有关部门和地方的"扫黄打非"和出版物市场监管工作等。

7) 其他相关部门

(1) 国家安全部:中华人民共和国国家安全部是中华人民共和国国务院的组成部门,是中国政府的反间谍机关和政治保卫机关。1983年7月由原中共中央调查部整体、公安部政治保卫局以及中央统战部部分单位、国防科工委部分单位合并而成。国家安全部是维护国家主权和利益的国务院职能部门,可以行使宪法和法律规定的公安机关的侦查拘留、预审和执行逮捕的职权,负责依法打击利用互联网从事危害国家安全的违法犯罪活动。

(2) 国家反恐工作领导小组:国家反恐工作领导小组即中国"反恐怖工作领导小组",是国务院的议事协调机构,为中国国家层面最高级别的"反恐怖"、保稳定工作领导机构。中国反恐怖工作领导小组于2013年8月27日正式成立,下设领导小组办公室和反恐作战计划处等部门。

6.4 互联网信息内容安全管理的法律框架体系

现阶段互联网信息内容管理的范围不断扩大,网络基础设施保护、数据安全、个人信息保护、网络犯罪等网络安全管理日益复杂,涉及主体众多,与社会管理相互交织。这迫切需要及时发现和研究互联网信息内容安全管理中的新情况、新问题,有针对性地制定和完善监管政策和法律法规,形成有效的管理机制,建立全方位、多层次的互联网信息内容安全管理法律体系。

目前我国没有专门制定互联网信息内容安全管理法,涉及互联网信息内容安全的法律条款分散融合在刑事、民事、行政等多个领域的相关法律法规中,涉及计算机信息系统安全保护、国家安全保障、隐私保护、网络知识产权保护以及相关技术支持等方面。

涉及计算机信息系统安全保护内容的部分法律条款,本书在第二章中已经进行阐述,本章节不再复述。

6.4.1 国家安全保障法律法规

网络安全即国家安全,网络空间已经成为领土、领海、领空和太空之外的第五空间,是国家主权建设的新疆域。在信息技术飞速发展的科技制胜新时代下,网络空间已经成为颠覆国家政权、煽动国家分裂、挑拨民族矛盾、意识形态渗透、恐怖主义等威胁社会稳定和国家安全的重要战地。保密信息,尤其是国家敏感信息一旦泄露,就会对我国的国家安全和社会稳定造成极大影响。

目前,我国可适用于国家安全方面的法律法规主要包括《国家安全法》《反恐怖主义法》《反间谍法》《保护国家秘密法》《对外贸易法》《关于维护互联网安全的决定》等。

1)《中华人民共和国网络安全法》

第十二条 国家保护公民、法人和其他组织依法使用网络的权利,促进网络接入普及,提升网络服务水平,为社会提供安全、便利的网络服务,保障网络信息依法有序自由流动。

任何个人和组织使用网络应当遵守宪法法律,遵守公共秩序,尊重社会公德,不得危害网络安全,不得利用网络从事危害国家安全、荣誉和利益,煽动颠覆国家政权、推翻社会主义制度,煽动分裂国家、破坏国家统一,宣扬恐怖主义、极端主义,宣扬民族仇恨、民族歧视,传播暴力、淫秽色情信息,编造、传播虚假信息扰乱经济秩序和社会秩序,以及侵害他人名誉、隐私、知识产权和其他合法权益等活动。

第三十一条第一款 国家对公共通信和信息服务、能源、交通、水利、金融、公共服务、电子政务等重要行业和领域,以及其他一旦遭到破坏、丧失功能或者数据泄露,可能严重危害国家安全、国计民生、公共利益的关键信息基础设施,在网络安全等级保护制度的基础上,实行重点保护。关键信息基础设施的具体范围和安全保护办法由国务院制定。

2)《中华人民共和国国家安全法》

第十五条第二款 国家防范、制止和依法惩治任何叛国、分裂国家、煽动叛乱、颠覆或者煽动颠覆人民民主专政政权的行为;防范、制止和依法惩治窃取、泄露国家秘密等危害国家安全的行为;防范、制止和依法惩治境外势力的渗透、破坏、颠覆、分裂活动。

第二十五条 国家建设网络与信息安全保障体系,提升网络与信息安全保护能力,加强网络和信息技术的创新研究和开发应用,实现网络和信息核心技术、关键基础设施和重要领域信息系统及数据的安全可控;加强网络管理,防范、制止和依法惩治网络攻击、网络入侵、网络窃密、散布违法有害信息等网络违法犯罪行为,维护国家网络空间主权、安全和发展利益。

3)《中华人民共和国反恐怖主义法》

第十九条 电信业务经营者、互联网服务提供者应当依照法律、行政法规规定,落实网络安全、信息内容监督制度和安全技术防范措施,防止含有恐怖主义、极端主义内容的信息传播;发现含有恐怖主义、极端主义内容的信息的,应当立即停止传输,保存相关记录,删除相关信息,并向公安机关或者有关部门报告。

网信、电信、公安、国家安全等主管部门对含有恐怖主义、极端主义内容的信息,应当按照职责分工,及时责令有关单位停止传输、删除相关信息,或者关闭相关网站、关停相关服务。有关单位应当立即执行,并保存相关记录,协助进行调查。对互联网上跨境传输的含有恐怖主义、极端主义内容的信息,电信主管部门应当采取技术措施,阻断传播。

第八十四条 电信业务经营者、互联网服务提供者有下列情形之一的,由主管部门处二十万元以上五十万元以下罚款,并对其直接负责的主管人员和其他直接责任人员处十万元以下罚款;情节严重的,处五十万元以上罚款,并对其直接负责的主管人员和其他直接责任人员,处十万元以上五十万元以下罚款,可以由公安机关对其直接负责的主管人员和其他直接责任人员,处五日以上十五日以下拘留:

(一)未依照规定为公安机关、国家安全机关依法进行防范、调查恐怖活动提供技术接口和解密等技术支持和协助的;

(二)未按照主管部门的要求,停止传输、删除含有恐怖主义、极端主义内容的信息,保存相关记录,关闭相关网站或者关停相关服务的;

(三)未落实网络安全、信息内容监督制度和安全技术防范措施,造成含有恐怖主义、极端主义内容的信息传播,情节严重的。

4)《中华人民共和国反间谍法》

第二十三条 任何公民和组织都应当保守所知悉的有关反间谍工作的国家秘密。

第二十四条 任何个人和组织都不得非法持有属于国家秘密的文件、资料和其他物品。

5)《全国人民代表大会常务委员会关于维护互联网安全的决定》

二 为了维护国家安全和社会稳定,对有下列行为之一,构成犯罪的,依照《刑法》有关规定追究刑事责任:

(一)利用互联网造谣、诽谤或者发表、传播其他有害信息,煽动颠覆国家政权、推翻社会主义制度,或者煽动分裂国家、破坏国家统一;

(二)通过互联网窃取、泄露国家秘密、情报或者军事秘密;

(三)利用互联网煽动民族仇恨、民族歧视,破坏民族团结;

（四）利用互联网组织邪教组织、联络邪教组织成员，破坏国家法律、行政法规实施。

七　各级人民政府及有关部门要采取积极措施，在促进互联网的应用和网络技术的普及过程中，重视和支持对网络安全技术的研究和开发，增强网络的安全防护能力。有关主管部门要加强对互联网的运行安全和信息安全的宣传教育，依法实施有效的监督管理，防范和制止利用互联网进行的各种违法活动，为互联网的健康发展创造良好的社会环境。从事互联网业务的单位要依法开展活动，发现互联网上出现违法犯罪行为和有害信息时，要采取措施，停止传输有害信息，并及时向有关机关报告。任何单位和个人在利用互联网时，都要遵纪守法，抵制各种违法犯罪行为和有害信息。人民法院、人民检察院、公安机关、国家安全机关要各司其职，密切配合，依法严厉打击利用互联网实施的各种犯罪活动。要动员全社会的力量，依靠全社会的共同努力，保障互联网的运行安全与信息安全，促进社会主义精神文明和物质文明建设。

6)《中华人民共和国电信条例》

第五十六条　任何组织或者个人不得利用电信网络制作、复制、发布、传播含有下列内容的信息：

（一）反对宪法所确定的基本原则的；
（二）危害国家安全，泄露国家秘密，颠覆国家政权，破坏国家统一的；
（三）损害国家荣誉和利益的；
（四）煽动民族仇恨、民族歧视，破坏民族团结的；
（五）破坏国家宗教政策，宣扬邪教和封建迷信的；
（六）散布谣言，扰乱社会秩序，破坏社会稳定的；
（七）散布淫秽、色情、赌博、暴力、凶杀、恐怖或者教唆犯罪的；
（八）侮辱或者诽谤他人，侵害他人合法权益的；
（九）含有法律、行政法规禁止的其他内容的。

7)《计算机信息网络国际联网安全保护管理办法》

第四条　任何单位和个人不得利用国际联网危害国家安全、泄露国家秘密，不得侵犯国家的、社会的、集体的利益和公民的合法权益，不得从事违法犯罪活动。

第五条　任何单位和个人不得利用国际联网制作、复制、查阅和传播下列信息：

（一）煽动抗拒、破坏宪法和法律、行政法规实施的；
（二）煽动颠覆国家政权，推翻社会主义制度的；
（三）煽动分裂国家、破坏国家统一的；
（四）煽动民族仇恨、民族歧视，破坏民族团结的；

（五）捏造或者歪曲事实，散布谣言，扰乱社会秩序的；
（六）宣扬封建迷信、淫秽、色情、赌博、暴力、凶杀、恐怖，教唆犯罪的；
（七）公然侮辱他人或者捏造事实诽谤他人的；
（八）损害国家机关信誉的；
（九）其他违反宪法和法律、行政法规的。

8)《移动互联网应用程序信息服务管理规定》

第六条 移动互联网应用程序提供者和互联网应用商店服务提供者不得利用移动互联网应用程序从事危害国家安全、扰乱社会秩序、侵犯他人合法权益等法律法规禁止的活动，不得利用移动互联网应用程序制作、复制、发布、传播法律法规禁止的信息内容。

6.4.2 网络知识产权保护法律法规

互联网时代下，知识的载体发生了极大改变，传统的知识产权体系受到巨大冲击。传统知识产权的无形性更加明显，而其地域性、专有性、时间性等特点则愈发模糊。为了适应新时代网络环境下传统类型知识产权和互联网衍生类型知识产权的保护，我国先后出台了若干法律规范、司法解释和行政规章。国家知识产权局于2018年7月31日还印发了《"互联网＋"知识产权保护工作方案》，作为"互联网＋"时代下，知识产权保护的工作指引。

1)《中华人民共和国刑法》

第二百一十三条 【假冒注册商标罪】未经注册商标所有人许可，在同一种商品上使用与其注册商标相同的商标，情节严重的，处三年以下有期徒刑或者拘役，并处或者单处罚金；情节特别严重的，处三年以上七年以下有期徒刑，并处罚金。

第二百一十四条 【销售假冒注册商标的商品罪】销售明知是假冒注册商标的商品，销售金额数额较大的，处三年以下有期徒刑或者拘役，并处或者单处罚金；销售金额数额巨大的，处三年以上七年以下有期徒刑，并处罚金。

第二百一十五条 【非法制造、销售非法制造的注册商标标识罪】伪造、擅自制造他人注册商标标识或者销售伪造、擅自制造的注册商标标识，情节严重的，处三年以下有期徒刑、拘役或者管制，并处或者单处罚金；情节特别严重的，处三年以上七年以下有期徒刑，并处罚金。

第二百一十六条 【假冒专利罪】假冒他人专利，情节严重的，处三年以下有期徒刑或者拘役，并处或者单处罚金。

第二百一十七条 【侵犯著作权罪】以营利为目的，有下列侵犯著作权情形之一，违法所得数额较大或者有其他严重情节的，处三年以下有期徒刑或者拘役，并处或者单处罚金；违法所得数额巨大或者有其他特别严重情节的，处三年以上七年

以下有期徒刑,并处罚金:

(一) 未经著作权人许可,复制发行其文字作品、音乐、电影、电视、录像作品、计算机软件及其他作品的;

(二) 出版他人享有专有出版权的图书的;

(三) 未经录音录像制作者许可,复制发行其制作的录音录像的;

(四) 未经表演者许可,复制发行录有其表演的录像物品,或者通过信息网络向公众传播其表演的;

(五) 制作、出售假冒他人署名的美术作品的;

(六) 未经著作权人或者与著作权有关的权利人许可,故意避开或者破坏权利人为其作品、录音录像制品等采取的保护著作权与著作权有关的权利的技术措施的。

第二百一十八条 【销售侵权复制品罪】以营利为目的,销售明知是本法第二百一十七条规定的侵权复制品,违法所得数额巨大的,处三年以下有期徒刑或者拘役,并处或者单处罚金。

第二百一十九条 【侵犯商业秘密罪】有下列侵犯商业秘密行为之一,给商业秘密的权利人造成重大损失的,处三年以下有期徒刑或者拘役,并处或者单处罚金;造成特别严重后果的,处三年以上七年以下有期徒刑,并处罚金:

(一) 以盗窃、利诱、胁迫或者其他不正当手段获取权利人的商业秘密的;

(二) 披露、使用或者允许他人使用以前项手段获取的权利人的商业秘密的;

(三) 违反约定或者违反权利人有关保守商业秘密的要求,披露、使用或者允许他人使用其所掌握的商业秘密的。

明知前款所列行为,获取、使用或者披露他人的商业秘密的,以侵犯商业秘密论。

本条所称商业秘密,是指不为公众所知悉,能为权利人带来经济利益,具有实用性并经权利人采取保密措施的技术信息和经营信息。本条所称权利人,是指商业秘密的所有人和经商业秘密所有人许可的商业秘密使用人。

第二百二十条 【单位犯侵犯知识产权罪的处罚规定】单位犯本节第二百一十三条至第二百一十九条规定之罪的,对单位判处罚金,并对其直接负责的主管人员和其他直接责任人员,依照本节各该条的规定处罚。

2)《中华人民共和国民法典》

第一百二十三条 民事主体依法享有知识产权。

知识产权是权利人依法就下列客体享有的专有的权利:

(一) 作品;

(二) 发明、实用新型、外观设计;

(三) 商标;

(四) 地理标志;

(五) 商业秘密;

(六) 集成电路布图设计;

(七) 植物新品种;

(八) 法律规定的其他客体。

除第一百二十三条以外,第五百零一条、第四百四十条、第八百六十八条、第一千零六十二条、第一千一百八十五条等与知识产权保护相关。

3)《全国人民代表大会常务委员会关于维护互联网安全的决定》

三 为了维护社会主义市场经济秩序和社会管理秩序,对有下列行为之一,构成犯罪的,依照《刑法》有关规定追究刑事责任:

(一) 利用互联网销售伪劣产品或者对商品、服务作虚假宣传;

(二) 利用互联网损害他人商业信誉和商品声誉;

(三) 利用互联网侵犯他人知识产权;

(四) 利用互联网编造并传播影响证券、期货交易或者其他扰乱金融秩序的虚假信息;

(五) 在互联网上建立淫秽网站、网页,提供淫秽站点链接服务,或者传播淫秽书刊、影片、音像、图片。

4)《信息网络传播权保护条例》

第十条 依照本条例规定不经著作权人许可、通过信息网络向公众提供其作品的,还应当遵守下列规定:

(一) 除本条例第六条第(一)项至第(六)项、第七条规定的情形外,不得提供作者事先声明不许提供的作品;

(二) 指明作品的名称和作者的姓名(名称);

(三) 依照本条例规定支付报酬;

(四) 采取技术措施,防止本条例第七条、第八条、第九条规定的服务对象以外的其他人获得著作权人的作品,并防止本条例第七条规定的服务对象的复制行为对著作权人利益造成实质性损害;

(五) 不得侵犯著作权人依法享有的其他权利。

第十二条 属于下列情形的,可以避开技术措施,但不得向他人提供避开技术措施的技术、装置或者部件,不得侵犯权利人依法享有的其他权利:

(一) 为学校课堂教学或者科学研究,通过信息网络向少数教学、科研人员提供已经发表的作品、表演、录音录像制品,而该作品、表演、录音录像制品只能通过信息网络获取;

(二)不以营利为目的,通过信息网络以盲人能够感知的独特方式向盲人提供已经发表的文字作品,而该作品只能通过信息网络获取;

(三)国家机关依照行政、司法程序执行公务;

(四)在信息网络上对计算机及其系统或者网络的安全性能进行测试。

第十五条　网络服务提供者接到权利人的通知书后,应当立即删除涉嫌侵权的作品、表演、录音录像制品,或者断开与涉嫌侵权的作品、表演、录音录像制品的链接,并同时将通知书转送提供作品、表演、录音录像制品的服务对象;服务对象网络地址不明、无法转送的,应当将通知书的内容同时在信息网络上公告。

第十六条　服务对象接到网络服务提供者转送的通知书后,认为其提供的作品、表演、录音录像制品未侵犯他人权利的,可以向网络服务提供者提交书面说明,要求恢复被删除的作品、表演、录音录像制品,或者恢复与被断开的作品、表演、录音录像制品的链接。书面说明应当包含下列内容:

(一)服务对象的姓名(名称)、联系方式和地址;

(二)要求恢复的作品、表演、录音录像制品的名称和网络地址;

(三)不构成侵权的初步证明材料。

服务对象应当对书面说明的真实性负责。

第十八条　违反本条例规定,有下列侵权行为之一的,根据情况承担停止侵害、消除影响、赔礼道歉、赔偿损失等民事责任;同时损害公共利益的,可以由著作权行政管理部门责令停止侵权行为,没收违法所得,非法经营额5万元以上的,可处非法经营额1倍以上5倍以下的罚款;没有非法经营额或者非法经营额5万元以下的,根据情节轻重,可处25万元以下的罚款;情节严重的,著作权行政管理部门可以没收主要用于提供网络服务的计算机等设备;构成犯罪的,依法追究刑事责任:

(一)通过信息网络擅自向公众提供他人的作品、表演、录音录像制品的;

(二)故意避开或者破坏技术措施的;

(三)故意删除或者改变通过信息网络向公众提供的作品、表演、录音录像制品的权利管理电子信息,或者通过信息网络向公众提供明知或者应知未经权利人许可而被删除或者改变权利管理电子信息的作品、表演、录音录像制品的;

(四)为扶助贫困通过信息网络向农村地区提供作品、表演、录音录像制品超过规定范围,或者未按照公告的标准支付报酬,或者在权利人不同意提供其作品、表演、录音录像制品后未立即删除的;

(五)通过信息网络提供他人的作品、表演、录音录像制品,未指明作品、表演、录音录像制品的名称或者作者、表演者、录音录像制作者的姓名(名称),或者未支付报酬,或者未依照本条例规定采取技术措施防止服务对象以外的其他人获得他人的作品、表演、录音录像制品,或者未防止服务对象的复制行为对权利人利益造成实质性损害的。

第十九条 违反本条例规定,有下列行为之一的,由著作权行政管理部门予以警告,没收违法所得,没收主要用于避开、破坏技术措施的装置或者部件;情节严重的,可以没收主要用于提供网络服务的计算机等设备;非法经营额5万元以上的,可处非法经营额1倍以上5倍以下的罚款;没有非法经营额或者非法经营额5万元以下的,根据情节轻重,可处25万元以下的罚款;构成犯罪的,依法追究刑事责任:

(一)故意制造、进口或者向他人提供主要用于避开、破坏技术措施的装置或者部件,或者故意为他人避开或者破坏技术措施提供技术服务的;

(二)通过信息网络提供他人的作品、表演、录音录像制品,获得经济利益的;

(三)为扶助贫困通过信息网络向农村地区提供作品、表演、录音录像制品,未在提供前公告作品、表演、录音录像制品的名称和作者、表演者、录音录像制作者的姓名(名称)以及报酬标准的。

第二十条 网络服务提供者根据服务对象的指令提供网络自动接入服务,或者对服务对象提供的作品、表演、录音录像制品提供自动传输服务,并具备下列条件的,不承担赔偿责任:

(一)未选择并且未改变所传输的作品、表演、录音录像制品;

(二)向指定的服务对象提供该作品、表演、录音录像制品,并防止指定的服务对象以外的其他人获得。

第二十一条 网络服务提供者为提高网络传输效率,自动存储从其他网络服务提供者获得的作品、表演、录音录像制品,根据技术安排自动向服务对象提供,并具备下列条件的,不承担赔偿责任:

(一)未改变自动存储的作品、表演、录音录像制品;

(二)不影响提供作品、表演、录音录像制品的原网络服务提供者掌握服务对象获取该作品、表演、录音录像制品的情况;

(三)在原网络服务提供者修改、删除或者屏蔽该作品、表演、录音录像制品时,根据技术安排自动予以修改、删除或者屏蔽。

第二十二条 网络服务提供者为服务对象提供信息存储空间,供服务对象通过信息网络向公众提供作品、表演、录音录像制品,并具备下列条件的,不承担赔偿责任:

(一)明确标示该信息存储空间是为服务对象所提供,并公开网络服务提供者的名称、联系人、网络地址;

(二)未改变服务对象所提供的作品、表演、录音录像制品;

(三)不知道也没有合理的理由应当知道服务对象提供的作品、表演、录音录

像制品侵权;

（四）未从服务对象提供作品、表演、录音录像制品中直接获得经济利益；

（五）在接到权利人的通知书后，根据本条例规定删除权利人认为侵权的作品、表演、录音录像制品。

第二十三条 网络服务提供者为服务对象提供搜索或者链接服务，在接到权利人的通知书后，根据本条例规定断开与侵权的作品、表演、录音录像制品的链接的，不承担赔偿责任；但是，明知或者应知所链接的作品、表演、录音录像制品侵权的，应当承担共同侵权责任。

第二十四条 因权利人的通知导致网络服务提供者错误删除作品、表演、录音录像制品，或者错误断开与作品、表演、录音录像制品的链接，给服务对象造成损失的，权利人应当承担赔偿责任。

第二十五条 网络服务提供者无正当理由拒绝提供或者拖延提供涉嫌侵权的服务对象的姓名（名称）、联系方式、网络地址等资料的，由著作权行政管理部门予以警告；情节严重的，没收主要用于提供网络服务的计算机等设备。

5)《计算机软件保护条例》

第二十四条 除《中华人民共和国著作权法》、本条例或者其他法律、行政法规另有规定外，未经软件著作权人许可，有下列侵权行为的，应当根据情况，承担停止侵害、消除影响、赔礼道歉、赔偿损失等民事责任；同时损害社会公共利益的，由著作权行政管理部门责令停止侵权行为，没收违法所得，没收、销毁侵权复制品，可以并处罚款；情节严重的，著作权行政管理部门并可以没收主要用于制作侵权复制品的材料、工具、设备等；触犯刑律的，依照刑法关于侵犯著作权罪、销售侵权复制品罪的规定，依法追究刑事责任：

（一）复制或者部分复制著作权人的软件的；

（二）向公众发行、出租、通过信息网络传播著作权人的软件的；

（三）故意避开或者破坏著作权人为保护其软件著作权而采取的技术措施的；

（四）故意删除或者改变软件权利管理电子信息的；

（五）转让或者许可他人行使著作权人的软件著作权的。

有前款第一项或者第二项行为的，可以并处每件 100 元或者货值金额 1 倍以上 5 倍以下的罚款；有前款第三项、第四项或者第五项行为的，可以并处 20 万元以下的罚款。

第二十八条 软件复制品的出版者、制作者不能证明其出版、制作有合法授权的，或者软件复制品的发行者、出租者不能证明其发行、出租的复制品有合法来源的，应当承担法律责任。

6.4.3　个人隐私保护法律法规

互联网已经全面融入人们生活的方方面面,网站注册、打车出行、移动支付、预约点餐、收寄快递等,都能够成为个人信息泄露的渠道。而且随着大数据、云计算、移动互联网、智能手机视频监控应用的飞速发展,个人信息安全面临越来越多的威胁与挑战。

目前,我国还没有专门的个人隐私保护的相关法律,可适用的法律法规主要有《中华人民共和国网络安全法》《中华人民共和国宪法》《中华人民共和国刑法》《中华人民共和国治安管理处罚法》《中华人民共和国居民身份证法》等。

根据《信息安全技术　互联网交互式服务安全保护要求》中的定义,个人电子信息的概念为:能够被知晓和处理,与具体自然人相关,能通过身份证号码、网络标识符或者生理、心理、经济、文化、社会身份中一个或多个要素实现该自然人身份识别的电子信息和涉及该自然人隐私的电子信息。包括但不限于姓名、年龄、性别、身份证号码、户籍、通信地址、电子邮件、电话号码、指纹、婚姻状况、家庭、教育、职业经历、收入、账号、密码、个人爱好和兴趣等。其中账号又包括网络账号、支付账号、电子交易账号等。

1)《中华人民共和国网络安全法》

第四十条　网络运营者应当对其收集的用户信息严格保密,并建立健全用户信息保护制度。

第四十一条　网络运营者收集、使用个人信息,应当遵循合法、正当、必要的原则,公开收集、使用规则,明示收集、使用信息的目的、方式和范围,并经被收集者同意。

网络运营者不得收集与其提供的服务无关的个人信息,不得违反法律、行政法规的规定和双方的约定收集、使用个人信息,并应当依照法律、行政法规的规定和与用户的约定,处理其保存的个人信息。

第四十二条　网络运营者不得泄露、篡改、毁损其收集的个人信息;未经被收集者同意,不得向他人提供个人信息。但是,经过处理无法识别特定个人且不能复原的除外。

网络运营者应当采取技术措施和其他必要措施,确保其收集的个人信息安全,防止信息泄露、毁损、丢失。在发生或者可能发生个人信息泄露、毁损、丢失的情况时,应当立即采取补救措施,按照规定及时告知用户并向有关主管部门报告。

第四十三条　个人发现网络运营者违反法律、行政法规的规定或者双方的约定收集、使用其个人信息的,有权要求网络运营者删除其个人信息;发现网络运营者收集、存储的其个人信息有错误的,有权要求网络运营者予以更正。网络运营者应当采取措施予以删除或者更正。

第四十四条 任何个人和组织不得窃取或者以其他非法方式获取个人信息，不得非法出售或者非法向他人提供个人信息。

第四十五条 依法负有网络安全监督管理职责的部门及其工作人员，必须对在履行职责中知悉的个人信息、隐私和商业秘密严格保密，不得泄露、出售或者非法向他人提供。

第四十六条 任何个人和组织应当对其使用网络的行为负责，不得设立用于实施诈骗，传授犯罪方法，制作或者销售违禁物品、管制物品等违法犯罪活动的网站、通讯群组，不得利用网络发布涉及实施诈骗，制作或者销售违禁物品、管制物品以及其他违法犯罪活动的信息。

第四十七条 网络运营者应当加强对其用户发布的信息的管理，发现法律、行政法规禁止发布或者传输的信息的，应当立即停止传输该信息，采取消除等处置措施，防止信息扩散，保存有关记录，并向有关主管部门报告。

第四十八条 任何个人和组织发送的电子信息、提供的应用软件，不得设置恶意程序，不得含有法律、行政法规禁止发布或者传输的信息。

电子信息发送服务提供者和应用软件下载服务提供者，应当履行安全管理义务，知道其用户有前款规定行为的，应当停止提供服务，采取消除等处置措施，保存有关记录，并向有关主管部门报告。

第五十条 国家网信部门和有关部门依法履行网络信息安全监督管理职责，发现法律、行政法规禁止发布或者传输的信息的，应当要求网络运营者停止传输，采取消除等处置措施，保存有关记录；对来源于中华人民共和国境外的上述信息，应当通知有关机构采取技术措施和其他必要措施阻断传播。

第六十四条 网络运营者、网络产品或者服务的提供者违反本法第二十二条第三款、第四十一条至第四十三条规定，侵害个人信息依法得到保护的权利的，由有关主管部门责令改正，可以根据情节单处或者并处警告、没收违法所得、处违法所得一倍以上十倍以下罚款，没有违法所得的，处一百万元以下罚款，对直接负责的主管人员和其他直接责任人员处一万元以上十万元以下罚款；情节严重的，并可以责令暂停相关业务、停业整顿、关闭网站、吊销相关业务许可证或者吊销营业执照。

违反本法第四十四条规定，窃取或者以其他非法方式获取、非法出售或者非法向他人提供个人信息，尚不构成犯罪的，由公安机关没收违法所得，并处违法所得一倍以上十倍以下罚款，没有违法所得的，处一百万元以下罚款。

第六十七条 违反本法第四十六条规定，设立用于实施违法犯罪活动的网站、通讯群组，或者利用网络发布涉及实施违法犯罪活动的信息，尚不构成犯罪的，由公安机关处五日以下拘留,可以并处一万元以上十万元以下罚款;情节较重的,处五日以上十五日以下拘留,可以并处五万元以上五十万元以下罚款。关闭用于实施违法犯罪活动的网站、通讯群组。

单位有前款行为的,由公安机关处十万元以上五十万元以下罚款,并对直接负责的主管人员和其他直接责任人员依照前款规定处罚。

第六十八条 网络运营者违反本法第四十七条规定,对法律、行政法规禁止发布或者传输的信息未停止传输、采取消除等处置措施、保存有关记录的,由有关主管部门责令改正,给予警告,没收违法所得;拒不改正或者情节严重的,处十万元以上五十万元以下罚款,并可以责令暂停相关业务、停业整顿、关闭网站、吊销相关业务许可证或者吊销营业执照,对直接负责的主管人员和其他直接责任人员处一万元以上十万元以下罚款。

电子信息发送服务提供者、应用软件下载服务提供者,不履行本法第四十八条第二款规定的安全管理义务的,依照前款规定处罚。

2)《中华人民共和国刑法》

第二百八十六条之一 【拒不履行信息网络安全管理义务罪】网络服务提供者不履行法律、行政法规规定的信息网络安全管理义务,经监管部门责令采取改正措施而拒不改正,有下列情形之一的,处三年以下有期徒刑、拘役或者管制,并处或者单处罚金:

(一)致使违法信息大量传播的;
(二)致使用户信息泄露,造成严重后果的;
(三)致使刑事案件证据灭失,情节严重的;
(四)有其他严重情节的。

单位犯前款罪的,对单位判处罚金,并对其直接负责的主管人员和其他直接责任人员,依照前款的规定处罚。

有前两款行为,同时构成其他犯罪的,依照处罚较重的规定定罪处罚。

3)《中华人民共和国妇女权益保障法》

第四十二条 妇女的名誉权、荣誉权、隐私权、肖像权等人格权受法律保护。

禁止用侮辱、诽谤等方式损害妇女的人格尊严。禁止通过大众传播媒介或者其他方式贬低损害妇女人格。未经本人同意,不得以营利为目的,通过广告、商标、展览橱窗、报纸、期刊、图书、音像制品、电子出版物、网络等形式使用妇女肖像。

4)《中华人民共和国传染病防治法》

第六十八条 疾病预防控制机构违反本法规定,有下列情形之一的,由县级以上人民政府卫生行政部门责令限期改正,通报批评,给予警告;对负有责任的主管人员和其他直接责任人员,依法给予降级、撤职、开除的处分,并可以依法吊销有关责任人员的执业证书;构成犯罪的,依法追究刑事责任:

……

(五)故意泄露传染病病人、病原携带者、疑似传染病病人、密切接触者涉及个人隐私的有关信息、资料的。

5)《中华人民共和国消费者权益保护法》

第二十九条 经营者收集、使用消费者个人信息,应当遵循合法、正当、必要的原则,明示收集、使用信息的目的、方式和范围,并经消费者同意。经营者收集、使用消费者个人信息,应当公开其收集、使用规则,不得违反法律、法规的规定和双方的约定收集、使用信息。

经营者及其工作人员对收集的消费者个人信息必须严格保密,不得泄露、出售或者非法向他人提供。经营者应当采取技术措施和其他必要措施,确保信息安全,防止消费者个人信息泄露、丢失。在发生或者可能发生信息泄露、丢失的情况时,应当立即采取补救措施。

经营者未经消费者同意或者请求,或者消费者明确表示拒绝的,不得向其发送商业性信息。

6)《全国人民代表大会常务委员会关于加强网络信息保护的决定》

一 国家保护能够识别公民个人身份和涉及公民个人隐私的电子信息。

任何组织和个人不得窃取或者以其他非法方式获取公民个人电子信息,不得出售或者非法向他人提供公民个人电子信息。

二 网络服务提供者和其他企业事业单位在业务活动中收集、使用公民个人电子信息,应当遵循合法、正当、必要的原则,明示收集、使用信息的目的、方式和范围,并经被收集者同意,不得违反法律、法规的规定和双方的约定收集、使用信息。

网络服务提供者和其他企业事业单位收集、使用公民个人电子信息,应当公开其收集、使用规则。

三 网络服务提供者和其他企业事业单位及其工作人员对在业务活动中收集的公民个人电子信息必须严格保密,不得泄露、篡改、毁损,不得出售或者非法向他人提供。

四 网络服务提供者和其他企业事业单位应当采取技术措施和其他必要措施,确保信息安全,防止在业务活动中收集的公民个人电子信息泄露、毁损、丢失。在发生或者可能发生信息泄露、毁损、丢失的情况时,应当立即采取补救措施。

五 网络服务提供者应当加强对其用户发布的信息的管理,发现法律、法规禁止发布或者传输的信息的,应当立即停止传输该信息,采取消除等处置措施,保存有关记录,并向有关主管部门报告。

第6章　互联网信息内容安全管理

六　网络服务提供者为用户办理网站接入服务，办理固定电话、移动电话等入网手续，或者为用户提供信息发布服务，应当在与用户签订协议或者确认提供服务时，要求用户提供真实身份信息。

七　任何组织和个人未经电子信息接收者同意或者请求，或者电子信息接收者明确表示拒绝的，不得向其固定电话、移动电话或者个人电子邮箱发送商业性电子信息。

八　公民发现泄露个人身份、散布个人隐私等侵害其合法权益的网络信息，或者受到商业性电子信息侵扰的，有权要求网络服务提供者删除有关信息或者采取其他必要措施予以制止。

九　任何组织和个人对窃取或者以其他非法方式获取、出售或者非法向他人提供公民个人电子信息的违法犯罪行为以及其他网络信息违法犯罪行为，有权向有关主管部门举报、控告；接到举报、控告的部门应当依法及时处理。被侵权人可以依法提起诉讼。

十　有关主管部门应当在各自职权范围内依法履行职责，采取技术措施和其他必要措施，防范、制止和查处窃取或者以其他非法方式获取、出售或者非法向他人提供公民个人电子信息的违法犯罪行为以及其他网络信息违法犯罪行为。有关主管部门依法履行职责时，网络服务提供者应当予以配合，提供技术支持。

国家机关及其工作人员对在履行职责中知悉的公民个人电子信息应当予以保密，不得泄露、篡改、毁损，不得出售或者非法向他人提供。

十一　对有违反本决定行为的，依法给予警告、罚款、没收违法所得、吊销许可证或者取消备案、关闭网站、禁止有关责任人员从事网络服务业务等处罚，记入社会信用档案并予以公布；构成违反治安管理行为的，依法给予治安管理处罚。构成犯罪的，依法追究刑事责任。侵害他人民事权益的，依法承担民事责任。

7)《互联网电子邮件服务管理办法》

第九条　互联网电子邮件服务提供者对用户的个人注册信息和互联网电子邮件地址，负有保密的义务。

互联网电子邮件服务提供者及其工作人员不得非法使用用户的个人注册信息资料和互联网电子邮件地址；未经用户同意，不得泄露用户的个人注册信息和互联网电子邮件地址，但法律、行政法规另有规定的除外。

第十二条　任何组织或者个人不得有下列行为：

（一）未经授权利用他人的计算机系统发送互联网电子邮件；

（二）将采用在线自动收集、字母或者数字任意组合等手段获得的他人的互联网电子邮件地址用于出售、共享、交换或者向通过上述方式获得的电子邮件地址发送互联网电子邮件。

第二十二条 违反本办法第九条规定的,由信息产业部或者通信管理局依据职权责令改正,并处一万元以下的罚款;有违法所得的,并处三万元以下的罚款。

第二十四条 违反本办法第十二条、第十三条、第十四条规定的,由信息产业部或者通信管理局依据职权责令改正,并处一万元以下的罚款;有违法所得的,并处三万元以下的罚款。

8)《规范互联网信息服务市场秩序若干规定》

第十一条 未经用户同意,互联网信息服务提供者不得收集与用户相关、能够单独或者与其他信息结合识别用户的信息(以下简称"用户个人信息"),不得将用户个人信息提供给他人,但是法律、行政法规另有规定的除外。

互联网信息服务提供者经用户同意收集用户个人信息的,应当明确告知用户收集和处理用户个人信息的方式、内容和用途,不得收集其提供服务所必需以外的信息,不得将用户个人信息用于其提供服务之外的目的。

第十二条 互联网信息服务提供者应当妥善保管用户个人信息;保管的用户个人信息泄露或者可能泄露时,应当立即采取补救措施;造成或者可能造成严重后果的,应当立即向准予其互联网信息服务许可或者备案的电信管理机构报告,并配合相关部门进行的调查处理。

第十三条 互联网信息服务提供者应当加强系统安全防护,依法维护用户上载信息的安全,保障用户对上载信息的使用、修改和删除。

互联网信息服务提供者不得有下列行为:

(一)无正当理由擅自修改或者删除用户上载信息;

(二)未经用户同意,向他人提供用户上载信息,但是法律、行政法规另有规定的除外;

(三)擅自或者假借用户名义转移用户上载信息,或者欺骗、误导、强迫用户转移其上载信息;

(四)其他危害用户上载信息安全的行为。

第十六条 互联网信息服务提供者违反本规定第五条、第七条或者第十三条的规定,由电信管理机构依据职权责令改正,处以警告,可以并处一万元以上三万元以下的罚款,向社会公告;其中,《中华人民共和国电信条例》或者《互联网信息服务管理办法》规定法律责任的,依照其规定处理。

第十八条 互联网信息服务提供者违反本规定第八条、第九条、第十条、第十一条、第十二条或者第十四条的规定的,由电信管理机构依据职权处以警告,可以并处一万元以上三万元以下的罚款,向社会公告。

9)《即时通信工具公众信息服务发展管理暂行规定》

第六条 即时通信工具服务提供者应当按照"后台实名、前台自愿"的原则,要求即时通信工具服务使用者通过真实身份信息认证后注册账号。

即时通信工具服务使用者注册账号时,应当与即时通信工具服务提供者签订协议,承诺遵守法律法规、社会主义制度、国家利益、公民合法权益、公共秩序、社会道德风尚和信息真实性等"七条底线"。

10)《网络出版服务管理规定》

第二十五条　为保护未成年人合法权益,网络出版物不得含有诱发未成年人模仿违反社会公德和违法犯罪行为的内容,不得含有恐怖、残酷等妨害未成年人身心健康的内容,不得含有披露未成年人个人隐私的内容。

6.5　互联网有害信息的界定与举报

6.5.1　违法和不良信息定义

世界各国一般把有害信息分为两类:一是违法信息,即违反法律法规、必须由警察和法律授权机构来处理的信息内容。二是不良信息,包括两种内容,一种是那些尽管法律不禁止但应该限制在一定范围内传播的内容;另一种是从言论自由的角度可以公开传播,但可能对社会秩序和其他人群构成危害与不良影响的信息。

1) 违法信息

根据中国互联网违法和不良信息举报中心定义,违法信息是指违背《中华人民共和国宪法》和《全国人大常委会关于维护互联网安全的决定》《互联网信息服务管理办法》所明文严禁的信息以及其他法律法规明文禁止传播的各类信息。

常见的违法信息可以参照《互联网信息服务管理办法》所严禁的九类信息,即触犯"九不准"的违法信息:

(1) 反对宪法所确定的基本原则的;
(2) 危害国家安全,泄露国家秘密,颠覆国家政权,破坏国家统一的;
(3) 损害国家荣誉和利益的;
(4) 煽动民族仇恨、民族歧视,破坏民族团结的;
(5) 破坏国家宗教政策,宣扬邪教和封建迷信的;
(6) 散布谣言,扰乱社会秩序,破坏社会稳定的;
(7) 散布淫秽、色情、赌博、暴力、凶杀、恐怖或者教唆犯罪的;
(8) 侮辱或者诽谤他人,侵害他人合法权益的;
(9) 含有法律、行政法规禁止的其他内容的。

2) 不良信息

不良信息是指违背社会主义精神文明建设要求、违背中华民族优良文化传统与习惯,以及赌博、造假、诈骗等各类违反法律和违反道德的内容,包括文字、图片、音视频等等。

不良信息有以下类型:传播色情的信息;传播隐私相关的信息;传播社会争议的信息;传播学术造假、学术腐败的信息;宣传迷信类的信息;传播黑客技术的信息等。

在上述违法信息中提到了"淫秽、色情"犯罪,在不良信息中提到了色情信息,下面将淫秽信息和色情信息内涵做进一步解释。

淫秽信息是指在整体上宣扬淫秽行为,具有下列内容之一,挑动人们性欲,导致普通人腐化、堕落,而又没有艺术或科学价值的文字、图片、音频、视频等信息内容,包括:

(1) 淫亵性地具体描写性行为、性交及其心理感受;

(2) 宣扬色情淫荡形象;

(3) 淫亵性地描述或者传授性技巧;

(4) 具体描写乱伦、强奸及其他性犯罪的手段、过程或者细节,可能诱发犯罪的;

(5) 具体描写少年儿童的性行为;

(6) 淫亵性地具体描写同性恋的性行为或者其他性变态行为,以及具体描写与性变态有关的暴力、虐待、侮辱行为;

(7) 其他令普通人不能容忍的对性行为淫亵性描写。

色情信息是指在整体上不是淫秽的,但其中一部分有上述中(1)至(7)的内容,对普通人特别是未成年人的身心健康有毒害,缺乏艺术价值或者科学价值的文字、图片、音频、视频等信息内容。

此外,根据互联网法律法规及规范性文件,中国互联网违法和不良信息举报中心受理互联网上违反"九不准"和"七条底线"的违法和不良信息,其中"七条底线",是在国家互联网信息办公室举办的"网络名人社会责任论坛"上,由网络名人达成共识,提出网友遵守的七条原则。违反"七条底线"的不良信息具体包括:

(1) 违反法律法规底线的:现实生活中,每个人都应该知法、懂法、守法、护法,以事实为依据,以法律为准绳。互联网是虚拟空间,有一定的隐匿性,但也要遵守相关法律法规。如果不遵守法律法规,互联网就会乱成一锅粥,成为一团乱麻。

(2) 违反社会主义制度底线的:我国是社会主义国家,这是历史和人民选择的结果。坚守社会主义制度底线,是让我们的生活有秩序、平稳运行的需求。

(3) 违反国家利益底线的:国家利益高于一切是每一个公民的应为之举。互联网没有国界,但网民有国界。对于那些以民主、自由的外衣试图颠覆我国政权的行为,要与之作坚决的斗争。爱国是最基本的信仰,我们应当自觉地坚守。

(4) 违反公民合法权益底线的:公民合法权益底线是网络世界每一个网民公平、权益必须得到保证的要求。网络为公民合法权益维护打造了一个崭新的平台,我们应利用这个平台,维护好自己的合法权益,同时我们也应该警惕某些人利用这个平台维护自己的非法权益。

(5) 违反社会公共秩序底线的:网络虽然给了个人很大的空间和自由度,但它并不是没有任何约束的公共场所,不能认为这里没有互相监督和道德约束,可以随心所欲。网络与现实是互动的,网上不道德问题不仅影响网络的文明建设,而且会直接影响现实社会的进步与发展。所以,营造风清气正的公共秩序,需要所有人共同努力。

(6) 违反道德风尚底线的:人是社会性的群体,只要有人的活动参与,就要受到人类社会各种道德伦理的约束,决不能借口网络世界的虚拟性、匿名性、相对性而漠视或否定网络道德。我们要努力强化网络主体的道德责任,提高对网络行为和网络文化的是非鉴别力,自觉抵制不良网络文化侵蚀;要依靠网络主体的理性、信念和内心自觉来自律。

(7) 违反信息真实性底线的:对于信息而言,最忌讳的就是虚假。虚假信息跟真实信息在一起,鱼目混珠,蒙蔽了人们的双眼,影响了人们对于信息真实性的判断。在一个传播多元化的时代,无论是政府机构、大众媒体还是公民个人,所做的是,共同抵制虚假有害信息,特别是恶意谣言的传播,大力倡导真实、文明的信息交换和流通,这是互联网时代的底线,也是人类文明持续健康向前发展的要求。

6.5.2 有害信息的特点

互联网经过多年发展,在带给人们诸多正面影响的同时也带来了社会、政治、法律、技术、经济、道德、文化等方面的负面问题。互联网的治理正逐渐成为世界各国近几年研究探讨的重要课题,其中互联网上的不良信息治理已成为互联网治理工作的重中之重。由于互联网是一个面向公众的发表、阅读、交互的信息平台,并且散播速度极快,因此如果任由各种有害信息在互联网上泛滥传播,会严重影响互联网的发展。

目前,互联网不良信息治理已成为联合国互联网治理工作组(WGIG)、联合国互联网治理论坛(IGF)的重要议题。在欧美发达国家及亚洲的日韩、新加坡等国家都先后通过立法、行政监督、行业自律、公民教育等方式积极开展互联网有害信息治理工作。

1) 违法和不良信息的特点

(1) 具有隐蔽性、诱惑性:打开此类信息后不会有什么特别之处,但在浏览内容时,暗含在网页中的木马、病毒、插件等恶意程序就会进驻网民的电脑中;此类信息往往很具有诱惑力,多以明星照片、成人信息、免费下载为诱饵,吸引网民点击进入。

(2) 监控和执法困难:网上论坛、聊天室、交友栏目管理松懈,有的甚至沦为传播不良信息的场所和渠道;一些网站的贴图专栏张贴各种不良图片现象十分严重,给监控和执法带来困难。

(3) 移动互联网成为淫秽色情信息传播的主要渠道:随着近年来移动通信技术的快速发展、手机媒体化和智能化趋势的加快,手机上网用户成为上网主力军,传播内容越来越庞杂,但与之相配套的管理措施在短期内还没有完全跟上,给不法分子提供了可乘之机,使得互联网上诈骗信息、色情内容等不良信息的传播呈蔓延之势,破坏了互联网网络文化环境,影响了青少年身心健康,也给国家社会安定带来恶劣影响。如一些微博、微信、QQ等非法账号,以演员、模特、"网络红人"等身份,发布卖淫招嫖信息;一些不法网络用户借助即时通信工具、在线支付工具对存有淫秽色情视频的网盘账号进行非法交易;一些不法网民通过手机应用程序的"阅后即焚"功能传播淫秽色情图片,用户点击浏览后便自动消失,为举报核查、处置设置障碍。

(4) "人肉搜索"、网络谩骂、人身攻击等网络侵权行为较为突出:在一些社会公共事件中,有人利用互联网擅自公布他人照片、职业、住址、开房信息、违章驾驶记录等个人信息,煽动"人肉搜索"、网络谩骂、人身攻击,严重侵犯了他人隐私权、名誉权,给当事人造成巨大伤害。网民谴责"人肉搜索"等网络侵权行为,逾越了法律法规底线、公民合法权益底线和社会公共秩序底线。

2) 违法和不良信息传播的特点

现阶段国内互联网违法和不良信息传播正呈现出以下特点:

(1) 网络欺诈和色情信息泛滥:欺诈和色情信息已经从传统互联网延伸到了移动互联网,由手机网站、网络广告联盟、内容服务商等多个环节形成的地下产业链已经形成。

(2) 网络舆论在现实中的地位越来越突出:国内外发生的重大事件几乎立即能够在网络上产生舆论效应,并给当事人等造成了一定的舆论压力。网络舆论也在一定程度上影响了公众的社会判断和行动方向,甚至影响到政府的相关决策。

(3) 网络政治化趋势明显:互联网已经成为政治宣传的重要平台,特别是手机短信、社交网络等应用的普遍化给不法分子带来了机会。如在乌鲁木齐"7·5"事件中,民族分裂分子利用手机、网络等工具歪曲事实,给我国利益造成巨大的损害。

6.5.3 有害信息的表现形式

目前互联网有害信息的类型与表现形式主要有：

1) 政治类有害信息

散布危害国家安全、泄露国家秘密、颠覆国家政权、破坏国家统一的言论；散布煽动示威、游行等信息影响社会稳定；针对重大突发事件传播谣言；侮辱革命先烈，歪曲党史国史军史；捏造谣言，诬蔑、抹黑党和国家领导人；煽动民族仇恨、民族歧视、民族分裂，破坏民族团结；攻击国家宗教政策，宣扬邪教和封建迷信等。

2) 淫秽色情类有害信息

例如：租用境外服务器开设网站，在我国境内传播，有很多备用网站，可灵活跳转；通过微信、QQ 等即时通信工具发布大量淫秽色情音视频、图片；借助 QT、YY 等语音平台组织色情直播表演；利用网盘存储工具出售色情资源；开设色情游戏、动漫网站进行传播；开设色情小说、电子书网站，或者在部分网站设置小说频道，登载淫秽、伦理小说；部分网站提供招嫖、伴游等色情服务；部分情感、两性网站栏目内容存在色情内容；浏览网页时广告栏、侧边栏弹出色情窗口，点击后即进入色情网站；部分网站及商城发布涉性用品广告，售卖涉性药品；网站客户端及手机应用程序存在色情信息。

3) 诈骗类有害信息

冒充政府官方网站钓鱼盗号，办理虚假证件等；冒充各大银行、通信运营商、第三方支付平台等的钓鱼网站，发布虚假积分、奖励等信息；冒充国内知名电视节目，发布虚假中奖信息，引导网民填写个人信息，威胁网民缴纳费用；通过信息平台发布招募打字员、替网店和商城刷信誉等兼职招聘信息，诱骗网民缴费后不予退还；开设游戏交易网站，网民充值后以信息输入有误为由冻结账户，诱骗网民再充相等金额方可解冻；以为购买彩票的网民提供博彩咨询、预测为名实施诈骗；开设低价售卖批发商品网站，通过 QQ 与消费者联系，消费者付款后却遭拉黑账号或者寄递低价不相干产品；冒充家电维修官方客服实施诈骗；借助微信、QQ 等即时通信工具以色情交友为名实施诈骗；以着急用钱为由，冒充亲朋名义立即转账；开设高回报 P2P 投资平台，诱导网民投入巨额资本最终却血本无归。

4) 侵权类有害信息

一是侵犯公民肖像权信息。未经公民同意或允许，在网上发布或转载其照片、视频，以达到提高点击率、营利等目的；不以营利为目的，但未经公民同意善意使用其肖像，或者虽经公民同意，但使用人使用时的方式和范围失当；恶意丑化、玷污、毁损他人肖像等。二是侵犯公民隐私权信息。未经公民许可,在网上公开其姓名、肖像、住址、身份证号码和电话号码、财产状况、社会关系、两性生活等信息。三是侵犯公民、法人和其他组织名誉权。以语言、文字、漫画等方式贬低公民人格,毁损公民、法人或其他组织名誉;新闻报道失实,致公民、法人或其他组织名誉受损;对公民、法人或其他组织的评论明显不符合实际的情形,致使其名誉受损。四是侵犯著作权信息。未经著作权人(单位)许可,在互联网上发表其作品;歪曲、篡改并在互联网上发表他人(单位)作品。五是侵犯商标权信息。未经商标注册人(单位)许可,在网站或网页上使用与注册商标相同或近似商标;复制、模仿、翻译他人注册的驰名商标。六是侵犯专利权信息。未经许可,在网站或网页上使用他人专利标识;伪造或编造他人专利证书、专利文件,在网站或网页上发布。七是仿(假)冒网站信息。假冒党政机关、学校、银行、新闻媒体、期刊、娱乐节目官网的"山寨网站"从事欺诈活动。

5) 血腥暴力恐怖类有害信息

经统计,70%以上的暴恐类有害信息来源于境外,并在国内广泛传播。主要有:通过微博、贴吧、论坛等平台传播恐怖分子处决人质、近距离战争、车祸现场等视频和图片;开设网站大肆宣扬极端民族主义和宗教极端思想;通过文库网站发布教唆犯罪、教授杀人、处理尸首方法并附有相应图片的文章;通过即时通信工具、网站等出售枪支、管制刀具、毒品等违禁品,传授犯罪方法;通过贴吧、论坛等渠道,捏造谣言,歪曲报道发生在我国的暴恐事件。

6) 赌博类有害信息

租用境外服务器开设赌博网站,在我国境内传播,有很多备用网站,可灵活跳转;私人或组织违规开设网络售彩网站;网站开展实时在线视频赌博;体育竞技类赌博网站;通过棋牌类游戏变相赌博;通过支付宝、微信等支付工具抢红包赌博等。

7) 网络敲诈和有偿删帖类有害信息

网站集纳或发布负面信息,以删帖为条件,索取财物;网站、社交网络账号以传播负面信息为要挟,以广告费、合作费等为名,向企业或个人索取财物;网站以合作为名,将地方频道外包给公司或个人,收取承包费,为网络敲诈和有偿删帖提供平台;以网络维权、监督、揭黑为名,非法开设网站或社交网络账号,集纳负面信息,通过发帖、删帖索取财物;冒用各级党政机关或社会组织名义,以及以"中国""国家"等为名,开设虚假新闻网站、行业网站和社交网站账号发布虚假信息;某些公关公司与网站工作人员勾结串通,从事收费删帖活动。

8) 教唆犯罪、传授犯罪手段和方法类有害信息

教唆犯罪、传授犯罪手段和方法的违法有害信息,主要包含教唆和传授制作毒

品、炸药、黑客技术、计算机病毒等涉及危害国家安全、公共安全、社会管理秩序和经济秩序,以及侵犯组织或个人的财产和人身安全的信息。此外还包含传授《中华人民共和国刑法》中规定的其他各类罪名的手段和方法。例如,2010年冯某在百度文库中发布了名为《恐怖分子手册》的电子文档,文中传授了各种制作炸药、燃烧弹、汽油弹等爆炸物的配方与制作方法,且该文档具有一定的科学性和可行性。

9) 交易或制造违禁品、管制物品的违法有害信息

根据2008年公安部、信息产业部、商务部等印发的《关于进一步加强违禁品网上非法交易活动整治工作的通知》,违禁品主要包含国家规定限制或禁止生产、购买、运输、持有的枪支弹药、管制刀具、剧毒化学品、爆炸物品、窃听窃照专用器材、毒品、迷药等物品。此外,对于野生动物标本、植物种子、妨碍公共卫生的物品等也作为出入境场所中的违禁物品。在网络上传播售卖违禁品、管制品的,都属于此类违法有害信息。

10) 散布险情、疫情、警情等谣言类违法有害信息

散布险情、疫情、警情等谣言的违法有害信息是指涉及编造虚假信息,或者明知是编造的虚假信息,在信息网络上散布,或者组织、指使人员在信息网络上散布,起哄闹事,造成公共秩序严重混乱的违法有害信息。例如2020年新冠疫情爆发以来,各类谣言频出,例如"火神山医院被大风吹走了""中国武汉爆发的神秘疾病已被证实为新型SARS病毒""板蓝根和熏醋可预防新型肺炎""超级传播者已经出现"……这些谣言严重影响了社会公共秩序和市场管理秩序,引起国民的过度恐慌。

11) 特定违法有害信息

除了上述常见违法有害信息外,互联网上还有拐卖儿童、雇凶杀人伤人等违法有害信息,对社会治安造成极大危害:

(1) 弩箭违法有害信息;
(2) 假币违法有害信息;
(3) 假发票违法有害信息;
(4) 假证违法有害信息;
(5) 拐卖儿童违法有害信息;
(6) 销售警用品违法有害信息;
(7) 人体器官交易违法有害信息。

12) 其他违法有害信息

此外还有部分违法有害信息,出现频率不高,但同样会对社会、组织和个人带来严重危害。例如"传播虚假经济金融的违法有害信息""仿冒或假借政府等机构

及组织散布的违法有害信息"等。

6.5.4 互联网违法和不良信息的举报途径

有害信息举报投诉制度设立的目的是为了鼓励公众举报互联网违法和不良信息,这是公众参与管理互联网原则的重要体现,属于公众监督的范畴,其最终目的是维护社会公共利益。有害信息举报投诉制度对推动行业自律,加强互联网依法管理有重要意义。

在我国举报违法和不良信息可以通过下列途径:

1) 中国互联网违法和不良信息举报中心

中国互联网违法和不良信息举报中心是违法和不良信息最主要的举报单位。中国互联网违法和不良信息举报中心成立于2005年7月,所属于国家互联网信息办公室。举报中心的工作目标是维护互联网信息传播秩序,维护网民权益,搭建公众参与网络治理的平台,建设文明健康有序的网络空间。

其主要职责为:统筹协调全国互联网违法和不良信息举报工作;监督指导各地各网站规范开展互联网违法和不良信息举报工作;接受、协助处理公众对互联网违法和不良信息的举报;宣传动员广大网民积极参与互联网违法和不良信息举报,推动建立网络空间公众监督治理体系;开展国际交流合作,加强与境外相关机构、互联网企业、网络媒体及网站的联系,协调处理暴力恐怖、儿童色情等有害信息。

受理渠道主要有,一是举报电话:12377;二是举报网址:www.12377.cn;三是举报邮箱:jubao@12377.cn;四是举报客户端:通过举报中心官网、各大应用商店下载安装"网络举报"客户端。

2) 公安部设立的"网络违法犯罪举报网站"

除了中国互联网违法和不良信息举报中心外,公安部还专门设立了"网络违法犯罪举报网站(http://www.cyberpolice.cn/wfjb/)",其举报受理范围为涉嫌违反《全国人民代表大会常务委员会关于维护互联网安全的决定》《中华人民共和国刑法》《中华人民共和国治安管理处罚法》《互联网信息服务管理办法》等法律法规有关条款规定,利用互联网或针对网络信息系统从事违法犯罪行为的线索,具体行为包括:

(1) 侵入国家事务、国防建设、尖端科学技术领域的计算机信息系统;

(2) 故意制作、传播计算机病毒等破坏性程序,攻击计算机系统及通信网络,致使计算机系统及通信网络遭受损害;

(3) 利用互联网进行邪教组织活动的;

(4) 利用互联网捏造或者歪曲事实、散布谣言,扰乱社会秩序的;

(5) 利用互联网建立淫秽色情网站、网页,提供淫秽站点链接,传播淫秽色情

信息,组织网上淫秽色情的;

(6) 利用互联网引诱、介绍他人卖淫的;

(7) 利用互联网进行诈骗的;

(8) 利用互联网进行赌博的;

(9) 利用互联网贩卖枪支、弹药、毒品等违禁物品以及管制刀具的;

(10) 利用互联网贩卖居民身份证、假币、假发票、假证,组织他人出卖人体器官。

此外,欢迎并鼓励广大网民积极举报网上含有宣扬"暴力夺取政权、建立东突国家""对异教徒圣战"等暴力恐怖思想和宗教极端思想,传授制枪、制爆、制毒方法,教唆、煽动实施暴力恐怖活动等音视频信息。

6.6 互联网有害、不良信息的治理

6.6.1 互联网有害、不良信息的存在及传播方式

一般而言,信息传递包含的要素有:信息源、网络、信宿(用户),故不良信息的治理手段可围绕这三个要素展开。治理手段可概括为两方面:控制信息源和限制用户访问。控制信息源是指检测、识别不良信息,并对其进行屏蔽和过滤。限制用户访问是指,从网络和用户层面限制信息的网络传播和用户接入。由于互联网的海量信息,必须采用自动化或半自动化的方法对信息进行识别检测,以提高处理的效率。对不同存在方式的有害信息采取不同的识别方法,同时,根据不同的传播方式采用相应的网络控制方法。下面将从存在方式和传播方式两方面,对互联网有害、不良信息进行分析。

1) 有害信息的存在方式

不良信息的识别是治理的前提。随着技术的发展,互联网上不良信息的存在方式已由单纯的文本,扩展到图像和视频。根据不同的存在方式,有害信息有不同的检测方法。

(1) 文本信息:目前常用主要有关键字匹配和模式识别两种方法,其中前者实施简单,但易被规避,误判率高;后者涉及自然语言处理、机器学习等学科,识别精度高,可做到自动化检测。

(2) 图像信息:具体包括姿态识别、肤色识别、场景识别等不同的识别方式,但其实质都是模式识别方法。目前的识别手段,其识别精度有待提高,可做到人工把关的半自动化检测。

(3) 视频信息：主要实现方式为抽取关键帧，得到图像，采用图像分析技术。视频文件存储空间大，对系统的存储、计算能力要求很高。由于相关识别技术目前并不是很成熟，建议主要通过管理手段对非法视频内容加以监管。

目前，文本的检测技术比较成熟，可实现高精度、高效率的自动化检测。而对于图像和视频，由于检测技术的代价高、效果有限，应考虑管理与技术相结合的方法，减小技术实施成本，提高治理效率。

2) 有害、不良信息的传播方式

随着互联网应用的增多，互联网的信息传播方式已由最简单的 HTTP 网页浏览方式，发展到如 P2P 分享、IM 即时聊天等。考虑到有害、不良信息的传播现状、技术成熟度等多方面因素，对以上不同的传播方式，采用不同的监管办法。目前常见的主要有以下几种。

(1) HTTP 方式：HTTP 方式是互联网不良信息传播的最主要方式。目前主要采取网络爬虫等主动拨测手段，并配合 DPI(Deep Package Instruction，深度包检测)监测等被动检测手段对 HTTP 方式的流量内容进行监测。

(2) 手机 WAP 方式：手机 WAP 方式又可分为代收费 WAP 和 FreeWAP 两种，其中针对代收费 WAP 网站可主要在 WAP 网关出口处进行检测和过滤；针对 FreeWAP 网站可以和普通 HTTP 网站采用同样的处理方式。

(3) P2P 方式：P2P 方式常见于数据下载、视频流媒体等应用。由于数据被分散在众多节点，针对这类信息传播方式，目前检测和过滤的技术难度都较大，因此建议主要通过管理措施对该类方式进行监管。

(4) IM 方式：目前基于 IM(Instant Message，即时通信)应用来传播各类不良信息也越来越普遍，但由于基础运营商只提供最底层的承载网络，较难通过网络流量识别来实现对此类不良信息传播进行监控，因而目前的监管技术难度也相对较大，通常从 ICP 侧进行内容审查。由于各类信息的传播方式不同，涉及的相关监控技术成熟度也不同，建议现阶段加强对 HTTP、手机 WAP 等方式的信息监管。P2P、IM 软件等应用类型，在信息传输过程中，很难在网络层对传输内容加以还原，从而无法进行信息识别。因此，对于这些类型的不良信息传播，由于巨大的技术难度和高昂的处理成本，需要政府主管部门、基础运营商与 ICP 等产业链上下游单位加强合作，共同治理。

6.6.2 互联网有害信息的治理方法与手段

近年来，一系列网络"门"事件及各项整治互联网低俗之风行动，都暴露出对于互联网中的不良信息，我们仍然采取被动、以人工为主的处理措施，在不良信息形成危害时才进行处理。因此，迫切需要建立一个能够做到事前严格控制，事中及时发现、迅速取证,并进行有效过滤封堵的互联网不良信息治理体系,这样,就能在不良信息的传播发展阶段及时发现,在形成大规模的扩散之前消除不良信息源,从而大大减少移动互联网上的不良信息,保障健康良性的互联网络环境。

根据互联网不良信息传播特点,一个有效的不良信息治理体系应包括以下几个关键环节:预防、发现、取证、治理。其中,预防是指从备案管理入手,加强接入资源管理,严格控制信息源接入;发现是指采用多渠道、多手段结合,及时发现不良和未备案站点;取证是指做好用户动态信息管理、日志留存、有害信息报告工作,做到查之有据;治理是指监控不良信息源所有可能的发布渠道,对不良信息实施有效过滤。

1) 预防机制

由于互联网的海量信息及其快速增长特性,其传播扩散也日益多样化,而有害和不良信息的识别和过滤技术尚处于初级阶段,现在进行全网的有害和不良信息监控难度很大。所以,对于有害和不良信息的监控应该分步骤有序进行,可以优先考虑从接入资源的管控入手。

一个完善的预防机制,能大大降低后续工作的成本。通过完善网站备案系统,建立接入资源管理平台,实现 IT 系统支撑,有利于提高工作效率。根据信息内容的不同网络接入位置可以采取不同的预防机制,具体策略如下:

(1) 运营商自营 ICP、IDC,特点:信息源可由服务商自控,不容易出状况。

预防策略:严查管理薄弱环节——规范接入渠道和内容提供,禁止转租接入服务;加强接入资源和备案管理。

(2) 运营商网内 ICP、政企类用户,特点:信息源受国家法律管控,接入渠道可控。

预防策略:加强备案管理,严禁未备案提供接入,翔实记录网站备案信息,认真核实主办者身份,签订信息安全管理协议,约束 ICP。

(3) 运营商网内公众用户,特点:接入渠道可控,信息源分散不可控。

预防策略:完善信息登记工作鼓励实名制记录上网信息。

(4) 境外 ICP,特点:接入渠道不易控,信息源不受控。

预防策略:做好 IP 备案工作,严密监控涉及有害信息内容传播的 IP 地址。

2) 发现技术

互联网的海量信息快速增长,使得采用人工拨测等传统发现手段难以适应新形势下的技术要求。所以,应该采用自动化的不良信息发现技术,辅以人工处理,提高处理效率。不良信息的发现环节,包括信息采集和信息识别。信息采集方面又分为用于主动采集的网络爬虫技术和应用于被动检测的 DPI 技术。其中,前者在应用层通过 HTTP 协议进行信息采集,而后者先在网络层复制数据包,再采用 DPI(深度包检测)技术从中提取出相关内容信息。在采集信息后,针对信息的不同形式(如文本、图像、视频),采用相应的模式识别方法,进行类型判断(是否属于不良信息),必要时在类型判断时辅以人工,减小不良信息的识别误报率。下面将介绍网络爬虫技术、DPI 技术、信息识别技术。

(1) 网络爬虫技术:在有害信息发现环节中,网络爬虫技术是目前的一种最主要的有害信息主动发现手段。网络爬虫技术是搜索引擎的核心技术之一,故国内外的一些大公司,如谷歌、百度等,对大型网络爬虫已有很成熟的解决方案。为了实现互联网信息的个性化订制,出现了针对特定主题、特定网络规模的网络爬虫技术。网络爬虫是一个自动提取网页的程序,它从万维网上下载网页。它的基本原理是,从一个或若干初始网页的 URL 开始,获得初始网页上的 URL,在抓取网页的过程中,不断从当前页面上抽取新的 URL 放入下载队列,直到满足系统的一定停止条件,如图 6-1 所示。

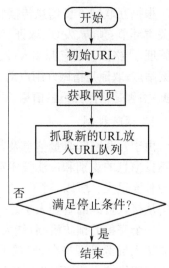

图 6-1 网络爬虫技术原理

假设互联网中所有的 URL 构成一个有向图,理想情况下,通过给网络爬虫程序输入一定数量的初始 URL,将可以获得 URL 网页上包含的新 URL,从而可以不断获取新的 URL 地址,最终达到对整个网络的遍历。在网络爬虫的技术实现中,需考虑以下主要问题:

① URL 的分析去重:主要考虑接受节点分配的 URL,判断该 URL 是否访问过。若访问过,则忽略,否则加入即将访问 URL 列表。此外,由于动态 IP、动态域名等一系列因素,还需考虑 IP 与域名的转换问题。

② 网页的下载:主要考虑根据 URL 进行域名解析,同时根据不同的网站设置不同的网站下载参数,控制下载速度,防止网站将下载线程屏蔽。

③ 网页的解析:主要考虑从网页源文件中提取需要的 URL,并去掉没有内容意义的格式标签,从而减少下载内容在存储服务器所占空间。

(2) DPI 技术:对网络流量进行实时镜像采集也是一种常用的不良信息采集方式。网络流量通过端口镜像存储之后,需对数据包进行拆包,并提取出相关的内容信息,目前,最常采用的是 DPI 技术。DPI,即深度包检测,全称为 Deep Packet Inspection。所谓"深度",是和普通的报文分析层次相比较而言的,"普通报文检测"仅分析数据包传输层以下的内容,包括源地址、目的地址、源端口、目的端口以及协议类型,而 DPI 技术在分析包头的基础上,增加了对应用层的分析。DPI 技术当 IP 数据包、TCP 或 UDP 数据流经过基于 DPI 技术的网络设备时,系统通过读取 IP 包载荷的内容来对 OSI 7 层协议中的应用层信息进行重组,从而得到整个应用程序的内容。但如果数据包是经过加密传输的,DPI 技术并不能识别、提取出有效信息。

DPI 技术能从数据包中提取出相关的 URL 信息、内容信息等。根据不同的识别技术,DPI 可以分为以下两大类:

① 使用特征字与掩码相结合的协议识别:先统计协议实际交互过程中出现频率高的字符作为匹配串,DPI 引擎在线检查全报文以匹配多个串。这种方法往往适用于少量协议,效率一般,正确性也有待提高,并且,对一些变长填充的协议会显得无能为力。这种方法的实现比较简单,往往可以采用硬件的方式来实现。

② 使用正则表达式库的协议识别:正则表达式描述了一种字符串匹配的模式,可以用来检查一个串是否含有某种子串、将匹配的子串做替换或者从某个串中取出符合某个条件的子串等。相对于传统的五元组识别和字符串识别,使用正则表达式对应用层协议进行识别的正确性有很大提高。但是由于正则表达式的复杂性,若设计不好,这种方法的识别效率将比较低,甚至会严重影响设备的性能。

(3) 信息识别技术:经过网络爬虫、端口流量镜像与 DPI 技术采集的海量信息,若采用人工对其类别进行识别(是否为不良信息),则将导致高昂的人工成本和极低的处理效率。因此,必须采用自动化的技术手段对信息进行类别识别。

在文本信息识别中,最简单的技术是关键词匹配。通过定义一系列的关键词列表,对文本进行匹配。若发现文本中出现已定义的关键词,则认为该文本属于不良信息;若文本中没有出现已定义的关键词,则认为该文本不属于有害信息。关键词匹配实现简单,速度快,但是由于汉语的语言特性,如上下文相关性、同义词、近义词等,会导致极高的误判率,且容易被不良信息发送者所规避,如用同音字替换、在关键词之间添加符号等。不良信息的过滤属于二分类(非不良信息/不良信息)问题,是一个典型的模式识别问题。模式识别系统首先通过在预先分类好的样本集(如有害信息集、非有害信息集)上训练,建立一个判别规则或分类器,从而对未知类别的新数据进行自动识别。一个模式识别系统性能的优劣,取决于多方面的因素,如训练样本是否充分、分类函数设计等。图 6-2 是一个用于有害信息识别的模式识别系统流程图。

针对文本、图像、视频三种不同形式的不良信息识别系统,原理上都是一样的。不同的是图像、视频在特征表示、特征抽取、特征降维等方面比文本要复杂很多,这也是图像、视频的识别精度不高的根本原因。此外,视频文件一般比较大,处理的时间复杂度和空间复杂度远远高于图像、文本文件,在识别过程中会消耗大量的计算资源,却不能取得很好的识别效果。故现阶段,主要针对文本、图像进行自动化检测。

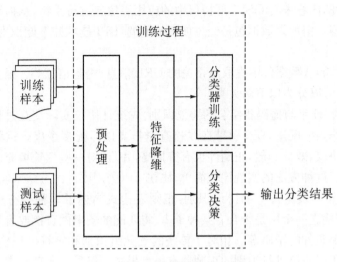

图 6-2 有害信息识别系统流程图

3) 常见的信息过滤治理手段

互联网的信息源通过 IP、域名来标识,所以,对有害信息的治理,主要根据有害信息源的 IP 地址、域名等信息,将其添加到黑名单,切断网络接入。传统的网络过滤技术,如 DNS 过滤、基于路由黑洞及 ACL 的封堵、防火墙过滤等都是基于这一思想。下面是对各种封堵技术的分析和比较。

(1) DNS 封堵

实现方式:在 DNS 服务器将域名查询请求丢弃。

实施效果:① 对现网流量无影响;② 对动态域名的网站不能实现完全封堵;③ 对 IP 访问方式无效。

(2) 基于路由黑洞及 ACL 的封堵

实现方式:在路由器设置黑洞路由,或在其 ACL 表中设置黑名单,使用户访问 IP 包不可达。

实施效果:① 对现网流量有较大影响;② 要不断地更新 URL-IP 的对应表,同时下发配置到路由器,更新静态路由表;③ 对采用动态域名的网站不能实现完全封堵;④ ACL 有数目上限,并可能导致路由器性能下降。

(3) 防火墙封堵

实现方式:采用防火墙的内置功能,根据 IP 包的 URL,直接将其丢弃。

实施效果:① 对现网流量有较大影响;② 在较少的封堵量情况下表现较好,封堵量较大情况下,设备无法正常工作。

从以上分析可看出,传统的网络封堵技术在目前形势下面临着巨大的挑战。

而基于DPI技术的边缘路由器封堵由于其一系列良好特性,受到广泛关注。边缘路由器负责接入各种各样的业务,并通过DPI技术对各种业务的数据包进行识别和控制。边缘路由器已经改变了IP网只能承载互联网业务的观念,将可管理、可控制和高可靠性引入了IP网,使用户能够享受到更安全、更有保障的电信级业务。

(4) 基于DPI技术的边缘路由器封堵

实现方式:边缘路由器首先用DPI技术从数据包中提取URL及相关的内容信息,根据统一配置的封堵策略(如URL黑名单、业务类型控制等),可拆除TCP连接、丢弃UDP数据包等。

实施效果:① 对现网流量无影响;② 可直接配置封堵名单、控制策略等,统一下发,过滤效果较好。

以上治理方法各有优缺点,需根据实际情况,优化组合。此外,在治理过程中,还需加强黑名单管理,由相关管理机构联动建设ICP、IP、域名黑名单,降低技术部署成本,提高治理效率。

课后习题

一、选择题

1. (多选)2020年7月,高中生琪琪到某服装店购物。琪琪离开后,该服装店店主误认为琪琪盗窃财物,一时气愤将购物监控视频截图发到某网络平台上,在琪琪照片旁注明"小偷"字样。不久,琪琪所在学校、家庭住址、生活照片等均被网友曝光。琪琪曾向该网络平台反映,要求删除店主发布的不实信息,但未获回复。琪琪不堪舆论压力,跳河身亡。下列说法正确的是 ( )
    A. 店主、网友、网络平台均涉嫌侵犯琪琪名誉权、隐私权、肖像权,琪琪父母可向法院起诉,要求恢复名誉、消除影响、赔礼道歉
    B. 该网络平台未及时处理用户反馈,未及时删除相关信息,导致了琪琪死亡的严重后果,构成拒不履行信息网络安全管理义务罪
    C. 曝光琪琪信息的网友涉嫌违反《网络安全法》中关于"不得非法提供个人信息"的规定,同时可能构成《治安管理处罚法》中的侮辱、诽谤违法行为,情节严重的可能构成犯罪
    D. 根据2020年3月1日起施行的《网络信息内容生态治理规定》(国家互联网信息办公室令第5号),该网络平台可能面临失信惩戒

2. 《计算机病毒防治管理办法》规定,_____主管全国计算机病毒防治管理工作。( )
    A. 信息产业部　　　　　　　　　B. 国家病毒防范管理中心
    C. 公安部公共信息网络安全监察　　D. 国家网络安全和信息化领导小组

3. 下列信息哪个不属于违法有害信息? ( )

A. 传播学术造假的信息　　　　　　　B. 侮辱或者诽谤他人
　　C. 教唆犯罪的信息　　　　　　　　　D. 擅自组织游行的信息
4. 某网民发现一网站上存在煽动民族仇恨、破坏民族团结的言论，请问以下电话号码，哪个
　　是网信部门开设的举报互联网违法信息的电话？　　　　　　　　　　　　　　（　　）
　　A. 12377　　　　B. 12315　　　　C. 12345　　　　D. 110
5. 下列不属于违法信息的是　　　　　　　　　　　　　　　　　　　　　　　　（　　）
　　A. 散播地震谣言，引起民众恐慌的信息
　　B. 歧视新疆维吾尔族人民，破坏民族团结的信息
　　C. 具体描写乱伦、强奸及其他性犯罪的手段、过程或者细节，可能诱发犯罪的信息
　　D. 宣扬法轮大法好，信教可以治愈癌症的信息
6. （多选）全国人民代表大会常务委员会《关于维护互联网安全的决定》规定，利用互联网实
　　施违法行为，尚不构成犯罪的，对直接负责的主管人员和其他直接责任人员，依法给予
　　_____或者_____。　　　　　　　　　　　　　　　　　　　　　　　　（　　）
　　A. 行政处分　　　B. 纪律处分　　　C. 民事处分　　　D. 刑事处分
7. （多选）_____等有关主管部门，在各自职责范围内依法对互联网信息内容实施监督管
　　理。　　　　　　　　　　　　　　　　　　　　　　　　　　　　　　　　　（　　）
　　A. 新闻、出版、教育　　　　　　　　B. 卫生、药品监督管理
　　C. 工商行政管理和公安、国家安全　　D. 人民检察院和人民法院
8. 2012 年我国通过_____，明确规定国家保护能够识别公民个人身份和涉及公民个人
　　隐私的电子信息。　　　　　　　　　　　　　　　　　　　　　　　　　　　（　　）
　　A. 全国人民代表大会常务委员会《关于加强网络信息保护的决定》
　　B. 《电话用户真实身份信息登记规定》
　　C. 《电信和互联网用户个人信息保护规定》
　　D. 《刑法修正案（七）》
9. 根据《电信和互联网用户个人信息保护规定》的规定，电信业务经营者、互联网信息服务
　　提供者应当建立用户投诉处理机制，公布有效的联系方式，接受与用户个人信息保护有
　　关的投诉，并自接到投诉之日起_____内答复投诉人。　　　　　　　　　（　　）
　　A. 5 日　　　　　B. 20 日　　　　　C. 15 日　　　　　D. 10 日
10. 接群众举报，公安机关对某文化艺术培训中心突击检查，现场查获记录当地学生姓名、
　　班级、家长电话、电子邮箱等纸质材料。经查，该培训机构负责人于某为精准营销培训
　　业务，向另一培训机构负责人刘某购得相关学生信息。针对上述情形，下列说法错误
　　的是　　　　　　　　　　　　　　　　　　　　　　　　　　　　　　　　　（　　）
　　A. 于某不顾家长拒绝，依然利用获取的学生信息向家长电子邮箱发送培训广告的行
　　　为违反社会公德，但尚未达到违法程度
　　B. 于某购买学生信息虽出于提供服务的经营需要，但合法目的不阻却其违法性质认定
　　C. 民警在参与本次突击检查中知悉的学生信息，应当严格保密，不得泄露、出售或者非
　　　法向他人提供
　　D. 刑法理论上，基于双方互为行为对象的行为而成立的犯罪一般称为对合犯，如重婚、

贿赂等。于某、刘某可能构成对合犯

11. _____不属于利用互联网络侵犯著作权的行为。 （ ）
  A. 未经著作权人许可,将他人享有专有出版权的图书在互联网上电子发行
  B. 未经著作权人许可,在互联网上下载电影作品
  C. 未经许可在互联网上展示自己的美术作品并销售
  D. 未经录音录像制作者许可,在互联网上复制发行其制作的录音录像

12. 为保障数据安全和个人信息安全,某省拟根据《网络安全法》和相关法律法规出台地方性法规《XX省数据安全管理办法》,明确相关主体责任。省公安厅的代起草稿中下列规定最为恰当的是 （ ）
  A. 国家鼓励开发网络数据安全保护和利用技术,促进公共数据资源开放,推动技术创新和经济社会发展
  B. 除法律、法规另有规定外,任何单位和个人在公共场所设置数据采集设施、设备采集信息的,应当设置明显标识,并报当地公安机关备案。违反上述规定的,由有关部门责令改正,给予警告;拒不改正或情节严重的,可处以五千元以上五万元以下罚款,对直接负责的主管人员处以一千元以上一万元以下罚款
  C. 数据安全责任单位应当采取数据分类、重要数据备份和加密等措施。违反上述规定的,由有关主管部门责令改正,给予警告;拒不改正或造成严重后果的,处一万元以上十万元以下罚款,并可吊销营业执照,对直接负责主管人员处五千元以上五万元以下罚款,可并处五日以下拘留
  D. 本办法自2019年4月起施行。本办法施行前本省或国务院有关部门制定的有关数据安全的规定与本办法不一致的,以本办法为准

13. _____不属于相对人必须履行的互联网信息服务安全管理义务。 （ ）
  A. 互联网信息服务提供者,应当依法保存相关互联网络资料12个月
  B. 互联网信息服务提供者不得制作、复制、发布、传播有害信息
  C. 未经专项批准或者专项备案手续,任何单位或者个人不得擅自开展电子公告服务
  D. 电子公告服务提供者应当对上网用户的个人信息保密,未经上网用户同意不得向他人泄露

14. 不属于赌博信息的是 （ ）
  A. 淘宝网销售的彩票   B. 将游戏中获取的Q币出售变现
  C. 进行下注软件程序开发   D. 通过赌博形式实施行贿

15. 不属于受保护的个人电子数据的是 （ ）
  A. 电子邮件的收件人   B. 某明星的实名微博认证
  C. 医院在线挂号信息   D. 登录购物网站的姓名和密码

16. 按照现有法律规定,以下不属于个人隐私的信息是 （ ）
  A. 在线购物记录   B. 微信聊天记录
  C. 上网登记信息   D. 个人航空记录

17. "伪基站"这一违法有害信息实施行为,触及的危害性不包括 （ ）
  A. 危害公共安全、扰乱市场秩序

B. 侵犯公民个人隐私
C. 损害基础电信运营商和人民群众财产权益
D. 危害国家经济安全

18. （多选题）互联网信息内容关于传授犯罪方法主要表现有　　　　　（　　）
    A. 利用 QQ 等即时通信软件一对一交流
    B. 开设专门网站，讲授相关犯罪的技术知识
    C. 在 BBS、论坛、微博等公共交流平台上发帖，讲解特定犯罪方法
    D. 通过互联网召集到固定场所统一讲授

19. （多选题）利用互联网络侵犯著作权的行为包括　　　　　　　　　（　　）
    A. 未经著作权人许可，将他人享有专有出版权的图书以电子图书的形式在互联网上发行
    B. 未经著作权人许可，在互联网上复制发行其文字作品、音乐及其他作品
    C. 使用电子技术在互联网上制作假冒他人署名的美术作品并销售
    D. 未经录音录像制作者许可，在互联网上复制发行其制作的录音录像

20. 目前为止邪教实施的违法有害信息行为不包括　　　　　　　　　　（　　）
    A. 破坏国家宗教政策　　　　　　B. 颠覆国家政权
    C. 扰乱金融秩序　　　　　　　　D. 破坏国家统一

二、判断题

1. 不良信息，即违反法律法规，必须由警察和法律授权机构来处理的信息内容。（　　）
2. 国家市场监督管理总局是互联网信息内容安全的综合管理机构。（　　）
3. 《刑法》第二百八十五条、第二百八十六条、第二百八十七条是有关计算机信息系统安全保护方面的条款。（　　）
4. 识别公民个人身份的电子信息和涉及公民个人隐私的电子信息是同一概念。（　　）
5. 我国《信息网络传播权保护条例》规定，为了保护信息网络传播权，权利人采取技术措施前，需要向相关主管部门提交申请。（　　）
6. 目前，我国没有专门的隐私保护法律，可适用的法律法规主要有全国人大常委会《关于加强网络信息保护的决定》《刑法》等。（　　）
7. 2016 年 1 月 1 日实施的《信息安全技术互联网交互式服务安全保护要求》标准明确定义了个人电子信息。（　　）
8. 社会公益事业建设、抢险救灾、优抚、救济、社会捐助等款物的管理、使用和分配情况的信息不属于政府应重点公开的信息。（　　）
9. 通过网页快照形式提供或显示的作品不会侵犯网上著作权。（　　）
10. 工信部 2013 年 9 月开始施行《电话用户真实身份信息登记规定》和《电信和互联网用户个人信息保护规定》。（　　）
11. 利用信息网络辱骂、恐吓他人，情节恶劣，破坏社会秩序的，以寻衅滋事罪定罪处罚。（　　）
12. 未经著作权人许可，在互联网上复制发行其文字作品，属于侵犯著作权的行为。（　　）
13. 互联网信息内容安全行政处罚，是指国家行政机关及其他行政主体对其认为违反了互联网信息内容安全法律规范的个人或组织，给予行政制裁的具体行政行为。（　　）

14. 编写并发表关于黑客攻防的电子书属于传授犯罪手段和方法的违法有害信息。（ ）
15. 在BBS、论坛、微博等公共交流平台上发帖，讲解特定犯罪方法，可能构成传授犯罪方法罪。（ ）

三、简答题

1. 简述信息内容安全管理和信息安全管理的区别。
2. 简述我国互联网信息内容安全管理机构。
3. 简述有害信息的表现形式有哪些，并分别列举1~2个例子。

第 7 章 公安信息系统安全管理

7.1 公安信息系统安全管理概述

因为公安业务的特殊性,大部分公安信息系统均属于涉密信息系统。涉密信息系统,则是指由计算机及其相关配套设施、设备构成的,按照一定应用目标和规则存储、处理、传输国家秘密信息的系统或网络。某一信息系统是否属于涉密信息系统,主要看系统内是否存储、处理或传输过涉及国家秘密的信息。

本章中讲述的公安信息系统安全管理,特指为涉及秘密内容的信息系统安全保密管理。

7.1.1 公安信息系统信息安全的相关概念

传统涉密系统信息安全,是指确保以数字信号为主要形式的、在系统中进行自动通信、处理和利用的信息系统,在各个物理位置、逻辑区域、存储和传输介质中,处于动态和静态过程中的秘密性、可用性、完整性、可审查性及抗抵赖性,与人、网络、环境有关的技术安全、结构安全和管理安全的总和。

根据国家有关保密标准的要求,涉密信息系统从规划设计到使用维护,乃至停用销毁的整个生命周期内,都需要实施严格的保密措施。针对不同程度的涉密信息系统,安全保密要求存在等级上的差别。

7.1.2 公安信息系统安全保密管理的重要性

人类社会迈入网络时代后,互联网正在以惊人的速度进入人类社会的每个角落,这种以信息网络技术为主导的全球信息化浪潮正在给人类社会带来翻天覆地的变化,计算机网络系统成为信息存储的最主要方式,这种变化不仅给社会经济的发展带来了绝佳的机遇,同时也对信息系统安全保密管理带来了严峻的挑战。随着信息系统在公安工作中广泛地应用,公安机关的工作效率有了极大的提高,但公安系统内部有众多涉密信息系统以及涉密信息,也极大地提高了泄密的可能,为了确保公安工作中国家秘密和警务工作秘密的安全,对公安内部人员进行保密培训迫在眉睫。信息网络安全管理,不仅是业务的管理,也是针对人的管理,人员的安全管理,往往是整个管理流程中的重要环节、核心环节。因此,必须增强人的保密意识,从国家安全、社会稳定的高度认识信息网络安全保密管理的重要性。

1) 信息网络安全保密是国家安全的基础,关系着国家的安危

国家安全的概念、内容和重点随着信息化时代的到来正在发生着巨大的变化。国家安全从原来依赖国土、军队等有形的东西为主,正逐步过渡到以信息、知识、网络等无形的东西为主,信息网络安全成为整个国家安全的基础。

2) 信息网络安全保密是社会经济健康、可持续发展的重要保障

信息化时代社会经济的发展越来越依赖于掌握大量网络资源和网络技术的信息产业。信息网络安全直接关系到国家金融、外贸和经济战略的安全。一旦国家的重要经济信息被泄露或被破坏,其经济安全也随之会遭到威胁,轻则使国家利益受到损害,重则可能导致国家经济的瘫痪。更严重的是,如直接通过计算机网络破坏信息资源中的经济信息体系,例如某些重要的金融信息,便可能直接导致国家经济土崩瓦解。

3) 信息网络安全保密是维护政治稳定及各项决策顺利实施的重要保障

当今世界是利益博弈的世界。以美国为首的西方世界一直将中国视为潜在的竞争对手,他们无时无刻不在搜索我们的信息,捕捉着足以损毁我们的信息。我国目前正处于并将长期处于社会主义建设的初期阶段,在建设社会主义市场经济过程中,难免会出现一些不稳定因素。在这样的情况下,信息网络安全保密工作,常常影响到国家政治上的稳定和社会安定团结。如果国家在酝酿涉及经济、军事、外交等方面的一些重大决策或者改革措施过程中,尚未对外发布就被"有心之人"泄露出去,有可能会引起社会波动和人心混乱,影响社会稳定,使国家在政治上或外交上陷入被动的局面。

7.1.3 信息网络化对信息保密管理的影响

信息网络安全保密的概念是随着社会进入信息化时代后提出的,在信息化时代下,国家秘密的存在形式和运行方式发生了巨大的变化,涉密载体不再是以纸的介质形式等传统设备为主,而是进一步发展到声、光、电、磁等多种形式,在传输过程中逐渐被计算机及各种网络设备所取代,保密信息在工作中的存储、处理和传输对计算机网络信息系统的依赖性也在不断增强,计算机网络已经成为国家秘密存

储和运行的主要渠道和基础设施,传统的保密工作正逐渐向信息网络安全保密转化。

1) 保密管理的要求更高

网络环境下,国家秘密存储方式及运行方式发生了显著的变化,泄密风险隐患不断加大。随着现代信息网络技术的飞速发展和广泛应用,国家秘密存储方式呈现数字化、轻便化、隐形化的趋势,国家秘密的采集、处理和传输方式发生很大变化,移动硬盘和光盘等磁性介质,笔记本电脑、数字复印机等自动化办公设备以及无线网络、智能手机等的广泛应用,使得泄密渠道不断增多,泄密危害更加严重;国家秘密处理方式由人工为主向以计算机信息系统数据处理转化,传输方式由人工传递为主向通信网络等传输方式转化,国家秘密存储和运行对信息网络的依赖性越来越严重,信息网络已经成为国家秘密存储和运行的主要渠道和基础设施。国家秘密信息管控难度日益增加,管控对象从单一的信息内容扩展到多样化信息存储形式和基础设施,管控范围从保护单元信息安全,扩展到保护信息网络安全。信息网络时代,不仅加重了保密工作的任务,也给保密工作提出了更高的要求。

2) 保密管理领域更广

随着现代信息技术的不断发展,保密工作的领域从现实物理世界延伸到网络世界。领域的变化使采集、处理和传输国家秘密信息的设备由打字机、电话机等传统设备扩展到各类计算机终端设备及网络设备,存储国家秘密信息的载体也由传统的纸质载体扩展到各类光、电、磁等介质载体,同时可以通过各类存储介质存储、携带或交换海量数据,通过网络数据处理、传输、应用,泄密隐患和漏洞可能无处不在。由于国家秘密对信息网络高度依赖,而信息网络存在潜在脆弱性和安全风险,一旦受到入侵或攻击,将直接破坏整个信息网络系统,导致国家秘密安全受到严重损害。

3) 保密管理的措施更完善

国家秘密保护采取的措施主要包括技术防范、行政管理、法律监督等三类。

技术防范措施是依托专门的技术手段对国家秘密信息可能泄露的途径进行阻隔。例如对于网络泄密问题可以采取身份鉴别、监视报警,使用加密技术阻止非法用户获知或使用相关网络资源或直接采用物理隔离禁止涉密计算机连入互联网络。技术防范措施在短期内能够起到防止国家秘密信息泄露的效果,但国际上各种窃密技术也在不断增强,反窃密技术需要针对窃密技术进行不断提升和完善,现实情况中往往是在发现窃密情形出现之后才能有针对性地进行反窃密技术改进,具有严重的滞后性。

行政管理措施是指运用行政权力对涉密的计算机及网络、涉密存储介质的使用以及工作人员规定具体的要求,从制度上管理国家秘密信息的存在和使用状态。

国内外分析研究资料显示,秘密信息泄露很大程度上是人的因素,包括人员管理疏忽等各方面情形。信息网络的安全性不能仅仅依靠技术,而应该从人的行为和人所处的社会环境着手。行政管理措施以行政权力运用为核心,各种制度设计及管理目的的实现依赖于管理者的权威和责任,主要是对人员的管理,是从源头上对国家秘密进行保护。

法律手段保障是指在对国家秘密信息进行保护的过程中,各项技术的研发和应用需要相关法律的支持,行政权力的运用需要符合合法性原则,各项制度的设计需要符合法律体系要求。不论是技术措施进行防范还是行政手段进行管理,最终都需要依靠法律手段得到保障。法律通过授权以及具体权利义务的确定,依照法律的权威性追究相关人员的法律责任从而为国家秘密信息的保护提供最终保障。

7.1.4 公安信息系统保密内容的界定

系统密级的确定是明确涉密信息系统能够处理何种等级的涉密信息,并对该系统实施何种程度安全保密措施的先决条件。

涉密信息系统密级的确定与系统内涉密信息的密级密切相关。首先,对于系统内明确属于涉及国家秘密事项范围内的涉密信息,应该根据标准准确确定密级和保密期限。

我国的国家秘密范围分为基本范围和具体范围。

《保密法》第九条规定国家秘密的范围包括国家事务的重大决策中的秘密事项、国防建设和武装力量活动中的秘密事项、外交和外事活动中的秘密事项以及对外承担保密义务的事项、国民经济和社会发展中的秘密事项、科学技术中的秘密事项、维护国家安全活动和追查刑事犯罪中的秘密事项、其他经国家保密工作部门确定应当保守的国家秘密事项7个方面的事项。

《保密法》规定国家秘密及其密级的具体范围,由国家保密行政管理部门分别会同外交、公安、国家安全和其他中央有关机关规定。军事方面的国家秘密及其密级的具体范围,由中央军事委员会规定。在实际工作中,涉密信息系统使用单位应按照本行业保密事项范围,确定涉密信息的密级和保密期限。没有明确规定的,应依据《保密法》及其实施条例中的基本要求,进行定密工作。

在确定是否属于涉密信息时,必须严格按照上述要求和标准进行,不能将工作中产生的信息一律划为国家秘密,也不能为了规避涉密信息的管理制度和手续,将本该定为国家秘密的事项定为工作秘密。

在确定所处理的信息是否符合保密范围后,还应根据法律、法规的要求采用规范的流程对信息的密级和保密期限进行确定,为确定涉密信息系统保护措施的等级和强度提供依据。

7.1.5 公安信息安全保密管理机构

在信息安全问题和网络犯罪现象迅速增多的背景下,信息安全方面的立法与执法在世界范围内受到了极大的重视。我国在信息安全方面也已经制定了一些法律法规,这些不同层面的法律法规有着各自不同的侧重点。《中华人民共和国保守国家秘密法》是保密部门行政执法的依据,在现代办公条件下,对涉密信息系统的保密管理已经成为保密工作的重点。《中华人民共和国保守国家秘密法》第五条规定:国家保密工作部门主管全国保守国家秘密的工作。县级以上地方各级保密工作部门在其职权范围内,主管本行政区域的保密工作,中央国家机关在其职权范围内,主管或指导本系统保密工作。这一法律规定,明确了我国保密管理机关的设置及其相应的职责。国家保密局是主管全国保守国家秘密工作的行政主管部门,县级以上地方各级政府的保密工作部门,按照地域管辖的原则,主管本行政区域保守国家秘密的工作。中央保密委员会办公室(简称中央保密办)和国家保密局,一个机构两块牌子,列入中共中央直属机关的下属机构,负责中国共产党和中华人民共和国涉密资料的密级审定、规章制度建立、落实、督办、失密案件的查处、行政处罚等工作。中央国家机关对其下级机关、单位保密工作的管理,按照其业务工作的管理模式进行,即业务工作管到哪里,有关的保密工作就管到哪里;业务工作如何管,有关的保密工作就如何管。《保密法》第六条规定:县级以上国家机关和涉及国家秘密的单位,根据实际情况设置保密工作机构或者指定人员,管理本机关和本单位保守国家秘密的日常工作。保密行政管理组织构成如图7-1所示:

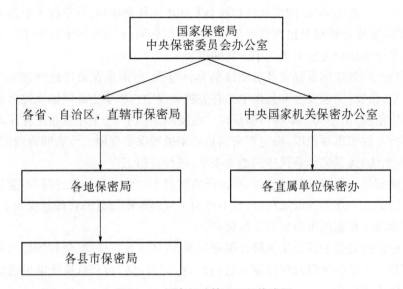

图7-1 保密行政管理组织构成图

7.2 公安信息系统中涉密信息系统分级保护制度

本节主要介绍我国涉密信息系统分级保护制度以及其与信息系统等级保护体系之间的区别与联系。

7.2.1 分级保护管理原则

1997年《中共中央关于加强新形势下保密工作的决定》明确了在新形势下保密工作的指导思想和基本任务,提出要建立与《保密法》相配套的保密法规体系和执法体系,建立现代化的保密技术防范体系。中央保密委员会于2004年12月23日下发了《关于加强信息安全保障工作中保密管理若干意见》,明确提出要建立健全涉密信息系统分级保护制度。2005年12月28日,国家保密局下发了《涉及国家秘密的信息系统分级保护管理办法》,同时,《保密法》修订草案也增加了网络安全保密管理的条款。2010年4月29日,第十一届全国人民代表大会常务委员会第十四次会议通过《保密法》修订案,并于2010年10月1日起正式施行。随着《保密法》的贯彻实施,国家已经基本形成了完善的保密法规体系。涉密信息系统分级保护是国家信息安全等级保护的重要组成部分。

涉密信息系统分级保护的核心思想是"实事求是"与"具体问题具体分析",既防止欠保护,也防止过保护,以确保国家秘密安全为原则。涉密信息系统分级保护管理原则是:规范定密,准确定级;依据标准,同步建设;突出重点,确保核心;明确责任,加强监督。

1) 规范定密,准确定级

涉密信息系统建设使用单位应当依据《保密法》及其实施条例,对照国家保密局会同各部门制定的保密事项范围,建立科学的信息定密机制和操作程序,规范信息定密,明确涉密信息系统处理信息的最高密级,并根据信息的最高密级确定系统的保护等级,确保涉密信息系统分级保护等级与其所处理涉密信息的最高密级一致,形成对等管理。

2) 依据标准,同步建设

涉密信息系统的规划建设要符合国家保密法律法规及管理规范,采取的措施要符合国家保密技术要求,在规范建设信息系统的同时要同步进行保密设施的规划和建设,从技术和管理两个方面对涉密信息系统进行整体防护,避免重复建设造成资源浪费,又或者后期建设对涉密信息系统产生新的安全漏洞和威胁。

3) 突出重点,确保核心

涉密信息系统建设使用单位应该从实际出发,根据系统内国家秘密信息的密级种类与含量、系统所面临的风险与威胁等因素,综合平衡安全成本和风险,优化资源配置,确保重点区域得到充分安全保护。同时,应杜绝对于非重点区域欠保护或者不保护的错误思想。

4) 明确责任,加强监督

涉密信息系统建设使用单位应建立安全保密责任制度,明确岗位职责,责任到人,使系统的每个工作人员都明确应承担的责任和义务,并定期对涉密信息系统的运行情况和用户操作行为进行保密法规规定的符合性监督检查。

7.2.2 分级保护的内容

涉密信息系统的分级保护等级与所存储、处理的国家秘密信息等级密切相关。《保密法》第十条将国家秘密的密级分为"绝密""机密""秘密"三级。"绝密"是最重要的国家秘密,泄露会使国家的安全和利益遭受特别严重的损害。"机密"是重要的国家秘密,泄露会使国家的安全和利益遭受损害。"秘密"是一般的国家秘密,泄露会使国家的安全和利益遭受损害。涉密信息系统也按照"绝密""机密""秘密"三级进行分级管理,其防护水平不低于国家信息安全等级保护规定的第三、四、五级的要求。

涉密信息系统的分级保护等级按照"谁主管,谁负责"的原则进行管理,由涉密信息系统的使用单位具体实施。

1) 秘密级

涉密信息系统中包含最高为秘密级的国家秘密,其防护水平不低于国家信息安全等级保护三级的要求,还必须符合分级保护的秘密级防护要求。

2) 机密级

涉密信息系统中包含最高为机密级的国家秘密,其防护水平不低于国家信息安全等级保护四级的要求,还必须符合分级保护的机密级或机密增强级防护要求。

3) 绝密级

涉密信息系统中包含最高为机密级的国家秘密,其防护水平不低于国家信息安全等级保护五级的要求,还必须符合分级保护的绝密级防护要求,绝密级信息系统应限定在封闭的安全可控的独立建筑内,不能与城域网或广域网相联。

涉密信息系统应该根据保密等级划分情况选择相应保密技术要求的措施进行保护,再结合安全风险分析,对涉密信息系统保护要求进行部分调整。

7.2.3 分级保护相关法规和标准

我国对信息安全立法和信息安全标准制定十分重视。近几年来,结合信息化建设的实际情况,我国制定了一系列信息安全保密标准,为信息化建设的发展与管理起到有力的促进、规范和指导作用。

信息安全保密标准是我国信息安全保障体系的重要组成部分,是政府进行宏观管理的重要依据。从国家意义上来说,信息安全保密标准关系国家安全及经济利益。同时,国家也成立相应的组织机构,制定相关信息安全保密国家标准。公安部、国家安全部、国家保密局、国家密码管理委员会等相继制定、颁布了一批信息安全保密行业标准,为推动信息安全技术在各行业的应用和普及发挥了积极的作用。

1) 国家保密法律、法规

(1)《中华人民共和国保守国家秘密法》,于1988年9月5日第七届全国人民代表大会常务委员会第三次会议通过;2010年4月29日第十一届全国人民代表大会常务委员会第十四次会议修订,2010年10月1日起施行。

(2)《中华人民共和国保守国家秘密法实施条例》,2014年1月17日中华人民共和国国务院令第646号公布。

(3)《国家信息化领导小组关于加强信息安全保障工作的意见》(中办发〔2003〕27号)。

(4)《关于加强信息安全保障工作中保密管理的若干意见》(中保委发〔2004〕7号)。

(5)《涉及国家秘密的信息系统分级保护管理办法》(国保发〔2005〕16号)。

(6)《党政机关和涉密单位网络保密管理规定》(中办发〔2015〕15号)。

2) 国家保密标准

国家保密标准(BMB系列,为涉密标准)由国家保密局发布,强制执行,在涉密信息产生、处理、传输、存储和载体销毁的全过程中都应严格执行。国家保密标准主要分为技术标准和管理标准两类,适用于指导全国各行各业、各个单位国家秘密的保护工作,具有全国性指导作用,是国家信息安全标准的重要组成部分。

7.2.4 分级保护制度与等级保护体系的区别与联系

随着信息技术的广泛应用和迅猛发展,特别是国民经济和社会信息化进程的全面加快,信息化带动工业化,实现了互联互通、资源共享、跨越式发展的信息化发展目标。基础信息网络与重要信息系统的基础性、全局性作用日益增强,已成为国家和社会发展新的重要战略资源。与此同时,随着社会信息化的依赖程度越来越高,网络和信息系统的安全问题愈加重要。

信息系统安全保密,是指为防止泄密、窃密或破坏,对信息系统及其所存储的信息和数据、相关环境与场所、安全保密产品进行安全防护,确保以电磁信号为主要形式的信息在产生、存储、传递和处理过程中的保密性、完整性、可用性、可控性和不可否认性。涉密信息系统作为一种典型的信息系统,其分级保护标准和要求是遵循信息安全等级保护体系提出和制定的。

1) 等级保护体系概述

信息安全等级保护,是指对国家秘密信息、法人和其他组织及公民的专有信息以及公开信息和存储、传输、处理这些信息的信息系统分等级实行安全保护,对信息系统中使用。

2) 分级保护与等级保护的联系

国家信息安全等级保护与涉密信息系统分级保护,是两个既有联系又有区别的概念。涉密信息系统分级保护是国家信息安全等级保护的重要组成部分,是等级保护在涉密领域的具体体现。

涉密信息系统分级保护的对象是所有涉及国家秘密的信息系统,重点是党政机关、军队和军工单位,由各级保密行政管理部门根据涉密信息系统的保护等级实施监督管理,确保系统和信息安全,确保国家秘密不被泄露。没有国家秘密的信息安全,国家就会丧失信息主权和信息控制权,所以国家秘密的信息安全是国家信息安全保障体系中的重要组成部分。

对涉密信息系统实行分级保护,就是要使保护重点更加突出,保护方法更加科学,保护的投入产出比更加合理,从而彻底解决长期困扰涉密单位在涉密信息系统建设使用中的网络互联与安全保密问题。

3) 分级保护与等级保护的区别

信息安全等级保护是从整体上、根本上解决信息安全问题的举措,进一步确定了信息安全发展的主线和中心任务,提出了总体要求。等级保护按照信息系统是否涉密分成两条线管理。非涉密信息系统的等级保护由公安部负责监督、检查、指导,称为"信息系统安全等级保护";涉及国家秘密信息系统的等级保护由国家保密工作机构负责监督、检查、指导,称为"涉及国家秘密的信息系统分级保护"。

在等级保护方面,国家发布《信息安全等级保护管理办法》(公通字〔2007〕43号)、《关于开展全国重要信息系统安全等级保护定级工作的通知》(公信安〔2007〕861号)等文件,起草了《信息系统安全等级保护定级指南》《信息系统安全等级保护基本要求》《信息系统安全等级保护实施指南》等系列国家标准。

在分级保护方面,国家保密局发布《涉及国家秘密的信息系统分级保护管理办法》(国保发〔2005〕16号),之后陆续发布《涉及国家秘密的信息系统分级保护技术要求》《涉及国家秘密的信息系统分级保护管理规范》《涉及国家秘密的信息系统分级保护方案设计指南》《涉及国家秘密的信息系统分级保护测评指南》等一系列分级保护的国家保密标准。如表7-1所示,为二者的主要区别。

表7-1 分级保护与等级保护的区别

	等级保护		分级保护	
职能部门	公安机关		国家保密行政管理部门	
	国家保密行政管理部门		地方各级保密行政管理部门	
	国家密码管理部门		中央和国家机关	
	国务院信息办		建设使用单位	
管理职责	公安机关	监督、检查、指导	国家保密局(全国)	监督、检查、指导
	国家保密行政管理部门	保密工作的监督、检查、指导	地方各级保密局(本行政区域)	监督、检查、指导
	国家密码管理部门	密码工作的监督、检查、指导	中央和国家机关(本部门/本系统)	主管和指导
	国务院信息办	部门间的协调	建设使用单位(本单位)	具体实施
标准体系	国家标准(GB、GB/T)		国家保密标准(BMB,强制执行)	
适用对象	非涉密信息系统		涉密信息系统	
级别划分	一级(自主保护) 二级(指导保护) 三级(监督保护) 四级(强制保护) 五级(专控保护)		秘密级 机密级 绝密级	
基本测评	(1)物理安全 (2)网络安全 (3)主机系统安全 (4)应用安全 (5)数据安全 (6)安全管理测评 (7)安全管理机构 (8)安全管理制度 (9)人员安全管理 (10)系统建设管理 (11)系统运维管理		(1)物理隔离 (2)安全保密产品选择 (3)安全域边界防护 (4)密级标识 (5)用户身份鉴别 (6)访问控制力度 (7)信息传输加密 (8)信息存储加密 (9)信息设备的电磁泄漏发射防护 (10)边界控制 (11)违规外联控制 (12)安全保密管理机构 (13)安全保密管理制度 (14)安全保密管理人员 (15)集成资质单位选择	
资质	国内注册的中资机构、技术设备符合要求、制度完善		涉及国家秘密的计算机信息系统集成: 甲级(全国范围); 乙级(本省、自治区、直辖市); 单项业务(全国,仅限所批准业务); 军工、软件开发、综合布线、系统服务、系统咨询、风险评估、工程监理、数据恢复、屏蔽室建设、保密安防监控	

对信息系统实行等级保护是国家法定制度,是开展信息安全保护工作的有效办法,是信息安全保护工作的发展方向。涉密信息系统分级保护则是国家信息安全等级保护在涉及国家秘密信息的信息系统中的特殊保护措施与方法。

国家秘密信息与公开信息在内容与特性上有着明显的区别,所以涉密信息系统和公众信息系统在保障安全的原则、系统和方法等方面也有不同的要求。既不能用维护国家秘密信息安全的办法去维护国家公众信息安全,以至于影响信息的合理利用,阻碍信息化的发展;也不能用维护会众信息安全的办法维护国家的秘密信息安全,以至于发生失泄密事件,危害国家安全和利益,影响信息化的健康发展。

7.3 公安信息系统使用管理

本节在介绍涉密信息系统安全保密管理制度的基础上,介绍了保密管理的物理环境与设施管理及涉密设备与介质管理。

涉密信息系统一旦投入使用,将承担存储、处理和保护国家秘密信息的工作,涉密信息系统的使用单位必须履行维护涉密信息系统安全应用的责任和义务。为此,做好涉密信息系统的日常使用管理,是涉密信息系统安全保密管理的核心问题。

7.3.1 安全管理制度

涉密信息系统安全保密管理机构必须在本单位建立完善的安全保密管理制度,明确岗位职责,实行领导责任制,层层落实,责任到人。

在涉密信息系统的日常管理中,安全保密管理机构应在涉密信息产生、存储、处理、传输、归档和销毁的全过程,从人员、物理设施与环境、设备与介质、运行与开发、信息保密这五个方面制定相应的安全保密管理制度。

1) 人员管理制度

涉密信息系统相关人员的管理要求,包括人员录用、岗位职责、保密协议、离岗离职、保密要求知会、区域隔离、携带物品限制等内容。

涉密信息系统相关人员管理制度分为内部工作人员管理制度和外部相关人员管理制度。

(1) 内部工作人员管理制度:主要对内部涉密人员的录用、教育、培训、流动、离岗等工作提出规定,同时明确涉密信息系统中每个工作人员的责任、义务以及奖惩原则。

(2) 外部相关人员管理制度:针对外部人员来访等活动所采取的防范措施。

2) 物理环境与设施管理制度

物理环境与设施管理制度主要包括周边环境管理制度、涉密场所管理制度和涉密信息系统保障设施管理制度。

(1) 周边环境管理制度:对涉密信息系统周边环境的监控、防护以及出入控制提出明确要求及规定,保证涉密信息系统周边环境安全。

(2) 涉密场所管理制度:对保密要害部门和涉密信息系统内的要害部位的管理和防护提出明确要求和规定,保证涉密场所的安全。

(3) 涉密信息系统保障设施管理制度:对涉密信息系统保障设施的使用、维护和维修提出明确要求和规定,保证涉密信息系统保障设施发挥最佳效用。

3) 设备与介质管理制度

要解决涉密设备与介质的安全保密问题,需结合本单位的实际情况,制定严格、周密可行的管理制度,将涉密设备与介质的管理责任落实到人,严格要求,严格检查,包括采购与选型管理制度、操作与使用制度、保管与保存制度以及维修与报废制度。

(1) 采购与选型管理制度:对涉密信息系统内使用的设备和介质的采购提出明确要求和规定,保证涉密信息系统内的设备和介质的采购和选型符合国家保密要求。

《网络安全法》第三十六条 关键信息基础设施的运营者采集网络产品和服务,应当按照规定与提供者签保密协议,明确安全和保密义务与责任。

建设、维护关键信息基础设施,必然要向供应商采购相关产品和服务,产品和服务的供应链风险是关键信息基础设施面临的主要安全风险之一。关键信息基础设施的运营者在采购网络商品和服务时,应当按照规定与提供者签保密协议,明确安全和保密义务与责任。一是,关键信息基础设施的运营者应当加强资质审查,慎重选择网络产品和服务的供应商;二是,应当按照规定与供应商签订保密协议,明确供应商的安全义务、保密义务及不履行义务应承担的责任;三是,应当监督供应商进行设备安装、测试、检测、维修、安全维护等各方面的活动,留存操作记录,保证供应商按照协议的规定履行安全和保密义务。

(2) 操作与使用制度:对涉密信息系统内使用的设备和介质的操作与使用提出明确要求和规定,保证涉密信息系统内的设备和介质的操作与使用符合国家保密要求。

(3) 保管与保存制度:对涉密信息系统内使用的设备和介质的保管与保存提出明确的要求和规定,保证涉密信息系统内的设备和介质的保管与保存符合国家保密要求。

(4) 维修与报废制度:对涉密信息系统内使用的设备和介质的维修与报废提

出明确的要求和规定,保证涉密信息系统内的设备和介质的维修与报废符合国家保密要求。

4) 运行与开发管理制度

针对涉密信息系统进行开发与日常运行维护的管理要求,制定科学完善的运行与开发管理制度,确保涉密信息系统的安全保密。主要包括涉密信息系统运行使用制度、开发管理制度和异常事件管理制度。

(1) 运行使用制度:对涉密信息系统的运行策略、软件管理和系统变更管理等提出明确要求和规定,保证涉密信息系统运行管理符合国家保密要求。

(2) 开发管理制度:对涉密信息系统的开发方法、开发环境以及后期的维护等提出明确要求和规定,保证涉密信息系统的开发管理符合国家保密要求。

(3) 异常事件管理制度:对涉密信息系统发生异常事件时的应急预案、灾难恢复管理和总结评估改进等提出明确要求和规定,保证涉密信息系统的异常事件处理符合国家保密要求。

5) 信息保密管理制度

通过信息保密管理制度规范和完善信息定密、密级标志管理以及用户和权限管理工作,确保系统内涉密信息的安全保密。信息保密管理制度包括定密制度、密级标志管理制度和涉密人员管理与授权管理制度。

(1) 定密制度:该制度依据《保密法》及其实施条例,按照本行业保密事项范围,为确定系统内涉密信息的密级和保密期限提供依据,同时明确如何根据涉密信息的密级和实际业务工作的需要,确定人员知悉范围。

① 单位应当成立定密工作小组,负责本单位国家秘密事项密级确定审核工作。定密工作小组由单位有关业务工作负责人、业务部门、保密工作机构人员组成。

② 单位应当依据国家秘密及其密级具体范围及时确定本单位国家秘密事项、密级和保密期限。

③ 单位应当根据情况变化,及时变更本单位国家秘密事项的密级和保密期限。

④ 国家秘密事项在保密期限内不需要继续保密的,单位应当及时解密。

(2) 密级标志管理制度:该制度明确信息设备和存储介质应当具有标志,涉密信息设备和存储介质中的涉密信息应当标明密级,非密的应当标明用途,同时明确规定电子文件密级标志应与信息主体不可分离。

(3) 涉密人员管理与授权管理制度:该制度主要对涉密人员管理与授权管理等提出明确要求和规定,保证涉密人员管理与授权管理符合国家保密要求。

① 单位应当按照涉密程度对涉密岗位和涉密人员的涉密等级做出界定。

② 涉密岗位和涉密人员的涉密等级分为核心(绝密级)、重要(机密级)和一般(秘密级)三个等级。

③ 涉密人员的涉密等级,应当根据情况变化,及时进行调整。

④ 进入涉密岗位的人员,单位人事部门应当会同保密工作机构进行审查和培训。

⑤ 单位应当与涉密人员签订保密责任书。保密责任书包括涉密人员的保密义务和责任及享有的权利等基本内容。

⑥ 单位对在岗涉密人员应当进行保密教育培训,每人每年度不少于15学时。

⑦ 建立涉密人员保密自查制度。对涉密人员的保密义务和责任情况,应当进行监督考核。涉密人员严重违反保密法律法规应当调离涉密岗位。

⑧ 单位应当根据涉密人员涉密等级,给予相应的保密补贴。

⑨ 涉密人员脱离单位,应当与原单位签订保密承诺书。单位应当对其实行脱密期管理。核心涉密人员的脱密期为3年至5年,重要涉密人员的脱密期为2年至3年,一般涉密人员的脱密期为1年至2年。

⑩ 单位应当及时将涉密人员名单在公安机关出入境管理机构登记备案。因私出国(境)的,应当按有关规定审批。出国(境)前应当对其进行保密教育。

⑪ 涉密人员擅自出国(境)的,单位应当立即向上级机关或有关部门报告。

⑫ 涉密信息系统应当配备系统管理员、安全保密管理员、安全审计员,权限设置应当相互独立、相互制约,三员角色不得兼任;没有涉密信息系统的单位应当配备涉密计算机安全保密管理员;涉密计算机和信息系统安全保密管理人员应当通过安全保密培训,持证上岗,并按照重要涉密人员管理。

7.3.2 物理环境与设施管理

1) 周边环境管理

(1) 周边环境监控

应当定期对涉密信息系统的周边环境情况进行监控:① 需远离境外驻华机构、境外人员驻地等涉外场所;② 避开易发生火灾等危险程度高的区域;③ 避开有害气体来源以及存放腐蚀、易燃、易爆物品的地方;④ 避开低洼、潮湿、落雷区域和地震频繁区域;⑤ 避开强振动源和强噪音源;⑥ 避开强电磁场的干扰;⑦ 尽可能避免设在建筑物的高层或地下室,以及用水设备的下层或隔壁;⑧ 避开重盐害地区。

(2) 周边安防

涉密信息系统周边的安防要求包括:① 定期对周边安防设备进行检测、维修,保证设备的正常使用;② 制定警报处置预案,以"安全第一、预防为主、综合治理"为方针,规范应急管理工作,提高和防范风险与事故的能力,最大限度地减少损失。

需要注意的是,应急预案形成体系,应针对各级各类可能发生的事故和所有危险源制定专项应急预案和现场应急处置方案,明确事前、事发、事中、事后各环节中相关部门和有关人员的职责。

(3) 人员出入管控:对内部工作人员发放人员和车辆出入凭证,并要求持证人出入时主动出示,配合警卫人员检查。凡外部人员来访时,一律办理来宾出入登记手续,抵押身份证明原件,说明来访事由,领取来宾证件,并登记会客登记表。严格执行携带物品出入管理制度。

2) 涉密场所管理

涉密信息系统处理场所应当按照国家有关规定,与境外机构驻地、人员住所保持相应的安全距离,根据涉密程度和有关规定设立控制区,未经管理机关批准,无关人员不得进入,定期或根据需要进行保密检查:采取相应的防电磁信息泄漏的保密措施,涉密信息系统的中心机房建设,在条件许可的情况下,应满足《电子计算机机房设计规定规范》《计算站场地技术条件》《计算站场地安全要求》等的要求。

(1) 保密"要害部门、部位"管理:按照"谁主管谁负责、谁运用谁负责、谁使用谁负责"的原则,由本单位、部门负责保密工作的领导负责信息系统和信息设备的安全和保密工作。

应将涉密机房、设备间和涉密程度较高的办公室等地点划定为安全控制区域,并做出标志,安全控制区域应采取出入控制措施,对出入安全控制区域的活动进行监视和记录,中心机房要配备电子监控设备和门禁系统。重要设备间要配备电子监控设备。

① 单位日常工作中经常产生、传递、使用和管理绝密级或较多机密级、秘密级国家秘密的内设机构,应当确定为保密要害部门。

单位集中制作、存放、保管国家秘密载体及重要密品研制、实验的专门场所,应当确定为保密要害部位。

② 保密要害部门、部位的确定,应当按有关规定履行审批程序。

③ 保密要害部门、部位应当采取严格的保密防护措施。

根据有关规定安装防盗报警装置、视频监控和电子门禁系统。保密要害部门、部位相对集中的建筑物,应当确定安全控制区域,外周界应当安装防入侵报警装置和视频监控系统,配备安全值班人员。

④ 涉及保密要害部门、部位的新建、改建工程项目要符合安全保密要求,所采取的保密防护措施应当经单位保密工作机构组织的审核,与工程建设同计划、同设计、同建设、同验收。

⑤ 对进入保密要害部门、部位的安全值班、工勤服务和外来人员应当有相应的保密管理措施。

(2) 无线产品使用：按照保密管理规定，严禁使用具有无线互联功能的信息设备处理涉密信息，凡用于处理涉密信息的信息设备应拆除具有无线联网功能的硬件模块。同时，用于处理涉密信息的信息设备禁止使用无线键盘、无线鼠标及其他无线互联的外围设备。

7.3.3 公安设备与介质管理

随着网络信息化发展和高新技术设备应用，作为涉密信息系统重要组成部分的涉密设备与介质的安全保密问题凸显，成为当前保密管理中的重点和难点。因此，加强涉密设备与介质的风险分析和管理已成为保障涉密信息系统安全的重要基础。涉密设备与介质的保密管理，要遵循严格管理、严密防范，确保安全、方便工作的原则。

1) 涉密设备与介质的使用管理

(1) 外出携带管理：目前，涉密信息系统存在的诸多安全隐患中，相当一部分来自终端设备。随着办公自动化设备的更新换代，移动、便携的设备与介质应用越来越多，特别是笔记本电脑和移动存储介质等因其便携性和易用性的特点而得到广泛使用，经常因公外出携带，但普遍存在安全隐患：部分单位设备与介质外出携带审批手续不齐全，随意携带外出无登记，对于设备与介质的借用审批登记监管不严，存在设备与介质借用不审批、外出不登记和设备长期借用不按期归还和不定期复检等现象；个别涉密人员外出携带设备与介质防护意识薄弱，大意丢失，在携带笔记本电脑或移动存储介质外出时存在侥幸心理，将设备或介质放在自己的安全可控范围之外或交由他人代为保管等。

携带、传递或借用涉密信息设备或介质外出或出境时，应按照有关保密规定采取保护措施，并办理相关手续，登记设备或介质的编号、型号、存储内容、携带人、带出时间和预计归还时间等内容，如表7-2、表7-3所示。同时，应对外出携带的设备或介质进行必要的信息消除处理，保证设备或介质上只存有与本次外出相关的资料。

设备与介质外出携带应加强技术防护，日常使用应严防违规；笔记本电脑外出存放和携带可使用防盗锁和超距报警器；移动存储介质应随身携带，杜绝随意放置；对于采用硬件密钥身份认证的设备，分开保管和携带。

涉密台式机的外出携带应按照涉密笔记本电脑相关规定进行管理，在涉密台式机外出携带和归还时也应进行必要的保密技术检查。

表7-2 设备/介质携带和传递申请单

部门		申请人		
设备/介质名称		设备/介质序列号		
申请原因和去向				
使用时间段				
处理文件列表		文件密级		
部门领导意见		签字:	年 月	日
信息化管理部门意见		签字:	年 月	日
保密部门意见		签字:	年 月	日

表7-3 设备/介质借用审批表

部门		借用人	
借用原因			
借用时间段			
使用地点		联系电话	
处理信息密级	□ 机密 □ 秘密 □ 内部 □ 非密		
端口使用需求	□ 只读光驱 □ 刻录光驱 □ 注册介质 □ 打印 □ 其他		
是否需要在本机存储		□ 是 □ 否	
是否外出携带		□ 是 □ 否	
序号	文件名称		密级
业务部门审批意见		签字:	年 月 日
信息化管理部门审批意见		签字:	年 月 日

(续表)

借用情况	计算机编号		密级		
	端口开放情况	□只读光驱 □刻录光驱 □注册介质 □打印 □其他			
	是否绑定移动存储介质		移动存储介质编号		
	已使用过的存储介质总数		已安装过的打印机数量		
	杀毒软件升级情况		补丁升级情况		
	领取时间		借用人签字		
归还检查情况	归还时间				
	病毒日志	是否有残留未清除的病毒			
	USB记录	是否有违规使用USB存储介质情况			
	打印记录	是否所有打印均有审批和登记			
	光盘刻录记录	是否所有光盘刻录均有审批和登记			
	违规外联	是否有违规外联情况			
	其他审计记录	是否有其他违规审计记录			
	文件处理	是否处理过超越计算机本身密级的信息			
		处理过的文件是否均已删除			
	信息消除处理记录				
	检查人签字		年 月 日		
	归还人签字		年 月 日		

（2）介质使用管理

部分涉密信息系统建设使用单位存在介质使用管理制度不严格、责任落实不到位的现象,比如,没有针对涉密设备与介质制定专门的管理制度,或制定的规章制度不具体、可操作性差,以致日常管理中无章可循或管理松懈。常见的介质使用问题包括高密低用和低密高用:

① 高密低用,安全风险极大:由于不同密级的涉密信息系统防护技术要求不同,一些涉密人员没有意识到涉密设备与介质接入低密级、非涉密信息系统或国际互联网中会产生数据泄密隐患。

② 低密高用,木马病毒窃密:个别工作人员在涉密信息系统中使用未经授权的私人存储介质,这些介质往往没有严格的管理和防护,容易感染病毒或木马程序,一些涉密信息系统的工作人员不做任何防护,违规交叉使用存储介质现象很突出,如果介质感染木马病毒,那么涉密信息就会在不知不觉中被窃取。

因此在日常的涉密介质使用过程中应当加强涉密介质使用的安全保密管理。涉密介质管理主要包括下列内容:

① 严格限制从互联网将数据拷贝到涉密信息设备和涉密信息系统,若确因工作需要,经审查批准后,应使用非涉密移动存储介质进行拷贝,并采取有效的保密管理和技术防范措施(如进行恶意代码查杀,使用刻录光盘),严防被植入恶意代码程序。

② 严禁使用私人介质,严格控制移动存储介质的使用。在涉密信息系统中应禁止使用私人移动存储介质、MP3、MP4、数码相机、智能手机等存储设备,而且要对移动存储介质进行有效的技术鉴别,防止非授权使用。

③ 涉密信息存储介质的复制及制作应在本单位或经保密行政管理部门审查批准的相应资质单位进行,并标明密级和保密期限,注明发放范围及制作数量,编排顺序号,复制、制作过程中形成的不需要归档的涉密材料,应及时销毁。移动存储介质应只做临时存储介质使用,每次使用完毕后,应及时进行信息消除处理。

④ 应加强设备接入管理,控制违规接入设备对系统资源的访问,并进行安全审计,如表7-4所示。

表 7-4 涉密信息系统计算机入网审批表

用户信息					
部门		处室		申请人	
职务		岗位密级		电话	
身份证号			办公地点		
是否需要导入旧硬盘数据	□ 是　□ 否				
旧硬盘保密编号			旧硬盘序列号		
旧硬盘责任人			旧硬盘密级		
设备信息					
序列号		资产编号		保密编号	
品牌		型号		安装位置	
硬盘保密编号			硬盘序列号		
申请接入理由					
申请人承诺	本人保证自觉遵守涉密信息系统使用各项管理规定,保证所填写信息属实。在使用过程中如违反相关管理规定,本人愿意按相关管理规定接受处罚。 签字：　　　　年　　月　　日				
申请部门意见	签字：　　　　年　　月　　日				
人事部门意见	签字：　　　　年　　月　　日				
设备管理部门意见	签字：　　　　年　　月　　日				
信息化管理部门意见	签字：　　　　年　　月　　日				
备注	1. 人事部门负责对人员信息及岗位密级进行审核。 2. 应用系统开通授权及外部设备接入单独办理审批。 3. 导入信息需附详细的导入文件清单,并由本部门定密责任人签字确认。 4. 本表一式四份,申请部门、人事部门、设备管理部门和信息化管理部门各一份。				

2) 涉密设备与介质的保管和保存

对存储国家秘密信息的计算机,应按其中所存储信息的最高密级进行管理;对存储在计算机信息系统内的国家秘密信息应当采取保护措施,对存储过国家秘密信息的计算机不能降低密级使用;计算机在维修时应保证所存储的国家秘密信息不被泄露,对不再使用的计算机应及时彻底地销毁。

(1) "户籍式"管理:部分涉密信息系统建设使用单位对设备与介质备案登记不详,归还检查不详细,对涉密计算机、移动硬盘、U 盘、光盘等没有清查登记核实,以致设备或介质丢失或被恶意替换后也无法检查和发现。

针对上述情况,涉密信息系统建设使用单位应当对设备与介质采取"户籍式"管理,即对每一个设备或介质建立一套档案,记录设备或介质的购置、发放、使用、变更、报废、销毁等环节内容。建立涉密设备和涉密介质资产管理清单,清晰注明每项资产的使用人、安全责任人、安全分类以及资产所在的位置。

(2) 重要设备重点管理:涉密信息系统中设备与介质的重要程度有所不同。重要设备(即关键设备)在整个涉密信息系统运行中起着十分重要的作用,如果发生故障,会使整个系统运行瘫痪,造成巨大损失,重要介质存储相对重要的涉密信息,如果损坏或丢失可能造成严重失泄密,或使有关涉密信息无法恢复。由此可见,对涉密信息系统中重要设备与介质进行划分界定,并采取相关措施重点管理十分必要。

涉密信息系统建设使用单位应根据所承载信息和软件的重要程度对设备与介质进行标志和分类,对重要设备与介质应进行重点管理。对重要设备与介质应定期进行各类专业技术要求的检查维护,并组织人员定期提出处理设备故障和异常的措施,并加以实施,以保障其安全、可靠、长期运行。

(3) 责任到人:涉密信息系统建设使用单位应对每个涉密设备和涉密介质指定安全责任人,并与涉密设备与介质使用人签订使用协议,落实安全责任,明确责任主体。当涉密设备和涉密介质需要维修时,应与维修单位或维修人员签订相应安全保密协议,明确责任。要害部位管理责任人或单位因失职或管理不善造成事故的,按照"四不放过"原则(事故原因未查清不放过、责任人员未处理不放过、责任人和群众未受教育不放过、整改措施未落实不放过)进行追究,并采取通报批评、一票否决及经济处罚等方式对责任人及单位进行处罚,直至追究泄密刑事责任。

(4) 标识与保存:涉密信息系统建设使用单位应当使用标签对信息设备和存储介质进行标识管理。标签是标明各类信息设备和存储介质涉密属性、用途分类、责任主体等的标识,由单位统一制作和管理。2008 年 12 月 31 日,由国家保密局、国家国防科技工业局、总装备部印发的《武器的装备科研生产单位保密资格审查认证管理办法》,将涉密系统按涉密属性或用途分为绝密、机密、秘密、内部、非密、互联网使用、中间转换等。此外,还应包含设备使用人或责任人等信息。

在保存时,涉密信息系统内显示器、投影仪等显示设备不应面对门窗摆放,防止显示输出内容被非授权获取。涉密设备与非密设备不得放置在同一机柜内,至少应间隔一米的距离。

3) 涉密设备与介质的维修与报废

设备与介质维修就是为保持和恢复设备或介质完成规定功能的能力而进行的技术活动。设备与介质报废是设备与介质整个生命周期的最后一个阶段,涉密信息系统建设使用单位应该对不再使用或无法使用的设备与介质进行销毁,以保证其安全保密性,不发生泄密问题。

(1) 申报审批:当涉密设备与涉密介质需要维修或报废时,涉密信息系统建设使用单位应向主管领导提出申请,如表7-5所示。经过批准后,对有关涉密信息采取安全保密技术防范措施,严格按照有关规定要求进行相应处理,涉密信息系统工作人员不得私自对涉密设备与介质进行维修和报废处理。

表7-5 设备/介质维修申请单

部门		申请人	
设备/介质名称		设备/介质编号	
设备/介质用途	□ 涉密联网机 □ 便携式计算机 □ 介质 □ 涉密单机 □ 涉密工控机器 □ 设备专用计算机		
维修单位名称		是否具有保密资质	
维修方式	□ 现场 □ 外送		
维修原因	(信息化管理部门填写)		
部门领导意见	签字: 年 月 日		
信息化管理部门意见	签字: 年 月 日		
保密部门意见	签字: 年 月 日		
设备管理部门意见	签字: 年 月 日		

(2) 数据保护:涉密设备与介质进行维修和报废时,通常都会有涉密信息系统建设使用单位以外的单位参与完成,在维修和报废时对涉密信息的数据保护工作就十分重要。因此,要采取涉密信息转存、删除、异地转移存储介质等相应的数据

保护措施,以保证所存储的涉密信息不被泄露。

① 涉密设备与介质需维修的,应请有保密资质的单位上门维修,严禁维修人员擅自读取和拷贝其存储的国家秘密信息,单位技术人员现场监修。如需送修,送修前必须将存储设备拆除并妥善保管,单位技术人员将其余部分送至有保密资质的单位进行维修。如涉密设备与介质的存储设备出现故障,不能保证安全保密,该存储设备必须按涉密载体予以销毁。如需恢复其存储信息,必须在国家保密行政管理部门指定的具有数据恢复资质的定点单位进行,并由专人负责送取。

② 需要报废涉密设备与介质,应进行信息消除和载体销毁处理,并且交由国家保密行政管理部门指定的销毁定点单位进行,确保涉密信息无法还原。

(3) 登记备案:涉密信息系统建设使用单位应对维修、报废的设备与介质进行日志记录,并按有关保密规定办理登记备案等手续。对于进行维修的设备与介质,要对其外移情况进行记录,并在返回时做返回记录。同时应记录维修时送修人姓名及联系方式,以及送修涉密设备与介质的类别、数量、密级等,如表 7-6 所示。

对于进行报废的设备与介质,要对其类别、数量、密级情况、采取的方法、经手人、最终去向等进行记录,禁止将报废涉密设备与介质作为废品出售。

表 7-6 设备维修记录

责任人		责任单位	
设备名称		维修方式	□ 现场　□ 外送
设备型号		设备编号	
设备密级			
维修单位		维修地点	
维修人		陪同人	
涉密设备外送维修填写项	外送和返回日期: 经办人:　　　　　年　　月　　日		
故障原因: 维修过程和方法: 维修结果:		维修人:　　　　　年　　月　　日	
维修后处理意见		管理员:　　　　　年　　月　　日	
备注			

（4）维修

设备与介质维修应注意以下几点：

① 涉密计算机和信息系统设备或存储介质发生故障时，应及时向信息化管理部门提出维修申请，经批准后到指定地点进行修理。涉密计算机出现故障时，由单位设备维修人员进行维修，使用者不得擅自打开机箱。

② 设备或介质负责人应对设备与介质维修信息进行记录。单位信息化管理部门应当建立维修日志和档案，并将所有涉密设备和介质维修情况记录在案。

③ 维修地点在单位内部的，维修应当在符合保密要求的维修工作室进行，维修地点在单位外部的，应与维修单位和维修人员签订相应的安全保密协议。

④ 设备或介质现场维修时，一般应当由本单位内部维修人员实施；需由外部人员到现场维修时，维修过程应当由有关人员全程旁站陪同，需要进入控制区域进行维修的外部人员，应签订安全保密协议。

⑤ 需要带离现场维修时应拆除所有可能存储过涉密信息的硬件和固件，存储过涉密信息的硬件和固件应到有涉密信息系统数据恢复资质的单位进行维修。

⑥ 禁止维修人员恢复、读取和复制被维修设备和介质中的涉密信息。

⑦ 禁止在系统外对设备进行远程维护和远程监控，并严格控制系统内的设备远程维护和远程操作。

⑧ 维修过程中如需更换硬盘，必须办理重新安装操作系统审批手续。

（5）报废

设备与介质报废应注意以下几点：

① 对退出使用的设备与介质，应及时销毁，并严格执行保密管理规定。

② 不再使用或无法使用的涉密设备和存储介质需要报废时，应当将所有存储过涉密信息的硬件和固件、存储介质上交单位保密工作机构，单位保密工作机构应当建立销毁涉密设备和存储介质清单，如表7-7所示。

③ 设备报废可由设备的使用者或责任人提出申请，申请应说明设备报废的详细原因，设备报废的申请需要由保密部门和信息化管理部门的共同审批方可进行。

④ 报废处理的涉密信息存储介质禁止在其他信息系统内重复使用。

表7-7 设备/介质报废申请单

设备/介质 基本信息	名称： 保密编号： 启用时间： 用途： 用户： 单位： 安装地点：

(续表)

申请内容	申请报废原因： 存储部件如何处理： 设备接收部门： 设备接收人： 　　　　　　　　　申请人签字：　　　年　　月　　日
业务部门 领导意见	 　　　　　　　　　签字：　　　　　　年　　月　　日
信息化管理 部门意见	 　　　　　　　　　签字：　　　　　　年　　月　　日
保密部门 审核意见	 　　　　　　　　　签字：　　　　　　年　　月　　日

7.4 公安信息系统安全保密管理人员

本节主要介绍涉密信息系统安全保密管理人员的相关制度和要求，包括涉密信息系统"三员"的分工和职责等，简述安全保密管理人员的工作要求。

7.4.1 保密管理人员基本要求

《保密法》第二十三条规定，存储、处理国家秘密的计算机信息系统按照涉密程度实行分级保护。根据分级保护有关规定和国家保密标准要求，涉密信息系统应当配备系统管理员、安全保密管理员和安全审计员三类安全保密管理人员（简称为"三员"），分别负责系统运行、安全保密管理和安全审计工作。三者权限设置应该相互独立、相互配合。

涉密信息系统安全保密管理人员是保证涉密信息系统安全运行的客观要求，是保证系统内国家秘密信息和敏感信息安全的坚强后盾，是加强单位安全保密管理的重要支持，是提升单位综合管理能力的重要成员。由于涉密信息系统安全保密管理工作专业性、技术性、政策性较强，安全保密管理人员必须具备相应的技术技能和能力素质。

7.4.2 保密管理人员管理内容

人员管理主要分两类人员的管理,即内部工作人员的管理和外部相关人员的管理。内部工作人员主要指涉密信息系统的使用、管理人员,外部相关人员主要指不在涉密信息系统工作的人员。系统管理员、安全保密管理员、安全审计员属于涉密信息系统的安全保密管理人员,除按照内部工作人员的要求对其进行管理外,还应在岗位职责、教育培训等方面加强管理。

涉密人员,是指在涉密岗位上工作的人员,分为核心涉密人员、重要涉密人员和一般涉密人员。对涉密人员,除适用内部工作人员的管理要求外,还应在其任职上岗时进行审查批准,离岗时实行脱密期管理,出国(境)时经国家有关机关批准等。

1) 内部工作人员

(1) 录用管理:在录用涉密信息系统工作人员时,要对其政治历史、身份、专业资格、业务能力、学术水平等进行审查和核实,审查主要采取审阅有关证书和文件材料等形式,应按照其提供的履历表逐一审查,对其经历和人品进行确认。录用人员的审查工作,按照录用主管部门的统一要求,由招录部门组成审查组进行审查。《中华人民共和国公务员法》规定,曾因犯罪受过刑事处罚的人员不得录用为公务员。在录用涉密信息系统工作人员时,应严格遵守这一规定。在涉密岗位工作的人员,必须具备相应的涉密资格。在核心涉密岗位、重要涉密岗位、一般涉密岗位工作的人员,任职上岗前应当进行审查批准,同时获得相应的涉密资格。表7-8为涉密人员资格审查表。

表7-8 涉密人员资格审查表

姓名		性别		出生年月	
民族		籍贯		文化程度	
政治面貌		参加工作时间		入现单位时间	
现工作岗位		职务(职称)		现岗位涉密程度	
拟进入工作岗位		拟定涉密等级			
所在部门意见				部门负责人签字: 年 月 日	

(续表)

保密组织意见		部门盖章： 年　月　日
人事部门意见		部门盖章： 年　月　日
单位意见		单位盖章： 年　月　日

（2）对涉密人员进行分类管理：我国《中华人民共和国保守国家秘密法》按照接触和掌握国家秘密的不同，将涉密人员分为"核心涉密人员""重要涉密人员"和"一般涉密人员"三级。应根据涉密级别的高低，确定涉密人员的职务权限，权限不同，知悉的信息内容不同，机关、单位应根据有关规定和工作实际，制定具体划分标准和管理办法，从而加强涉密信息的安全防范。

（3）保密协议：保密承诺书是个人对需要保守国家秘密事项的一种承诺性书面文件。根据《中华人民共和国保守国家秘密法》的相关法律规定，无论是知道、接触还是经手管理国家秘密的人员在任职之前、上岗之前和离岗之前，都必须与所在单位签订书面保密承诺文件。在书面承诺文件上，应明确自己需履行的相关义务，如果出现与工作岗位相关的保密规章、规定相背离或相违背的情形，承诺人愿意承担相应的法律责任。保密承诺书的签订人员包括领导干部、正在工作岗位上和已经离开工作岗位的干部与职工。保密承诺书范本如下。

保密承诺书范本

一、涉密人员的权利

涉密人员在享受员工所享权利的同时，还享有以下权利：

1. 依据相关法规，掌握、知悉、管理职责和业务范围内相应等级国家秘密的权利。

2. 参加与本职工作有关的相应等级涉密会议、交流等涉密活动的权利。

3. 进入与本职工作有关的相应等级涉密场所的权利。

二、涉密人员的义务与责任

1. 涉密人员按岗位需求确定涉密等级，按涉密等级确定知悉范围，不得以任何形式泄露国家涉密信息。

2. 学习保密知识,提高保密技能,积极参加有关部门组织的保密教育、培训。

3. 发现泄密隐患和发生泄密事件,立即向保密行政管理部门报告,及时采取补救措施,并协助、配合有关部门进行查处。

三、涉密人员应当遵循的保密纪律

1. 不得将涉密载体外借、出租、出售或以其他任何形式扩大知悉范围。

2. 不在未采取保密措施的电子信息设备中记录、传输和存储涉密事项。

3. 不携带涉密载体到无安全保障的场所(包括家中、公共场所、涉外活动场所等)或擅自携带涉密载体出境。

4. 在制作、收发、传递、使用、保存和销毁涉密载体时严格遵守《涉密载体保密管理制度》规定,不使用涉密计算机连接互联网或使用互联网的计算机处理涉密信息。

5. 涉密计算机应当设置用户口令,并保证不将口令告知任何人,不把口令放在任何文件中。

6. 不得以任何形式泄露客户及合作方的保密类信息,妥善保管相关的文件和资料,不得对其复制、仿造等。

7. 申请调离的,离岗时主动及时清退涉密文件、资料、移动存储介质等涉密载体,接受单位离职教育,并签订保密承诺书。

8. 确保个人及管理工作中不出现失、泄密事件。

9. 对违反安全保密规定的部门和个人,以及在安全保密工作中出现的异常现象,有责任制止并及时向保密办公室报告。

10. 因私出国(境)必须做书面报告,并严格履行审批手续,出国(境)前清退涉密文件、资料和其他物品,并接受保密管理部门的保密教育。

11. 涉密人员认真执行安全保密管理规定,表现突出的,按有关规定,予以表彰和奖励。涉密人员不履行安全保密职责,违反安全保密管理规定,造成一定后果的,视情节轻重,分别采用法律的、行政的、经济的手段予以处罚。

保密责任人(签字):

(4) 教育培训:每一名涉密人员上岗前都需进行岗前培训,目的在于提高涉密人员的保密意识和提高保密技能。通过对涉密工作人员的培训,不仅可以起到增强其保密意识的效果,还可以使他们充分了解并掌握保密方面的知识、法律法规和各项技能,同时使其保密责任感得到显著提高。

工作过程中的保密教育培训的对象是所有涉密信息系统工作人员。培训的目的在于通过保密教育,深入学习保密法律法规,努力强化保密意识,深刻领悟当前的保密形势。保密教育培训的重点是主管领导和安全保密管理人员,应对其进行保密法规、保密标准和专业知识的培训,增强安全保密管理能力,提高业务工作水平。安全保密管理人员包括系统管理员、安全保密管理员和安全审计员,分别负责系统的运行、安全保密和安全审计工作。系统管理员应重点培训信息技术及安全保密技术方面的专业知识和综合应用能力;安全保密管理员和安全审计员重点培训涉密信息系统安全保密相关政策、标准和规范。

(5) 保密监管:为以积极主动的态度进行人员监控,提早发现泄密事件的苗头,降低泄密事件发生的概率,需要对任何违反安全保密规定和工作纪律的人或行为进行纠正或制止,若发现重大安全隐患,要及时采取应对措施并向上级主管部门报告。

在日常行为表现方面,主要监管工作人员在平时工作生活中的行为举止;在工作纪律方面,主要监管工作人员遵守保密法律法规及规章制度的情况;在社会交往方面,主要监管工作人员公务以外的人际交往,重点是与国(境)外人员的交往;在经济收入方面,主要监管工作人员固定收入以外的其他经济收入。对任何违反安全保密规定和工作纪律的人和行为,涉密信息系统内的任何人,都有权进行纠正或制止。若发现重大安全隐患,应及时采取应对措施并向上级部门报告。

① 秘密级、机密级和绝密级信息系统的涉密人员因公出国(境),应按照保密法律法规,对其进行安全保密教育,并严格按照有关规定办理出国(境)手续,不携带任何涉密载体出国(境)。

② 秘密级、机密级信息系统的涉密人员因私出国(境)人员,应根据有关规定进行资格审查。若出国(境)可能给国家秘密安全造成危害的绝密级信息系统的核心涉密人员、重要涉密人员,原则上不允许因私出国(境)。

③ 在机密级和绝密级信息系统中,应对涉密人员本人、配偶和子女是否具有外国国籍以及境外长期或永久居留权的情况进行调查,按国家有关规定分类采取应对措施,并将有关情况备案。

(6) 人员奖惩:对于在保密工作方面表现突出、有显著工作业绩,或者在保守、保护国家秘密以及改进保密技术、措施等方面成绩显著的单位或者个人,应当予以奖励。《公务员法》《公务员奖励规定(试行)》等都对公务员奖励制度做出了较为具体的规定。

对于违反保密规定的人员,应进行批评教育;情节严重的,应给予行政处分,构成犯罪的,应依法追究刑事责任。

(7) 人员离岗离职:涉密岗位的工作人员掌握着国家秘密,离岗离职后的一段时间仍然知晓大量国家秘密信息。

人员脱密期管理制度、工作去向和离岗离职手续主要针对涉密岗位的涉密人员。脱密期这一要求是出于保护国家秘密安全的需要。涉密人员调离、离退休、辞职、被撤职等都属于涉密人员离岗离职的情况。

脱密期管理主要包括以下内容:

① 涉密人员在没有经过相关部门批准的情况下不允许擅自离开岗位或者离职,经过相关部门批准,准许离开岗位或者离职的人员,必须对其实行脱密期管理。一般情况下,涉密人员要进行脱密,首先应调动至非涉密工作岗位,在非涉密工作岗位工作至脱密期结束才允许正式离职。核心涉密人员的脱密期为3年至5年,重要涉密人员的脱密期为2年至3年,一般涉密人员的脱密期为1年至2年。

② 在脱密期内,应对离岗离职人员使用和保管的各种通信证件等进行清查登记。对纸介质涉密资料进行清查回收,如涉密文件、规章规定、技术资料、涉密书籍等。对电磁介质的涉密载体进行清查回收,如涉密计算机、涉密软件、涉密U盘等。

不同等级的涉密信息系统涉密人员离岗离职后的工作去向有如下要求:

① 秘密级信息系统除离退休和停薪留职以外的涉密人员,在脱离原工作岗位后三年内不准到国(境)外驻华机构工作。秘密级信息系统离退休、停薪留职涉密人员及其他离职满三年的人员受聘到国(境)外驻华机构工作,须经原单位批准,并与原单位签订保密协议,内容包括在新单位工作中不得泄露国家秘密和工作秘密等。

② 机密级和绝密级信息系统除离退休和停薪留职以外的涉密人员,在脱离原工作岗位后三年内除不准到国(境)外驻华机构工作外,还不准到外资企业工作。机密级和绝密级信息系统离退休和停薪留职涉密人员及其他离职满三年的人员受聘到国(境)外驻华机构、外资企业工作,须经原单位批准,并与原单位签订保密协议。

2)外部相关人员

应当向需要进入系统的外部人员知会本单位的相关保密规定,以使其认识到自身的保密责任和违反保密规定会受到的惩罚。

知会保密法律法规主要有两种形式:一是口头知会,即由引导外部人员的内部工作人员普及保密法律法规知识,进行口头的保密法律法规知识宣传。二是书面教育,即分发或张贴保密法律法规材料,对经常或一段时间内进入系统的外部人员进行教育。

(1) 安全控制区域隔离:对重要安全控制区域和保密要害部门、部位要采取隔离控制措施,禁止未经授权的外部人员接近或进入。《保密法》规定,机关、单位涉及绝密级或者较多机密级、秘密级国家秘密的机构,应当确定为保密要害部门;集中制作、存放、保管国家秘密载体的专门场所,应当确定为保密要害部位。

对外部人员的区域隔离主要包括以下几个方面:

① 规定各类外部人员的物理活动范围,只能在其允许的活动范围内活动。重要安全控制区域和保密要害部门、部位,禁止外部人员接近或进入。

② 一般不允许外部人员通过本地或者远程访问涉密信息系统,确有必要时,均应有书面申请、批准和过程记录,有专人全程监督或陪同,使用专门设置的临时用户,同时进行审计。此外,可采取由机构内部人员代为操作的方式,对结果进行必要的过滤后再提供给相关人员,并进行审计,对上述过程进行风险评估和记录备案,并对相应风险采取必要的安全补救措施。

③ 机密级信息系统应尽量设立专门的会客室,用来接待外部来访人员,如没有专门会客室,应采取一定的遮挡、隔音、屏蔽等措施。绝密级信息系统必须设立专门的会客室用来接待外部来访人员。在机密级和绝密级信息系统中,当接待国(境)外人员、国(境)外驻华机构以及外资企业人员参观、考察时,应加强保密管理。预先制定接待方案,经过审查批准后严格按照预定的范围、路线和要求进行接待。

(2) 携带物品限制:机密级和绝密级信息系统外部人员不能携带与工作无关的具有录音、录像、拍照、信息存储等功能的设备。

在涉密场所连接互联网的计算机严禁配备、安装和使用摄像头等视频输入设备,在涉密场所谈论国家秘密事项时,应对具有音频输入功能并与互联网连接的计算机采取关机断电措施。具有信息存储功能的设备携带进入系统对安全保密也具有极大的威胁,为防止被用来窃取涉密信息,应当禁止携带与工作无关的信息存储设备进入系统。

(3) 旁站陪同控制:外部人员不直接接触涉密信息,在管理上容易忽视,因此,要对所有进入系统现场进行维修、服务、参观等的外部人员进行全程旁站陪同。

维修人员特别是计算机、复印机维修人员,与设备内存储的涉密信息近距离接触,使国家秘密面临极大的安全风险,应派技术人员进行全程监督。服务和参观人员可能接触到一些涉密文件或者非法进入保密要害部门、部位,需要陪同人员监督和引导。陪同人员在外部人员进入前应当提醒其检查携带物品,进入时知会其保密要求,进入后控制其访问区域,最后送外部人员离开。

7.4.3 公安信息系统"三员"职责

根据国家有关保密法规、标准,涉及国家秘密的信息系统应配备系统管理员、安全保密管理员和安全审计员三类安全保密管理人员(以下简称"三员"),实行"三员分立"制度,按照"相互独立,相互制约"原则共同承担安全保密管理职责。

系统的网络运行与隔离情况等对系统的安全保密性至关重要,系统管理员负责保证涉密信息系统的网络和各项安全保密措施正常运行。安全保密管理员负责保证信息的最小授权访问,按照保密标准规定的身份鉴别和访问控制要求,创建用户和用户授权。系统管理员和安全保密管理员的操作都会对身份鉴别相关事件、访问控制相关事件、涉密数据的输入输出操作、用户权限的更改以及其他与系统安全有关的事件产生影响,因此安全审计员负责对系统管理员和安全保密管理员的上述相关行为进行审计。系统管理员、安全保密管理员和安全审计员在行使涉密信息系统安全保密管理职责时,都不得未经授权查看其知悉范围之外的涉密信息。

1) 系统管理员

系统管理员主要负责系统的日常运行维护工作,具体职责如下:
(1) 定期或不定期巡检,确保机房设备的安全和正常运行,发现异常情况及时处理。
(2) 掌握网络设备配置情况,负责网络和设备的管理维护,及时排除故障。
(3) 安装、配置涉密终端,做好维护和故障处理。
(4) 负责重要数据的定期备份和数据恢复。

2) 安全保密管理员

安全保密管理员是整个系统安全方面的主要责任人,应由既具备技术能力又熟知安全保密管理要求的工作人员担任,具体职责如下:
(1) 在安全审计员的监督下开展工作,负责涉密信息系统的日常安全保密管理工作。
(2) 掌握本单位涉密终端的配用情况,建立管理台账(包括数量、密级、责任人、责任处室、放置地点等)。
(3) 制定和实施网络防病毒策略,定期查杀病毒,分析客户端病毒记录,及时处理染毒事件。
(4) 做好数据库的安全管理工作,包括建立数据库的用户账号、分配应用空间、分配数据库二级管理权限。
(5) 定期进行安全设备的数据备份、空间清理和系统状态维护。
(6) 当网络安全平台出现故障而影响正常运行时,在第一时间到达现场,及时组织处理,排除故障,保障网络安全平台正常运行。
(7) 对网络安全日志、事件信息进行统计分析,定期开展风险评估工作并形成文档化的风险分析报告。

3) 安全审计员

安全审计员对系统管理员和安全保密管理员的操作进行审计,具体职责如下:
(1) 对系统管理员、安全保密管理员的操作行为进行审计、跟踪、分析和监督检查,以及时发现违规行为。
(2) 具备系统日志分析、安全事件分析和取证的技术和能力,对安全保密管理员制定和更改操作系统、应用系统、网络设备、安全设备的安全策略、用户权限以及参数设置等进行审核和监督操作。
(3) 定期分析操作系统、应用系统、网络设备、安全设备的安全日志,定制检查系统管理员、安全保密管理员填写的维护记录,通过记录对系统管理员和安全保密管理员的操作行为实行监督,发现违规行为应及时向信息化主管部门汇报。

(4) 编写针对系统管理员和安全保密管理员的异常操作和行为统计的相关内容。

4) 安全保密管理人员的权限划分

在明确系统管理员、安全保密管理员和安全审计员的职责后,还应进行权限划分,确保权限相互独立、相互制约。这三类管理员应由不同人员担任,在特殊情况下至少应保证安全保密管理员与安全审计员不由一人兼任。

(1) 系统管理员、安全保密管理员和安全审计员是三类岗位或角色,并不是指三个人,可以是多人。各涉密信息系统应该根据实际情况,配备合理数量的安全保密管理人员,以满足系统安全保密管理的需要。

(2) 系统管理员、安全保密管理员和安全审计员是否能够发挥实效作用,还取决于系统使用的业务应用系统和安全保密产品是否提供相应的管理员账号,以及权限划分和审计日志功能。因此,在设计开发业务应用系统和安全保密产品时,应充分考虑该方面的需求,为使用人员提供相应功能。

(3) 系统管理员、安全保密管理员和安全审计员在角色定位上,只能是系统安全保密策略的具体执行者,不能让其成为系统安全保密的决策者。也就是说,安全保密管理人员必须在本单位保密管理机构的监督下,按照一定的工作流程进行操作,即所有的操作都是经过授权的。

涉密信息系统的安全运行离不开安全保密管理人员,而涉密信息系统安全保密管理工作的技术性比较强,掌握涉密信息系统"三员"的主要职责,并熟悉具体工作要求,才能切实保障涉密信息系统的安全运行。切实落实涉密网络"三员"培训考核和持证上岗制度,中央有关文件规定,"三员"应当经过保密行政管理部门组织的培训,持证上岗。"三员"只有接受专业知识培训并通过资格考试,取得国家保密行政管理部门统一颁发的资格证书后,才能上岗履行职责,提升履职能力。

本章中主要阐述了涉密信息系统安全保密管理,首先对涉密信息系统安全保密管理进行了整体的概述,分别介绍了涉密信息系统安全保密管理工作的必要性和重要性及造成的影响。其次,介绍了涉密信息系统分级保护制度,以及其与信息系统等级保护体系之间存在的区别与联系。然后,介绍了安全保密管理制度、涉密系统保密管理的物理环境与设施管理以及涉密设备与介质的管理,在公安部门的日常工作中还可能涉及一些涉密纸质文档材料的管理,同样需要按照保密管理规定进行管理。最后,介绍了涉密信息系统安全保密管理人员的相关制度和要求,包括涉密信息系统"三员"的分工和职责等,简述安全保密管理人员的工作要求。

课后习题

一、选择题

1. 涉密人员脱离单位，应当与原单位签订保密承诺书。单位应当对其实行脱密期管理。核心涉密人员的脱密期为＿＿＿＿，重要涉密人员脱密期为＿＿＿＿，一般涉密人员的脱密期为＿＿＿＿。（　　）
   A. 4～5年　2～3年　1～2年
   B. 4～6年　3～5年　1～3年
   C. 3～5年　2～3年　1～2年
   D. 2～3年　1～2年　6个月～1年

2. 在使用常规办公设备处理相关涉密文件时，下列操作错误的是（　　）
   A. 涉密文件资料应当在机关、单位内部或保密部门指定的复印单位印制
   B. 在传输绝密级信息时，必须使用国产加密传真机，禁止使用普通传真机传输
   C. 在销毁涉密文件资料时，应当使用经过国家保密部门认证的产品，碎过的纸屑送保密部门指定的涉密载体销毁机构处理
   D. 禁止明传电报发送涉密内容，禁止密电明复、明电密复

3. 涉及国家秘密的计算机信息系统，＿＿＿＿与国际互联网或其他公共信息网络相连接，必须实行物理隔离。（　　）
   A. 不得直接或间接
   B. 不得直接
   C. 不得间接
   D. 不得直接和间接

4. 根据《网络安全等级保护条例（征求意见稿）》的规定，涉密信息系统使用的信息安全保密产品应当通过＿＿＿＿授权的检测机构依据有关国家保密标准进行的检测。（　　）
   A. 国家保密局　　B. 公安部　　C. 通信管理局　　D. 工信部

5. 一切国家机关、武装力量、政党、社会团体、＿＿＿＿都有保守国家秘密的义务。（　　）
   A. 国家公务员
   B. 共产党员
   C. 企业事业单位和公民
   D. 工人

6. （多选题）应当定期对涉密信息系统的周边环境情况进行监控，包括＿＿＿＿。（　　）
   A. 需远离境外驻华机构、境外人员驻地等涉外场所
   B. 避开易发生火灾等危险程度高的区域
   C. 避开有害气体来源以及存放腐蚀、易燃、易爆物品的地方
   D. 避开低洼、潮湿、落雷区域和地震频繁区域

7. 涉密人员离岗、离职前，应当将所保管和使用的涉密载体全部清退，并＿＿＿＿。（　　）
   A. 登记销毁
   B. 订卷归档
   C. 办移交手续
   D. 根据涉密载体的不同性质，选择销毁、订卷归档或移交

8. 变更密级或解密，应由＿＿＿＿。（　　）
   A. 密件使用单位决定
   B. 原定密机关、单位决定，也可以由其上级机关决定

C. 国家保密行政管理部门制定的单位决定

D. 由密件使用单位的保密委员会或保密工作领导小组决定

9. 传递绝密级秘密载体，_____。 （   ）

A. 只能通过机要交通递送

B. 只能通过机要通信递送

C. 必须通过机要交通、机要通信或派人直接递送

D. 可以通过机要通信递送，也可以通过机要交通或派人直接递送

二、判断题

1. 涉及工作秘密的信息系统属于涉密信息系统。 （   ）
2. 国家秘密及其密级以及军事方面的国家秘密及其密级的具体范围，由国家保密行政管理部门分别会同外交、公安、国家安全和其他中央有关机关规定。 （   ）
3. 处理涉密信息的信息设备应拆除具有无线联网功能的硬件设备，但是不限制对无线键盘或无线鼠标以及其他无线互联的外围设备。 （   ）
4. 关键基础设施信息细节（如能源、通讯、网络、银行、机场、食物供应、水利等）属于国家秘密信息，不能在网络上随意散布。 （   ）
5. 涉密人员脱离单位，应当与原单位签订保密承诺书。单位应当对其实行脱密期管理。核心涉密人员的脱密期为3年至5年，重要涉密人员的脱密期为2年至3年，一般涉密人员的脱密期为1年至2年。 （   ）
6. 未公开披露的政府（含各级机构、部门）人员姓名、政府设施的物理安全相关信息、未先行公布的涉及公众健康和安全的信息等都属于涉及国家安全的相关信息。 （   ）
7. 国家秘密的密级分绝密、机密、秘密三级。 （   ）
8. 《中华人民共和国保守国家秘密法》由中华人民共和国第十一届全国人民代表大会常务委员会第十四次会议于2010年4月29日修订通过，自2010年4月29日起试行。

（   ）

9. 在涉密岗位工作的人员（简称涉密人员），按照涉密程度分为核心涉密人员、重点涉密人员和一般涉密人员，实行分类管理。 （   ）

三、简答题

1. 涉密设备与介质的维修和报废过程中需要进行登记备案，请简述备案的内容与要求有哪些。
2. 携带、传递或者借用涉密信息设备或介质外出或出境时，按照相关规定应采取哪些措施？
3. 请分析下列案件中存在的违规行为：

2014年，某市城乡规划局刊登1份未标密文件，经鉴定属于机密级国家秘密。经查，6月，该市市直机关根据上级部署下发了1份机密级文件，城乡规划机关党委专职副书记周某某派人领取后，安排本部门借调人员周某在连接互联网的计算机上起草了该局贯彻落实的相关材料，但未按规定定密。周某某未履行保密审查职责，未发现有关文件应当定密，以"便于学习"为由签署了"同意公开"的意见，后经局法制科和分管领导签发后，在本局网站刊登，造成泄密。事件发生后，有关部门给予周某某行政记过处分，给予周某党内严重警告处分，并调离原工作岗位。

附录一　信息安全等级保护管理办法

[2007年6月22日,公安部、国家保密局、国家密码管理局、国务院信息工作办公室制定了《信息安全等级保护管理办法》(公通字〔2007〕43号)]

第一章　总则

第一条　为规范信息安全等级保护管理,提高信息安全保障能力和水平,维护国家安全、社会稳定和公共利益,保障和促进信息化建设,根据《中华人民共和国计算机信息系统安全保护条例》等有关法律法规,制定本办法。

第二条　国家通过制定统一的信息安全等级保护管理规范和技术标准,组织公民、法人和其他组织对信息系统分等级实行安全保护,对等级保护工作的实施进行监督、管理。

第三条　公安机关负责信息安全等级保护工作的监督、检查、指导。国家保密工作部门负责等级保护工作中有关保密工作的监督、检查、指导。国家密码管理部门负责等级保护工作中有关密码工作的监督、检查、指导。涉及其他职能部门管辖范围的事项,由有关职能部门依照国家法律法规的规定进行管理。国务院信息化工作办公室及地方信息化领导小组办事机构负责等级保护工作的部门间协调。

第四条　信息系统主管部门应当依照本办法及相关标准规范,督促、检查、指导本行业、本部门或者本地区信息系统运营、使用单位的信息安全等级保护工作。

第五条　信息系统的运营、使用单位应当依照本办法及其相关标准规范,履行信息安全等级保护的义务和责任。

第二章　等级划分与保护

第六条　国家信息安全等级保护坚持自主定级、自主保护的原则。信息系统的安全保护等级应当根据信息系统在国家安全、经济建设、社会生活中的重要程度,信息系统遭到破坏后对国家安全、社会秩序、公共利益以及公民、法人和其他组织的合法权益的危害程度等因素确定。

第七条　信息系统的安全保护等级分为以下五级:

第一级,信息系统受到破坏后,会对公民、法人和其他组织的合法权益造成损害,但不损害国家安全、社会秩序和公共利益。

第二级,信息系统受到破坏后,会对公民、法人和其他组织的合法权益产生严重损害,或者对社会秩序和公共利益造成损害,但不损害国家安全。

第三级,信息系统受到破坏后,会对社会秩序和公共利益造成严重损害,或者对国家安全造成损害。

第四级,信息系统受到破坏后,会对社会秩序和公共利益造成特别严重损害,或者对国家安全造成严重损害。

第五级,信息系统受到破坏后,会对国家安全造成特别严重损害。

第八条 信息系统运营、使用单位依据本办法和相关技术标准对信息系统进行保护,国家有关信息安全监管部门对其信息安全等级保护工作进行监督管理。

第一级信息系统运营、使用单位应当依据国家有关管理规范和技术标准进行保护。

第二级信息系统运营、使用单位应当依据国家有关管理规范和技术标准进行保护。国家信息安全监管部门对该级信息系统信息安全等级保护工作进行指导。

第三级信息系统运营、使用单位应当依据国家有关管理规范和技术标准进行保护。国家信息安全监管部门对该级信息系统信息安全等级保护工作进行监督、检查。

第四级信息系统运营、使用单位应当依据国家有关管理规范、技术标准和业务专门需求进行保护。国家信息安全监管部门对该级信息系统信息安全等级保护工作进行强制监督、检查。

第五级信息系统运营、使用单位应当依据国家管理规范、技术标准和业务特殊安全需求进行保护。国家指定专门部门对该级信息系统信息安全等级保护工作进行专门监督、检查。

第三章 等级保护的实施与管理

第九条 信息系统运营、使用单位应当按照《信息系统安全等级保护实施指南》具体实施等级保护工作。

第十条 信息系统运营、使用单位应当依据本办法和《信息系统安全等级保护定级指南》确定信息系统的安全保护等级。有主管部门的,应当经主管部门审核批准。

跨省或者全国统一联网运行的信息系统可以由主管部门统一确定安全保护等级。

对拟确定为第四级以上信息系统的,运营、使用单位或者主管部门应当请国家信息安全等级保护专家评审委员会评审。

第十一条 信息系统的安全保护等级确定后,运营、使用单位应当按照国家信息安全等级保护管理规范和技术标准,使用符合国家有关规定,满足信息系统安全保护等级需求的信息技术产品,开展信息系统安全建设或者改建工作。

第十二条 在信息系统建设过程中,运营、使用单位应当按照《计算机信息系统安全保护等级划分准则》(GB 17859—1999)、《信息系统安全等级保护基本要求》等技术标准,参照《信息安全技术　信息系统通用安全技术要求》(GB/T 20271—2006)、《信息安全技术　网络基础安全技术要求》(GB/T 20270—2006)、《信息安全技术　操作系统安全技术要求》(GB/T 20272—2006)、《信息安全技术　数据库管理系统安全技术要求》(GB/T 20273—2006)、《信息安全技术　服务器技术要求》、《信息安全技术　终端计算机系统安全等级技术要求》(GA/T 671—2006)等技术标准同步建设符合该等级要求的信息安全设施。

第十三条 运营、使用单位应当参照《信息安全技术　信息系统安全管理要求》(GB/T 20269—2006)、《信息安全技术　信息系统安全工程管理要求》(GB/T 20282—2006)、《信息系统安全等级保护基本要求》等管理规范,制定并落实符合本系统安全保护等级要求的安全管理制度。

第十四条 信息系统建设完成后,运营、使用单位或者其主管部门应当选择符合本办法规定条件的测评机构,依据《信息系统安全等级保护测评要求》等技术标准,定期对信息系统安全等级状况开展等级测评。第三级信息系统应当每年至少进行一次等级测评,第四级信息系统应当每半年至少进行一次等级测评,第五级信息系统应当依据特殊安全需求进行等级测评。

信息系统运营、使用单位及其主管部门应当定期对信息系统安全状况、安全保护制度及措施的落实情况进行自查。第三级信息系统应当每年至少进行一次自查,第四级信息系统应当每半年至少进行一次自查,第五级信息系统应当依据特殊安全需求进行自查。

经测评或者自查,信息系统安全状况未达到安全保护等级要求的,运营、使用单位应当制定方案进行整改。

第十五条 已运营(运行)或新建的第二级以上信息系统,应当在安全保护等级确定后30日内,由其运营、使用单位到所在地设区的市级以上公安机关办理备案手续。

隶属于中央的在京单位,其跨省或者全国统一联网运行并由主管部门统一定级的信息系统,由主管部门向公安部办理备案手续。跨省或者全国统一联网运行的信息系统在各地运行、应用的分支系统,应当向当地设区的市级以上公安机关备案。

第十六条 办理信息系统安全保护等级备案手续时,应当填写《信息系统安全等级保护备案表》,第三级以上信息系统应当同时提供以下材料:

(一)系统拓扑结构及说明;

（二）系统安全组织机构和管理制度；

（三）系统安全保护设施设计实施方案或者改建实施方案；

（四）系统使用的信息安全产品清单及其认证、销售许可证明；

（五）测评后符合系统安全保护等级的技术检测评估报告；

（六）信息系统安全保护等级专家评审意见；

（七）主管部门审核批准信息系统安全保护等级的意见。

第十七条　信息系统备案后，公安机关应当对信息系统的备案情况进行审核，对符合等级保护要求的，应当在收到备案材料之日起的10个工作日内颁发信息系统安全等级保护备案证明；发现不符合本办法及有关标准的，应当在收到备案材料之日起的10个工作日内通知备案单位予以纠正；发现定级不准的，应当在收到备案材料之日起的10个工作日内通知备案单位重新审核确定。

运营、使用单位或者主管部门重新确定信息系统等级后，应当按照本办法向公安机关重新备案。

第十八条　受理备案的公安机关应当对第三级、第四级信息系统的运营、使用单位的信息安全等级保护工作情况进行检查。对第三级信息系统每年至少检查一次，对第四级信息系统每半年至少检查一次。对跨省或者全国统一联网运行的信息系统的检查，应当会同其主管部门进行。

对第五级信息系统，应当由国家指定的专门部门进行检查。

公安机关、国家指定的专门部门应当对下列事项进行检查：

（一）信息系统安全需求是否发生变化，原定保护等级是否准确；

（二）运营、使用单位安全管理制度、措施的落实情况；

（三）运营、使用单位及其主管部门对信息系统安全状况的检查情况；

（四）系统安全等级测评是否符合要求；

（五）信息安全产品使用是否符合要求；

（六）信息系统安全整改情况；

（七）备案材料与运营、使用单位、信息系统的符合情况；

（八）其他应当进行监督检查的事项。

第十九条　信息系统运营、使用单位应当接受公安机关、国家指定的专门部门的安全监督、检查、指导，如实向公安机关、国家指定的专门部门提供下列有关信息安全保护的信息资料及数据文件：

（一）信息系统备案事项变更情况；

（二）安全组织、人员的变动情况；

（三）信息安全管理制度、措施变更情况；

（四）信息系统运行状况记录；

（五）运营、使用单位及主管部门定期对信息系统安全状况的检查记录；

（六）对信息系统开展等级测评的技术测评报告；

（七）信息安全产品使用的变更情况；

（八）信息安全事件应急预案，信息安全事件应急处置结果报告；

（九）信息系统安全建设、整改结果报告。

第二十条 公安机关检查发现信息系统安全保护状况不符合信息安全等级保护有关管理规范和技术标准的，应当向运营、使用单位发出整改通知。运营、使用单位应当根据整改通知要求，按照管理规范和技术标准进行整改。整改完成后，应当将整改报告向公安机关备案。必要时，公安机关可以对整改情况组织检查。

第二十一条 第三级以上信息系统应当选择使用符合以下条件的信息安全产品：

（一）产品研制、生产单位是由中国公民、法人投资或者国家投资或者控股的，在中华人民共和国境内具有独立的法人资格；

（二）产品的核心技术、关键部件具有我国自主知识产权；

（三）产品研制、生产单位及其主要业务、技术人员无犯罪记录；

（四）产品研制、生产单位声明没有故意留有或者设置漏洞、后门、木马等程序和功能；

（五）对国家安全、社会秩序、公共利益不构成危害；

（六）对已列入信息安全产品认证目录的，应当取得国家信息安全产品认证机构颁发的认证证书。

第二十二条 第三级以上信息系统应当选择符合下列条件的等级保护测评机构进行测评：

（一）在中华人民共和国境内注册成立（港澳台地区除外）；

（二）由中国公民投资、中国法人投资或者国家投资的企事业单位（港澳台地区除外）；

（三）从事相关检测评估工作两年以上，无违法记录；

（四）工作人员仅限于中国公民；

（五）法人及主要业务、技术人员无犯罪记录；

（六）使用的技术装备、设施应当符合本办法对信息安全产品的要求；

（七）具有完备的保密管理、项目管理、质量管理、人员管理和培训教育等安全管理制度；

（八）对国家安全、社会秩序、公共利益不构成威胁。

第二十三条 从事信息系统安全等级测评的机构，应当履行下列义务：

（一）遵守国家有关法律法规和技术标准，提供安全、客观、公正的检测评估服

务,保证测评的质量和效果;

(二)保守在测评活动中知悉的国家秘密、商业秘密和个人隐私,防范测评风险;

(三)对测评人员进行安全保密教育,与其签订安全保密责任书,规定应当履行的安全保密义务和承担的法律责任,并负责检查落实。

第四章 涉密信息系统的分级保护管理

第二十四条 涉密信息系统应当依据国家信息安全等级保护的基本要求,按照国家保密工作部门有关涉密信息系统分级保护的管理规定和技术标准,结合系统实际情况进行保护。

非涉密信息系统不得处理国家秘密信息等。

第二十五条 涉密信息系统按照所处理信息的最高密级,由低到高分为秘密、机密、绝密三个等级。

涉密信息系统建设使用单位应当在信息规范定密的基础上,依据涉密信息系统分级保护管理办法和国家保密标准 BMB17—2006《涉及国家秘密的计算机信息系统分级保护技术要求》确定系统等级。对于包含多个安全域的涉密信息系统,各安全域可以分别确定保护等级。

保密工作部门和机构应当监督指导涉密信息系统建设使用单位准确、合理地进行系统定级。

第二十六条 涉密信息系统建设使用单位应当将涉密信息系统定级和建设使用情况,及时上报业务主管部门的保密工作机构和负责系统审批的保密工作部门备案,并接受保密部门的监督、检查、指导。

第二十七条 涉密信息系统建设使用单位应当选择具有涉密集成资质的单位承担或者参与涉密信息系统的设计与实施。

涉密信息系统建设使用单位应当依据涉密信息系统分级保护管理规范和技术标准,按照秘密、机密、绝密三级的不同要求,结合系统实际进行方案设计,实施分级保护,其保护水平总体上不低于国家信息安全等级保护第三级、第四级、第五级的水平。

第二十八条 涉密信息系统使用的信息安全保密产品原则上应当选用国产品,并应当通过国家保密局授权的检测机构依据有关国家保密标准进行的检测,通过检测的产品由国家保密局审核发布目录。

第二十九条 涉密信息系统建设使用单位在系统工程实施结束后,应当向保密工作部门提出申请,由国家保密局授权的系统测评机构依据国家保密标准 BMB22-2007《涉及国家秘密的计算机信息系统分级保护测评指南》,对涉密信息系统进行安全保密测评。

涉密信息系统建设使用单位在系统投入使用前,应当按照《涉及国家秘密的信息系统审批管理规定》,向设区的市级以上保密工作部门申请进行系统审批,涉密信息系统通过审批后方可投入使用。已投入使用的涉密信息系统,其建设使用单位在按照分级保护要求完成系统整改后,应当向保密工作部门备案。

第三十条 涉密信息系统建设使用单位在申请系统审批或者备案时,应当提交以下材料:

(一)系统设计、实施方案及审查论证意见;

(二)系统承建单位资质证明材料;

(三)系统建设和工程监理情况报告;

(四)系统安全保密检测评估报告;

(五)系统安全保密组织机构和管理制度情况;

(六)其他有关材料。

第三十一条 涉密信息系统发生涉密等级、连接范围、环境设施、主要应用、安全保密管理责任单位变更时,其建设使用单位应当及时向负责审批的保密工作部门报告。保密工作部门应当根据实际情况,决定是否对其重新进行测评和审批。

第三十二条 涉密信息系统建设使用单位应当依据国家保密标准 BMB20-2007《涉及国家秘密的信息系统分级保护管理规范》,加强涉密信息系统运行中的保密管理,定期进行风险评估,消除泄密隐患和漏洞。

第三十三条 国家和地方各级保密工作部门依法对各地区、各部门涉密信息系统分级保护工作实施监督管理,并做好以下工作:

(一)指导、监督和检查分级保护工作的开展;

(二)指导涉密信息系统建设使用单位规范信息定密,合理确定系统保护等级;

(三)参与涉密信息系统分级保护方案论证,指导建设使用单位做好保密设施的同步规划设计;

(四)依法对涉密信息系统集成资质单位进行监督管理;

(五)严格进行系统测评和审批工作,监督检查涉密信息系统建设使用单位分级保护管理制度和技术措施的落实情况;

(六)加强涉密信息系统运行中的保密监督检查。对秘密级、机密级信息系统每两年至少进行一次保密检查或者系统测评,对绝密级信息系统每年至少进行一次保密检查或者系统测评;

(七)了解掌握各级各类涉密信息系统的管理使用情况,及时发现和查处各种违规违法行为和泄密事件。

第五章　信息安全等级保护的密码管理

第三十四条　国家密码管理部门对信息安全等级保护的密码实行分类分级管理。根据被保护对象在国家安全、社会稳定、经济建设中的作用和重要程度，被保护对象的安全防护要求和涉密程度，被保护对象被破坏后的危害程度以及密码使用部门的性质等，确定密码的等级保护准则。

信息系统运营、使用单位采用密码进行等级保护的，应当遵照《信息安全等级保护密码管理办法》《信息安全等级保护商用密码技术要求》等密码管理规定和相关标准。

第三十五条　信息系统安全等级保护中密码的配备、使用和管理等，应当严格执行国家密码管理的有关规定。

第三十六条　信息系统运营、使用单位应当充分运用密码技术对信息系统进行保护。采用密码对涉及国家秘密的信息和信息系统进行保护的，应报经国家密码管理局审批，密码的设计、实施、使用、运行维护和日常管理等，应当按照国家密码管理有关规定和相关标准执行；采用密码对不涉及国家秘密的信息和信息系统进行保护的，须遵守《商用密码管理条例》和密码分类分级保护有关规定与相关标准，其密码的配备使用情况应当向国家密码管理机构备案。

第三十七条　运用密码技术对信息系统进行系统等级保护建设和整改的，必须采用经国家密码管理部门批准使用或者准于销售的密码产品进行安全保护，不得采用国外引进或者擅自研制的密码产品；未经批准不得采用含有加密功能的进口信息技术产品。

第三十八条　信息系统中的密码及密码设备的测评工作由国家密码管理局认可的测评机构承担，其他任何部门、单位和个人不得对密码进行评测和监控。

第三十九条　各级密码管理部门可以定期或者不定期对信息系统等级保护工作中密码配备、使用和管理的情况进行检查和测评，对重要涉密信息系统的密码配备、使用和管理情况每两年至少进行一次检查和测评。在监督检查过程中，发现存在安全隐患或者违反密码管理相关规定或者未达到密码相关标准要求的，应当按照国家密码管理的相关规定进行处置。

第六章　法律责任

第四十条　第三级以上信息系统运营、使用单位违反本办法规定，有下列行为之一的，由公安机关、国家保密工作部门和国家密码工作管理部门按照职责分工责令其限期改正；逾期不改正的，给予警告，并向其上级主管部门通报情况，建议对其直接负责的主管人员和其他直接责任人员予以处理，并及时反馈处理结果：

（一）未按本办法规定备案、审批的；

（二）未按本办法规定落实安全管理制度、措施的；

（三）未按本办法规定开展系统安全状况检查的；

（四）未按本办法规定开展系统安全技术测评的；

（五）接到整改通知后，拒不整改的；

（六）未按本办法规定选择使用信息安全产品和测评机构的；

（七）未按本办法规定如实提供有关文件和证明材料的；

（八）违反保密管理规定的；

（九）违反密码管理规定的；

（十）违反本办法其他规定的。

违反前款规定，造成严重损害的，由相关部门依照有关法律、法规予以处理。

第四十一条 信息安全监管部门及其工作人员在履行监督管理职责中，玩忽职守、滥用职权、徇私舞弊的，依法给予行政处分；构成犯罪的，依法追究刑事责任。

第七章 附则

第四十二条 已运行信息系统的运营、使用单位自本办法施行之日起180日内确定信息系统的安全保护等级；新建信息系统在设计、规划阶段确定安全保护等级。

第四十三条 本办法所称"以上"包含本数(级)。

第四十四条 本办法自发布之日起施行，《信息安全等级保护管理办法（试行）》(公通字〔2006〕7号)同时废止。

附录二 相关表格

附表 1　信息系统安全定级保护备案表

备案表编号：☐☐☐☐☐—☐☐☐☐

信息系统安全等级保护备案表

备 案 单 位：_____（盖章）

备 案 日 期：_____

受理备案单位：_____（盖章）

受 理 日 期：_____

中华人民共和国公安部监制
填 表 说 明

一、**制表依据**。根据《信息安全等级保护管理办法》(公通字〔2007〕43号)之规定,制作本表;

二、**填表范围**。本表由第二级以上由信息系统运营使用单位或主管部门(以下简称"备案单位")填写;本表由四张表单构成,表一为单位信息,每个填表单位填写一张;表二为信息系统基本信息,表三为信息系统定级信息,表二、表三每个信息系统填写一张;表四为第三级以上信息系统需同时提交的内容,由每个第三级以上信息系统填写一张,并在完成系统建设、整改、测评等工作,投入运行后三十日内向受理备案公安机关提交;表二、表三、表四可以复印使用;

三、**保存方式**。本表一式二份,一份由备案单位保存,一份由受理备案公安机关存档;

四、本表中有选择的地方请在选项左侧"□"划"√",如选择"其他",请在其后的横线中注明详细内容;

五、**封面中备案表编号**(由受理备案的公安机关填写并校验):分两部分共11位,第一部分6位,为受理备案公安机关代码前六位(可参照行标GA 380—2002)。第二部分5位,为受理备案的公安机关给出的备案单位的顺序编号;

六、**封面中备案单位**:是指负责运营使用信息系统的法人单位全称;

七、**封面中受理备案单位**:是指受理备案的公安机关公共信息网络安全监察部门名称。此项由受理备案的公安机关负责填写并盖章;

八、**表一04 行政区划代码**:是指备案单位所在的地(区、市、州、盟)行政区划代码;

九、**表一05 单位负责人**:是指主管本单位信息安全工作的领导;

十、**表一06 责任部门**:是指单位内负责信息系统安全工作的部门;

十一、**表一08 隶属关系**:是指信息系统运营使用单位与上级行政机构的从属关系,须按照单位隶属关系代码(GB/T 12404—1997)填写;

十二、**表二02 系统编号**:是由运营使用单位给出的本单位备案信息系统的编号;

十三、**表二05 系统网络平台**:是指系统所处的网络环境和网络构架情况;

十四、**表二07 关键产品使用情况**:国产品是指系统中该类产品的研制、生产单位是由中国公民、法人投资或者国家投资或者控股,在中华人民共和国境内具有独立的法人资格,产品的核心技术、关键部件具有我国自主知识产权;

十五、**表二 08 系统采用服务情况**:国内服务商是指服务机构在中华人民共和国境内注册成立(港澳台地区除外),由中国公民、法人或国家投资的企事业单位;

十六、**表三 01、02、03 项**:填写上述三项内容,确定信息系统安全保护等级时可参考《信息系统安全等级保护定级指南》,信息系统安全保护等级由业务信息安全等级和系统服务安全等级较高者决定。01、02 项中每一个确定的级别所对应的损害客体及损害程度可多选;

十七、**表三 06 主管部门**:是指对备案单位信息系统负领导责任的行政或业务主管单位或部门。部级单位此项可不填;

十八、**解释**:本表由公安部公共信息网络安全监察局监制并负责解释,未经允许,任何单位和个人不得对本表进行改动。

表一 单位基本情况

01 单位名称					
02 单位地址	_____省（自治区、直辖市） _____地（区、市、州、盟） _____县（区、市、旗）				
03 邮政编码			04 行政区划代码		
05 单位负责人	姓　名			职务/职称	
	办公电话			电子邮件	
06 责任部门					
07 责任部门联系人	姓　名			职务/职称	
	办公电话			电子邮件	
	移动电话				
08 隶属关系	□1 中央　　　　□2 省（自治区、直辖市）　　□3 地（区、市、州、盟） □4 县（区、市、旗）　□9 其他				
09 单位类型	□1 党委机关　□2 政府机关　□3 事业单位　□4 企业　□9 其他				
10 行业类别	□11 电信　　　　□12 广电　　　□13 经营性公众互联网 □21 铁路　　　　□22 银行　　　□23 海关　　　　　□24 税务 □25 民航　　　　□26 电力　　　□27 证券　　　　　□28 保险 □31 国防科技工业　□32 公安　　　□33 人事劳动和社会保障　□34 财政 □35 审计　　　　□36 商业贸易　□37 国土资源　　　□38 能源 □39 交通　　　　□40 统计　　　□41 工商行政管理　□42 邮政 □43 教育　　　　□44 文化　　　□45 卫生　　　　　□46 农业 □47 水利　　　　□48 外交　　　□49 发展改革　　　□50 科技 □51 宣传　　　　□52 质量监督检验检疫 □99 其他				
11 信息系统总数	个	12 第二级信息系统数	个	13 第三级信息系统数	个
		14 第四级信息系统数	个	15 第五级信息系统数	个

表二 （/）信息系统情况

01 系统名称				02 系统编号		
03 系统承载业务情况	业务类型	☐1 生产作业　☐2 指挥调度　☐3 管理控制　☐4 内部办公 ☐5 公众服务　☐9 其他				
	业务描述					
04 系统服务情况	服务范围	☐10 全国　　　　　　　　　☐11 跨省（区、市）跨_____个 ☐20 全省（区、市）　　　　☐21 跨地（市、区）跨_____个 ☐30 地（市、区）内 ☐99 其他_____				
	服务对象	☐1 单位内部人员　☐2 社会公众人员　☐3 两者均包括　☐9 其他				
05 系统网络平台	覆盖范围	☐1 局域网　　　☐2 城域网　　　☐3 广域网　　　☐9 其他				
	网络性质	☐1 业务专网　　☐2 互联网　　　☐9 其他				
06 系统互联情况		☐1 与其他行业系统连接　　　☐2 与本行业其他单位系统连接 ☐3 与本单位其他系统连接　　☐9 其他				

07 关键产品使用情况	序号	产品类型	数量	使用国产品率		
				全部使用	全部未使用	部分使用及使用率
	1	安全专用产品		☐	☐	☐ _____%
	2	网络产品		☐	☐	☐ _____%
	3	操作系统		☐	☐	☐ _____%
	4	数据库		☐	☐	☐ _____%
	5	服务器		☐	☐	☐ _____%
	6	其他_____		☐	☐	☐ _____%

08 系统采用服务情况	序号	服务类型	服务责任方类型		
			本行业（单位）	国内其他服务商	国外服务商
	1	等级测评　☐有☐无	☐	☐	☐
	2	风险评估　☐有☐无	☐	☐	☐
	3	灾难恢复　☐有☐无	☐	☐	☐
	4	应急响应　☐有☐无	☐	☐	☐
	5	系统集成　☐有☐无	☐	☐	☐
	6	安全咨询　☐有☐无	☐	☐	☐
	7	安全培训　☐有☐无	☐	☐	☐
	8	其他	☐	☐	☐

(续表)

09 等级测评单位名称		
10 何时投入运行使用	年　　月　　日	
11 系统是否是分系统	□ 是	□ 否(如选择是请填下两项)
12 上级系统名称		
13 上级系统所属单位名称		

表三 (/)信息系统定级情况

	损害客体及损害程度	级别
01 确定业务信息安全保护等级	☐ 仅对公民、法人和其他组织的合法权益造成损害	☐ 第一级
	☐ 对公民、法人和其他组织的合法权益造成严重损害 ☐ 对社会秩序和公共利益造成损害	☐ 第二级
	☐ 对社会秩序和公共利益造成严重损害 ☐ 对国家安全造成损害	☐ 第三级
	☐ 对社会秩序和公共利益造成特别严重损害 ☐ 对国家安全造成严重损害	☐ 第四级
	☐ 对国家安全造成特别严重损害	☐ 第五级
02 确定系统服务安全保护等级	☐ 仅对公民、法人和其他组织的合法权益造成损害	☐ 第一级
	☐ 对公民、法人和其他组织的合法权益造成严重损害 ☐ 对社会秩序和公共利益造成损害	☐ 第二级
	☐ 对社会秩序和公共利益造成严重损害 ☐ 对国家安全造成损害	☐ 第三级
	☐ 对社会秩序和公共利益造成特别严重损害 ☐ 对国家安全造成严重损害	☐ 第四级
	☐ 对国家安全造成特别严重损害	☐ 第五级
03 信息系统安全保护等级	☐ 第一级　☐ 第二级　☐ 第三级　☐ 第四级　☐ 第五级	
04 定级时间	年　　月　　日	
05 专家评审情况	☐ 已评审　　　☐ 未评审	
06 是否有主管部门	☐ 有　　　☐ 无(如选择有请填下两项)	
07 主管部门名称		
08 主管部门审批定级情况	☐ 已审批　　　☐ 未审批	
09 系统定级报告	☐ 有　　　☐ 无　　附件名称＿＿＿＿＿＿＿	|//	填表人：	填表日期：　年　月　日

备案审核民警：　　　　　　　　　　　　　　　审核日期：　年　月　日

表四 （/）第三级以上信息系统提交附件材料情况

01 系统安全组织机构建立情况	□有	□无	附件名称_____
02 信息系统基本应用情况	□有	□无	附件名称_____
03 系统拓扑结构及说明（包含主要设备、操作系统、数据库、防病毒设备等情况）	□有	□无	附件名称_____
04 专家评审情况	□有	□无	附件名称_____
05 上级主管部门审批意见	□有	□无	附件名称_____
06 系统安全管理制度	责任部门和人员管理制度	□有 □无	附件名称_____
	系统建设、运行维护制度	□有 □无	附件名称_____
	系统安全检查、检测和风险评估制度	□有 □无	附件名称_____
	安全教育和培训制度	□有 □无	附件名称_____
07 系统安全保护整体需求分析和安全策略报告	□有	□无	附件名称_____
08 信息安全事件等级响应和处置预案	□有	□无	附件名称_____
09 系统等级测评报告	□有	□无	附件名称_____
10 系统等级保护改建方案（含规划、改扩建方案）	□有	□无	附件名称_____
11 系统安全等级保护工作验收报告	□有	□无	附件名称_____
12 系统使用的安全产品清单及认证、销售许可证明	□有	□无	附件名称_____

附表 2 信息系统安全等级保护备案材料接收回执

接收材料回执编号：| J | | | | | |

信息系统安全等级保护
备案材料接收回执
（存根）

备案类型：□ 初次备案　□ 变更备案　□ 其他_____
备案单位：
备案单位联系人：　　　　　　　联系电话：
材料数量：□ 表一 共　　页　□ 表二 共　　页　□ 表三 共　　页
　　　　　□ 表四 共　　页　□ 附件 共　　份　□ 电子数据
材料接受人：
接受日期：　　年　　月　　日

接收材料回执编号：| J | | | | | |

信息系统安全等级保护
备案材料接收回执

_____：

　　我单位接收你单位提交的《信息系统安全等级保护备案表》如下具体备案材料（备案日期　　年　　月　　日）：
　　□ 表一 共　　页　□ 表二 共　　页　□ 表三 共　　页
　　□ 表四 共　　页　□ 附件 共　　份　□ 电子数据
　　我单位将自即日起的_____日内，反馈备案审核结果。

接收人：
接收单位（盖章）
　年　月　日

业务联系电话：
网址：

附表3 信息系统安全等级保护备案审核结果通知

备案整改通知编号：$\boxed{S}$—$\boxed{}$

信息系统安全等级保护
备案审核结果通知

(存根)

备案类型：□ 初次备案　　□ 变更备案　　□ 其他
备案单位：
备案单位联系人：　　　　　　联系电话：
审核人：
审核日期：　　年　　月　　日

备案整改通知编号：$\boxed{S}$—$\boxed{}$

信息系统安全等级保护
备案审核结果通知

_____：

　　经对你单位提交的《信息系统安全等级保护备案表》(备案表编号_____/_____)进行审核，备案材料不符合要求，请你单位按照审核单中所列内容进行整改后，于_____天内重新进行备案。

　　附：《信息系统安全等级保护备案审核详单》

　　　　　　审核人：　　　　　　业务联系电话：
　　　　　　　　　　　　　　　　审核单位(盖章)
　　　　　　　　　　　　　　　　　　年　　月　　日

附表4 信息系统安全等级保护限期整改通知书

（此处印制公安机关名称）

信息系统安全等级保护限期整改通知书

X公信安　限字〔　　〕第　　号

检查时间_____　检查地点_____

被检查单位名称_____

被检查单位地址_____

违规行为_____

限期改正时间___年___月___日至___年___月___日

办理单位_____

承 办 人_____

批 准 人_____

填 发 人_____

填发日期_____

存根

（此处印制公安机关名称）
信息系统安全等级保护限期整改通知书

×公信安　限字〔　　〕第　　号

_____：

根据《中华人民共和国计算机信息系统安全保护条例》，我单位工作人员于____年____月____日对你单位信息安全等级保护工作进行了监督检查，发现存在下列违规行为(□ 1. 有关信息系统安全保护状况不符合国家信息安全等级保护管理规范和技术标准的要求；□ 2. 未按照《信息安全等级保护管理办法》开展有关工作；□ 3. 不符合其他有关信息安全规定的行为)

1.（具体的不符合行为描述，可自行添加）；

2._____；

根据_____，请你单位于____年____月____日前改正，并在期限届满前将整改情况函告我单位。

在期限届满之前，你单位应当采取必要的安全保护管理和技术措施，确保信息系统安全。

（公安机关印章）

被检查单位：　　　　　　　　　　　　　年　　月　　日

　　年　　月　　日

一式两份，一份交被检查单位，一份附卷。

参考文献

[1] 黄道丽.互联网内容安全管理[M].北京:中国人民公安大学出版社,2018.
[2] 高能.信息安全技术[M].北京:中国人民公安大学出版社,2018.
[3] 毕海滨,蔡旭,林雁飞,等.互联网上网服务营业场所安全管理[M].北京:中国人民公安大学出版社.2018.
[4] 董纯朴.网吧公共安全管理研究[J].中国公共安全(学术版),2012(1)6-11.
[5] 夏冰.网络安全法和网络安全等级保护2.0[M].北京:电子工业出版社.2017.
[6] 郭启全,等.信息安全等级保护政策培训教程[M].北京:电子工业出版社.2016.
[7] 李劲,张再武,陈佳阳.网络安全等级保护2.0:定级、测评、实施与运维[M].北京:人民邮电出版社.2021.
[8] 李娜,孙晓冬.网络安全管理[M].北京:清华大学出版社,2014.
[9] 公安部信息安全等级保护评估中心.网络安全等级测评师培训教材(初级)[M].北京:电子工业出版社.2021.
[10] 刘双一.我国互联网管理改革四十年历程及展望[J].中共乐山市委党校学报,2019,21(4):61-67.
[11] 陈广勇,祝国邦,范春玲.信息安全技术 网络安全等级保护测评要求GB/T 28448—2019标准解读[J].信息网络安全,2019,19(7):1-8.
[12] 白宇.Internet演变视角下计算机网络安全管理的发展[J].信息安全与技术,2014,5(6):13-14.